湖南博物院藏古舊文獻目錄

湖南博物院　編

岳麓書社　·　長沙

編委會名單

目　錄

薪火相傳　繼往開來

——湖南博物院古舊文獻鑒藏及目錄整理工作概述（代前言）

湖南博物院　彭　芳

爲促進湖南博物院藏古舊文獻的整理、保護、研究與利用工作，我們歷經數載，通過提議立項、策劃實施、庫房整理和條目編纂，首次推出了這部《湖南博物院藏古舊文獻目録》。這是我院有史以來編纂出版的第一部院藏古舊文獻目録，能够較爲系統地反映我院古舊文獻的全貌。筆者作爲該項目的主要責任人之一，在工作中形成了許多收穫與認知，這其中既包括對湖南博物院藏古舊文獻收藏歷程的回顧與歸納，也包含有具體整理彙編工作中的心得與體會。筆者試從以下五個方面進行梳理和總結，以期鑒往知來，給今後的相關工作提供記録與參考。

一　院藏古舊文獻整理工作背景

湖南是華夏文明的重要發祥地之一。湖南自古崇文重教，是文化資源大省，歷代刻書藏書之風盛行，文獻典籍浩如煙海、遺存豐富，這些文獻典籍是中華民族在數千年歷史發展過程中創造的重要文明成果，是中華文明綿延數千年、一脉相承的歷史見證，是中華文明寶貴的精神文化財富。

爲傳承和弘揚中華優秀傳統文化，加強古籍保護與研究利用，近年來，黨和國家作出一系列重大決策和部署。2007 年，國務院辦公廳印發《關於進一步加強古籍保護工作的意見》，標志着我國歷史上首次由國家主持開展的全國性古籍保護工程正式啓動，中華古籍保護計劃開始實施；2017 年，中共中央辦公廳、國務院辦公廳印發《關於實施中華優秀傳統文化傳承發展工程的意見》，文化部印發《"十三五"時期全國古籍保護工作規劃》；2018 年，湖南省文化廳印發《"十三五"時期湖南省古籍保護工作規劃》；2022 年，中共中央辦公廳、國務院辦公廳印發《關於推進新時代古籍工作的意見》《"十四五"文化發展規劃》，文化和旅游部印發《"十四五"文化産業發展規劃》，全國古籍整理出版規劃領導小組印發《2021—2035年國家古籍工作規劃》，這一系列綱領性文件對深入推進新時代古籍工作提出了明確要求，對全國古籍工作重點方向、重點任務和重點工程項目作出規劃部署。

保護和傳承好中國古籍文獻，是賡續中華文脉、弘揚民族精神、建設社會主義文化强國的必要途徑，也是圖書館、博物館人的使命與責任。湖南博物院自建院（館）以來，就以保護、傳承優秀歷史文化爲己任，集文物徵集、收藏、研究、展示、教育、服務於一身。在建院初期的20世紀五六十年代，因客觀條件限制，古舊文獻存放環境相對有限，後隨着我院事業的不斷發展，文獻存藏條件逐步得到改善。自2017年湖南博物院新院建成開放至今，我院逐步加强了古籍保護的規範化建設，制定完善文獻書庫的建設標準和技術標準。2019年，建立了藏品標準化庫房，古舊文獻得到專櫃專架存放，庫房安裝符合標準的照明、安防、消防設施，采用三聯供空調系統，科學調節庫房環境，庫房内部布放環境監測設備，通過環境風險預控系統平臺，可對庫房實現24小時無死角遠端即時監控。完善了庫區規章管理制度，極大地改善了文獻存藏條件，有力保障了院藏古舊文獻的安全。

新時代，古籍保護、研究及整理出版工作地位更加突出，作用更加彰顯，古籍事業迎來了新的發展機遇，古籍出版迎來新的高峰。整理出版《湖南博物院藏古舊文獻目録》適逢其時，這是湖南博物院建院（館）以來編纂出版的第一部院藏古舊文獻目録，也是我院重視文物保護與研究工作，重點打造研究型博物院而實施的舉措之一。

二　院藏古舊文獻來源

湖南博物院的前身湖南省博物館於1951年着手籌辦，至1956年正式開館。回顧我院的發展歷史，道路曲折創業艱難，在幾代博物館人的不懈努力下，經過半個多世紀的建設與發展，湖南博物院現已成爲湖南省最大的歷史藝術類博物館，是首批國家一級博物館、中央地方共建的八個國家級重點博物館之一、全國文化系統先進集體、全國文物系統先進集體、全國愛國主義教育示范基地、文化强省建設有突出貢獻先進集體，也是中國最具影響力的博物館之一，并躋身國際先進博物館行列。我院古舊文獻的收藏也隨着事業的發展，點滴匯聚，逐步豐厚起來。

湖南博物院藏古舊文獻來源，主要有以下三個渠道：

（一）面向社會徵集收購、坊間書店購買

1951 年，湖南省文教廳決定建立湖南省博物館籌備處，根據當時湖南文物工作的實際情況，我院重點徵集對象爲自然標本、革命、社會主義建設方面的文物資料。在我院籌備的幾年時間裏，先後成立“自然”“歷史”“社會主義建設”“保管”四個工作小組[1]，深入田間地頭，走進學校廠礦，采取登報宣傳、張貼公告、召開座談會等方式，擴大了文物徵集的影響力，從全省各地徵集文物資料萬餘件。[2]1951 年，我院派專人值守重點單位天倫造紙廠，不僅清理出紙質文物 352 斤，[3] 而且還在該廠的待銷毀圖書倉庫中，搶救出清乾隆《長沙府志》等精品，有效補充了院藏古舊文獻數量；1955 年，我院收集到的舊書達 55000 千克。[4]

我院在建院初期，通過總結過去幾年的文物徵集工作經驗、教訓，不斷改進工作方式方法，派出了湘東、湘南、湘西、湘北、湘中等五個文物徵集小組深入全省各地進行尋訪，收穫頗豐，如籌備處元老之一程鶴軒所說：“開展了一次前所未有的文物資料的徵集工作，收穫很大。”[5] 後又在全省範圍内開展了多次文物資料的徵集工作，既從民間私人藏家手中收購民國影印拓本，也從普通工人、農民的藏書中提取符合條件的古舊文獻，用以充實本院藏品。

除了面向社會大衆徵集，前輩專家學者還慧眼識珠，從長沙、北京等地文物商店的海量商品中挑選，從坊間書店的故紙堆中淘金，購回了不少古舊文獻、古籍資料。我院珍貴的善本泥活字本《金石四例》就是 20 世紀五六十年代在長沙古舊書店收購到的。[6] 我院的王啓初老館長，當時幾乎每個周末、節假日，都會光顧文物商店和古舊書店，在古舊書店購回了大量書籍。1960 年，我院還購買了一批清湘潭名士歐陽兆熊的手稿、清至民國時期的大量家（族）譜。

（二）各級收藏單位間的調撥、移交

1950 年，湖南省文物管理委員會成立（以下簡稱“省文管會”），重點負責收集歷史文物，下設“名勝古跡”“古圖書清理”“書畫碑帖”三個工作小組。[7] 在我院籌備期間的 1953、1955 及 1957 年，省文管會分三批向我院移交近萬件文物資料。[8] 至 1957 年，省文管會共收集包括歷史文物、字畫碑帖、名人手稿在内的流散文物 2.3 萬餘件。[9]1958 年，省文管會撤銷時，人員併入我院，上述 2.3 萬餘件流散文物及文物考古書刊 10 多萬册，均劃歸我院，爲我院古舊文獻收藏打下了堅實的基礎。[10]

1965 年，原湖南省中山圖書館向我院移交近 2000 册綫裝書，使我院原有的《資治通鑒》《續資治通鑒》等殘卷不成套者，得以補配完整。其中還有不少湘籍人物著作，對院藏地方文獻的充實也起到了積極作用。

（三）社會各界人士的捐贈

20世紀80年代，近現代戲曲史家、民俗學家黄芝岡家人捐獻了一大批古舊文獻，其中明末汲古閣刻本《津逮秘書》已被列爲善本古籍。王啓初老館長也捐贈了一批清至民國的古舊文獻。另外，民間收藏家、社會賢達人士也有部分捐贈，例如清刻本《皇清經解》系列、清活字本《常德澧縣譚氏族譜》等等。雖因歷史資料所限，一部分捐贈者未能留下具體資訊或事蹟，但是不能忘記他們的貢獻。

總之，自建院之初起，前輩同仁們就一直致力於古舊文獻的搜集和保護，在當時的歷史條件下盡了最大的努力充實藏品。這些珍貴文獻的入藏，提升了院藏水準，使我院古舊文獻收藏得以發展、壯大。在這裏謹向諸位前輩同仁們以及社會各界捐贈人士致以崇高的敬意。

三　院藏古舊文獻特色

湖南博物院藏古舊文獻十分豐富。1956年開院後，我院於1959年正式建立了綫裝書登記簿，翻開厚重的簿本，泛黄的紙張上每一位前輩的名字：徐鑫齡、梁宜蘇、樊世華、程鶴軒、王白莉、王啓初、王濟仁、馮雁等等，赫赫在目；每一册古舊文獻的來歷、淵源、題名、卷數、著者、版本、版式、行款等等，清楚明白。有的古舊文獻條目後還特别附有説明，詳細登記了相關事宜，字裏行間都記載着我院古舊文獻收藏與發展的歷史。

從第一本古舊文獻登簿入藏我院，迄今已60餘年，在這數十年間，在歷屆院領導的關心和重視下，我院古舊文獻的收集與保護利用工作扎實穩步推進，前輩同仁們秉承優秀的藏書傳統，立足湖湘本土，兼收並蓄，多方搜集補配，廣徵博采，寸積銖纍，藏而能守，通過幾代湘博人的努力，我院古舊文獻從無到有，從有到豐，資源日漸豐富，内容品類衆多，收録範圍廣泛，包括由民國上溯至元代各時期的刻本、稿本、石印本、鉛印本、影印本等，涵蓋了經、史、子、集各部，逐步形成了我院古舊文獻特色：

（一）地方志收藏較爲完整

1. 據統計，湖南省現存地方志400餘種，我院藏有近百部，涵蓋了府、州、廳、縣各級，幾乎每地一志。另有省外地方志200餘部。在這些地方志中，有充分體現了章學誠修志思想的（嘉慶）《常德府志》，曠敏本編纂的（乾隆）《衡州府志》，鄧顯鶴編纂的（道光）《寶慶府志》，王闓運編纂的（同治）《桂陽直隸州志》、（光緒）《湘潭縣志》、（同治）《清泉縣志》，郭嵩燾編纂的（光緒）《湘陰縣圖志》，編纂者皆爲湖湘名流，志書體例嚴謹，資料巨集富，參考價值較大，堪稱清代方志之精品。

2. 有的地方志歷經多次纂修，具有編纂年代的延續性和記載内容的連續性，有一套完整的修志傳承，具有較高的對比、鑒識價值。例如清乾隆時期纂修的《湖南通志》，是一部獨立的湖南省志，在湖南省志纂修史上起着承前啓後的作用，清嘉慶時二修《湖南通志》，辨疑補漏，金石一門獨具特色。清同光年間編輯刊行的《湖南通志》達千萬字，是一部關於湖南内容最爲豐富，最具參考價值的省志。還有《湘鄉縣志》《湘潭縣志》《寧鄉縣志》等縣志，均經歷幾修，有清至民國的多個年代的版本，體現了版本之間的源流嬗變關係。

3. 諸多鄉土志如（光緒）《邵陽縣鄉土志》、（光緒）《武岡州鄉土志》，山水志如（乾隆）《南嶽志》、（道光）《洞庭湖志》，名勝志如（光緒）《長沙賈太傅祠志》、（光緒）《長沙定王台志》，它們是地方志的重要組成部分，對於研究地方的政治、經濟、文化的歷史沿革和發展脉絡有着不可替代的作用。

（二）湘人家（族）譜數量可觀

家（族）譜是一個家族歷史的記載與傳承，是重要的文獻資料，是對國史和地方志文獻的重要補充，對增強民族凝聚力具有重要意義。我院藏有湘人 50 餘家姓氏、百餘部家（族）譜，其中最早一部家譜爲（永樂）《江西南昌豐城李氏宗譜》，院藏的（民國）《湘潭五柱塘李氏七修族譜》、（民國）《中湘賓氏五修族譜》、（民國）《赤山張氏族譜》等家譜中明確了其先祖由外省遷徙入湘的源流脉絡，印證了歷史上幾次重大的北人南遷、移民入湘事件，對於研究民族遷徙與融合、民風民俗傳承與變遷、湖湘經濟文化發展等都有重要價值。

（三）湘人文集及傳記資料收藏豐富

我院藏有曾國藩、左宗棠、胡林翼、江忠源、王先謙、王闓運等湖湘名人系列著述，包括日記、年譜、行狀、自述、奏疏、詩文集等。例如（光緒）《左文襄公全集》、（同治）《胡文忠公遺集》、（咸豐）《江忠烈公遺集》、（光緒）《湘綺樓詩文集》等，這些作者，或是碩彦名儒，或是重臣名將，皆爲大家，他們的著述是湖湘文化的重要組成部分，充分體現了“心憂天下、敢爲人先、經世致用、兼收並蓄”的湖湘文化精神特質，爲研究人物人生經歷、思想品行提供了第一手資料，其文化特色和研究價值不可替代。

（四）善本古籍佳品衆多

善本是院藏古舊文獻中的精華，我院藏有善本100餘部、1000餘册，有《金石四例》等17部精品入選《中國古籍善本書目》。現擇其一二，略作描述與評介，以窺其貌：

1.《金石四例》。清李瑶排印，清道光膠泥活字本，版框高21.9釐米，寬15.5釐米，書名頁牌記題“七寶轉輪藏定本仿宋膠泥版印法”，長方形書牌。全書用黄竹紙印製，筆畫精匀，字跡清楚，鈐有“菜香山館”“星垞甫收藏典籍之章”等印，泥活字本古籍十分稀少，是爲傳世珍品。[11]

2.《松筠桐蔭館印譜三卷集印一卷》。清郭偉勣篆刻，清乾隆鈐印本，全書版框高17.8釐米，寬12.2釐米，白宣紙鈐拓，每頁一印，版心上端有“松筠桐蔭館印”，傳本極少。[12]

3.《山堂先生群書考索别集二十五卷目録一卷》。宋章如愚輯，元延祐刻本。全書版框高16.1釐米，寬10.7釐米，用二指寬的黄色横紋紙印製，書中粘貼有清乾隆四庫全書館簽條，以及四庫校官校勘訛字的簽條，爲四庫全書底本之一。鈐有“石溪鈕氏家藏”“慎獨”“乾隆御覽之寶”“天禄琳琅”等印。[13]

4.《來齋金石刻考略》。清林侗撰，清乾隆抄本。林侗以金石學著名於世，他四方游歷，搜羅金石，編錄古今碑刻。該書爲編纂《四庫全書》時福建巡撫的進呈原本。書中有民國著名藏書家葉啓勳、葉啓發題跋四則，葉啓發題跋稱此書是清林侗未定手稿，爲清内府秘笈，書中有四庫校館的校誤簽條，鈐有“大興朱氏竹君藏書之印”“朱錫庚”及葉氏兄弟藏書印。[14]該書爲清初金石學的復興和治學方法的確定，起到了重要作用。

5.《藝文類聚》。唐歐陽詢撰，明嘉靖胡纘宗刻本。《藝文類聚》是我國現存最早的官修綜合性類書，保存了唐代以前大量豐富的文獻資料。院藏《藝文類聚》爲明代著名的仿宋小字刻本，版框高22.1釐米，寬15.1釐米，小字密行，雕刻精良，可與宋刻本媲美，在明代衆多刻本中，唯此本最精，歷代藏書家皆視爲善本珍藏。[15]

總之，這些珍貴的古舊文獻具有極其重要的學術價值，凸顯了湖湘文化心憂天下的家國情懷、敢爲人先的開拓精神、實事求是的務實作風、堅韌不拔的鬥爭精神、兼收並蓄的開放胸懷，爲我院陳列展覽、科學研究、公衆教育提供了充足的文獻保障，不斷發揮出傳承優秀文化的積極作用。

四　院藏古舊文獻目錄整理過程及體會

2019 年，我院相關部門申報了《湖南博物院藏古舊文獻目錄》編輯出版專案，該專案得到了院領導的高度重視和大力支持，成立了古舊文獻目錄專案編撰小組，組建了工作團隊，擬訂了周密的工作計劃，項目有條不紊地開展起來，筆者有幸全程參與並作爲主要責任者之一，通過此次整理出版專案，對古籍整理編輯工作有了更深入的瞭解和體會。

（一）克服各種不利因素，努力保證項目圓滿完成

1. 目錄的編纂出版過程是枯燥艱難的，看似簡單的目錄編纂工作，實際上充滿了困難，但組員們没有氣餒退縮，始終保持積極的工作狀態和飽滿的工作熱情。爲了如期完成項目，面對任務重、人手短缺的困難，大家默默付出，自願犧牲休息時間，經常加班加點。同時，組員們還不斷調整優化工作流程，經過一段時間的磨合，達到了事半功倍的效果。

2. 在項目實施期間，我院進行了機構改革，部門、人員均進行了調整，原屬同一部門的專案組成員，機構改革後，被分到不同部門，在新的工作崗位上接受了各項新的工作任務，專案進度受到一定影響。在此情況下，專案組成員克服困難，在完成本職工作的同時，平衡好專案工作與其他本職工作，同時積極彙報溝通，得到了所屬各部門領導的充分理解與全力支持，使專案得以穩步推進。

3. 由於受年代久遠、保存欠佳等因素影響，不少古舊文獻都存在積灰黴變的現象，組員們在日復一日接觸、翻閱古舊文獻的過程中，即使做好了戴口罩、手套等防護措施，也阻擋不了灰塵黴菌無孔不入的侵襲。數年間，每位組員都不同程度地出現了長時間的皮膚瘙癢、眼鼻發炎、過敏咳嗽等症狀，身體健康受到影響，即便如此，組員們發揚“一不怕髒、二不怕苦”的精神，在整個編纂過程中依然堅守崗位，保質保量地完成了工作任務。

（二）提高自身素養，力求編纂内容準確無誤

整理出版古舊文獻目錄對編纂人員的綜合素質要求較高，專案組成員們大多是年輕人，此前接觸古舊文獻較少，工具書短缺，專業知識儲備不足。還記得在專案實施初期，面對一册册古舊文獻，如何找出並核對題名卷數、著者版本、存缺卷數等資訊，如何分析版式、行款、收藏印鑒、序跋、目錄、正文、附錄等要素，組員

們感覺不得要領，有時花費一整天也難以完成一册文獻的有效資訊查找，工作效率不高。如何解決這一難題？大家的對策是自身鑽研，勤學好問，笨鳥先飛。組員們迎難而上，化壓力爲動力，自發查閲書籍，積極參加專業培訓，互相交流心得體會，多次請專家實地指導答疑解惑，虚心求教收穫頗豐。經歷了多次反復摸索後，組員們積纍了經驗，提高了工作技能，從最初的無從下手，到後來的駕輕就熟，這和組員們的不懈努力是分不開的。回顧過去，我們主要做了以下幾點工作：

1. 保證繁體和簡體互换及異體字的正確

目録的整理出版首要問題就是文字的録入，本目録采用繁體出版形式，對於日常習慣使用簡體字的我們來説，剛開始難以適應，很容易造成一個字録入多種字形或録入錯誤的情况。全書65萬字，工作量很大，但是本着精益求精的精神，我們力争每個字都正確，這是一項考驗眼力、耐力的工作，雖然枯燥、煩瑣，但卻是十分關鍵重要的基礎性工作。

（1）本目録使用繁體字排版，而在整理編纂過程中，電子文稿一般是簡體録入，再轉换爲繁體，這時就不能簡單一刀切，不能盲目一鍵轉换，還需要人工辨别，否則會出現很多繁簡字的轉换錯誤，例如簡體字“范”字表規範之意時的繁體是“範”，但用於姓氏時就不需要用繁體，就需要特别加以留意。

（2）由於録入人員習慣不同，采用五筆和拼音兩種輸入法，分别有容易搞錯的地方。例如用五筆輸入法時，“廷”與“延”、“穀”與“穀”、“綱”與“網”、“錫”與“錫”、“揚”與“揚”等字形十分相似，録入時容易出現混淆。拼音輸入法則容易出現同音異形方面的錯誤，例如“錦章”作“緊張”，“機器”作“極其”，“倡修”作“長袖”，“頁”作“也”，“詳”作“祥”等，這些錯誤雖然很明顯，但是有時工作量太大，耗費精神，眼花疲勞，也容易忽略過去，組員就采取交叉檢查的辦法來降低差錯率。

（3）古舊文獻用字不規範，經常出現多個異體字並存的情况，如“攷正”“考證”“手跡”“手蹟”等，在處理這種情况時，一律忠實於原貌，經搜索查詢，存在此種情况的大概有500餘部古舊文獻，我們逐一查閲了這500餘部古舊文獻，按照文獻實物上的文字録入。

2. 將古舊文獻重新合併、拆分

在此次整理中，發現有部分古舊文獻，同一部書被拆開給予了不同的索書號，或者兩部不同的書用同一個索書號，應是當時收録疏忽所致，面對這種情况，我們都一一整理，或拆分或合併，基本做到了一個索書號對應一部古舊文獻。

（1）1185 號《許竹篔先生出使函稿十四卷》存卷五至卷十四，缺少了卷一至卷四。而 1192 號《許竹篔先生出使函稿十四卷》恰好存卷一至卷四，且對比二者版本資訊、紙張裝幀等方面皆一致，確定是一套書被分爲了兩部分，因此我們就將 1192 號合併至 1185 號，使其成套。

（2）895 號《湘陰伍氏續修支譜四卷首一卷》原存 9 本，整理中發現其中衹有 1 本是《湘陰伍氏續修支譜四卷首一卷》，另外 8 本爲《湘陰縣志》，存卷二十八至卷二十九、卷三十五至卷三十九，與支譜毫無關係。而 1062 號《湘陰縣志三十九卷首一卷補遺一卷》存首卷至卷二十七，與 895 號的 8 本《湘陰縣志》合起來恰好爲一套，因此我們將 895 號中的 8 本拆分至 1062 號，使 1062 號成爲一套較爲完整的《湘陰縣志》。

3. 將著作者、年代項補充完整

許多古舊文獻的標識極不規範，甚至經常缺失， 此現象在手稿、手抄本等非正式出版物中尤爲突出，這些都給整理彙編工作帶來了極大的不便。這就需要翻閱全書、反復搜尋、細心判斷，通過考證盡力保證各項資訊的準確性。

組員們盡最大努力，本着嚴謹的治學態度，不盲目照搬賬本資訊，從文獻實物出發，立足于原始文本，將各要素逐一核對，各方面條分縷析，嚴謹考證，有時爲了一個名字、一個年代的確認，反復查閱資料，多方對比，最終確定後，大家不禁擊掌慶祝歡呼雀躍，感受到了成功的喜悦。下面舉幾例，從側面反映出整理編纂工作的日常：

（1）5458 號《史略》稿本年代不詳，我們認真逐頁翻閱手稿，其中有“清亡”“中華民國臨時政府成立於南京”等字句，因此可斷定該手抄本年代爲民國。

（2）2653 號《伶人傳論》稿本年代不詳，其中提到的諸多京劇人物事蹟，諸如譚鑫培、孫菊仙等人，其生卒年代都跨越了清和民國，一時不能準確斷定該稿本年代，後經仔細翻閱全書，發現在“楊小樓”條目下，有“年未四十而精力已衰頹”。“年未四十”説法模糊，指代範圍 30 ～ 40 歲，楊出生於 1878 年，1911 年清朝滅亡時楊 33 歲，此時説他“年未四十”也説得過去，而楊 40 歲時則是民國時期了，如何確定年代？我們繼續尋找確切的證據，終於在另一人物“楊小田”條目下，有“清廷”“民國以來”等字句，就能完全斷定該稿本年代爲民國了。

（3）院藏大量家譜中，有些爲殘本，或記錄不規範，經常出現書牌版記缺失，作者不詳，這就需要逐一翻閱序跋，提煉歸納，從中找出主修、倡修、編纂等，然後根據基本特徵辨别版本類型。例如934號《傅氏長沙四修支譜五卷》，作者不明，後通過對幾篇序言内容的交叉對比，最後確定是傅宗讓主修；例如1881號《善化連氏續修家譜十四卷首一卷末一卷》，從排字出現歪斜甚至字體顛倒等現象，版框四角有活口等特徵判斷出是木活字本。

4. 將存、缺卷數及標題項補充完整

古舊文獻中常常存在首、末卷或者附録補記等，或者經常將兩種或兩種以上的書合刻在一起，但原有條目資訊中大多僅着録正文或第一種書，將其他内容遺漏掉了，我們每部文獻都從頭到尾逐頁翻閲查找，力求没有遺漏。例如：64號《石鼓文定本十卷附地名考一卷》，補充了《地名考》一卷；132號《校碑隨筆六卷續校碑隨筆二卷》，補充了《續校碑隨筆》二卷；159號《陶齋藏石記四十四卷首一卷藏磚記二卷》，補充了首一卷《藏磚記》二卷；352號《北宋石經考異一卷北宋石經續考異一卷》，補充了《北宋石經續考異》一卷；等等。共計補充了近1000部古舊文獻的存卷數及内容。

總之，此目錄的整理出版爲新一代古籍工作者提供了鍛煉的機會和成長的平臺，培養了人才隊伍，積纍了古舊文獻保護與整理的經驗，進一步提升了綜合能力與學術素養。

五　《湖南博物院藏古舊文獻目錄》出版價值

針對本院院藏古舊文獻特點，根據入藏的實際情況，本目錄挑選了産生於1949年以前的文獻典籍，共計收錄6000餘部、40000餘册，全書總計65萬字。從版本年代看，清代文獻3024部，占比50%；民國文獻2928部，占比48%。從版本類型看，數量最多的是刻本2513部，占比41%；其餘依次爲鉛印本1312部，占比22%；影印本965部，占比16%；石印本871部，占比14%；活字本169部，占比3%；稿抄本120部，占比2%；拓本（片）71部，占比1%。

此次編纂工作在前輩工作的基礎上，進一步加強了基礎資訊的采集，幾經寒暑，六易其稿，修改、完善原有著錄款目達4000餘處，資料統析總計達百萬字。這是一次較爲徹底、完善的基礎性整理工作，基本摸清了院藏古舊文獻資源的存藏情況，爲以後我院古舊文獻資源的進一步保護、研究、利用，打下了堅實的基礎。本書的出版，將會使得業界學者對我院所藏古舊文獻有一個全面直觀的瞭解，也是我院有史以來對院藏古舊文獻首次集中梳理展示，是我院在古籍保護工作方面的一項重要成果，將在宣傳、保護我院古舊文獻方面起到主要作用，同時也期待該書能成爲專家學者、古籍愛好者們不可或缺的工具書，在保護傳承中華古籍中發揮出其應有的價值和作用。

本書是集體智慧的結晶，在編纂過程中得到了各級領導、各部門同仁的大力支持與配合，還得到了湖南圖書館研究館員尋霖老師的傾力幫助，尋霖老師多次實地指導，並對本文提出了專業意見。本院陳叙良研究館員、楊慧婷副研究館員爲本文的寫作提供了寶貴意見，在此一併感謝。儘管在工作中一直爭取精益求精，力求做到最好，但學識所限，書中疏漏不足之處在所難免，敬請方家不吝賜教，批評指正。

注釋：

[1] 湖南省地方志編纂委員會編：《湖南省志・文化志》，湖南出版社，1991 年，第 341 頁。

[2] 林鳴鳳、高至喜：《湖南博物館大事記》，湖南省博物館編《湖南省博物館開館三十周年暨馬王堆漢墓發掘十五周年紀念文集》（內部印刷），1986 年，第 140 頁。

[3] 劉湘渝：《湖南省博物館發展點滴》，湖南省博物館編《湖南省博物館四十周年紀念論文集》，湖南教育出版社，1996 年，第 254 頁。

[4] 程鶴軒：《我館籌備之經過》，湖南省博物館編《湖南省博物館開館三十周年暨馬王堆漢墓發掘十五周年紀念文集》（內部印刷），1986 年，第 53 頁。

[5] 梁君大：《湖南省博物館建館後的開創工作》，湖南省博物館編《湖南省博物館開館三十周年暨馬王堆漢墓發掘十五周年紀念文集》（內部印刷），1986 年，第 67 頁。

[6] 湖南省地方志編纂委員會編：《湖南省志・文物志》，湖南出版社，1995 年，第 712 頁。

[7] 同 [1]，第 372 ～ 373 頁。

[8] 王濟仁：《認真做好館藏文物的保管工作》，湖南省博物館編《湖南省博物館開館三十周年暨馬王堆漢墓發掘十五周年紀念文集》（內部印刷），1986 年，第 32 頁。

[9] 同 [1]，第 367 頁。

[10] 同 [1]，第 341 頁。

[11] 同 [6]。

[12] 同 [6]，第 710 頁。

[13] 同 [6]，第 659 頁。

[14] 同 [6]，第 717 頁。

[15] 同 [6]，第 689 頁。

編纂凡例

一、收錄範圍爲我院收藏的，産生於 1949 年以前的古舊文獻，包括漢文古舊文獻、碑帖拓本、地理輿圖等文獻。

二、一部古舊文獻設立一條款目，復本亦單獨著錄，均編制獨立的書名筆畫索引附於書後。

三、著錄款目包括索引號、題名卷數、著者、版本、册數、存缺卷等内容。

四、本書著錄的古舊文獻編號順序按照入藏時間先後排序。

五、爲如實體現院藏古舊文獻的版本差異及其版本價值，本書中著錄的古舊文獻書名的字形遵從原貌，未按《古籍印刷通用字規範字形表》予以統一，特此説明。

正文條目

善 0001　**樂律全書四十四卷**
［明］朱載堉撰
明萬歷二十四年（1596）刻本　20 册

0002　**中樂尋源二卷**
童斐編
民國二十二年（1933）上海商務印書館石印本　1 册

0003　**康熙字典十二集附備考一卷補遺一卷**
［清］張玉書等撰
民國上海商務印書館新鐫銅板印清康熙四十九年（1710）刻本　7 册

0004　**音律指迷二卷**
［清］周知撰　［清］謝蘭生編
清道光十七年（1837）種香山館刻本　1 册

0005　**律吕原音四卷**
［清］永恩撰
清乾隆四十七年（1782）會稽山陰刻本　4 册

0006　**説文古籀補十四卷附錄一卷**
［清］吳大澂撰
清光緒二十四年（1898）刻本　2 册

0007　**聲律通考十卷**
［清］陳澧撰
清咸豐八年（1858）刻本　2 册

0008　**王國維先生四種**
王國維撰
民國十六年（1927）石印本　4 册

0009　**説文古籀三補十四卷**
強運開撰
民國二十四年（1935）上海商務印書館石印本　2 册

0010　**古籀彙編十四卷**
徐文鏡編
民國二十四年（1935）上海商務印書館石印本　14 册

0011　**説文古籀補補十四卷附錄一卷**
丁佛言編
民國石印本　4 册

0012　**説文古籀疏證六卷**
［清］莊述祖撰
民國十七年（1928）上海中一書局影印本　6 册

0013　**金石索十二卷首一卷**
［清］馮雲鵬　［清］馮雲鵷輯
清道光三年（1823）邃古齋刻本　22 册
缺 2 册（17 至 18）

0014 **鐘鼎字源五卷**
［清］汪立名纂
清康熙五十五年（1716）刻本 4 册

0015 **金石屑不分卷**
［清］鮑昌熙撰
清光緒二年（1876）刻本 4 册

0016 **漢石例六卷**
［清］劉寶楠撰
清同治八年（1869）山東文友堂刻本 4 册

0017 **兩漢金石記二十二卷**
［清］翁方綱撰
清乾隆五十四年（1789）刻本 8 册

善 0002 **金石四例十七卷：金石例十卷墓銘舉例四卷金石要例一卷金石例補二卷**
［元］潘昂霄 ［明］王行
［清］黄宗羲 ［清］郭祥伯撰
清道光十二年（1832）仿宋膠泥版 6 册

0019 **金石例十卷墓銘舉例四卷金石要例一卷**
［元］潘昂霄撰 ［元］楊本編
［明］王行 ［清］黄宗羲撰
清光緒十四年（1888）刻本 2 册

0020 **常山貞石志二十四卷**
［清］沈濤撰
清光緒二十年（1894）靈溪精舍翻刻本 10 册

0021 **語石十卷**
葉昌熾撰
清宣統元年（1909）刻本 4 册

0022 **金石訂例四卷**
［清］鮑振方撰
清光緒十年（1884）刻本 1 册

0023 **漢魏六朝志墓金石例三卷**
［清］吳鎬撰
清嘉慶十七年（1812）太倉張浩三詹波閣刻本 1 册

0024 **漢碑引經考六卷**
［清］皮錫瑞撰
清光緒三十年（1904）刻本 4 册

0025 **金石摘不分卷**
［清］陳善墀撰
民國二十二年（1933）影印本 8 册

0026 **金石苑不分卷**
［清］劉喜海撰
民國影印本 3 册

0027　**古籀拾遺三卷附宋政和禮器文字攷一卷**
［清］孫詒讓撰
清光緒十六年（1890）刻本　2 册

0028　**金石圖不分卷**
［清］褚峻摹　［清］牛運震集説
清乾隆八年（1743）拓本　4 册

0029　**筠清館金石錄五卷**
［清］吳榮光撰
清道光二十二年（1842）刻本　5 册

0030　**隸釋二十七卷**
［宋］洪适撰
清同治十年（1871）刻本　8 册

0031　**瓦削文字譜一卷**
文素松編
民國十九年（1930）上海思簡樓影印本
1 册

0032　**秦漢瓦當文字二卷續一卷**
［清］程敦輯
清乾隆五十二年（1787）横渠書院刻本
3 册

0033　**秦漢瓦當文字二卷續一卷**
［清］程敦輯
清乾隆五十二年（1787）横渠書院刻本
3 册

0034　**匋齋藏石記四十四卷首一卷匋齋藏磚記二卷**
［清］端方撰
清宣統元年（1909）石印本　12 册

0035　**漢魏石經考三篇**
［清］劉傳瑩撰
清光緒十二年（1886）刻本　1 册

0036　**隋唐石刻拾遺二卷附錄一卷**
［清］黄本驥編
民國十五年（1926）湖南叢書處刻本
2 册

0037　**集古录跋尾十卷**
［宋］歐陽修撰
清道光刻本　4 册

0038　**寶鴨齋題跋三卷**
［清］徐樹鈞撰
清宣統二年（1910）宏文社石印本　2 册

0039　**復古編二卷校正一卷**
［宋］張有撰　［清］葛鳴陽校正
清乾隆刻本　2 册

0040　**集古求真十三卷首一卷末一卷**
歐陽輔輯

民國十二年（1923）江西開智書局影印本　8册

0041　**函青閣金石記四卷**
［清］楊鐸撰
民國二十年（1931）瑞安陳氏湫漻齋刻本　2册

0042　**雍州金石記十卷附記餘一卷**
［清］朱楓撰　［清］李錫齡校刊
清乾隆二十四年（1759）刻本　2册

0043　**山右金石錄一卷**
［清］夏寶晋撰
清光緒八年（1882）歸安石氏古歡閣刻本　1册

0044　**筠清館金石錄五卷**
［清］吴榮光撰
清道光二十二年（1842）刻本　4册

0045　**金石全例十卷**
［清］朱記榮輯
清光緒四年（1878）讀有用書齋刻本　16册

0046　**求古精舍金石圖初集四卷**
［清］陳經輯
清嘉慶十八年（1813）説劍樓刻本　4册

0047　**漢碑徵經一卷**
［清］朱百度撰
清光緒十五年（1889）廣雅書局刻本　1册

0048　**汗簡七卷**
［宋］郭忠恕撰
清光緒十一年（1885）寧波蔣瑞堂刻本　2册

0049　**潛研堂金石文跋尾二十卷**
［清］錢大昕撰
清光緒三十三年（1907）長沙龍氏刻本　8册

0050　**積古齋鐘鼎彝器款識十卷**
［清］阮元撰
清嘉慶九年（1804）刻本　4册

0051　**積古齋鐘鼎彝器款識十卷**
［清］阮元撰
清光緒五年（1879）武昌刻本　6册

0052　**歷代鐘鼎彝器款識二十卷**
［宋］薛尚功輯
民國上海古書流通處影印本　4册

0053　**積古齋鐘鼎彝器款識十卷**
［清］阮元撰
清嘉慶九年（1804）刻文選樓叢書本

4 册

0054　**金石文鈔八卷**
［清］趙紹祖輯
清嘉慶七年（1802）刻本　8 册

0055　**麓山古迹存廢一覽表**
［□］□□撰
民國抄本　1 册

0056　**隨軒金石文字不分卷**
［清］徐渭仁撰
清道光十六年（1836）刻本　4 册

0057　**金石聚十六卷**
［清］張德容撰
清同治十一年（1872）二銘草堂刻本
16 册

0058　**古志石華三十卷**
［清］黄本驥撰
清道光二十七年（1847）寧鄉黄氏三長物齋刻本　8 册

0059　**獨笑齋金石文考第一集五卷第二集八卷**
鄭業斅撰
民國十六年（1927）鄭氏石印本　3 册

0060　**括蒼金石志十二卷**
［清］李遇孫輯　［清］鄒柏森校補
清光緒元年（1875）浙江處州府署刻本
6 册

0061　**京畿金石考二卷**
［清］孫星衍撰
清刻惜陰軒叢書本　2 册

0062　**石鼓釋文十卷**
強運開釋
民國二十四年（1935）上海商務印書館石印本　2 册

0063　**江寧金石記八卷**
［清］嚴觀編
清嘉慶九年（1804）刻本　3 册

0064　**石鼓文定本十卷附地名攷一卷**
［清］沈梧撰
清光緒十六年（1890）古華山館刻本
4 册

0065　**校碑隨筆不分卷**
方若撰
民國石印本　4 册

0066　**琴譜指法二卷**
［清］徐常遇撰
民國三年（1914）上海廣益書局石印本
1 册

0067　**兩罍軒彝器圖釋十二卷**
［清］吳雲撰
清同治十二年（1873）刻本　6 册

0068　**兩罍軒彝器圖釋十二卷**
［清］吳雲撰
清同治十二年（1873）刻本　6 册

0069　**金文續編十四卷附錄一卷銘文一卷檢字一卷**
容庚撰集
民國二十三年（1934）上海商務印書館石印本　2 册

0070　**漢魏石經考三篇**
［清］劉傳瑩撰
清光緒十二年（1886）刻本　1 册

0071　**河朔新碑目三卷**
顧燮光編
民國八年（1919）石印本　2 册

0072　**吉金所見錄十六卷**
［清］初尚齡撰
清刻本　8 册

0073　**山右金石錄一卷**
［清］夏寶晉撰
清道光二十七年（1847）刻本　1 册

0074　**石濤上人年譜不分卷**
傅抱石編
民國三十七年（1948）京滬週刊社鉛印本　1 册

0075　**括蒼金石志十二卷**
［清］李遇孫輯　［清］鄒柏森校補
清光緒元年（1875）浙江處州府署刻本　6 册

0076　**千甓亭磚錄六卷**
［清］陸心源輯
清光緒七年（1881）刻本　1 册

0077　**金石錄三十卷**
［宋］趙明誠撰
清道光黄本驥刻三長物齋叢書本　6 册

0078　**端溪硯史三卷**
［清］吳蘭修撰
清乾隆元年（1736）刻本　1 册

0079　**寰宇訪碑錄十二卷**
［清］孫星衍　［清］邢澍撰
清嘉慶七年（1802）蘭陵孫氏刻本　6 册

0080　**古玉概説**
［日本］濱田耕著　胡肇椿譯
民國二十五年（1936）上海中華書局鉛印本　2 册

0081　**古志石華三十卷**
［清］黄本驥撰
清道光二十七年（1847）寧鄉黄氏三長物齋刻本　6冊

0082　**古玉圖考不分卷**
［清］吳大澂撰并書
清光緒十五年（1889）石印本　4冊

0083　**温州古甓記一卷**
［清］孫詒讓撰
清光緒六年（1880）刻本　1冊

0084　**金石略三卷**
［宋］鄭樵撰
清光緒學古齋刻本　3冊

0085　**東洲草堂金石跋五卷**
［清］何紹基撰
民國十四年（1925）湖南叢書處刻本　2冊

0086　**敦煌石室遺書**
羅振玉等輯
清宣統元年（1909）鉛印本　4冊

0087　**晦明軒稿一卷**
楊守敬撰
清光緒二十七年（1901）鄰蘇園刻本　2冊

0088　**金石契不分卷**
［清］張燕昌撰
清嘉慶十七年（1812）刻本　4冊

0089　**金石三跋十卷**
［清］武億撰
清乾隆五十五年（1790）刻本　3冊

0090　**金石大字典三十二卷**
汪仁壽輯
民國十九年（1930）上海碧梧山莊石印本　30冊

0091　**陶齋吉金續錄二卷**
［清］端方輯
清宣統元年（1909）石印本　2冊

0092　**陶齋吉金錄八卷**
［清］端方輯
清光緒三十四年（1908）上海有正書局石印本　8冊

0093　**綴遺齋彝器考釋三十卷首一卷**
［清］方濬益編錄
民國二十四年（1935）上海商務印書館影印本　13冊　缺2卷（21至22）

0094　**煉石編三卷圖一卷**
［英國］亨利黎特撰　［清］舒高第
［清］鄭昌棪同譯

清光緒三年（1877）江南機器製造總局鉛印本　2 册

0095　**小蓬萊閣金石文字不分卷**
［清］黄易撰
清道光十四年（1834）刻本　2 册

0096　**奇觚室吉金文述二十卷**
劉心源撰
清光緒二十三年（1897）石印本　10 册

0097　**潛研堂金石文跋尾二十卷**
［清］錢大昕撰
清光緒長沙龍氏刻本　8 册

0098　**博古圖録三十卷**
［宋］王黼等撰
清乾隆十七年（1752）亦政堂刻本　2 册　存 3 卷（1 至 3）

0099　**考古圖十卷**
［宋］吕大臨撰
清乾隆十七年（1752）刻本亦政堂藏版　3 册

0100　**碑版文廣例十卷**
［清］王芑孫輯
清道光二十一年（1841）刻本　4 册

0101　**石經殘字考一卷**
［清］翁方綱撰
清光緒九年（1883）常熟鮑氏後知不足齋刻本　1 册

0102　**墨妙亭碑目考二卷附考一卷**
［清］張鑑撰
清光緒十年（1884）江蘇書局刻本　2 册

0103　**金石文字記六卷**
［清］顧炎武撰
清刻本　2 册

0104　**兩漢金石記二十二卷**
［清］翁方綱撰
清乾隆五十四年（1789）南昌使院刻本　8 册

0105　**庫方二氏藏甲骨卜辭一卷**
［美國］方法斂摹　［美國］白瑞華校
民國二十四年（1935）上海商務印書館石印本　1 册

0106　**藝海樓金石文字**
［清］顧沅輯
民國十一年（1922）上海震亞圖書局影印本　1 册

0107　**金石圖説四卷**
［清］褚峻摹　［清］牛運震集説　劉世珩編補

清光緒二十年（1894）刻本　4 冊

0108　**石鼓文疏記一卷**
馬叙倫疏證
民國二十四年（1935）上海商務印書館石印本　1 冊

0109　**石鼓文疏記一卷**
馬叙倫疏證
民國二十四年（1935）上海商務印書館石印本　1 冊

0110　**漢魏六朝磚文不分卷**
王樹枏集藏
民國二十四年（1935）上海商務印書館影印本　3 冊

0112　**新鄭出土古器圖志續編一卷**
靳雲鶚等輯
民國十二年（1923）鉛印本　1 冊

0113　**新鄭出土古器圖志初編一卷續編一卷附編一卷**
靳雲鶚等輯
民國十二年（1923）鉛印本　3 冊

0114　**殷文存一卷古明器圖錄二卷**
羅振玉輯
民國六年（1917）上海倉聖明智大學影印藝術叢編本　1 冊　存 3 卷（殷文存卷下、古明器圖錄卷 3 至 4）

0115　**殷虚書契後編二卷**
羅振玉輯
民國五年（1916）影印藝術叢編本　2 冊　存 2 冊（卷上、卷下）

0116　**矢彝考釋一卷**
羅振玉輯
民國十八年（1929）石印本　1 冊

0117　**鐘鼎欵識原器拓片第一不分卷**
［□］□□撰
民國上海有正書局影印本　1 冊

0118　**宋王復齋鐘鼎欵識一卷**
［宋］王厚之輯　［清］阮元考釋
清嘉慶七年（1802）揚州阮氏積古齋刻本　1 冊

0119　**金石萃編一百六十卷續編二十一卷首一卷**
［清］王昶撰
清光緒十九年（1893）上海醉六堂刻本　24 冊

0120　**龜甲文字概論一卷**
陳晋著
民國二十二年（1933）上海中華書局石印本　1 冊

0121 **甲骨年表不分卷**
董作賓　胡厚宣編
民國九年（1920）上海商務印書館鉛印本　1 册

0123 **甲骨文字研究不分卷**
郭沫若撰
民國上海大東書局石印本　2 册

0124 **東洲草堂金石跋五卷**
［清］何紹基撰
民國十四年（1925）湖南叢書處刻本　2 册

0125 **甲骨文字理惑不分卷**
徐英撰
民國二十五年（1936）影印本　1 册

0126 **甲骨書録解題五卷附甲骨論文解題三卷**
邵子風撰
民國二十四年（1935）石印本　1 册

0127 **鐵雲藏龜不分卷**
［清］劉鶚撰
清光緒二十九年（1903）石印本　6 册

0128 **殷商貞卜文字考一卷**
羅振玉撰
清宣統二年（1910）石印本　1 册

0129 **金石索十二卷**
［清］馮雲鵬　［清］馮雲鵷輯
清光緒十九年（1893）石印本　24 册

0130 **陶説六卷**
［清］朱琰撰
清光緒十年（1884）刻本　1 册

0131 **隸書大字典十五卷**
［清］翟雲升編
民國十三年（1924）上海掃葉山房石印本　19 册

0132 **校碑隨筆六卷續校碑隨筆二卷**
方若撰
民國十一年（1922）華璋書局石印本　6 册

0133 **矢彝考釋質疑一卷國朝金文著录表校勘記一卷補遺二卷附錄一卷**
鮑鼎撰　王國維撰
民國十八年（1929）石印本　4 册　存 2 卷（國朝金文著录表存卷 3 至 4）

0134 **骨董瑣記八卷**
鄧之誠撰
民國二十二年（1933）鉛印本　6 册

0135 **積古齋鐘鼎彝器款識十卷**
［清］阮元撰

清嘉慶九年（1804）刻本　5 册

0136　**歷代鐘鼎彝器款識法帖二十卷**
［宋］薛尚功撰
清嘉慶二年（1797）刻本　5 册

0137　**積古齋鐘鼎彝器款識十卷**
［清］阮元撰
清光緒三十三年（1907）上海醉六堂刻本　5 册

0138　**廣湖南考古略三十卷**
［清］同德齋主人編
清光緒十四年（1888）上海鴻寶齋石印本　6 册

0139　**策學備纂三十二卷**
［清］蔡啓盛　［清］吴穎炎輯
清光緒十三年（1887）石印本　2 册
存 1 卷（27）

0140　**策貫後編十卷**
［清］昆林主人編
清光緒十四年（1888）石印本　2 册

0141　**金石存十五卷**
［清］吴玉搢撰
清嘉慶二十四年（1819）山陽李宗昉聞妙香室刻本　3 册　存 10 卷（6 至 15）

0142　**説文籀文考證一卷補遺一卷**
葉德輝撰
民國十九年（1930）長沙葉氏觀古堂刻本　1 册

0143　**説文解字繫傳四十卷**
［五代］徐鍇撰
清光緒九年（1883）刻本　8 册

0144　**唐寫本説文解字木部箋異一卷**
［清］莫友芝撰
清同治二年（1863）刻本　1 册

0145　**説文古籀補十四卷補遺一卷附録一卷**
［清］吴大澂撰
清光緒十年（1884）刻本　2 册

0146　**説文古籀補十四卷附録一卷**
［清］吴大澂撰
清光緒二十四年（1898）刻本　2 册

0147　**説文讀若字考七卷附録一卷**
葉德輝輯録
民國十二年（1923）長沙葉氏觀古堂刻本　2 册

0148　**説文籀文考證一卷補遺一卷**
葉德輝撰
民國十九年（1930）長沙葉氏觀古堂刻

本　1 册

0149　**段氏説文注訂八卷**
［清］鈕樹玉撰
清同治五年（1866）碧螺山館刻本　2 册

0150　**古籀拾遺三卷**
［清］孫詒讓撰
清光緒十四年（1888）刻本　2 册

0151　**博古圖録三十卷考古圖十卷**
［宋］王黼等撰
清亦政堂刻本　27 册　存 28 卷（博古圖存卷 3 至 30）

0152　**博古圖録三十卷**
［宋］王黼等撰
清乾隆十七年（1752）亦政堂刻本　18 册

0153　**校碑隨筆不分卷**
方若撰
民國山陰吴氏西泠印社木活字版　6 册

0154　**求古精舍金石圖初集四卷**
［清］陳經輯
清光緒二年（1876）刻本　4 册

0155　**寰宇訪碑録十二卷**
［清］孫星衍　［清］邢澍撰
清嘉慶七年（1802）刻本　4 册

0156　**來齋金石刻考略三卷**
［清］林侗撰
清道光二十一年（1841）刻本　1 册

0157　**陶齋吉金録八卷續録二卷**
［清］端方輯
清光緒三十四年（1908）石印本　20 册

0158　**古今錢略三十二卷首一卷末一卷**
［清］倪模撰
清光緒三年（1877）刻本　14 册　存 28 卷（1 至 16、21 至 32）

0159　**陶齋藏石記四十四卷首一卷藏磚記二卷**
［清］端方撰
清宣統元年（1909）石印本　12 册

0160　**潘蒼厓金石例四卷**
［元］潘昂霄撰
清光緒四年（1878）刻本　4 册

0161　**墓銘舉例四卷**
［明］王行撰
清光緒三十年（1904）刻本　2 册

0162　**兩漢金石記二十二卷**
［清］翁方綱撰

清乾隆五十一年（1786）刻本　8 册

0163　**歷代石經考七卷**
張國淦著
民國十九年（1930）北平燕京大學國學研究所鉛印本　3 册

0164　**金文續編十四卷附錄一卷**
容庚撰集
民國二十四年（1935）上海商務印書館石印本　2 册

0165　**東洲草堂金石跋五卷**
［清］何紹基撰
民國十四年（1925）湖南叢書處刻本　2 册

0166　**金石存十五卷**
［清］吳玉搢撰
清道光二十五年（1845）刻本　3 册

0167　**校碑隨筆不分卷**
方若撰
民國十一年（1922）石印本　3 册

0168　**金石存十五卷**
［清］吳玉搢撰
清嘉慶二十四年（1819）山陽李宗昉聞妙香室刻本　1 册　存 5 卷（1 至 5）

0169　**泉布統志九卷首一卷附一卷**
［清］孟麟輯
清嘉慶四年（1799）刻本　32 册

0170　**錢志新編二十卷首一卷**
［清］張崇懿輯
清道光六年（1826）刻本　2 册

0171　**泉志十五卷譜雙五卷**
［宋］洪遵撰
清同治十三年（1874）刻本　2 册

0172　**古今錢略三十二卷首一卷末一卷**
［清］倪模撰
清光緒三年（1877）刻本　16 册　存 17 卷（17 至 32、卷末）

0173　**錢志新編二十卷首一卷**
［清］張崇懿輯
清道光十年（1830）酌春堂刻本　7 册

0174　**古泉叢話三卷**
［清］戴熙撰
清同治十一年（1872）吳縣潘氏滂喜齋刻本　1 册

0175　**古今錢略三十二卷首一卷末一卷**
［清］倪模撰
清光緒三年（1877）刻本　16 册　存 17 卷（卷首、1 至 16）

0176 **泉志十五卷**
［宋］洪遵撰
清同治十三年（1874）刻本　1册

0177 **癖談六卷**
［清］蔡雲撰
清刻本　1册

0178 **古錢實用譚一卷**
丁福保撰
民國二十五年（1936）上海醫學書局石印本　1册

0179 **古泉雜詠四卷**
葉德輝撰
清光緒二十七年（1901）長沙葉氏觀古堂刻本　2册

善0003 **史記志疑三十六卷**
［清］梁玉繩撰
清乾隆五十二年（1787）刻本　10册

善0004 **史記索隱三十卷五代史補五卷五代史闕文一卷**
［唐］司馬貞　［宋］陶嶽
［宋］王禹偁撰　［宋］裴駰注
明毛晉汲古閣刻本　2册

0182 **史記會注考證駁議一卷**
魯實先撰
民國二十九年（1940）長沙湘芬書局鉛印本　1册

0183 **史記毛本正誤一卷**
［清］丁晏撰
清抄本　1册

0184 **桐城吳先生點勘史記一百三十卷附録一卷初校本點識一卷諸家史記評語一卷**
［清］吳汝綸點勘
清宣統元年（1909）刻本　20册

0185 **欽定錢録十六卷**
［清］梁詩正等撰
清光緒二十年（1894）上海積山書局石印本　4册

0186 **欽定錢録十六卷**
［清］梁詩正等撰
民國十五年（1926）上海雲華居廬石印本　4册

0187 **漢書補注一百卷首一卷**
王先謙撰
清光緒二十六年（1900）長沙王氏刻本　32册

0188 **後漢書集解九十卷續後漢志集解三十卷**

王先謙撰
民國四年（1915）長沙王氏刻本　30 册

0189　**漢書辨疑二十二卷後漢書辨疑一十一卷續漢書辨疑九卷**
［清］錢大昭撰
清光緒十三年（1887）廣雅書局刻本
8 册

0190　**漢書地理志校本二卷**
［清］汪遠孫撰
清道光二十七年（1847）振綺堂刻本
1 册

0191　**漢書地理志水道圖説七卷**
［清］陳澧撰
清道光二十八年（1848）番禺陳氏刻本
1 册

善 0005　**補漢兵志一卷**
［宋］錢文子撰　［宋］陳元粹注
清同治十三年（1874）抄本　1 册

0193　**漢書藝文志注解七卷**
姚明煇撰
民國武昌高等師範學校鉛印本　2 册

0194　**兩漢刊誤補遺十卷附錄一卷**
［宋］吳仁傑撰
清同治七年（1868）金陵書局木活字本
2 册

0195　**後漢書補表八卷**
［清］錢大昭撰
清光緒八年（1882）後知不足齋刻本
4 册

0196　**後漢書注補正八卷**
［清］周壽昌撰
清光緒八年（1882）長沙思益堂刻本
4 册

0197　**漢書注校補五十六卷**
［清］周壽昌撰
清光緒十年（1884）長沙小對竹軒刻本
14 册

0198　**漢志水道疏證四卷**
［清］洪頤煊撰
清光緒十四年（1888）長洲蔣鳳藻心矩齋刻本　2 册

0199　**三國志注證遺四卷**
［清］周壽昌撰
清光緒八年（1882）思益堂刻本　1 册

0200　**三國志質疑六卷**
［清］徐紹楨撰
清光緒十二年（1886）羊城刻本　2 册

0201 **史漢駢枝一卷**
［清］成孺撰
清光緒十二年（1886）廣雅書局刻本
1 册

0202 **補後漢書藝文志四卷**
［清］侯康撰
清光緒三十年（1904）嶺南伍氏刻本
1 册

0203 **漢書律歷志補注訂誤一卷**
周正權編
民國九年（1920）周氏楚風樓活字本
1 册

0204 **三國志集解六十五卷補二卷**
盧弼撰
民國二十五年（1936）鉛印本 18 册
存 60 卷（1 至 10、16 至 65）

0205 **三國志旁證三十卷**
［清］梁章鉅撰
清光緒十五年（1889）廣雅書局刻本
8 册

0206 **三國志證聞三卷**
［清］錢儀吉撰
清光緒十一年（1885）刻本 2 册

0207 **三國志辨誤三卷**
［清］王朝梧等同校
清乾隆武英殿木活字本 1 册

0208 **補三國疆域志二卷**
［清］洪亮吉撰
清乾隆四十六年（1781）刻本 2 册

0209 **補三國藝文志四卷**
［清］侯康撰
清道光三十年（1850）南海伍氏刻本
1 册

0210 **三國郡縣表八卷**
［清］吴增僅撰
清光緒二十一年（1895）木活字本 4 册

善 0006 **周書五十卷**
［唐］令狐德棻等撰
明崇禎五年（1632）琴川毛氏汲古閣刻本 7 册

0212 **補梁疆域志四卷**
［清］洪齮孫撰
清光緒十七年（1891）廣雅書局刻本
2 册

0213 **宋州郡志校勘記一卷**
［清］成孺撰
清光緒十三年（1887）廣雅書局刻本
1 册

0214 **補晉書藝文志四卷**
黄逢元撰
民國十五年（1926）東安席氏悟盧鉛印本 4 册

0215 **補晉書藝文志四卷顯考温毅府君年譜一卷**
［清］秦榮光撰
民國十九年（1930）鉛印本 1 册

0216 **補晉書藝文志四卷附録一卷**
［清］丁國鈞撰 ［清］丁辰注
清光緒常熟丁氏木活字本 2 册

0217 **魏書校勘記一卷**
王先謙撰
清光緒九年（1883）長沙王氏刻本 1 册

0218 **魏書官氏志疏證一卷**
陳毅撰
清光緒二十三年（1897）刻本 1 册

0219 **晉太康三年地記一卷**
［清］畢沅撰
清乾隆四十九年（1784）刻本 1 册

0220 **晉書地理志新補正五卷**
［清］畢沅撰
清乾隆四十六年（1781）經訓堂刻本 1 册 存 2 卷（1 至 2）

0221 **晉書地理志注一卷**
馬與龍撰
民國二十一年（1932）湘潭馬氏時習堂鉛印本 1 册

0222 **隋經籍志考證十三卷**
［清］章宗源撰
清光緒三年（1877）湖北崇文書局刻本 4 册

0223 **南北史補志十四卷**
［清］汪士鐸撰
清光緒四年（1878）淮南書局刻本 6 册

0224 **子史精華一百六十卷**
［清］吳士玉 ［清］吳襄等纂
清光緒十年（1884）上海同文書局石印本 8 册

0225 **新舊唐書合鈔二百六十卷首一卷**
［清］沈炳震撰
清嘉慶十八年（1813）刻本 27 册 存 80 卷（1 至 80）

0226 **新舊唐書合鈔二百六十卷補正六卷**
［清］沈炳震撰
清嘉慶十八年（1813）刻本 53 册

0227 **金史詳校十卷史論五答一卷首一卷**
［清］施國祁撰

清光緒六年（1880）會稽章氏刻本
10 册

0228 **遼史拾遺二十四卷**
［清］厲鶚撰
清光緒元年（1875）江蘇書局刻本 8 册

0229 **遼史拾遺補五卷**
［清］楊復吉輯
清光緒三年（1877）江蘇書局刻本 2 册

0230 **欽定遼史語解十卷**
［清］高宗弘歷編
清光緒四年（1878）江蘇書局刻本 2 册

0231 **宋史藝文志攷證不分卷**
陳樂素撰
民國高等師範學校鉛印本 5 册

0232 **欽定金史語解十二卷**
［清］高宗弘歷撰
清光緒四年（1878）江蘇書局刻本 2 册

0233 **欽定金史語解十二卷**
［清］高宗弘歷撰
清刻本 4 册

0234 **元史氏族表三卷**
［清］錢大昕撰
清末江蘇書局刻本 2 册

0235 **欽定元史語解二十四卷**
［清］高宗弘歷撰
清光緒四年（1878）江蘇書局刻本 6 册

0236 **元史譯文證補三十卷**
［清］洪鈞撰
清光緒二十三年（1897）刻本 4 册

0237 **元史藝文志四卷**
［清］錢大昕補
清末江蘇書局刻本 1 册

0238 **新元史二百五十七卷**
柯劭忞撰
民國天津徐氏退耕堂刻本 60 册

0239 **明史攷證攟逸四十二卷**
［清］王頌蔚撰
民國五年（1916）吳興劉氏嘉業堂刻本
10 册

0240 **清史稿五百二十九卷目錄五卷**
趙爾巽 柯劭忞等撰
民國清史館鉛印本 131 册

0241 **清史稿刑法志三卷**
趙爾巽等撰
民國李祖蔭抄本 1 册

0242 **國史儒林文苑傳**

［清］阮元編
清刻本　1 册

0243　**清史列傳八十卷**
［清］國史館編
民國十七年（1928）上海中華書局鉛印本　80 册

0244　**十七史商榷一百卷**
［清］王鳴盛撰
清乾隆五十二年（1787）洞涇草堂刻本　18 册

0245　**廿二史考異二十三卷**
［清］錢大昕撰
清末上海鴻寶齋石印本　6 册

0246　**廿二史札記三十六卷附補遺一卷**
［清］趙翼撰
清光緒二十六年（1900）新化西畬山館刻本　15 册

0247　**越縵堂讀史札記十一種**
［清］李慈銘撰
民國二十年（1931）國立北平圖書館鉛印本　9 册

0248　**歷代史表五十九卷首一卷末一卷**
［清］萬斯同撰
清光緒十五年（1889）廣雅書局刻本　6 册

0249　**廿一史四譜五十四卷**
［清］沈炳震撰
清同治十年（1871）吳氏清來堂刻本　10 册

0250　**補晋書藝文志六卷**
［清］文廷式撰
清宣統元年（1909）鉛印本　6 册

0251　**歷代帝王年表不分卷**
［清］齊召南編　［清］阮福續編
清道光四年（1824）刻本　2 册

0252　**人表考九卷**
［清］梁玉繩撰
清光緒十四年（1888）廣雅書局刻本　4 册

0253　**歷代年號記略**
［□］□□撰
民國鄂機器局翻刻亦園藏版　1 册

0254　**通歷十五卷**
［唐］馬總撰　［宋］孫光憲續撰　葉德輝校
民國四年（1915）長沙葉氏夢篆樓鉛印本　2 册

0255 **歷代紀元部表二卷**
［□］□□撰
清乾隆二十年（1755）江永刻本 1冊

0256 **周季編略九卷**
［清］黄式三撰
清同治十二年（1873）浙江書局刻本
4冊

善0007 **前漢紀三十卷**
［漢］荀悦撰 ［清］蔣國祥
［清］蔣國祚同校
清康熙錢塘蔣氏家刻本 6冊

善0008 **後漢紀三十卷**
［晋］袁宏撰 ［清］蔣國祥
［清］蔣國祚同校
清康熙錢塘蔣氏家刻本 6冊

0259 **竹書紀年六卷附紀年辨誤一卷紀年考證一卷紀年年表一卷紀年曆法天象圖一卷紀年地形都邑圖一卷紀年世系名號圖二卷紀年義證四十卷**
［南朝梁］沈約注 ［清］雷學淇校訂
清刻本 2冊 缺紀年義證40卷

0260 **校補竹書紀年二卷**
［南朝梁］沈約注 ［清］趙紹祖校補
清嘉慶古墨齋刻本 2冊

0261 **後漢紀三十卷兩漢記校記二卷**
［晋］袁宏撰
清光緒二年（1876）嶺南學海堂刻本
8冊

0262 **前漢紀三十卷**
［漢］荀悦撰
清光緒二年（1876）嶺南學海堂刻本
6冊

善0009 **資治通鑑二百九十四卷附釋文辨誤十二卷**
［宋］司馬光撰 ［元］胡三省音注
清嘉慶二十一年（1816）鄱陽胡氏重刊元初本 128冊

0264 **資治通鑑補二百九十四卷**
［宋］司馬光撰 ［元］胡三省音注
［明］嚴衍補
清光緒二年（1876）盛氏思補樓木活字本 80冊

0265 **司馬温公稽古錄二十卷**
［宋］司馬光撰
清同治十一年（1872）湖北崇文書局刻本 4冊

0266 **資治通鑑刊本識誤三卷**
［清］張敦仁撰
清光緒十二年（1886）新陽趙氏刻本

2 册

0267　**通鑑宋本校勘記五卷元本校勘記二卷**
［清］張瑛撰
清光緒八年（1882）江蘇書局刻本　1 册

0268　**資治通鑑外紀十卷目錄五卷**
［宋］劉恕撰
清刻本　8 册

0269　**資治通鑑外紀十卷**
［宋］劉恕撰
清同治十年（1871）江蘇書局刻本
10 册

0270　**續資治通鑑二百二十卷**
［清］畢沅編集
清同治八年（1869）江蘇書局刻嘉興馮氏補刻本　59 册

0271　**皇朝編年綱目備要三十卷**
［宋］陳均編
日本昭和十一年（1936）日本東京静嘉堂文庫影印静嘉堂叢書本　12 册

0272　**歷代通鑑纂要九十二卷**
［明］李東陽等撰
清光緒二十三年（1897）廣雅書局刻本
48 册

0273　**明紀六十卷**
［清］陳鶴撰
清同治十年（1871）江蘇書局刻本
20 册

0274　**明通鑒九十卷首一卷前編四卷附編六卷**
［清］夏燮撰
清同治十二年（1873）宜黄官廨刻本
24 册

0275　**明大政纂要六十三卷**
［明］譚希思撰
清光緒湖南思賢書局刻本　28 册

0276　**小腆紀年附考二十卷**
［清］徐鼒撰
清光緒四年（1878）京都刻本　20 册

0277　**清鑑輯覽二十八卷**
文明書局編
民國十二年（1923）上海文明書局鉛印本　6 册

0278　**東華全錄**
王先謙撰
清光緒十三年（1887）義善書局刻本
188 册

0279　**歷代年世**

王植著
清刻本　1冊

0280　**中國文學年表四卷**
敖士英纂輯
民國二十四年（1935）北平立達書局鉛印本　4冊

0281　**世界大事年表不分卷**
出洋學生編輯所編
日本明治三十五年（1902）鉛印本　1冊

0282　**四裔編年表四卷**
［美國］林樂知　［清］嚴良勛譯
［清］李鳳苞編
清刻本　2冊

0283　**世統紀年**
［清］張澍申撰
清同治十三年（1874）刻本　1冊

0284　**史目表二卷**
［清］洪飴孫撰
清光緒四年（1878）啓秀山房刻本　1冊

0285　**歷代甲子編年**
［明］夏洪基編
清康熙二十四年（1685）范瑶刻本　1冊

0286　**文禄堂訪書記五卷**
王文進編
民國三十一年（1942）北京文禄堂鉛印本　5冊

0287　**潛采堂宋金元人集目録一卷**
［清］朱彝尊撰
清宣統三年（1911）葉氏觀古堂刻本 1冊

0288　**東林列傳二十四卷末二卷**
［清］陳鼎撰
清刻本　12冊

0289　**金石例十卷**
［元］潘昂霄撰
清乾隆二十年（1755）刻本　3冊

0289（1）　**金石例十卷**
［元］潘昂霄撰
清乾隆二十年（1755）刻本　1冊

0290　**墓銘舉例四卷**
［明］王行撰
清刻本　3冊

0291　**百塼考一卷**
［清］吕佺孫撰
清光緒四年（1878）吴縣潘氏八囍齋刻本　4冊

0292　**戰國策三十三卷附札記三卷**
［漢］高誘注　［清］黄丕烈撰
清同治八年（1869）湖北崇文書局刻本
5 册

0293　**國語二十一卷札記一卷考異四卷**
［三國吳］韋昭注　［清］黄丕烈札記
［清］汪遠孫考異
清同治湖北崇文書局刻本　5 册

0294　**大廣益會玉篇三十卷**
［南朝梁］顧野王撰　［唐］孫強增補
清康熙四十三年（1704）澤存堂刻本
3 册

0295　**佳趣堂書目一卷**
［清］陸漻撰
民國長沙葉氏觀古堂刻本　1 册

0296　**孝慈堂書目不分卷**
［清］王聞遠輯
民國十年（1921）長沙葉氏刻本　1 册

0297　**秘書省續編到四庫闕書目二卷**
葉德輝考證
清光緒二十九年（1903）長沙葉氏觀古堂刻本　2 册

0298　**太平御覽一千卷目錄十五卷**
［宋］李昉等輯
清嘉慶二十三年（1818）刻本　32 册

0299　**郎園讀書志十六卷**
葉德輝撰
民國十七年（1928）上海澹園鉛印本
16 册

0300　**書林餘話二卷**
葉德輝撰
民國十七年（1929）上海澹園鉛印本
2 册

0301　**結一廬書目四卷**
［清］朱學勤撰
清光緒二十八年（1902）長沙葉氏觀古堂刻本　1 册

0302　**輶軒語一卷**
［清］張之洞撰
清光緒二年（1876）刻本　1 册

0303　**書目答問**
［清］張之洞撰
清刻本　2 册

0304　**宋元本行格表二卷附錄一卷**
［清］江標輯
清光緒二十三年（1897）湘中刻本　2 册

0305　**郘亭知見傳本書目十六卷**

［清］莫友芝撰
民國上海國學扶輪社鉛印本 6册

0306 **歷代鐘鼎彝器款識法帖二十卷**
［宋］薛尚功撰
清嘉慶二年（1797）刻本 4册

0307 **叢書書目彙編不分卷**
沈乾一編
民國十六年（1927）上海醫學書局鉛印本 4册

0308 **善本書室藏書志四十卷附録一卷**
［清］丁丙輯
清光緒二十七年（1901）錢唐丁氏刻本 16册

0309 **啓蒙朝鮮史略七卷**
菅原龍吉編
日本明治八年（1875）刻本粲明館藏版 7册

0310 **左傳紀事本末五十三卷**
［清］高士奇撰
清光緒二十四年（1898）湖南思賢書局刻本 12册

0311 **通鑑紀事本末二百三十九卷**
［宋］袁樞撰 ［明］張溥論正
清光緒二十四年（1898）湖南思賢書局刻本 64册

0312 **三朝北盟會編二百五十卷首一卷**
［宋］徐夢莘撰
清光緒四年（1878）越東鉛印本 37册 缺3册（16至18）

0313 **宋史紀事本末一百九卷**
［明］馮琦撰 ［明］陳邦瞻增訂
［明］張溥論正
清光緒二十四年（1898）湖南思賢書局刻本 20册

0314 **遼史紀事本末四十卷首一卷金史紀事本末五十二卷**
［清］李有棠撰
清光緒十九年（1893）上海同文書局石印本 10册

0315 **四朝鈔幣圖録不分卷**
羅振玉撰
民國三年（1914）上虞羅氏影印本 1册

0316 **四朝寳鈔一卷**
［□］□□撰
民國七年（1918）上海影印本 1册

0317 **古錢大辭典二編**
丁福保編
民國上海醫學書局石印本 12册

0318　**古錢實用譚一卷**
丁福保撰
民國上海醫學書局石印本　1 册

0319　**大錢圖錄一卷**
［清］鮑康撰
清光緒二年（1876）刻本　1 册

0320　**張叔未古泉拓本一卷**
［清］張廷濟輯
民國石印本　1 册

0321　**江王潘古錢精選拓本**
［□］□□撰
民國上海神州國光社影印本　1 册

0323　**巖窟藏鏡四集**
梁上椿編
民國二十九年至民國三十一年（1940 至 1942）北京鉛印本　6 册

0324　**鏡影樓鈎影一卷**
徐乃昌輯
民國二十八年（1939）上海商務印書館影印本　1 册

0325　**浣花拜石軒鏡銘集錄二卷**
［清］錢坫撰
清嘉慶二年（1797）刻本　2 册

0326　**權衡度量實驗考一卷**
［清］吳大澂撰
清光緒二十年（1894）長沙節署刻本 1 册

0327　**增訂歷代符牌圖二卷**
羅振玉輯
民國十四年（1925）東方學會影印本 2 册

0328　**簠齋傳古別錄一卷**
［清］陳介祺撰
清刻本　1 册

0329　**淮安北門城樓金天德年大鐘欵識一卷**
［清］丁晏輯
清道光二十四年（1844）刻本　1 册

0330　**歷代符牌圖錄二卷**
羅振玉輯
民國三年（1914）上虞羅氏影印本　1 册　存 1 册（上册）

0331　**古兵符考略殘稿一卷**
［清］翁大年編
民國五年（1916）上虞羅氏影印本　1 册

0332　**金銀圖錄六卷附言一卷**
［日本］近藤守重輯

日本刻本　7 册

0333　**古器具名二卷**
［明］胡文焕撰
明刻本　2 册

0335　**石鼓釋文十卷**
強運開釋
民國石印本　4 册

0336　**石鼓文釋存一卷**
［清］張燕昌撰
清光緒二十八年（1902）石印本　1 册

0337　**補寰宇訪碑錄五卷補寰宇訪碑錄校勘記一卷**
［清］趙之謙撰　李宗顥纂　文素松補
民國十五年（1926）刻本　7 册

0338　**石鼓文定本十卷附地名攷一卷**
［清］沈梧撰
清光緒十六年（1890）古華山館刻本　7 册

0339　**寰宇訪碑錄校勘記二卷**
李宗顥纂　文素松補
民國十五年（1926）刻本　1 册

0340　**函青閣金石記四卷**
［清］楊鐸撰
民國二十年（1931）瑞安陳氏湫漻齋刻本　2 册

0341　**寰宇訪碑錄十二卷**
［清］孫星衍　［清］邢澍撰
清光緒九年（1883）江蘇書局刻本　4 册

0342　**石鼓文疏記一卷**
馬叙倫疏證
民國二十四年（1935）上海商務印書館石印本　1 册

0343　**石經彙函**
［清］顧炎武輯
清光緒十六年（1890）四川尊經書局刻本　10 册

0344　**中州金石目四卷**
［清］姚晏撰
清光緒九年（1883）歸安姚氏刻咫進齋叢書本　1 册

0345　**漢熹平石經殘石一卷**
白堅輯
民國影印本　1 册

0346　**隋唐石刻拾遺二卷附錄一卷**
［清］黄本驥編
民國十五年（1926）湖南叢書處刻本　1 册

0347　**歷代石經考七卷**
張國淦著
民國十九年（1930）北平燕京大學國學研究所鉛印本　3 册

0348　**石經考一卷**
［清］顧炎武撰
清刻亭林遺書本　1 册

0349　**漢魏石經考三篇**
［清］劉傳瑩撰
清光緒十二年（1886）黄氏試館刻本　1 册

0350　**漢石經殘石集一卷**
白堅輯
民國十九年（1930）鉛印本　1 册

0351　**石經考一卷**
［清］萬斯同撰
清乾隆常熟蔣氏省吾堂刻本　1 册

0352　**北宋石經考異一卷北宋石經續考異一卷**
［清］馮登府　［清］丁養元撰
清同治十三年（1874）長興丁氏刻本　1 册

0353　**唐昭陵石蹟考略五卷**
［清］林侗撰
清光緒二十年（1894）觀自得齋刻本　3 册

0354　**石鼓文不二字**
［□］□□撰
民國上海有正書局石印本　1 册

0355　**周秦刻石釋音一卷**
［元］吾丘衍撰
清刻本　1 册

0356　**山右石刻叢編四十卷**
［清］胡聘之輯
清光緒二十五年（1899）刻本　24 册

0357　**常山貞石志二十四卷**
［清］沈濤撰
清光緒二十年（1894）靈溪精舍翻刻本　10 册

0358　**中州金石記五卷**
［清］畢沅撰
清光緒八年（1882）望三益齋刻本　1 册

0359　**關中金石記八卷**
［清］畢沅撰
清乾隆四十六年（1781）經訓堂刻本　2 册

0360　**江寧金石記八卷江寧金石待訪目**

二卷
［清］嚴觀編
清宣統二年（1910）江楚編譯書局刻本
2 册

0361 **廬山金石彙考二卷**
吴宗慈輯注
民國二十四年（1935）鉛印本 4 册

0362 **贛石錄三卷**
邵啓賢編
民國九年（1920）餘姚邵氏石印本 2 册

0363 **蜀碑記十卷首一卷辨僞考異九卷**
［宋］王象之撰 ［清］胡鳳丹撰
清同治八年（1869）刻本 2 册

0364 **江寧金石待訪目二卷**
［清］嚴觀撰
清光緒二十二年（1896）刻本 1 册

善 0010 **益都金石叢抄不分卷**
［清］段松苓著錄
清乾隆手稿 2 册

0366 **小蓬萊閣金石文字不分卷**
［清］黄易撰
清嘉慶五年（1800）刻本 5 册

0367 **偃師金石記四卷**
［清］武億撰
清乾隆五十三年（1788）刻本 1 册

0368 **偃師金石遺文補錄十六卷**
［清］武億撰 ［清］王復續補
清嘉慶二年（1797）刻本 4 册

0369 **雍州金石記十卷附記餘一卷**
［清］朱楓撰 ［清］李錫齡校刊
清乾隆二十四年（1759）刻本 2 册

0370 **昭陵碑錄三卷**
羅振玉輯
清光緒三十四年（1908）晨風閣刻本
2 册

0371 **漢碑徵經一卷**
［清］朱百度撰
清光緒十五年（1889）廣雅書局刻本
1 册

0372 **山左金石志二十四卷**
［清］畢沅 ［清］阮元撰
清嘉慶儀徵阮氏小琅嬛仙館刻本 12 册

0373 **遼陵石刻集錄六卷附录一卷**
金毓黻輯
僞滿康德元年（1934）奉天圖書館影印本 2 册

0374　**瘞鶴銘考補一卷**

［清］翁方綱撰

清繆荃孫刻本　1册

0375　**漢碑引經考六卷**

［清］皮錫瑞撰

清光緒三十年（1904）刻本　4册

0376　**瘞鶴銘考一卷**

［清］汪士鋐撰

清康熙五十三年（1714）刻本　1册

0377　**邠州石室錄三卷**

葉昌熾著

民國吳興劉氏嘉業堂刻本　2册

0378　**安徽通志金石古物考稿十七卷**

徐乃昌纂

民國安徽通志館石印本　2册

0379　**粤西金石略十五卷**

［清］謝啓昆撰

清嘉慶六年（1801）銅鼓亭刻本　4册

0380　**金石續鈔二卷**

［清］趙紹祖輯

清刻本　1册

0381　**海東金石苑一卷**

［清］劉喜海撰

清同治十二年（1873）歙縣鮑氏刻本　1册

0382　**宜錄堂收藏金石記六卷補編一卷講義一卷**

［清］朱士端輯

清同治二年（1863）刻本　2册

0383　**河朔新碑目三卷**

顧燮光編

民國八年（1919）石印本　1册

0384　**東甌金石志十二卷**

［清］戴咸弼撰　［清］孫詒讓校補

清光緒三年（1877）木活字本　4册

0385　**括蒼金石志十二卷**

［清］李遇孫輯　［清］鄒柏森校補

清同治十三年（1874）浙江處州府署刻本　4册

0386　**閒有益齋金石文字記一卷**

［清］朱緒曾撰

清刻本　1册

0388　**裴氏壯陶閣帖目**

裴景福編

民國元年（1912）鉛印本　1册

0389　**輿地碑記目四卷**

［宋］王象之撰
清同治九年（1870）滂喜齋刻本 2 册

0390 **平津讀碑記八卷續記一卷**
［清］洪頤煊撰
清光緒十二年（1886）朱氏行素草堂刻本 2 册

0391 **墨妙亭碑目考二卷附考一卷**
［清］張鑑撰
清光緒六年（1880）刻本 2 册

0392 **墨妙亭碑目考二卷附考一卷**
［清］張鑑撰
清光緒六年（1880）刻本 2 册

0393 **孔子廟堂碑考一卷**
［清］翁方綱撰
清嘉慶十二年（1807）刻本 1 册

0394 **紅崖碑釋文一卷**
［清］鄒漢勛撰
清光緒刻本 1 册

0395 **古碑重撫僞刻考四卷**
余壽湘撰
民國二十一年（1932）平江余氏鉛印本 2 册

0396 **千唐志齋藏石續目錄一卷**
郭玉堂編
民國鉛印本 1 册

0397 **竹崦庵金石目錄五卷**
［清］趙魏輯
清宣統元年（1909）刻本 5 册

0398 **香南精舍金石契一卷**
［清］覺羅崇恩撰
清光緒二十六年（1900）影印本 2 册

0399 **獨笑齋金石考略四卷**
鄭業斅撰
清光緒十三年（1887）刻本 1 册

0400 **漢劉熊碑考二卷**
顧燮光編
民國石印非儒非俠齋金石叢書本 1 册

0401 **天下金石志不分卷**
［明］于奕正編
清順治刻本 4 册

0402 **續山東考古錄三十二卷首一卷圖考一卷**
［清］葉圭綬撰
清道光三十年（1850）刻本 6 册

0403 **山左漢魏六朝貞石目一卷續一卷再續一卷補一卷**

田士懿輯
民國十二年（1923）濟南刻本　2 册

0404　**山左訪碑錄十三卷**
［清］法偉堂撰
清宣統元年（1909）山東提學署石印本　2 册

0405　**山左南北朝石刻存目一卷**
［清］尹彭壽編
清光緒元和江氏湖南使院刻本　3 册

0406　**山右金石錄一卷**
［清］夏寶晋撰
清光緒八年（1882）歸安石氏古歡閣刻本　1 册

0407　**山東古物調查表不分卷**
［□］□□撰
民國六年（1917）印鑄局鉛印本　1 册

0408　**粵東金石略九卷**
［清］翁方綱撰
清光緒十七年（1891）廣州石經堂書局石印本　4 册

0409　**山東考古錄一卷**
［清］顧炎武撰
清光緒八年（1882）山東書局刻本　1 册

0410　**京畿金石考二卷**
［清］孫星衍撰
清乾隆五十七年（1792）刻本　2 册

0411　**越中金石記十卷目二卷**
［清］杜春生撰
清道光十年（1830）詹波館刻本　10 册

0412　**兩浙金石志十八卷補遺一卷**
［清］阮元輯　［清］阮福補遺
清光緒十六年（1890）浙江書局刻本　12 册

0413　**湖北金石存佚考二十二卷**
［清］陳詩撰
清嘉慶二十四年（1819）江漢書院刻本　8 册

0414　**金石圖説四卷**
［清］褚峻摹　［清］牛運震集説　劉世珩編補
清光緒二十年（1894）貴池聚學軒劉世珩刻本　4 册

0415　**蒿里遺珍一卷**
羅振玉輯
民國三年（1914）影印本　1 册

0416　**寰宇貞石圖不分卷**
楊守敬輯

民國剪貼影印本　6 册

0417　**種杉堂寶藏秦漢瓦當**
雷愔藏
民國拓本　1 册

0418　**秦漢瓦當文字一卷**
［清］程敦輯
清乾隆五十二年（1787）横渠書院刻本
3 册

0419　**秦漢瓦當文字一卷**
［清］程敦輯
清乾隆五十二年（1787）横渠書院刻本
1 册

0420　**陶鉩文字合譜一卷**
［□］□□撰
民國十九年（1930）上海神州國光社影印本　1 册

0421　**千甓亭磚録六卷**
［清］陸心源輯
清光緒七年（1881）刻本吳興陸氏十萬卷樓藏版　2 册

0422　**千甓亭古磚圖釋二十卷**
［清］陸心源輯
清光緒十七年（1891）石印本　4 册
存 10 卷（1 至 10）

0423　**金石拓字**
［□］□□撰
拓本　5 册

0424　**金石圖説四卷**
［清］褚峻摹　［清］牛運震集説
清光緒三十四年（1908）刻本　4 册

0425　**伊闕石刻圖表不分卷**
關百益撰
民國二十四年（1935）河南博物館影印本　2 册

善 0012　**來齋金石刻考略三卷**
［清］林侗撰
清乾隆抄本　3 册

0427　**夏至元代石刻碑目**
［□］□□撰
民國抄本　1 册

0428　**來齋金石刻考略三卷**
［清］林侗撰
清嘉慶二十一年（1816）刻本　1 册
存 1 册（3）

0429　**校碑隨筆不分卷**
方若撰
民國西泠印社木活字本　6 册

0430 **語石十卷**
葉昌熾撰
清宣統元年（1909）刻本 4 册

0431 **匋齋藏石記四十四卷首一卷匋齋藏磚記二卷**
［清］端方撰
清宣統元年（1909）石印本 12 册

0432 **古志石華三十卷**
［清］黄本驥撰
清道光八年（1828）刻本 6 册

0433 **來齋金石刻考略三卷**
［清］林侗撰
清道光二十一年（1841）刻本 3 册

0434 **古均閣寶刻録一卷**
［清］許槤編
清咸豐八年（1858）刻本 1 册

0435 **温州古甓記一卷**
［清］孫詒讓撰
清光緒六年（1880）刻本 1 册

0436 **鐵雲藏陶不分卷**
［清］劉鶚撰
清光緒三十年（1904）石印本 2 册

0437 **積微居小學金石論叢五卷補遺一卷**
楊樹達撰
民國二十五年（1936）上海商務印書館鉛印本 2 册

0438 **中國金石學講義**
陸和九編
民國二十五年（1936）北平中國大學鉛印本 1 册

0439 **晚霞捃古**
徐崇立輯
民國二十年（1931）抄本 1 册

0440 **淳化秘閣法帖考正十二卷**
［清］王澍撰 ［清］汪玉球訂正
清雍正八年（1730）刻本 6 册

0441 **隸篇十五卷續十五卷再續十五卷**
［清］翟雲升撰
清道光十七年至清道光十八年（1837 至 1838）刻本 10 册

0442 **碑别字五卷**
羅振鋆輯
清光緒十一年（1885）刻食舊堂叢書本 4 册

0443 **御刻三希堂石渠寶笈法帖釋文十六卷**
［清］陳焯撰

清乾隆刻本 4册

0444 **金石文字辨異補編五卷**
楊紹廉編
民國石印本 4册

0445 **碑别字補五卷**
羅振玉輯
清光緒二十七年（1901）刻本 1册

0446 **舊館壇碑考一卷**
［清］翁大年撰
民國瑞安陳氏湫漻齋刻本 1册

0447 **漢瓦當拓集**
［□］□□撰
民國拓片影印剪貼本 1册

0448 **漢魏六朝磚文不分卷**
王樹枏集藏
民國十四年（1925）上海商務印書館影印本 4册

0449 **唐風樓秦漢瓦當文字五卷**
羅振玉輯
民國三年（1914）石印本 1册

0450 **瓦削文字譜一卷**
文素松編
民國二十年（1931）上海思簡樓影印本 1册

0451 **秦漢瓦當拓本**
徐崇立輯並批校識
民國十三年（1924）拓本 1册

0452 **隸辨八卷**
［清］顧藹吉撰
清同治十二年（1873）漁古山房刻本 8册

0453 **漢隸字源五卷碑目一卷**
［宋］婁機撰
清光緒三年（1877）川東官舍刻本 6册

0454 **殷虚書契後編二卷**
羅振玉輯
民國五年（1916）影印本 1册

0455 **説契不分卷顰契枝譚不分卷**
葉玉森撰
民國十八年（1929）北平富晋書社影印本 1册

0456 **殷虚古器物圖錄一卷**
羅振玉輯
民國五年（1916）影印本 1册

0457 **殷虚書契菁華一卷**
羅振玉輯

民國影印本　1 册

0458　**殷虚書契後編二卷**
羅振玉輯
民國五年（1916）影印本　2 册

0459　**殷虚蘊契考一卷**
陳邦福撰
民國十七年（1928）石印本　1 册

0460　**甲骨學文字編十四卷附錄一卷補遺一卷**
朱芳圃編
民國二十二年（1933）石印本　2 册

0462　**甲骨書錄解題五卷附甲骨論文解題三卷**
邵子風撰
民國二十四年（1935）上海商務印書館石印本　2 册

0463　**龜甲獸骨文字二卷附抄釋二卷**
［日本］林泰輔撰
日本大正六年（1917）石印本　2 册

0464　**殷虚書契考釋小箋不分卷**
陳邦懷撰
民國八年（1919）鉛印本　1 册

0465　**殷契拾遺一卷**
陳邦懷撰
民國十六年（1927）影印本　1 册

0466　**鐵雲藏龜不分卷**
［清］劉鶚撰
民國二十年（1931）石印本　6 册

0467　**簠室殷契類纂正編十四卷附編一卷存疑十四卷待考一卷考釋十二卷勘誤一卷**
王襄編
民國九年（1920）石印本　4 册

0468　**殷虚書契前編集釋八卷**
葉玉森撰
民國二十三年（1934）石印本　8 册

0470　**殷虚文字類編十四卷**
羅振玉考釋　商承祚類次
民國十二年（1923）刻本　4 册

0471　**金文編十四卷附錄二卷通檢一卷**
容庚撰集
民國十二年（1923）石印本　4 册

0472　**殷虚文字待問編十三卷**
商承祚撰
民國十二年（1923）刻本　1 册

0473　**甲骨文字理惑不分卷**

徐英撰
民國二十六年（1937）上海中華書局影印本　1 册

0474　**甲骨年表不分卷**
董作賓　胡厚宣編
民國二十六年（1937）上海商務印書館鉛印本　1 册

0475　**甲骨文辨證上集**
金祖同輯
民國三十年（1941）影印本　1 册

0476　**簠室殷契類纂正編一卷存疑一卷**
王襄編
民國九年（1920）石印本　4 册

0477　**簠室殷契徵文十二編附考釋十二編**
王襄編
民國十二年（1923）石印本　2 册

0478　**殷契賸義不分卷**
陳直撰
民國石印本　1 册

0479　**殷契書錄二卷**
陳振東撰
民國十九年（1930）鉛印本　1 册

0480　**龜甲文字概論一卷**
陳晋著
民國二十二年（1933）上海中華書局石印本　1 册

0481　**增訂殷虛書契考釋三卷**
羅振玉撰
民國十六年（1927）東方學會影印本　2 册

0482　**殷契佚存一卷**
商承祚集
民國二十二年（1933）南京金陵大學中國文化研究所影印本　1 册

0483　**福氏所藏甲骨文字一卷附考釋一卷**
商承祚編　福開森藏
民國二十二年（1933）南京金陵大學中國文化研究所鉛印本　1 册

0484　**甲骨文例二卷**
胡光煒撰
民國十七年（1928）中山大學語言歷史學研究所影印本　1 册

0486　**卜辭通纂一卷考釋三卷索引一卷**
郭沫若著
日本昭和八年（1933）日本東京文求堂書店影印本　8 册

0487 **甲骨文字研究不分卷**
郭沫若撰
民國二十年（1931）上海大東書局石印本 2 册

0488 **甲骨文字研究不分卷**
郭沫若撰
民國二十年（1931）上海大東書局石印本 2 册

0489 **金石學錄四卷**
［清］李遇孫輯
民國西泠印社活字本 2 册

0490 **金石文字雜錄**
［□］□□撰
民國抄本 1 册

0491 **殷商貞卜文字考一卷**
羅振玉撰
清宣統二年（1910）玉簡齋石印本 1 册

0492 **殷虚書契考釋不分卷**
羅振玉撰
民國鉛印本 1 册

0493 **九疑木石吟一卷**
徐楨立撰
民國石印本 1 册

0494 **湖南厘務彙纂十八卷首一卷**
［清］但湘良纂
清光緒十五年（1889）刻本 20 册

0495 **通飭各屬清理積案詳文**
［□］□□撰
清末石印本 1 册

0496 **湖南省政府歲入歲出預算總説明**
［□］□□撰
民國十八年（1929）鉛印本 1 册

0497 **湖南縣制**
湖南省政府編
民國石印本 1 册

0498 **湖南法制草案**
湖南法制編纂會編
民國十一年（1922）湖南法制編纂會鉛印本 1 册

0499 **湖南民政局國防總局會訂改良全省團練試辦簡章**
［□］□□撰
民國鉛活字本 1 册

0500 **湘藩案牘鈔存不分卷**
趙濱彦編
清宣統三年（1911）抄本 4 册

善 0013　**九卿議定物料價值八卷**
［清］邁柱等纂
清乾隆元年（1736）刻本　4 册

0502　**中國國貨聯合營業公司十周年紀念**
［□］□□撰
民國三十六年（1947）上海通文印務局鉛印本　1 册

0503　**湘城訪古録十七卷首一卷**
陳運溶纂
清光緒二十年（1894）刻本　6 册

0504　**湖南全省掌故備考三十五卷**
王先謙撰
清光緒十四年（1888）長沙刻本　12 册

0505　**大清中樞備覽二卷**
［清］榮禄堂輯
清光緒榮禄堂刻本　2 册

0506　**大清最新縉紳録四卷**
［□］□□撰
清宣統元年（1909）榮禄堂刻本　4 册

0507　**光緒丙午年交涉要覽一編一卷中編二卷下編四卷**
［清］北洋洋務局纂輯
清光緒三十四年（1908）北洋官報局鉛印本　6 册

0508　**光緒乙巳年交涉要覽上編二卷下編三卷**
［清］北洋洋務局纂輯
清光緒三十三年（1907）北洋官報局鉛印本　3 册

0509　**湖南財政款目説明書二十卷**
［清］湖南清理財政局編
清宣統三年（1911）鉛印本　5 册

0510　**湖南抽收厘税章程**
［□］□□撰
清末鉛印本　1 册

0511　**湖南省議會議決十年度湖南省地方預算書**
［□］□□撰
民國鉛印本　1 册

0512　**湖南全省貨物税暫行簡章細則**
［□］□□撰
民國元年（1912）鉛印本　1 册

0513　**湖南省民國二年度國家地方歲出入預算總數簡明册**
［□］□□撰
民國鉛印本　1 册

0514　**清光緒朝中日交涉史料八十八卷**
故宫博物院編

民國二十一年（1932）北平故宫博物院鉛印本　16 册　存 30 卷（1 至 30）

0515　**皇朝禮器圖式十八卷**
［清］允祿等撰
清乾隆三十一年（1766）刻本　11 册
存 12 卷（1 至 12）

0516　**歷代政要表二卷**
［清］胡子清編輯
清光緒二十九年（1903）刻本　2 册

0517　**省軒考古類編十二卷**
［清］柴紹炳纂　［清］姚廷謙評
清雍正四年（1726）澹成堂刻本　6 册

0518　**歷代建元考二卷**
［清］鍾淵映撰
手抄本　2 册

0519　**皇朝祭器樂舞錄二卷御制律吕正義一卷**
［清］徐暢達編
清同治十年（1871）湖北崇文書局刻本
3 册

0520　**清代殿試考略一卷附繆彤臚傳紀事**
［清］繆彤　傅增湘撰
民國二十二年（1933）天津大公報社鉛印本　1 册

0521　**湖南苗防屯政考十五卷首一卷**
［清］但湘良纂
清光緒九年（1883）蒲圻但氏刻本
16 册

0522　**湘西土著民族考察報告書第二册**
石啓貴撰
民國複寫本　1 册　存 29 章（52 至 80）

0523　**湖南省縣市分圖**
湖南省民政廳製
民國三十年（1941）彩印本　1 册

0524　**長沙市日測圖**
長沙市人民政府建設局
民國三十七年（1948）至 1950 年曬藍印本　26 張

0525　**觀妙齋藏金石文考略十六卷**
［清］李光暎撰
清雍正七年（1729）刻本　16 册

0526　**從古堂款識學十六卷**
［清］徐同柏撰
清光緒三十二年（1906）蒙學報館石印本　8 册

0527　**貞松堂集古遺文十六卷**

羅振玉撰集
民國二十年（1931）石印本　16 册

0528　**窸齋集古録二十六卷附釋文賸稿一卷**
［清］吳大澂編
民國十九年（1930）上海商務印書館影印本　27 册

0529　**清儀閣所藏古器物文不分卷**
［清］張廷濟編
民國上海涵芬樓影印本　10 册

0530　**攀古樓彝器款識二卷**
［清］潘祖蔭撰
清同治十一年（1872）京師滂喜齋刻本　2 册

0531　**藝風堂金石文字目十八卷**
繆荃孫編
清光緒三十二年（1906）江陰繆氏刻本　6 册

0532　**攈古録二十卷**
［清］吳式芬撰
清刻本　8 册　存 3 卷（金文卷 1 至 3）

0533　**資治通鑑注二百九十四卷附釋文辨誤十二卷**
［宋］司馬光編　［元］胡三省音注
民國上海涵芬樓鉛印本　60 册

0534　**金石文鈔八卷**
［清］趙紹祖輯
清嘉慶七年（1802）刻本　8 册

0535　**潛研堂金石文跋尾六卷續七卷**
［清］錢大昕撰
清刻本　2 册

0536　**廣雅堂論金石札五卷**
［清］張之洞撰
民國二十二年（1933）南皮張氏刻本　1 册

0537　**隨軒金石文字不分卷**
［清］徐渭仁撰
清上海徐氏刻本　4 册

0538　**九鐘精舍金石跋尾甲編一卷**
吳士鑑撰
清宣統二年（1910）刻本　1 册

0539　**東洲草堂金石跋五卷**
［清］何紹基撰
民國五年（1916）西泠印社木活字本　1 册

0540　**授堂金石文字續跋十四卷**
［清］武億撰

清嘉慶元年（1796）刻本　6 册

0541　**金石三跋十卷**
［清］武億撰
清乾隆五十五年（1790）刻本　2 册

0542　**清儀閣金石題識四卷**
［清］陳其榮輯　［清］徐士愷校刊
清光緒二十年（1894）石埭徐氏刻本　4 册

0543　**清儀閣題跋不分卷**
［清］張廷濟撰
清光緒十九年（1893）錢塘丁氏刻本　4 册

0544　**二百蘭亭齋金石記一卷**
［清］吳雲撰
清刻本　2 册

0545　**金文編十四卷附錄二卷檢字一卷**
容庚撰集
民國二十八年（1939）上海商務印書館影印本　5 册

0546　**金文續編十四卷附錄一卷銘文一卷檢字一卷**
容庚撰集
民國二十四年（1935）上海商務印書館影印本　2 册

0547　**焦山鼎銘考一卷**
［清］翁方綱編
清乾隆三十八年（1773）刻本　1 册

0548　**金石萠一卷**
［清］馮承輝撰
清嘉慶二十年（1815）刻本　2 册

0549　**愛吾廬題跋一卷**
［清］吕世宜撰
清光緒五年（1879）刻本　1 册

0550　**寶鐵齋金石跋尾三卷**
［清］韓崇撰
清光緒四年（1878）刻本　1 册

0551　**東洲草堂金石跋五卷**
［清］何紹基撰
民國湖南叢書處刻本　3 册　存 4 卷（1 至 4）

0552　**海外吉金圖錄一卷**
容庚撰集
民國二十四年（1935）北平燕京大學考古學社影印本　書 1 册圖 158 幅

0555　**清儀閣集古款識一卷東武劉氏款識一卷**
［清］張廷濟　［清］陳介祺編寫
民國十四年（1925）上海商務印書館影

印本 1册

0556 **商周鼎彝原器拓片**
［□］□□撰
民國二十五年（1936）拓本 10册

0557 **移林館吉金圖識一卷**
丁麟年編
民國三十年（1941）丁氏家藏石印本 1册

0558 **恒軒所見所藏吉金錄不分卷**
［清］吳大澂輯
清光緒十一年（1885）刻本 2册

0559 **澂秋館吉金圖**
陳寶琛輯 孫壯編
民國十九年（1930）北平商務印書館分館影印本 2册

0560 **秦量文字集拓**
王獻唐輯
民國二十一年（1932）拓本 2册

0561 **曹氏吉金圖二卷**
［清］曹奎編
日本明治十九年（1886）京都石印本 2册

0562 **趙季梅畫友詩一卷積古齋藏器目一卷平安館藏器目一卷清儀閣藏器目一卷懷米山房藏器目一卷兩罍軒藏器目一卷木庵藏器目一卷梅花草庵藏器目一卷簠齋藏器目一卷**
［清］趙彦修 ［清］阮元
［清］葉志詵 ［清］張廷濟
［清］曹載奎 ［清］吳雲
［清］程振甲 ［清］丁彦臣
［清］陳介祺撰
清師許刻本 1册

0563 **宣德鼎彝譜八卷宣鑪博論一卷**
［明］吕震編
清光緒九年（1883）鉛印本 1册

0564 **鐘鼎字源五卷附錄一卷**
［清］汪立名纂
清光緒二年（1876）洞庭秦氏麟慶堂刻本 2册

0565 **獨笑齋金石文考第二集八卷**
鄭業斆撰
民國三年（1914）石印本 1册 存4卷（1至4）

0566 **金石文字辨異補編五卷**
楊紹廉編
民國十三年（1924）石印本 5册

0567 **泉志校誤四卷**

［清］金嘉采撰
清光緒觀自得齋刻本　1 册

0568　**古物存真**
［□］□□撰
民國二十八年（1939）長沙葉氏拓本夢墨齋藏本　1 册

0569　**鐘鼎欵識原器拓片第一不分卷**
［□］□□撰
民國十年（1921）上海有正書局影印本　1 册

0570　**古物存真**
［□］□□撰
民國二十八年（1939）長沙葉氏拓本夢墨齋藏本　1 册

0571　**金石拓存**
［□］□□撰
民國拓本　1 册

0572　**藝海樓金石文字**
［清］顧沅輯
民國十一年（1922）上海震亞圖書局影印本　1 册

0573　**夢坡室獲古叢編十二卷**
周慶雲藏器　鄒壽祺編次
民國十六年（1927）影印本　4 册　存4卷（1、3、4、8）

0574　**荆南萃古編不分卷**
［清］周懋琦　［清］劉瀚輯
清光緒二十年（1894）上海鴻寶署齋刻本　1 册

0575　**長安獲古編二卷補一卷**
［清］劉喜海纂
清光緒三十一年（1905）東武劉氏刻本　2 册

0576　**宣德鼎彝譜八卷宣鑪博論一卷**
［明］吕震等撰　［清］錢熙祚校勘
清道光金山錢熙祚刻本　1 册

0577　**續考古圖五卷附考古圖釋文一卷**
［宋］吕大臨編　［宋］趙九成釋文
清光緒十三年（1887）刻本　1 册

0578　**周銑詒藏金石拓片**
［清］周銑詒輯
民國拓本　61 張

0579　**獨笑齋金石文考第一集五卷第二集八卷**
鄭業斆撰
民國二十年（1931）石印本　3 册　存4卷（5至8）

0580 **宋王復齋鐘鼎欵識一卷**
［宋］王厚之輯 ［清］阮元考釋
清嘉慶七年（1802）揚州阮氏積古齋刻本 1册

0581 **夢郼草堂吉金圖三卷續編一卷**
羅振玉輯
民國六年（1917）上虞羅氏影印本 4册

0582 **南昌大安寺香爐款**
［□］□□撰
民國二十二年（1933）拓片 1册

0583 **激素飛青閣摹刻古碑**
楊守敬鈎勒
清光緒二年（1876）飛青閣刻本 15册

0584 **吴清卿學使金文考一卷**
［清］吴大澂撰
民國二十六年（1937）影印本 1册

0585 **觀堂遺墨二卷**
王國維撰
民國十九年（1930）影印本 2册

0586 **奕載堂古玉圖録不分卷**
［清］瞿中溶撰
民國十九年（1930）瑞安陳氏湫漻齋刻本 1册

0587 **國朝金文著録表六卷**
王國維撰
民國石印本 6册

0588 **金石文字跋尾六卷墓志銘一卷**
［清］朱彝尊著
清光緒十一年（1885）刻本 2册

0589 **壽泉集拓**
王蔭嘉編
民國二十九年（1940）拓本 7册

0590 **癖泉臆説六卷**
［清］高蔚如撰
清宣統三年（1911）石印本 1册

0591 **袁寒雲手書日記**
袁克文撰
民國二十五年（1936）影印本 2册

0592 **泉志菁華録不分卷**
［宋］洪遵撰 丁福保删
民國二十五年（1936）上海醫學書局石印本 1册

0593 **觀古閣泉説一卷續泉説一卷**
［清］鮑康撰
清同治十二年（1873）刻本 1册

0594 **古泉雜記一卷**

丁福保撰
民國上海醫學書局石印本　1 册

0595　**列國幣考一卷**
陳直撰
民國石印本　1 册

0596　**影印孝建四銖拓本不分卷**
丁福保編
民國二十三年（1934）上海醫學書局影印本　1 册

0597　**影印孝建四銖拓本不分卷**
丁福保編
民國二十三年（1934）上海醫學書局影印本　1 册

0598　**古泉雜詠四卷**
葉德輝撰
清光緒二十七年（1901）長沙葉氏觀古堂刻本　1 册

0599　**嘉蔭簃論泉絶句二卷**
［清］劉喜海撰
清道光十八年（1838）刻本　2 册

0600　**古泉叢話三卷**
［清］戴熙撰
清同治十一年（1872）吳縣潘氏滂喜齋刻本　1 册

0601　**泉苑菁華古泉叢話合刻四卷**
［清］劉喜海　［清］戴熙撰　丁福保輯
民國二十四年（1935）上海醫學書局石印本　1 册

0602　**古泉叢話三卷**
［清］戴熙撰
清同治十一年（1872）吳縣潘氏滂喜齋刻本　2 册

0603　**巽齋所藏錢錄十二卷**
［清］費錫申編輯
清光緒十六年（1890）刻本　4 册

0604　**和漢稀世泉譜一卷**
［日本］中川積古齋泉壽輯
日本安政六年（1859）嵩山堂刻本　2 册

0605　**欽定錢錄十六卷**
［清］梁詩正等撰
清乾隆五十二年（1787）刻本　3 册

0606　**觀古閣叢稿三編觀古閣叢稿二卷續泉説一卷續叢稿一卷**
［清］鮑康撰
清同治十二年（1873）刻本　3 册

0607　**欽定錢錄十六卷**
［清］梁詩正等撰
民國抄本　1 册

0608　**癖談六卷**
［清］蔡雲撰
清光緒十一年（1885）刻本　1册

0609　**吉金所見録十六卷**
［清］初尚齡撰
清道光七年（1827）渭園刻本　4册

0610　**錢神志七卷**
［清］李世熊撰
清光緒六年（1880）汀州郡署刻本　7册

0611　**續泉匯元集三卷亨集三卷利集三卷貞集五卷補遺二卷**
［清］鮑康　［清］李佐賢編
清光緒元年（1875）刻本　2册

0612　**貨布文字考四卷**
［清］馬昂撰
清道光二十二年（1842）雲間錢氏蘭隱園刻本　2册

0613　**泉布統志九卷首一卷附一卷**
［清］孟麟輯
清道光五年（1825）刻本　32册

0614　**元史新編九十五卷**
［清］魏源撰
清光緒三十一年（1905）邵陽魏氏慎微堂刻本　32册

0615　**大金國志四十卷**
［宋］宇文懋昭撰
清嘉慶二年（1797）南沙席世臣掃葉山房刻本　7册

0616　**西魏書二十四卷附録一卷**
［清］謝啓昆撰
清光緒十八年（1892）刻本　6册

0617　**建康實録二十卷**
［唐］許嵩撰
清光緒二十八年（1902）江寧甘氏桑泊草堂刻本　6册

0618　**東都事略一百三十卷**
［宋］王偁撰
清嘉慶三年（1798）上海掃葉山房刻本　12册

0619　**契丹國志二十七卷**
［宋］葉隆禮撰
清上海掃葉山房刻本　4册

0620　**晋略六十五卷序目一卷**
［清］周濟撰
清道光十九年（1839）刻本　10册

0621　**季漢五志十二卷**
［清］王復禮撰
清康熙四十一年（1702）浙江杭州尊行

齋刻本　6 册

0622　**續後漢書四十二卷音義四卷**
［南朝宋］蕭常撰
清同治八年（1869）師古山房刻本　6 册

善 0014　**尚史六十八卷附世系圖一卷序傳一卷**
［清］李鍇撰
清乾隆三十八年（1773）悦道樓刻本
16 册

0624　**東觀漢記二十四卷**
［漢］劉珍等撰
清乾隆六十年（1795）上海掃葉山房刻本
2 册

0625　**後漢儒林傳補逸一卷**
徐乃昌輯
清光緒二十二年（1896）刻本　1 册

0626　**元書一百二卷首一卷**
曾廉撰
清宣統三年（1911）層漪堂刻本　20 册

善 0015　**横雲山人集明史稿三百十卷**
［清］王鴻緒撰
清乾隆王氏敬慎堂刻本　100 册

善 0016　**藏書世紀六十八卷**
［明］李贄撰　［明］陳仁錫評正
明萬歷二十七年（1599）焦竑刻本
16 册

善 0017　**續藏書二十七卷**
［明］李贄撰　［明］柴應槐
［明］錢萬國重訂
明萬歷三十七年（1609）王惟儼刻本
20 册

0630　**崇禎存實疏鈔八卷**
北京大學研究院文史部編
民國二十三年（1934）上海商務印書館石印本　16 册

0631　**明清史料丙編**
國立中央研究院歷史語言研究所編
民國二十五年（1936）上海商務印書館鉛活字本　10 册

0632　**明清史料乙編**
國立中央研究院歷史語言研究所編
民國上海商務印書館鉛印本　10 册

0633　**大清宣統政紀四十三卷**
金毓黻輯
民國二十三年（1934）遼海書社鉛印本
16 册

0634　**清史攬要六卷**

［日本］增田貢撰
日本明治十年（1877）東京刻本　6 册

0635　**清開國史料考六卷補一卷**
謝國楨輯
民國二十年（1931）國立北平圖書館鉛印本　2 册

0636　**明元清系通紀前編一卷正編十五卷**
孟森撰
民國二十三年（1934）國立北京大學鉛印本　16 册

0637　**清史別稿不分卷**
［□］□□撰
民國抄本　29 册

0638　**武昌開國實錄二卷**
胡祖舜撰
民國三十六年（1947）鉛印本　1 册

0639　**中國四千年開化史九章**
梁啓超編譯
清光緒三十二年（1906）成都局刻本　2 册

0640　**民國史要二十章**
羅元鯤撰
民國二十二年（1933）長沙湘芬書局鉛印本　1 册

0641　**蒙古史二卷**
［日本］河野元三撰　歐陽瑞驊譯
清宣統三年（1911）江南圖書館鉛印本　2 册

0642　**中國歷史教科書七卷**
商務印書館輯
清宣統二年（1910）上海商務印書館鉛印本　2 册

0643　**中國近代史三編首一編**
羅元鯤輯
民國鉛印本　2 册

0644　**新編中國歷史全書**
張運禮編
清宣統元年（1909）上海商務印書館鉛印本　18 册

0645　**清史攬要六卷**
［日本］增田貢撰
民國上海商務印書館鉛印本　2 册

0646　**戰國紀年六卷**
［清］林春溥纂
清道光十八年（1838）竹柏山房刻本　6 册

0647　**七國地理考七卷**
［清］顧觀光撰

清光緒五年（1879）刻本　4 册

0648　**燼餘錄二卷**
［元］徐大焯撰
清光緒十七年（1891）刻本　1 册

0649　**校正元聖武親征錄一卷**
［清］何秋濤撰
清道光五年（1825）刻本　1 册

0650　**元朝秘史十五卷**
［□］□□撰
清道光二十七年（1847）靈石楊氏刻連筠簃叢書本　2 册

0651　**貞觀政要十卷**
［唐］吳兢撰　［元］戈直集論
清嘉慶三年（1798）上海掃葉山房刻本　6 册

0652　**明太祖革命武功記十八卷**
方覺慧纂
民國二十九年（1940）重慶國學書局刻本　8 册

0653　**明季北略二十四卷**
［清］計六奇撰
清道光都城琉璃廠半松居士木活字本　12 册

0654　**明季南略十八卷**
［清］計六奇撰
清道光都城琉璃廠半松居士木活字本　13 册

0655　**平叛記二卷**
［清］毛霦撰
清康熙五十五年（1716）刻本　2 册

0657　**掌故叢編第九輯第十輯**
故宫博物院文獻館編
民國十八年（1929）北平故宫博物院鉛印本　2 册

0658　**清代文字獄檔**
故宫博物院文獻館編
民國二十五年（1936）北平故宫博物院鉛印本　8 册

0659　**中國六十年戰史十三章**
［英國］愛特華斯著　史悠明　程履祥譯校
清光緒二十九年（1903）上海美華書館鉛印本　6 册

0660　**清建國別記不分卷**
章炳麟撰
民國十三年（1924）鉛印本　1 册

0661　**太平天國叢書第一集**

蕭一山輯
民國二十五年（1936）上海商務印書館影印本　10 册

0662　**乾嘉道三朝辦理四川蕃匪，西寧青海諭旨奏議**
［□］□□撰
清抄本　1 册

0663　**靖逆記六卷**
［清］盛大士撰
清嘉慶二十五年（1820）正道堂刻本　1 册

0664　**庚子教會華人流血史不分卷**
柴蓮馥編輯
清宣統三年（1911）上海中國聖教書會鉛印本　1 册

0665　**湘軍戰蹟**
［□］□□撰
民國抄本　6 册

0666　**中國醫學史十二章**
陳邦賢編纂
民國九年（1920）上海醫學書局鉛印本　1 册

0667　**中國歷史戰爭形勢圖説附論二卷**
盧彤撰
清宣統二年（1910）武昌集文印書館鉛印本　1 册

0668　**武昌紀事二卷附録一卷**
［清］陳徽言撰
清咸豐七年（1857）章門刻本　1 册

0669　**庚子國變記一卷**
［清］李希聖撰
民國十二年（1923）褒犬堂刻本　1 册

0670　**光緒帝紀一卷**
［日本］大久平治郎撰
日本明治三十五年（1902）慎獨山房鉛印本　1 册

0671　**故宫博物院廿周年紀念文獻專刊**
北平故宫博物院文獻館輯
民國三十四年（1945）天華印書館鉛印本　1 册

0672　**光復軍志八篇**
龔翼星撰
民國二年（1913）天津華新印刷局鉛印本　1 册

0673　**湘事記二卷**
子虚子著
民國三年（1914）北京正蒙印書局鉛印本　1 册

0674　**中華六族同胞考**
夏德渥撰
民國八年（1919）湖北第一監獄石印本　1 册

0675　**平苗紀略一卷**
［清］方顯撰
清同治十二年（1873）武昌郡廨刻本　1 册

0676　**喚醒集不分卷**
澄清主人編
清宣統元年（1909）鉛印本　1 册

0677　**湘軍水陸戰紀十六卷**
王闓運撰
清光緒十一年（1885）京都同文堂石印本　1 册　存 10 卷（7 至 16）

0678　**拳匪紀事六卷**
［日本］佐原篤介輯
清光緒鉛印本　5 册　缺 1 卷（1）

0680　**辛亥殉節錄六卷**
羅正鈞輯
民國九年（1920）湘潭羅氏養正齋刻本　2 册

0681　**甲子清室密謀復辟文證一卷**
故宫博物院編
民國十八年（1929）影印本　1 册

0682　**久芳閣自訂年譜一卷**
黄鳳岐撰
民國十九年（1930）松腴印刷所鉛印本　1 册

0683　**容庵弟子記四卷**
沈祖憲　吴闓生編纂
民國二年（1913）鉛印本　1 册

0684　**辛亥殉難記五卷**
吴自修撰
民國鉛印本　1 册

0685　**王先謙自定年譜三卷**
王先謙撰
清光緒三十四年（1908）長沙王氏刻本　3 册

0686　**黎文肅公行述**
［□］□□撰
清刻本　1 册

0687　**道國元公濂溪周夫子志十五卷首一卷**
［清］吴大熔主修
清康熙二十四年（1685）刻本凝翠軒藏版　5 册

0688 **胡林翼行狀一卷**
［清］郭嵩燾撰
清同治刻本 1 册

0689 **楚寶四十卷外篇五卷**
［明］周聖楷纂
清道光九年（1829）刻本 24 册

0690 **善化金鏗黄氏控逐纂支事實**
黄氏敦睦堂宗祠述
清光緒二十六年（1900）木活字本 1 册

0691 **曾文正公手書日記附題跋**
［清］曾國藩撰
清宣統二年（1910）上海中國圖書公司影印本 41 册

0692 **明史紀事本末八十卷**
［清］谷應泰撰
清光緒二十四年（1898）湖南思賢書局刻本 20 册

0693 **清史紀事本末八十卷**
黄鴻壽編
民國十八年（1929）上海文明書局石印本 4 册

0694 **繹史一百六十卷附年表一卷**
［清］馬驌撰
清康熙九年（1670）澹寧齋刻本 34 册

0695 **元史紀事本末二十七卷**
［明］陳邦瞻撰 ［明］張溥論正
清光緒二十四年（1898）湖南思賢書局刻本 4 册

0696 **滇考二卷**
［清］馮甦撰
清道光元年（1821）臨海宋氏刻本 2 册

0697 **三藩紀事本末四卷**
［清］楊陸榮輯
清康熙五十六年（1717）刻本 4 册

0698 **綏寇紀略十二卷**
［清］吳偉業撰
清康熙十三年（1674）刻本 8 册

0699 **欽定平定回疆勦捦逆裔方略八十卷**
［清］曹振鏞撰
清道光十年（1830）刻本 42 册

0700 **御制剿平三省邪匪方略正編三百五十二卷續編三十六卷附編十二卷首九卷**
［清］章煦等撰
清嘉慶十五年（1810）刻本 10 册 存17 卷（卷首 9 卷、正編卷 1 至 8）

0701 **國朝柔遠記二十卷**
［清］王之春編
清光緒十七年（1891）廣雅書局刻本

8 册

0702　**國朝柔遠記附編二卷**
［清］王之春編
清光緒十七年（1891）廣雅書局刻本
1 册

0703　**欽定剿平捻匪方略三百二十卷**
［清］奕訢等撰
清光緒鉛印本　321 册

0704　**欽定平定陝甘新疆回匪方略三百二十卷**
［清］奕訢等撰
清光緒二十二年（1896）鉛印本　322 册

0705　**欽定平定雲南回匪方略五十卷欽定平定貴州苗匪紀略四十卷**
［清］奕訢等撰
清光緒二十二年（1896）鉛印本　51 册
存 1 卷（欽定平定貴州苗匪紀略 1 卷）

0706　**欽定剿平粵匪方略四百二十卷首一卷**
［清］奕訢等撰
清同治十一年（1872）鉛印本　421 册

0707　**欽定平定貴州苗匪紀略四十卷**
［清］奕訢等撰
清光緒鉛印本　40 册

0708　**平定關隴紀略十三卷**
［清］易孔昭撰
清光緒十三年（1887）刻本　13 册

0709　**戊戌政變記九卷**
梁啓超撰
民國鉛印本　3 册

0710　**湘軍志十六卷**
王闓運撰
清宣統元年（1909）刻本長沙李集古堂藏版　4 册

0710（1）　**湘軍志十六卷**
王闓運撰
清宣統元年（1909）刻本長沙李集古堂藏版　4 册

0711　**湘軍志十六卷**
王闓運撰
清宣統元年（1909）衡陽刻本　3 册

0712　**粵氛紀事十三卷**
［清］謝山居士撰
清同治八年（1869）刻本　6 册

0713　**聖武記十四卷**
［清］魏源撰
清道光二十年（1840）刻本　8 册

0714 **清代學者象傳不分卷**
葉恭綽編
民國上海商務印書館影印本 4册

0715 **平浙紀略十六卷**
［清］秦緗業 ［清］陳鍾英撰
清同治十三年（1874）浙江書局刻本
4册

0716 **平回志八卷首一卷**
［清］楊毓秀撰
清光緒十五年（1889）劍南王氏刻本
4册

0717 **淮軍平捻記十二卷**
［清］周世澄撰
清刻本 6册

0718 **隴右光復記不分卷**
黄鉞輯
民國二年（1913）鉛印本 1册

0719 **襄陽光復記**
毛拔撰
民國元年（1912）鉛活字本 1册

0720 **辛亥武昌首義記二卷**
李廉方編
民國三十六年（1947）湖北通志館鉛印本 1册

0721 **武軍紀略二卷**
［清］周達武撰
清光緒十八年（1892）長沙蜕園刻本
1册

0722 **平黔紀略二十卷**
［清］羅文彬輯 王雪澄撰
民國十七年（1928）貴陽文通書局鉛印本 4册 存14卷（1至7、11至13、17至20）

0723 **古玉圖譜一百卷**
［宋］龍大淵等撰 ［宋］劉松年寫圖
清乾隆四十四年（1779）康山草堂刻本
16册

0725 **古玉圖考不分卷**
［清］吳大澂撰并書
清光緒十五年（1889）石印本 2册

0726 **奕載堂古玉圖錄不分卷**
［清］瞿中溶撰
民國十九年（1930）瑞安陳氏湫漻齋刻本 1册

0729 **光德刀繪圖集成**
［日本］本間順治編
日本昭和十八年（1943）東京株式會社便利堂影印本 1册

0731 **尚古圖録第二編**
［日本］橫山由清輯
日本明治九年（1876）刻本 2册

0732 **今村押形**
［日本］今村長賀撰
日本大阪刀劍會石印本 3册

0733 **新刀鍛冶綱領圖録**
［日本］神津伯編
日本大正十年（1921）東京吉川弘文館鉛印本 5册

0734 **新刀辨疑九卷**
［日本］藤原魚妙編
日本安永八年（1779）刻本 3册

0735 **古刀名作集**
［日本］加島勛撰
日本昭和七年（1932）大阪刀劍會鉛印本 1册

0736 **敦煌石室寫經題記與敦煌雜録二輯**
許國霖輯
民國二十六年（1937）上海商務印書館鉛印本 2册

0737 **參加倫敦中國藝術國際展覽會出品目録不分卷**
倫敦中國藝術國際展覽會籌備委員會編
民國二十四年（1935）鉛印本 1册

0738 **南通博物苑品目一卷**
南通博物苑編
民國三年（1914）南通博物苑鉛印本 2册

0739 **敦煌石室遺書**
羅振玉等輯
清宣統元年（1909）誦芬室鉛印本 4册

0740 **骨董瑣記八卷**
鄧之誠撰
民國十五年（1926）鉛印本 6册

0742 **長沙古物聞見記二卷**
商承祚撰
民國二十八年（1939）南京金陵大學中國文化研究所刻本 1册 存1卷（上）

0743 **晚周繒書攷証不分卷**
蔡季襄撰
民國三十四年（1945）鉛印本 1册

0745 **長沙楚民族及其藝術**
蔣玄佁著
卷一爲民國三十八年（1949）今古出版社鉛印本；卷二爲民國三十九年（1950）美術考古學社鉛印本 5册 存2卷（1至2）

0746 **海外中國銅器圖錄不分卷**
陳夢家編
民國三十五年（1946）上海商務印書館影印本 2冊

0748 **金石叢書三種**
［清］李調元輯
清刻本 4冊

0749 **亭林文集六卷亭林餘集一卷識小編二卷庚子銷夏記八卷**
［清］顧炎武 ［清］董豐垣 ［清］孫承澤撰
亭林文集六卷亭林餘集一卷清光緒山隱居校本；識小編二卷清光緒八年（1882）學古齋校本；庚子銷夏記八卷清光緒四年（1878）崇川葛氏山隱居校本 5冊

0750 **石墨鐫華八卷**
［明］趙崡撰
清乾隆知不足齋叢書本 2冊

0751 **金石略三卷**
［宋］鄭樵撰
清光緒十二年（1886）刻本 1冊

0752 **古刻叢鈔一卷**
［明］陶宗儀撰
清光緒九年（1883）學古齋刻本 1冊

0753 **金石古文十四卷**
［明］楊慎輯
清光緒八年（1882）學古齋刻本 2冊

0754 **金薤琳琅二十卷**
［明］都穆撰
清光緒學古齋刻本 3冊

0755 **百一廬金石叢書十種**
陳乃乾輯
民國十年（1921）海昌陳氏影印本 10冊

0756 **行素草堂金石叢書**
［清］朱記榮輯
清光緒十四年（1888）朱氏槐廬刻本 40冊

0757 **金石大字典三十二卷附字表一卷**
汪仁壽輯
民國十五年（1926）上海碧梧山莊石印本 32冊

0758 **廣倉學宭雜志**
廣倉學會編輯部編
民國九年（1920）上海廣倉學會鉛印本 1冊

0759 **藝術叢編**
姬佛陀輯

民國五年（1916）上海倉聖明智大學影印本 38 册

0760 **守正齋石譜一卷畫譜四卷**
［清］崔暕繪
清光緒十六年（1890）武陵刻本 1 册
存 3 卷（畫譜 2 至 4）

0763 **古器銘文拓片**
［□］□□撰
影印本 32 張

0764 **古銅器銘文拓本**
［□］□□撰
拓片 4 張

0765 **石鼓文臨印本**
［□］□□撰
拓片 4 張

0766 **散氏盤拓本**
［□］□□撰
拓片 1 張

0767 **頤志齋四譜**
［清］丁晏撰
清道光刻本 1 册

0768 **疑年錄四卷續四卷**
［清］錢大昕撰 ［清］吳修校
清嘉慶二十三年（1818）海鹽刻本 1 册

0769 **歷代名人年里碑傳總表一卷**
姜亮夫撰
民國鉛印本 2 册

0770 **韓文類譜十卷**
［宋］吕大防編 ［宋］洪興祖等編
清嘉慶九年（1804）刻本 4 册

0771 **黄忠端公年譜二卷年譜舊本一卷**
［清］黄炳垕編
清光緒二十五年（1899）刻本 1 册

0772 **王九溪先生年譜一卷**
秦薰陶撰
民國三十七年（1948）長沙鉛印本 1 册

0773 **郭光禄公（沛霖）年譜二卷**
［清］郭階編
清咸豐十年（1860）刻本 2 册

0774 **錢泰吉年譜一卷**
［清］錢應溥述
清同治三年（1864）刻本 1 册

0775 **王先謙自定年譜三卷**
王先謙撰
清光緒三十四年（1908）長沙王氏刻本 3 册

0776 **文獻叢編增刊**
故宫博物院編
民國二十年（1931）鉛活字本 4 册

0777 **明清史料丙編**
國立中央研究院歷史語言研究所編
民國二十五年（1936）上海商務印書館鉛活字本 10 册

0778 **古文聲繫**
孫海波撰
民國二十四年（1935）來薰閣石印本 4 册

0779 **封泥考略十卷**
［清］吳式芬 ［清］陳介祺輯
清光緒三十年（1904）石印本 10 册

0780 **雪堂叢刻**
羅振玉輯
民國上虞羅氏鉛印本 10 册

0781 **黎副總統政書三十四卷**
黎元洪撰
民國四年（1915）上海古今圖書集成局鉛印本 8 册

0782 **雪堂叢刻**
羅振玉輯
民國上虞羅氏鉛印本 10 册

0783 **湘軍記二十卷**
［清］王定安撰
清光緒十五年（1889）江南書局刻本 12 册

0784 **湖南歷代鄉賢事略三編**
［□］□□撰
民國二十四年（1935）鉛印本 1 册

0785 **湖南全省掌故備考三十五卷**
王先謙撰
清光緒十四年（1888）刻本 10 册

0786 **廣湖南考古略三十卷**
［清］同德齋主人編
清光緒十四年（1888）上海鴻寶齋石印本 6 册

0787 **衡湘稽古五卷**
［清］王萬澍撰
清同治九年（1870）刻本 2 册

0788 **湖南陽秋十六卷續編十三卷**
［清］王萬澍編 ［清］王國牧續編
清嘉慶十五年（1810）刻本 8 册

0789 **善本書室藏書志四十卷附錄一卷**
［清］丁丙輯
清光緒二十七年（1901）錢塘丁氏刻本 16 册

0790 **篆學瑣著**
［清］顧湘輯
清道光二十年（1840）海虞顧氏刻本
6 册

0791 **隸法彙纂十卷**
［清］項懷述編
清乾隆四十五年（1780）刻本 2 册

0792 **觀古堂藏書目四卷**
葉德輝纂輯
民國四年（1915）長沙葉氏觀古堂鉛印本 4 册

0793 **篆學叢書**
［清］顧湘輯
清光緒十四年（1888）虞山飛鴻延年室刻本 8 册

0794 **隸篇十五卷續十五卷再續十五卷**
［清］翟雲升撰
清道光十七年至清道光十八年（1837 至 1838）刻本 10 册

0795 **鄧石如篆書十五種**
［清］鄧石如書
民國十九年（1930）上海文明書局石印本 6 册

0796 **草隸存六卷**
鄒安輯
民國十年（1921）上海廣倉學宭影印本
2 册

0797 **佩文齋書畫譜一百卷**
［清］孫岳頒等撰
清康熙四十七年（1708）静永堂刻本
48 册

0798 **庚子銷夏記八卷附閒者軒帖考一卷**
［清］孫承澤撰
清乾隆二十六年（1761）刻本 4 册

0799 **甌鉢羅室書畫過目考四卷首一卷附一卷**
［清］李玉棻撰
清光緒二十三年（1897）京都琉璃廠興盛齋刻本 4 册

0800 **歸石軒畫談十卷**
［清］楊翰撰
清刻本 1 册 存 3 卷（4 至 6）

0801 **歐陽書考十二卷首一卷末一卷**
［清］袁繼翰撰
清光緒二十年（1894）述歐之室刻本
4 册

0802 **辛丑銷夏記五卷**
［清］吳榮光撰

清光緒三十一年（1905）長沙葉氏郎園刻本　5 册

0803　**江村銷夏録三卷**
［清］高士奇撰
清康熙三十二年（1693）刻本　3 册

0803（1）　**江村銷夏録三卷别録一卷**
［清］高士奇撰
清康熙三十二年（1693）刻本　3 册

0804　**玉臺畫史五卷别録一卷**
［清］湯漱玉輯
清道光錢塘汪氏振綺堂刻本　1 册

善 0020　**芥子園畫傳**
［清］李漁編　［清］王概等輯
清光緒十四年（1888）上海鴻文書局石印本　12 册

0807　**歸石軒畫談十卷**
［清］楊翰撰
清刻本　1 册　存 3 卷（1 至 3）

0808　**甌鉢羅室書畫過目考四卷首一卷附一卷**
［清］李玉棻撰
清光緒二十三年（1897）京都琉璃廠興盛齋刻本　4 册

0809　**梅花喜神譜二卷**
［宋］宋伯仁撰并繪
民國十七年（1928）上海中華書局影印本　2 册

0810　**六如畫譜三卷**
［明］唐寅輯
清光緒十四年（1888）長沙惜陰書局刻惜陰軒叢書本　1 册

0810（1）　**六如畫譜三卷**
［明］唐寅輯
清光緒十四年（1888）長沙惜陰書局刻惜陰軒叢書本　1 册

0811　**國朝四十名家墨蹟不分卷**
［清］沈鈞輯
清光緒三十四年（1908）上海教育圖書館影印本　6 册

0812　**紅豆樹館書畫記八卷**
［清］陶樑撰
清光緒七年（1881）刻本　6 册

0813　**草字彙不分卷**
［清］石梁編
清乾隆五十一年（1786）刻本聚奎堂藏版　6 册

0814　**國朝畫徵録三卷續録二卷**

［清］張庚撰
清乾隆四年（1739）刻本　2 册

0815　**書法真詮不分卷**
張之屏撰
民國二十一年（1932）鉛印本　1 册

0816　**匋齋藏瘞鶴銘兩種合册**
［清］端方藏
民國上海有正書局石印本　1 册

0817　**冶梅梅譜不分卷**
［清］王寅繪
清光緒十八年（1892）上海五彩公司石印本　1 册

0818　**今文房四譜一卷**
［清］謝崧梁撰
清光緒十六年（1890）刻本　1 册

0819　**南村帖考不分卷**
［清］程文榮撰
清道光二十五年（1845）刻本　2 册

0820　**瘞鶴銘考一卷**
［清］汪士鋐撰
清康熙五十三年（1714）松南書屋刻本　1 册

0821　**國朝畫徵錄三卷續錄二卷**
［清］張庚撰
清乾隆四年（1739）刻本京都墨林齋藏版　4 册

0822　**鈔業略論一卷**
［清］大學堂譯書局譯
清户部刻本　1 册

0823　**佩文齋書畫譜一百卷**
［清］孫岳頒等撰
清康熙四十七年（1708）刻本　64 册

0824　**美術叢書**
鄧實編
清宣統至民國上海神州國光社鉛印本　115 册　缺 6 册（缺第 2 集第 1 輯第 1 册，第 3 集第 1 輯第 1 册，第 4 集第 5 輯 1、2、3、4 册）

0825　**三希堂法帖及續刻法帖**
［□］□□輯
清宣統元年（1909）上海中華圖書館石印本九思齋藏版　32 册

0826　**三希堂法帖**
［□］□□輯
民國二十四年（1935）上海鴻寶齋石印本文盛堂藏版　8 册　存 8 册（1 至 2、4 至 9）

0827　**桐陰論畫二卷**
［清］秦祖永撰
清同治三年（1864）刻本　10 册

0828　**刺繡工作法**
王苹鹿編
民國二十三年（1934）永興石印局石印本　1 册

0829　**國朝畫徵錄三卷**
［清］張庚撰
清光緒十九年（1893）上海積山書局石印本　2 册

0830　**繡理參考書**
王苹鹿撰
民國永興石印局石印本　1 册

0831　**花邊刺繡術圖説**
陳言編譯
民國十年（1921）上海大東書局石印本　1 册

0832　**選集漢印分韻二卷**
［清］袁日省編　［清］謝雲生摹錄
民國十三年（1924）上海掃葉山房石印本　4 册

0833　**歷代畫史彙傳七十二卷首一卷卷目三卷引證書目一卷附錄二卷**
［清］彭蘊璨編
民國八年（1919）上海錦章圖書局石印本　18 册

0834　**竹譜詳錄七卷**
［元］李衎述
民國刻知不足齋叢書本　3 册

0835　**石墨鐫華八卷**
［明］趙崡撰
民國仁和陳立方刻本　2 册

0836　**墨史三卷畫訣一卷畫筌一卷**
［元］陸友　［清］龔賢　［清］笪重光撰　［清］王翚　［清］惲格同評
民國刻知不足齋叢書本　1 册

0837　**石刻鋪敘二卷附錄一卷**
［宋］曾宏父撰
民國刻知不足齋叢書本　1 册

0838　**蘭亭考十二卷附群公帖跋蘭亭續考二卷附蘭亭續考跋**
［宋］桑世昌　［宋］俞松輯
清知不足齋叢書刻本　4 册

0839　**草字彙不分卷**
［清］石梁編
民國六年（1917）上海涵芬樓影印本　7 册

0840 **隸字彙十卷**
［清］項懷述編錄
民國二年（1913）上海掃葉山房石印本 4 册

0841 **書林紀事四卷**
馬宗霍撰
民國二十四年（1935）上海商務印書館鉛印本 1 册

0842 **快雪堂法書不分卷**
［晉］王羲之等書
民國五年（1916）文華山房石印本 5 册

0843 **益智燕幾圖不分卷**
［清］童葉庚著
清光緒十五年（1889）睫巢刻本 1 册

0844 **桐陰論畫二卷**
［清］秦祖永撰
清同治三年（1864）刻本 8 册

0845 **南田畫跋一卷**
［清］惲格撰
清光緒四年（1878）葛氏嘯園刻嘯園叢書本 1 册

0846 **庚子銷夏記八卷**
［清］孫承澤撰
清宣統三年（1911）上海掃葉山房石印本 4 册

0847 **歷代畫史彙傳七十二卷附錄二卷**
［清］彭蘊璨編 ［清］邱步洲重輯
清光緒八年（1882）刻本 19 册 缺 1 册（20）

0848 **清河書畫舫十二卷**
［明］張丑撰
清光緒元年（1875）刻本 12 册

0848（1） **清河書畫舫十二卷**
［明］張丑撰
清光緒元年（1875）刻本 12 册

0849 **佩文齋書畫譜一百卷**
［清］孫岳頒等撰
清光緒九年（1883）上海同文書局石印本 16 册

0850 **清河書畫舫十二卷補遺一卷**
［明］張丑撰
清光緒元年（1875）刻本 12 册

0851 **匋齋藏印**
［清］端方輯
民國上海有正書局石印本 20 册

善 0021 **十六金符齋印存十二卷**
［清］吳大澂輯

清宣統元年（1909）西泠印社鈐印本 12 册

0854 **篆刻針度八卷**
［清］陳克恕撰
民國上海朝記書莊北京自強書莊石印本 2 册

0855 **續集漢印分韻二卷**
［清］謝景卿編
民國三十年（1941）上海掃葉山房影印本 2 册

0856 **漢銅印叢十二卷**
［清］汪啓淑輯
民國二十四年（1935）上海商務印書館影印本 4 册

0857 **淳化秘閣法帖考正十二卷**
［清］王澍撰
民國二十四年（1935）上海涵芬樓影印本 4 册

0858 **玉生香傳奇之一當爐艷二卷**
［清］黄燮清填詞
民國八年（1919）上海碧梧山莊石印本 2 册

善 0022 **秦漢印統八卷**
［明］羅王常輯 ［明］吳元維校
明萬曆三十六年（1608）吳氏樹滋堂刻本 8 册

0860 **小石山房印譜四卷**
［清］顧湘 ［清］顧浩編
清宣統三年（1911）影印本 6 册

0862 **集古印譜六卷**
［明］王常輯 ［明］顧從德修校
清翻印明萬曆三年（1575）顧從德刊朱印本 9 册

0863 **西京職官印錄二卷**
［清］徐堅錄
民國二十四年（1935）上海商務印書館影印本 2 册

0864 **封泥存真一卷**
北京大學研究院文史部編
民國二十三年（1934）上海商務印書館影印本 1 册

0866 **金薤留珍五集**
［清］蔣溥等編
民國十五年（1926）北平故宮博物院影印本 5 册

0867 **荔仁印存**
黄荔仁篆
民國二十三年（1934）鈐印本 1 册

0868　**沈氏印存**
［清］秦祖永原著　沈炳政輯
民國鈐印本　1 册

0869　**廣倉學宭叢書**
姬佛陀輯
民國五年（1916）上海倉聖明智大學鉛印本　30 册

0870　**韓氏三禮圖説二卷**
［元］韓信同撰
清嘉慶十八年（1813）王氏麟後山房刻本　2 册

0871　**隸辨八卷**
［清］顧藹吉撰
清乾隆刻本　4 册

0871（1）　**隸辨八卷**
［清］顧藹吉撰
清乾隆八年（1743）刻本　8 册

0872　**靈鶼閣叢書**
［清］江標輯
清光緒元和江氏湖南使院刻本　2 册

0873　**新增格古要論十三卷**
［明］曹昭撰　［明］舒敏輯
［明］王佐增
清刻惜陰軒叢書本　6 册

0874　**西清續鑑甲編二十卷附錄一卷**
［清］王杰等撰
清宣統二年（1910）上海涵芬樓影印本
39 册　缺 1 卷（4）

0875　**欽定西清古鑑四十卷**
［清］梁詩正等撰
清光緒十四年（1888）上海鴻文書局石印本　24 册

0876　**金石萃編一百六十卷續編二十一卷首一卷**
［清］王昶撰
清光緒十九年（1893）上海寶善書局石印本　24 册

0877　**西清古鑑四十卷附宁壽鑑古十六卷**
［清］梁詩正等撰
清光緒十四年（1888）上海鴻文書局石印本　24 册　西清古鑑存 25 卷（1 至 25）

0878　**寧壽鑑古十六卷**
［清］高宗弘歷撰
民國二年（1913）上海涵芬樓影印本
28 册

0879　**古泉匯首集四卷元集十四卷亨集十四卷利集十八卷貞集十四卷**
［清］鮑康　［清］李佐賢編
清同治三年（1864）利津李氏石泉書屋

刻本　16 册

0880　**古泉雜詠四卷**
葉德輝撰
清光緒二十七年（1901）長沙葉氏觀古堂刻本　2 册

0881　**泉志十五卷**
［宋］洪遵撰
清光緒元年（1875）隸釋齋金陵刻本
2 册

0882　**金石録三十卷**
［宋］趙明誠撰
清道光黄本驥刻三長物齋叢書本　4 册

0883　**墨妙亭碑目考二卷附考一卷**
［清］張鑑撰
清光緒十年（1884）江蘇書局刻本　2 册

0884　**湘潭錦石歐陽氏五修族譜三十卷首一卷**
歐陽之廉纂修　歐陽廷鈺等督修
民國十年（1921）敦本堂木活字本
32 册

0885　**補寰宇訪碑録十二卷**
［清］趙之謙撰
清光緒九年（1883）江蘇書局刻本　8 册

0886　**寶鴨齋題跋三卷**
［清］徐樹鈞撰
清宣統二年（1910）宏文社石印本　1 册

0887　**寧鄉魯氏續修族譜八卷**
［清］魯運亨　［清］魯運承主修
［清］魯運璣　［清］魯運春纂修
清光緒二十年（1894）孝思堂木活字本
8 册

0888　**楊氏續修族譜十二卷首一卷**
［清］楊昌益等纂修　［清］楊廣治等督修
清同治十二年（1873）宏農堂木活字本
8 册

0889　**李氏五修支譜**
［清］李裕甲　［清］李名敬主修
［清］李安甲總纂
民國十三年（1924）木活字本　20 册

0890　**寧鄉鍾氏五修族譜二十八卷首一卷**
鐘卓範等纂修　鐘友星等主修
民國十一年（1922）萃渙堂木活字本
30 册

0891　**鄧氏七修族譜二十七卷首一卷末一卷**
［清］鄧超拔等倡修　［清］鄧壽男等纂修

清宣統三年（1911）冠雲堂木活字本
28 册

0892　**顏氏族譜**
顏焕清督修　顏竹林　顏文華纂修
民國六年（1917）木活字本　9 册

0893　**星沙晋山朱氏四修支譜十卷**
［清］朱基德主修　［清］朱壽堂等纂修
清光緒十六年（1890）玉奇堂木活字本
10 册

0894　**周氏三修族譜**
［清］周玉音倡修兼編修
清咸豐八年（1858）汝南堂木活字本
12 册

0895　**湘陰伍氏續修支譜四卷首一卷**
伍先緒纂修
清光緒十五年（1889）安定堂木活字本
1 册

0896　**雲田劉氏族譜三修族譜八卷首一卷末一卷**
劉光焕主修　劉克棟等纂修
民國十九年（1930）愛敬堂木活字本
10 册

0897　**上湘馮氏族譜十六卷首四卷**
［清］馮世標總修　［清］馮隆瑞纂修
清咸豐七年（1857）始平堂木活字本
12 册　缺 2 卷（15 至 16）

0898　**金氏三修族譜七卷首三卷**
［清］金翹森　［清］金昭五主修
［清］金詩節監修
民國二十六年（1937）寶聚堂木活字本
10 册

0899　**彭氏重修族譜**
［清］彭澤春主修　［清］彭後盛
［清］彭後儒纂修
清光緒十七年（1891）木活字本　10 册

0900　**何氏三修族譜十五卷首二卷末一卷**
何仁潔等纂
民國二十一年（1932）廬江堂木活字本
18 册

0901　**湘陰符氏三修支譜九卷首一卷末三卷**
［清］符瑞藩　［清］符寅亮等纂修
清宣統三年（1911）敦本堂木活字本
12 册

0902　**寧邑鍾氏重修支譜五卷首一卷**
［清］鍾竹村倡修　［清］鍾義達主修
清道光二十一年（1841）穎川堂木活字本　6 册

0903 **善邑澗山周氏四修族譜十二卷首一卷末一卷**
［清］周運澍等倡修 ［清］周運宦等主修
清光緒二十六年（1900）敦倫堂木活字本 28 册

0904 **良善李氏四修族譜十二卷**
［清］李景遷 ［清］李約章主修
［清］李報章总纂
民國三十七年（1948）光裕堂木活字本 12 册

0905 **陳氏二修支譜四卷首一卷**
陳幹和等倡修 陳鶴齡 陳銘卿主修
清宣統元年（1909）木活字本 6 册

0906 **廖氏三修族譜八卷首一卷**
廖開瑋主修 廖開珂等纂修
清宣統三年（1911）木活字本 8 册

0907 **史氏譜錄合編八卷**
裴師覃主修
民國五年（1916）平陵堂木活字本 八行堂藏版 10 册

0907（1） **裴氏族譜十卷末一卷**
［□］□□撰
清同治四年（1865）木存著堂活字本 12 册

0908 **張氏續修族譜十六卷**
［清］張幹 ［清］張筠纂修
［清］張臣賢等督修
清光緒二十六年（1900）清河堂木活字本 16 册

0909 **星沙石氏四修支譜六卷首一卷**
石炳衡主修兼纂修 石吟樵纂修兼校對
民國十三年（1924）木活字本 8 册

0910 **縠塘余氏三修族譜十卷**
余家晟主修 余興炫等纂修
民國三十一年（1942）培元堂木活字本 10 册

0911 **益陽上梅塘姚氏支譜九卷首一卷末一卷**
姚諄教 姚育泉等纂修
清光緒二十九年（1903）木活字本 10 册

0912 **徐氏宗譜六卷**
徐炳昆主修 徐紹庭纂修
民國二十三年（1934）東海堂木活字本 6 册

0913 **寧鄉井泉歐陽氏四修族譜二十八卷首三卷**
歐陽玉峰主修 歐陽石巖纂修
民國元年（1912）木活字本 16 册

0914　**湘潭射埠譚氏五修家譜二十四卷**
譚述亮纂修　譚祖璜主修
民國三十二年（1943）永言堂木活字本　24 册

0915　**彭氏四修族譜十六卷首三卷**
彭純穀　彭純愉總修
清宣統三年（1911）信述堂木活字本
32 册

0916　**楊氏續修族譜九卷首一卷**
［清］楊介先等纂修
清宣統二年（1910）四知堂木活字本
9 册

0917　**赤山張氏族譜十三卷首一卷末一卷**
張百均等纂修
民國四年（1915）木活字本　14 册

0918　**衡湘楊氏五修支譜十三卷首一卷末一卷**
［清］楊竹溪等纂修　［清］楊月樵纂修
清光緒三十四年（1908）四知堂木活字本　14 册

0919　**杜家河杜氏續修族譜二十四卷末一卷**
杜木崇　杜業南主修　杜業覲　杜業鋆纂修
民國十五年（1926）金墳堂木活字本
24 册

0920　**戴氏五修族譜七卷首一卷**
戴静遠纂修
民國二十五年（1936）注禮堂木活字本
7 册

0921　**戴氏四修族譜十二卷首一卷**
［清］戴良翰主修　［清］戴顯忠主纂
清光緒三十年（1904）注禮堂木活字本
13 册

0922　**長沙續修伍氏家譜四卷首一卷**
［清］伍仁浦纂修
清同治八年（1869）安定堂木活字本
6 册

0923　**湘陰上湴衝劉氏三修族譜五卷首一卷**
劉惜蕡纂修兼彙稿
民國二十二年（1933）彭城堂木活字本
8 册

0924　**閲田張氏續修家譜八卷首一卷附編一卷**
張永言修纂
清光緒二十八年（1902）清河堂木活字本　10 册

0925　**毛湖田李氏三修族譜十四卷首一**

卷末一卷
李光熿　李昌慎主修　李昌璪　李家禧纂修
清光緒二十五年（1899）同會堂木活字本　16 册

0926　**湘陰大衆塅徐氏族譜二十六卷首一卷末一卷**
徐先仁主修　徐先覺　徐先柏纂修
民國二十一年（1932）東海堂木活字本
24 册

0927　**李氏四修族譜十二卷首一卷**
李振軾等主修　李守梅等纂修
民國二十年（1931）本源堂木活字本
12 册

0928　**資陽七甲楊氏五修族譜二十八卷首四卷又三卷末六卷**
楊政典等主修　楊芳策等纂修
民國二十一年（1932）雙梧堂木活字本
39 册

0929　**甘氏四修族譜十三卷首一卷末一卷**
［清］甘忠裕等纂修
清光緒二十九年（1903）渤海堂木活字本　16 册

0930　**善邑皁角樹彭氏四修族譜十六卷首三卷末二卷**
彭純縠　彭純愉總修
清宣統三年（1911）信述堂木活字本
25 册

0931　**栗氏族譜十卷**
栗榮治主修　栗榮彝副修
民國十二年（1923）黎陽堂木活字本
10 册

0932　**寧鄉鍾氏四修族譜二十卷首一卷**
鐘雅齋總主修
民國萃涣堂木活字本　20 册

0933　**高田陳氏族譜四卷首一卷**
［□］□□撰
民國三十一年（1942）穎川堂木活字本
6 册

0934　**傅氏長沙四修支譜五卷**
傅宗讓主修
民國二十五年（1936）清河堂刻本　5 册

0935　**涂氏五修族譜八卷首一卷**
涂家磬主修　涂家楨等纂
民國二十三年（1934）南昌堂木活字本
10 册

0936　**周氏六修族譜二十五卷**
周惕欽主修　周奎耀掌修
民國六年（1917）延興堂木活字本

25 册

0937 **林塘馬氏四修族譜三十二卷首一卷**
［清］馬傳卿掌修 ［清］馬汝梅纂修
清同治六年（1867）中和堂木活字本
19 册 存 19 卷（卷首、1 至 6、8 至 19）

0938 **四部叢刊三編預約樣本**
商務印書館編
民國二十四年（1935）上海商務印書館鉛印本 1 册

0939 **四部叢刊書録不分卷**
商務印書館輯
民國上海商務印書館鉛印本 1 册

0940 **重印聚珍倣宋版五開大本四部備要樣本**
中華書局編
民國二十年（1931）上海中華書局鉛印本 1 册

0941 **揚州吳氏測海樓藏書目録七卷**
富晋書局編
民國二十年（1931）北平富晋書社石印本 1 册 存 2 卷（目録卷 6 至 7）

0942 **林塘馬氏四修族譜三十二卷首一卷**
［清］馬傳卿掌修 ［清］馬汝梅纂修
清同治六年（1867）中和堂木活字本
13 册 存 12 卷（7、20 至 30）

0943 **楂塘彭氏三修會支譜九卷首九卷總録一卷**
彭士練 彭士仁主修
民國十三年（1924）隴西堂木活字本
17 册

0944 **羅湘蔡氏支譜十卷首一卷末一卷**
［清］蔡光翰等主修 ［清］蔡先僎等纂修
清道光十七年（1837）洛陽堂刻本 8 册

0945 **善化彭氏四修族譜二十二卷附録一卷**
［清］彭上中等主修 ［清］彭國賢等纂修
清光緒元年（1875）信述堂木活字本
21 册

0946 **周氏四修族譜十二卷補編一卷**
周明誠等主修 周裕廷等纂修
清光緒十一年（1885）世德堂木活字本
12 册

0947 **李氏續修支譜十卷**
李忠恕纂修 李忠仲 李忠良校刊
清同治十三年（1874）錦心堂木活字本
6 册

0948　**資江周氏四修家乘十二卷**
周達川倡修兼總修　周慈意纂修
民國二年（1913）木活字本　12 册

0949　**尖山李氏五房支譜六卷**
李昭炯主修　李著翰纂修
民國六年（1917）木活字本　6 册

0950　**蕭氏四修族譜**
蕭傑萬 蕭世驥纂修
清同治十一年（1872）木活字本　10 册

0951　**湘陰黄氏世譜四十卷首一卷末一卷**
黄倫耀等纂修
民國二十六年（1937）湘陰睦族堂木活字本　26 册

0952　**湘陰黄氏族譜十一卷首一卷**
黄紫瀾纂修
清同治九年（1870）會文堂刻本　10 册

0953　**彭氏續修族譜十卷首一卷**
［清］彭懷匯等修
清嘉慶十一年（1806）木活字本　9 册

0954　**湘潭五桂塘李氏七修族譜二十卷**
李定鈞等主修　李隆禮等纂修
民國十五年（1926）木活字本　20 册

0955　**胡氏六修族譜二十四卷**
［清］胡培癸等倡修　［清］胡培暨等纂修
清光緒十九年 (1893) 木活字本　17 册
存 18 卷 (7 至 24)

0956　**資陽徐氏族譜十二卷首一卷**
［□］□□撰
民國東海堂刻本　13 册

善 0091　**廖氏族譜二卷首一卷**
［清］廖相主修　［清］廖杕纂修
清嘉慶二十二年（1817）威武堂木活字本　3 册

0958　**胡氏六修族譜六卷首一卷**
［清］胡安邦等倡修　［清］胡詠秋等纂修
清光緒二十一年（1895）安定堂木活字本　7 册

0959　**書林清話十卷**
葉德輝撰
民國九年（1920）長沙葉氏觀古堂刻本　4 册

0960　**字典攷證十二集**
［清］奕繪等撰
清光緒二年（1876）湖北崇文書局刻本　6 册

0961 **小學蒐逸不分卷**
龍璋輯
民國鉛印甓勤齋叢書本 12 册

0962 **文始九卷**
章炳麟撰
民國二年（1913）浙江圖書館影印本 4 册

0963 **中國文字學概要八章**
楊樹達撰
民國國立湖南大學石印本 1 册

0964 **字説一卷**
［清］吴大澂撰
清光緒長沙思賢講舍刻本 1 册

0965 **文字源流**
［□］□□撰
民國鉛活字本 1 册

0966 **字説一卷**
［清］吴大澂撰
清光緒長沙思賢講舍刻本 1 册

0967 **倉頡篇三卷輯本一卷續本一卷補本二卷**
［清］孫星衍 ［清］洪亮吉
［清］任大椿輯 ［清］陶方琦輯
清光緒十六年（1890）江蘇書局刻本 1 册

0968 **干禄字書一卷**
［唐］顏元孫撰
清刻小學彙函本 1 册

0969 **倣宋監本説文解字三十卷**
［漢］許慎撰 ［宋］徐鉉等校定
清刻本 5 册

0970 **説文部首韻語音注一卷**
章炳麟原著 龔翼星録篆輯注
民國十三年（1924）長沙藻華印局石印本 1 册

0971 **説文答問疏證六卷**
［清］薛傳均撰
清光緒九年（1883）歸安姚氏刻咫進齋叢書本 1 册

0972 **蒼石山房文字談不分卷**
石廣權撰
民國十八年（1929）上海商務印書館石印本 2 册

0973 **説文解字篆韻譜五卷**
［五代］徐鍇撰
清乾隆四十六年（1781）李調元刻本 1 册

0974 **大清現行刑律三十六卷首一卷**
沈家本　俞廉三編
清宣統二年（1910）鉛印本　11 册

0975 **大清律例增修統纂集成四十卷附督捕則例二卷**
［清］陶駿　［清］陶念霖增修
清光緒二十年（1894）刻本　24 册

0976 **墨緣彙觀四卷**
［清］安岐撰
民國上海有正書局鉛印本　4 册

0977 **書畫鑑影二十四卷首一卷**
［清］李佐賢撰
清同治十年（1871）利津石泉書屋李氏刻本　12 册

0978 **墨香居畫識十卷國朝畫識十七卷**
［清］馮金伯撰
清刻本　8 册

0979 **景德鎮陶錄十卷**
［清］藍浦撰　［清］鄭廷桂補輯
清同治九年（1870）南昌鄭氏刻本　4 册

0980 **歷代帝王年表不分卷**
［清］齊召南編　［清］阮福續編
清道光四年（1824）小琅環仙館刻本　3 册

0981 **庸書内篇二卷外篇二卷**
［清］陳熾撰
清光緒二十二年（1896）刻本　2 册

0982 **庸書内篇二卷外篇二卷**
［清］陳熾撰
清光緒二十二年（1896）刻本　2 册

0983 **續富國策四卷**
［清］陳熾撰
清光緒二十四年（1898）刻本　4 册

0984 **龍鳳山志四卷**
廖潤鴻編　黄應逵輯
民國三十年（1941）刻本　1 册

0985 **庚子國變記一卷**
［清］李希聖撰
清刻本　1 册

0986 **湖南鄉土地理參考書不分卷**
辜天佑編
清宣統二年（1910）湖南機器印刷局鉛印本　5 册

0987 **遊學譯編**
遊學譯編社編
清光緒二十八年（1902）湖南遊學譯編社日本東京鉛印本　12 册

0988 **譚瀏陽全集**
［清］譚嗣同撰
民國十二年（1923）上海文明書局鉛印本 6 册

0989 **四書集注十九卷**
［宋］朱熹章句
清刻本 10 册

0990 **廣湖南考古略三十卷**
［清］同德齋主人編
清光緒十四年（1888）石印本 5 册
缺 6 卷（1 至 6）

0991 **鑑古齋墨藪不分卷附錄一卷**
［清］汪近聖輯撰
民國十七年（1928）陶氏石印本 3 册

0992 **考工記二卷**
［明］郭正域批點
清刻本 1 册

0993 **永樂大典**
［明］解縉等編
民國二十八年（1939）影印本 1 册
存 2 卷（3584 至 3585）

0995 **蜀石經殘字一卷**
［清］陳宗彝摹
清道光六年（1826）刻本 1 册

0997 **南宋院畫錄八卷**
［清］厲鶚撰
清光緒十年（1884）刻本 4 册

0998 **文學論文索引續編不分卷**
劉修業編
民國二十二年（1933）北平中華圖書館協會鉛印本 1 册

0999 **文學論文索引三編不分卷**
劉修業編
民國二十五年（1936）北平中華圖書館協會鉛印本 1 册

1000 **橋西雜記一卷**
［清］葉名澧撰
清同治十年（1871）滂喜齋刻本 3 册

1001 **歷朝野史九卷**
［明］查應光輯
民國十四年（1925）上海有正書局鉛印本 1 册

1002 **淵鑑類函四百五十卷目錄四卷**
［清］張英等輯
清光緒九年（1883）上海點石齋石印本 10 册

1003 **畫論叢刊附編二卷**
于海晏編

民國二十六年（1937）北平中華印書局鉛印本　6 册

1004　**六如居士畫譜三卷**
［明］唐寅輯
清嘉慶六年（1801）果克山房刻本　1 册

1005　**歐陽書考十二卷首一卷末一卷**
［清］袁繼翰撰
清光緒二十年（1894）述歐之室刻本　4 册

1006　**古籀拾遺三卷**
［清］孫詒讓撰
民國上海掃葉山房影印本　4 册

1007　**南疆逸史十卷**
［清］温睿臨撰
民國四年（1915）上海國光書局鉛印本　6 册

1008　**抱一遺著八卷**
李景僑撰
民國二十五年（1936）鉛印本　8 册

1009　**小學紺珠十卷**
［宋］王應麟撰
清光緒二十七年（1901）刻本　5 册

1010　**字典攷證十二集**
［清］奕繪等撰
清道光十一年（1831）刻本　4 册

1011　**説文匡鄦不分卷**
石廣權撰
民國二十年（1931）上海商務印書館石印本　1 册

1012　**文字蒙求四卷**
［清］王筠撰
民國上海鴻章書局石印本　2 册

1013　**攸縣志五十五卷**
［清］趙勷　［清］萬在衡纂修
［清］王元凱　［清］嚴鳴琦續纂修
清同治十年（1871）刻本　12 册

1014　**華容縣志十五卷首一卷**
［清］熊紹庚等倡修　［清］孫炳煜等主修
清光緒八年（1882）刻本　8 册

1015　**式古堂書畫彙考六十卷首一卷**
［清］卞永譽輯
民國十年（1921）鑑古書社影印本　64 册

1016　**寒松閣談藝瑣錄六卷**
［清］張鳴珂撰
民國二十年（1931）上海中華書局鉛印

本　1 册

1017　**佩文齋書畫譜一百卷**
［清］孫岳頒等撰
清光緒九年（1883）上海同文書局石印本　32 册

1018　**説文解字通釋四十卷校勘記三卷**
［五代］徐鍇撰
清道光十九年（1839）刻本　8 册

1019　**説文解字研究法不分卷**
馬叙倫撰
民國十八年（1929）上海商務印書館石印本　1 册

1020　**説文辨疑一卷**
［清］顧廣圻撰
清光緒三年（1877）湖北崇文書局刻本 1 册

1021　**説文解字注匡謬不分卷**
［清］徐承慶撰
清光緒九年（1883）歸安姚氏刻咫進齋叢書本　4 册

1022　**説文通檢十四卷首一卷末一卷**
［清］黎永椿編
清光緒二年（1876）湖北崇文書局刻本 2 册

1023　**説文古文疏證一卷**
舒連景撰
民國二十四年（1935）石印本　1 册

1024　**段注説文部首一卷**
傅熊湘輯
民國十三年（1924）長沙鉛印本　2 册

1025　**説文匡鄦不分卷**
石廣權撰
民國二十年（1931）上海商務印書館石印本　1 册

1026　**段注説文部首一卷**
傅熊湘輯
民國十三年（1924）長沙鉛印本　1 册

1027　**説文管見三卷**
［清］胡秉虔撰
清光緒七年（1881）申江望益山房刻本 1 册

1028　**急就篇四卷**
［漢］史游撰　［唐］顔師古注
［宋］王應麟補注
清光緒浙江書局刻本　2 册

1029　**太平天國叢書第一集**
蕭一山輯
民國二十五年（1936）上海國立編譯館

影印本 10册

1030 **清宫史續編一百卷**
［清］慶桂等撰
民國二十一年（1932）北平故宫博物院圖書館鉛印本 12册

1031 **梁氏飲冰室藏書目録不分卷**
北平圖書館編
民國二十二年（1933）國立北平圖書館鉛印本 4册

1032 **寶慶府志一百四十三卷首二卷末三卷**
［清］黄宅中創修 ［清］張鎮南主修 ［清］鄧顯鶴總纂
清道光二十九年（1849）濂溪書院刻本 58册

1033 **鄜縣志二十卷首一卷**
［清］唐榮邦主修 ［清］楊岳方等主纂
清同治十二年（1873）文昌宫刻本 8册

1034 **長沙府嶽麓志八卷首一卷長沙嶽麓書院續志四卷首一卷**
［清］趙寧輯 ［清］丁善慶纂
清康熙鏡水堂刻，清同治六年（1867）續刻本 10册

1035 **耒陽縣志八卷首一卷**
［清］于學琴 ［清］周至德主修 ［清］宋世煦纂修
清光緒十二年（1886）耒陽縣志局刻本 10册

1036 **清泉縣志十卷首一卷末一卷**
［清］張修府纂 王闓運修
清同治八年（1869）刻本 1册

1037 **南縣鄉土筆記**
段毓雲撰
民國十八年（1929）石印本 1册

1038 **寧遠縣志八卷**
［清］張大煦修 ［清］歐陽澤闓纂
清光緒二年（1876）崇正書院刻本 4册

1039 **常寧縣志十六卷首一卷**
［清］玉山主修 ［清］李孝經等纂修
清同治九年（1870）右文書局刻，民國二十年（1931）文賢書社重印本 4册

1040 **桂陽直隸州志十五篇二十七卷首一卷**
［清］汪敦灝修 王闓運纂
清同治七年（1868）刻本 12册 缺2卷（6、26）

1041 **慈利縣志二十卷首一卷**
田興奎修 吴恭亨總纂

民國十二年（1923）鉛印本　4 册

1042　**慈利山水考一卷**
［清］于雲贊撰
清宣統三年（1911）鉛印本　1 册

1043　**湘陰縣圖志三十四卷首一卷末一卷**
［清］郭嵩燾等纂修
清光緒六年（1880）湘陰縣志局刻本
14 册

1044　**寧遠縣志二十二卷首一卷**
李毓九等主修　徐楨立總編纂
民國三十一年（1942）石印本　8 册

1045　**邵陽縣鄉土志四卷首一卷**
［清］陳吳萃等主修　［清］姚炳奎纂修
清光緒三十三年（1907）刻本　4 册

1046　**新化縣志三十五卷首二卷**
［清］關培鈞主修　［清］劉洪澤主纂
清同治十一年（1872）刻本　15 册

1047　**祁陽縣志二十四卷首一卷**
［清］陳玉祥主修　［清］劉希關等編修
清同治九年（1870）刻本　16 册

1048　**祁陽縣志二十四卷首一卷**
［清］萬在衡主修　［清］甘慶增總纂
清嘉慶十七年（1812）刻本　12 册

1049　**零陵縣志十六卷**
［清］武占熊主修　［清］劉方璿等編稿
清嘉慶十五年（1810）刻本　10 册

1050　**興寧縣志十八卷首一卷末一卷**
［清］郭樹馨原修　［清］劉錫九
［清］黄榜元　［清］許萬松纂
清光緒元年（1875）刻本　8 册　缺 6 卷（卷首、1、10 至 13）

1051　**江華縣志十二卷首一卷**
［清］劉華邦纂修　［清］唐爲煌分編
清同治九年（1870）刻本　8 册

1054　**衡山縣志六卷**
［明］劉熙修　［明］何紀編輯
民國十三年（1924）鉛印本　2 册

1055　**衡山縣志六卷**
［明］劉熙修　［明］何紀編輯
民國十三年（1924）鉛印本　1 册

1056　**寧鄉縣志十二卷**
［清］王餘英等主修　［清］袁名曜總纂
清嘉慶二十二年（1817）刻本　9 册

1057　**醴陵縣志十卷**
陳鯤主修　劉謙總編纂
民國三十七年（1948）醴陵縣文獻委員會鉛印本　10 册

1058 **善化縣志三十四卷首一卷**
［清］吳兆熙 ［清］冒沅等修
［清］張先掄 ［清］韓炳章等纂
清光緒三年（1877）刻本 20 册

1059 **醴陵縣志二十六卷首一卷**
［清］黄應培主修 ［清］丁世瑮總纂
清嘉慶二十四年（1819）刻本 13 册

1060 **醴陵縣志十四卷首一卷末一卷**
［清］徐淦等主修 ［清］江普光等纂
清同治九年（1870）刻本 6 册

1061 **醴陵縣鄉土志八章**
傅熊湘編
民國十五年（1926）醴陵醴泉小學鉛印本 1 册

1062 **湘陰縣志三十九卷首一卷補遺一卷**
［清］翁元圻主修 ［清］黄朝綬等纂
［清］徐鋐校補
清道光四年（1824）刻本 16 册 缺 5 卷（30 至 34）

1063 **瀏陽縣志二十四卷**
［清］王汝惺等主修 ［清］鄒焌杰等纂
清同治十二年（1873）刻本 12 册

1064 **湘陰縣圖志三十四卷首一卷末一卷**
［清］郭嵩燾等纂修
清光緒六年（1880）湘陰縣志局刻本 14 册

1065 **寧鄉縣志不分卷附新志四卷**
周震鱗主修 劉宗向主纂
民國三十年（1941）木活字本 28 册

1066 **攸縣志五十五卷**
［清］趙勷 ［清］萬在衡纂修
［清］王元凱 ［清］嚴鳴琦續纂修
清同治十年（1871）刻本 10 册

1067 **桃源縣志十七卷首一卷末一卷**
［清］余良棟修 ［清］劉鳳苞纂
清光緒十八年（1892）刻本 20 册

1068 **武陵縣志四十八卷**
［清］惲世臨鑒定 ［清］汪敩灝
［清］孫翹澤等督修 ［清］陳啓邁纂輯
清同治二年（1863）刻本 12 册

1069 **臨湘縣志十三卷首一卷末一卷**
［清］盛慶黻 ［清］恩榮等主修
［清］熊興杰 ［清］歐陽恩霖等總纂
清同治十一年（1872）刻本 6 册

1070 **續修寧鄉縣志四十四卷首一卷**
［清］郭慶揚主修 ［清］童秀春總纂
清同治六年（1867）刻本 18 册

1071　**起黄二卷質顧一卷廣王二卷**
［清］吳光耀撰
清宣統元年（1909）刻本　5 册

1072　**平江縣志五十五卷首二卷末一卷**
［清］張培仁等監修　［清］李元度纂修
清同治十三年（1874）刻本　18 册

1073　**平江縣志五十五卷首二卷末一卷**
［清］張培仁等修　［清］李元度纂修
清同治十三年（1874）刻本　16 册

1074　**善化縣志三十四卷首一卷**
［清］吳兆熙　［清］冒沅等修
［清］張先掄　［清］韓炳章等纂
清光緒三年（1877）刻本　20 册

1075　**零陵縣志十五卷補遺一卷**
［清］嵇有慶　［清］徐保齡主修
［清］劉沛纂修
民國二十年（1931）鄭桂芳刻本　8 册

1076　**武陵縣志四十八卷**
［清］惲世臨鑒定　［清］汪斆灝
［清］孫翹澤等督修　［清］陳啓邁纂輯
清同治二年（1863）刻本　16 册

1077　**直隸郴州總志四十三卷首一卷附考一卷**
［清］朱偓等主修　［清］陳昭謀總纂
民國翻印清嘉慶二十五年（1820）刻本
2 册　存 2 卷（卷首、10）

1078　**桃源洞天志一卷**
［清］釋蘭岩輯
清同治刻本　2 册

1079　**寧鄉雲山書院志二卷首一卷**
［清］周瑞松輯
清同治十三年（1874）刻本　1 册

1080　**洞溪書院志二卷**
［清］羅汝廉等撰
清光緒二十五年（1899）刻本　2 册

1081　**邵陽縣志十卷**
［清］李炳耀　［清］李大緒主修
［清］黄文琛總纂
民國二十年（1931）邵陽大展鉛印局鉛印本　1 册　存 4 卷（1 至 4）

1082　**續修寧鄉縣志四十四卷首一卷**
［清］郭慶揚主修　［清］童秀春總纂
清同治六年（1867）刻本　18 册

1083　**益陽縣志二十五卷首一卷**
［清］姚念楊　［清］吕懋恒主修
［清］趙裴哲總纂
清同治十三年（1874）文閣刻本　16 册

1084 **湘潭縣志十二卷**
［清］陳嘉榆等修　王闓運等纂
清光緒十五年（1889）刻本　10 册

1085 **湘潭縣志四十卷外紀一卷補遺一卷**
［清］張雲璈總纂　［清］周系英總輯
清嘉慶二十三年（1818）刻本　18 册

1086 **安化縣志三十四卷首五卷末一卷**
［清］邱育泉主修　［清］何才焕等纂修　［清］余堅等繼修
清同治十年（1871）刻本　20 册

1088 **中國近百年政治史不分卷**
李劍農撰
民國國立師範學院史地學會鉛印本　1 册

1089 **書林清話十卷**
葉德輝撰
民國九年（1920）長沙葉氏觀古堂刻本　4 册

1090 **策倭要略全**
朱祖堯署檢
清光緒二十年（1894）刻本　1 册

1091 **古書疑義舉例叢刊**
鼎文書社輯
民國十三年（1924）長沙鼎文書社刻本　4 册

1092 **金石書錄目十卷附錄四種**
容媛輯
民國二十五年（1936）上海商務印書館鉛印本　1 册

1093 **洪忠宣公（皓）年譜一卷**
［清］洪汝奎編
清宣統元年（1909）晦木齋刻本　1 册

1094 **甄古齋印譜**
王石經鐫
民國十二年（1923）上海商務印書館影印本　1 册

1095 **麇研齋印存**
王禔輯
民國三十五年（1946）鈐印本　4 册

1098 **曾文正公全集**
［清］曾國藩撰
清同治至清光緒湖南傳忠書局刻本　140 册

1099 **城步縣志十卷**
［清］盛鎰源主修　［清］戴聯璧　［清］陳志升等纂修
民國十九年（1930）木活字本　10 册

1100　**巴陵人物志十五卷**
［清］杜貴墀撰
清光緒二十八年（1902）刻本　2 册

1101　**巴陵縣志三十卷首一卷**
［清］嚴鳴琦　［清］潘兆奎主修
［清］吳敏樹等編纂
清同治十一年（1872）刻本　10 册

1102　**衡山縣志五十五卷首一卷**
［清］侯鈐　［清］張富業等總修
［清］蕭鳳翥等編次
清道光三年（1823）刻本　18 册

1103　**重修南嶽志二十六卷**
［清］李元度纂修
清光緒六年（1880）刻本　12 册

1104　**南嶽志二十六卷增補南嶽志詩集二卷續增南嶽志文集二卷**
南嶽志二十六卷［清］李元度原輯　王香余　歐陽謙校刊；增補南嶽志诗集二卷　李子榮編次　鄭阜康參閲　王香余　歐陽謙補輯；續增南嶽志文集二卷　李子榮　鄭阜康鑒定　王香余補輯
民國十二年（1923）刻本　18 册

1105　**洞庭湖志十四卷**
［清］綦世基原本　［清］夏大觀補纂
［清］萬年淳再訂
清道光五年（1825）刻本　8 册

1105（1）　**洞庭湖志十四卷**
［清］綦世基原本　［清］夏大觀補纂
［清］萬年淳再訂
清道光五年（1825）刻本　10 册

1106　**南嶽志八卷**
［清］高自位重編　［清］黄宫
［清］黄有福校訂　［清］曠敏本同輯
清乾隆十八年（1753）重修開雲樓刻本
6 册

1107　**衡陽縣志十二卷**
［清］羅慶薌等修　［清］彭玉麟等纂
清同治十三年（1874）刻本　7 册

1108　**清泉縣志三十六卷首一卷**
［清］江恂修　［清］江昱纂
清乾隆二十八年（1763）刻本　10 册

1108（1）　**清泉縣志三十六卷首一卷**
［清］江恂修　［清］江昱纂
清乾隆二十八年（1763）刻本　10 册

1109　**湘鄉縣志二十三卷首一卷末一卷**
［清］齊德五等主修　［清］黄楷盛纂修
清同治十三年（1874）刻本　24 册

1110　**湘陰巢氏五修族譜十六卷首三卷**

巢功贊主修　巢功傑副主修
民國三十六年（1947）彭城堂木活字本
8 冊

1111　**善化謀堂劉氏四修族譜十四卷首四卷**
劉峙雲等主修
民國三十二年（1943）中山堂木活字本
12 冊

1112　**善化陶氏支譜六卷首一卷**
陶其順等倡修　陶逢源等主修　陶連登纂修
清光緒元年（1875）潯陽堂木活字本
6 冊

1113　**張氏四修族譜十卷首一卷**
張希仲等總纂
民國三年（1914）清河堂木活字本
10 冊

1114　**栗氏族譜十卷**
栗榮治主修　栗榮彝副修
民國十二年（1923）黎陽堂木活字本
10 冊

1115　**萬國分類時務大成四十卷**
［清］錢豐選輯
清光緒二十七年（1901）石印本　20 冊

1116　**梵天廬叢錄三十七卷**
柴萼撰
民國十四年（1925）上海中華書局影印本　18 冊

1117　**天禄琳琅叢書第一輯第一函**
故宫博物院編
民國二十年（1931）北平故宫博物院影印本　28 冊

1118　**十五家年譜叢書**
［清］楊希閔撰
清光緒三年（1877）揚州書林陳履恒刻本　16 冊

1119　**巴勒布紀略二十六卷**
吴豐培校訂
民國吴江吴氏油印邊疆叢書續編本　4 冊

1120　**啓禎野乘十六卷**
［清］鄒漪著
民國二十五年（1936）北平故宫博物院鉛印本　4 冊

1121　**原富不分卷**
［英國］斯密亞丹撰　嚴復譯
清光緒二十八年（1902）南洋公學譯書院鉛印本　8 冊

1122　**列國政要一百三十二卷首一卷**

［清］戴鴻慈 ［清］端方輯
清光緒三十三年（1907）石印本 32 册

1123 **吉石庵叢書四集**
羅振玉輯
民國五年（1916）影印本 24 册

1124 **藝海珠塵**
［清］吳省蘭輯
清嘉慶南匯吳氏聽彝堂刻本 32 册

1135 **直隸郴州總志四十三卷首一卷附考一卷**
［清］朱偓等主修 ［清］陳昭謀總纂
清嘉慶二十五年（1820）刻本 25 册

1136 **庚子銷夏記八卷**
［清］孫承澤撰
清乾隆二十六年（1761）刻本 4 册

1137 **庚子銷夏記八卷**
［清］孫承澤撰
清乾隆二十六年（1761）刻本 4 册

1138 **辛丑銷夏記五卷**
［清］吳榮光撰
清光緒三十一年（1905）長沙葉氏郎園刻本 5 册

1139 **玉臺畫史五卷**
［清］湯漱玉輯
清道光錢塘汪氏振綺堂刻本 1 册

1140 **六書古微十卷**
葉德輝撰
民國五年（1916）長沙葉氏觀古堂刻本 2 册

1141 **六書通十卷**
［明］閔齊伋撰 ［清］畢弘述篆訂
清康熙五十九年（1720）刻本 10 册

1142 **同治中興京外奏議約編八卷**
［清］陳弢編
清光緒元年（1875）刻本 8 册

1143 **鐵年書畫集**
符鑄繪
民國十三年（1924）影印本 1 册

1144 **中國歷史教科書**
劉師培撰
民國二十三年（1934）寧武南氏鉛印本 3 册

1145 **淮軍平捻記十二卷**
［清］周世澄撰
清刻本 4 册

1146 **吳王張士誠載記五卷**

支偉成編
民國二十一年（1932）鉛印本　5 册
存 2 卷（1 至 2）

1147　**清内閣庫貯舊檔輯刊六編**
方甦生編
民國二十四年（1935）北平故宫博物院鉛印本　6 册

1148　**平定粤匪紀略十八卷附記四卷**
［清］杜文瀾撰
清同治十年（1871）京都聚珍齋木活字本　6 册

1149　**滿清野史**
［□］□□撰
民國成都昌福公司鉛印本　48 册

1150　**籌辦夷務始末道光朝八十卷咸豐朝八十卷同治朝一百卷**
［清］文慶等編
民國十九年（1930）北平故宫博物院影印本　90 册

1151　**南橋北梓集**
［清］何忠駿撰
民國十三年（1924）平江漢文堂刻本　1 册

1152　**臺灣雜記一卷**
［清］黄逢昶撰
清光緒十一年（1885）刻本　1 册

1153　**彭剛直公挽聯一卷**
［清］張之洞等撰
清光緒十九年（1893）刻本　1 册

1154　**光緒癸巳恩科湖南鄉試同門譜**
［□］□□撰
清光緒刻本　1 册

1155　**劉果敏公榮哀録**
［□］□□撰
清光緒七年（1881）刻本　1 册

1156　**春秋楚地疆域表一卷**
［清］彭焯南撰
清光緒二十三年（1897）刻本　1 册

1157　**湘鄉縣正式議事會第一次報告書**
湘鄉縣議會編
民國元年（1912）鉛印本　1 册

1158　**湖南節孝録二卷首一卷**
李獬編輯
民國二十二年（1933）長沙望江樓鉛印本　1 册

1159　**湖南省議會第二次常年會及第三次臨時會報告書四卷**

湖南省議會編
民國六年（1917）鉛印本　1 册

1160　**仲松堂詩集三卷**
童錫笙撰
民國十三年（1924）長沙刻本　1 册

1161　**求是齋詩草二卷**
［清］鄭先樸撰
清同治八年（1869）刻本　1 册

1162　**湘陰縣議會報告書**
湘陰縣議會編
民國十三年（1924）木活字本　1 册

1163　**王九溪先生年譜一卷**
秦薰陶撰
民國三十七年（1948）長沙鉛印本　1 册

1164　**樂耕軒詩存不分卷**
［清］周振瓊撰
清宣統三年（1911）刻本　1 册

1165　**瞿子玖聖德紀略四種**
瞿鴻禨撰
民國九年（1920）石印本　1 册

1166　**湖南安化勸學所學事年報彙編**
夏德渥編
民國六年（1917）木活字本　1 册

1167　**瞿文慎公詩選遺墨**
瞿鴻禨撰
民國八年（1919）長沙瞿氏影印本　3 册

1168　**汪氏續修族譜二十二卷**
［清］汪樹芳等主修
清同治六年（1867）平陽堂木活字本
22 册

善 0083　**寧鄉梅氏族譜六卷首一卷**
［清］梅書訓等纂修
清嘉慶十年（1805）悠承堂木活字本
5 册

善 0084　**安化李氏族譜四卷首一卷**
［清］李彩秀等督修　［清］李遵義等編修
清乾隆三十三年（1768）木活字本　1 册

善 0085　**長沙蕭氏族譜**
［清］蕭定瓊等編修　［清］蕭士誠等纂修
清乾隆三十一年（1766）木活字本　2 册

善 0086　**新化廖氏重修族譜**
［清］廖遵訓等督修
清乾隆二十五年（1760）木活字本　1 册

善 0087　**長沙喻氏族譜三卷**
［清］喻大年主修　［清］喻成鵬等編纂

清乾隆六年（1741）孝友堂木活字本
1册　存3卷（1至3）

善0088　**湘鄉楊氏族譜**
［清］楊永堪主修
清乾隆二十四年（1759）木活字本　1册

善0089　**寧鄉王氏重修族譜**
［清］王旭天等編
清乾隆五年（1740）木活字本　1册

善0024　**江西南昌豐城李氏宗譜一卷續譜一卷**
［明］李元選撰　［明］崔必達序
［清］李赤雲續修
清雍正元年（1723）續修明刻本　2册

善0090　**湘陰李氏續宗譜**
［□］□□撰
清乾隆三十八年（1773）木活字本　5册

1178　**敦煌石室寫經題記與敦煌雜録二輯**
許國霖輯
民國二十六年（1937）上海商務印書館鉛印本　2册

1179　**中國歷代黨争史**
王桐齡撰
民國十一年（1922）北京高等師範學校鉛印本　1册

1180　**左忠毅公年譜二卷**
［清］左宰編
清道光二十九年（1849）左輝春刻本
1册

1181　**洪承疇章奏文册彙輯**
北京大學研究院文史部編
民國二十六年（1937）上海商務印書館鉛印本　1册

1182　**南天痕二十六卷附録一卷**
［清］凌雪撰
清宣統二年（1910）鉛印本　6册

1183　**湖南團練私議**
［清］左欽敏撰
清光緒二十五年（1899）刻本　1册

1185　**許竹篔先生出使函稿十四卷**
［清］許景澄撰
清光緒十七年（1891）鉛印本　4册

1186　**崇禎存實疏鈔八卷**
北京大學研究院文史部編
民國二十三年（1934）上海商務印書館石印本　16册

1187　**杜工部集二十卷首一卷**
［唐］杜甫撰
清光緒二年（1876）廣東翰墨園刻五色

套印本　10 冊

1188　**漢書**
有正書局編
民國上海有正書局影印本　2 冊

1189　**端忠敏公奏稿十六卷**
［清］端方撰
民國七年（1918）鉛印本　16 冊

1190　**教務紀略四卷首一卷**
［清］李剛己輯
清光緒二十九年（1903）山東印書局鉛印本　5 冊

1191　**大觀錄二十卷**
［清］吳昇輯
民國九年（1920）武進李氏聖譯樓鉛印本　14 冊

1193　**内務部古物陳列所書畫目錄十四卷附三卷附補遺二卷**
何煜編
民國十四年（1925）鉛印本　10 冊

1194　**清河書畫舫十二卷**
［明］張丑撰
清光緒元年（1875）有竹人家刻本
12 冊

1194（1）　**清河書畫舫十二卷**
［明］張丑撰
清光緒元年（1875）有竹人家刻本
12 冊

1195　**嘉慶重修一統志五百六十卷**
［清］穆彰阿等纂　［清］潘錫恩等編
民國二十三年（1934）上海商務印書館影印本　200 冊

1196　**嘉慶重修一統志表二十卷附索引**
清史館纂輯
民國二十三年（1934）上海商務印書館鉛印本　20 冊

1197　**金石萃編一百六十卷**
［清］王昶撰
清嘉慶十年（1805）刻本經訓堂藏版
64 冊

1198　**六書轉注錄十卷**
［清］洪亮吉撰
清光緒四年（1878）授經堂刻本　4 冊

1200　**漢隸字源五卷碑目一卷**
［宋］婁機撰
清光緒三年（1877）川東官舍歸安姚覲元刻本　6 冊

1201 **文字蒙求四卷**
［清］王筠撰
清同治二年（1863）刻本鐵華館叢書 1册

1202 **佩觿三卷**
［宋］郭忠恕撰
清康熙張士俊澤存堂刻本 1册

1203 **文字淺識不分卷**
徐運錦撰
民國十三年（1924）石印本 4册

1204 **隸辨八卷**
［清］顧藹吉撰
清乾隆刻本 8册

1205 **張大司馬奏稿四卷**
［清］張亮基輯
清光緒十七年（1891）刻本 4册

1206 **中國文字之原始及其構造**
蔣善國撰
民國十九年（1930）上海商務印書館石印本 2册

1207 **文字學發凡三卷首一卷**
馬宗霍撰
民國二十六年（1937）上海商務印書館石印本 1册

1208 **中國文字學不分卷**
顧實撰
民國十四年（1925）石印本 3册

1209 **讀書延年堂全集六種**
［清］熊少牧著
清咸豐七年至清同治五年（1857至1866）刻本 20册

1210 **明清史料乙編**
國立中央研究院歷史語言研究所編
民國二十五年（1936）上海商務印書館鉛印本 10册

1212 **廣金石韻府五卷**
［清］林尚葵輯 ［清］朱臣甫輯
［清］李根 ［清］阿靈甫校正
清康熙刻朱墨套印本 5册

1213 **吉石庵叢書十種**
羅振玉輯
民國上虞羅氏影印本 6册

1214 **石經彙函十種**
王秉恩輯
清光緒元尚居刻本 12册

1215 **宣和博古圖錄三十卷**
［宋］王黼等撰
清刻本 14册

1216　**左文襄公奏疏初編三十八卷續編七十六卷三編六卷**
［清］左宗棠編
清同治七年（1868）鉛印本　80 册

善 0025　**宣和博古圖錄三十卷**
［宋］王黼等撰
明萬歷十六年（1588）泊如齋重刻本　32 册

1218　**楝亭十二種六十九卷**
［清］曹寅輯
民國十年（1921）上海古書流通處影印本　20 册

1219　**觀堂外集三種三卷附校記一卷**
［匈牙利］斯坦因述　王國維撰
民國十六年（1927）鉛印本　1 册

1220　**美術叢書**
鄧實編
民國元年（1912）鉛印本　40 册

1221　**格致鏡原一百卷**
［清］陳元龍撰
清雍正十三年（1735）刻本　23 册

1222　**船山遺書**
［清］王夫之撰
清道光湘潭王氏守遺書書屋刻本　65 册
缺 1 卷（四書訓義第 33 卷）

1223　**金石萃編一百六十卷**
［清］王昶撰
清嘉慶十年（1805）刻本　58 册

1225　**沅湘耆舊集前編四十卷正編二百卷**
［清］鄧顯鶴編
清道光刻本　70 册

善 0026　**十竹齋畫譜八卷**
［明］胡曰從摹古　［清］張學畊重校
［清］邱瑞麟重輯
清光緒五年（1879）元和邱瑞麟刻彩色套印本　7 册　缺 1 卷（石譜卷）

1227　**西清古鑑四十卷附錢錄十六卷**
［清］梁詩正等撰
清光緒十四年（1888）上海鴻文書局石印本　22 册　西清古鑑存 37 卷（1 至 37）

1228　**美術叢書後集十集**
風雨樓編
民國四年（1915）鉛印本　39 册

1229　**三輔黄圖六卷**
［□］□□撰
清光緒十七年（1891）長沙思賢講舍刻本　1 册

1230　**金索六卷**
［清］馮雲鵬輯　［清］馮雲鵷輯
清道光四年（1824）刻本　5 册　缺 1 册（6）

1231　**石索六卷**
［清］馮雲鵬輯　［清］馮雲鵷輯
清道光四年（1824）刻本　6 册

1232　**獨笑齋金石文考第二集八卷**
鄭業斆撰
民國三年（1914）石印本　2 册

善 0027　**湘潭縣志七卷**
［清］姜修仁修
清康熙二十四年（1685）刻本　6 册

1234　**古泉匯首集四卷元集十四卷亨集十四卷利集十八卷貞集十四卷**
［清］鮑康　［清］李佐賢等編
清同治三年（1864）利津李氏石泉書屋刻本　15 册　缺 1 册（第 7 册利一至利七）

1235　**微微集余訾集**
蟄陽子撰
民國十一年（1922）抄本　1 册

1236　**金石存十五卷**
［清］吳玉搢撰
清嘉慶二十四年（1819）山陽李宗昉聞妙香室刻本　4 册

1237　**積古齋鐘鼎彝器款識十卷**
［清］阮元撰
清光緒上海積山書局刻本　2 册　存 4 卷（1 至 4）

1238　**國粹學報**
鄧實編
清末鉛印本　21 册

1239　**國粹學報**
鄧實編
清末鉛印本　3 册

1240　**南社湘集**
南社湘集社編
民國十三年（1924）鉛印本　1 册

1241　**陶説六卷**
［清］朱琰撰
民國三年（1914）鉛印本　2 册

1242　**增訂陰陽歷對照表**
壽孝元撰
民國十三年（1924）上海商務印書館鉛印本　1 册

1243　**石鼓文一卷**

［清］任兆麟集釋
清乾隆五十三年（1788）震澤任氏刻本 1冊

1244 **陸厝沓古錄**
［□］□□撰
清光緒二十九年（1903）刻本 1冊

1245 **國朝著述未刊書目一卷**
鄭文焯輯
清光緒十四年（1888）江蘇蘇州書局刻本 1冊

1246 **殷商貞卜文字考一卷**
羅振玉撰
清宣統二年（1910）玉簡齋石印本 1冊

1246（1） **殷商貞卜文字考一卷**
羅振玉撰
清宣統二年（1910）玉簡齋石印本 1冊

1246（2） **殷商貞卜文字考一卷**
羅振玉撰
清宣統二年（1910）玉簡齋石印本 1冊

1247 **景德鎮陶業紀事**
向焯撰
民國八年（1919）鉛印本 1冊

1248 **匋雅二卷**
陳瀏撰
民國二十二年（1933）上海古瓷研究會天成書局石印本 4冊

1248（1） **匋雅二卷**
陳瀏撰
民國上海朝記書莊石印本 4冊

1249 **廣事類賦四十卷**
［清］華希閔撰
清同治十年（1871）經綸堂刻本 10冊

1250 **民國史要十一章**
羅元鯤輯
民國十七年（1928）新化鎮梅書局石印本 1冊

1251 **淳化秘閣法帖考正十二卷**
［清］王澍撰
清雍正汪玉球詩鼎齋刻本 4冊

1252 **甌鉢羅室書畫過目考四卷首一卷附一卷**
［清］李玉棻撰
清光緒二十三年（1897）京都琉璃廠興盛齋刻本 4冊

1253 **甌鉢羅室書畫過目考四卷首一卷附一卷**
［清］李玉棻撰

清光緒二十三年（1897）京都琉璃廠興盛齋刻本　4 冊

1254　**醴陵鄉土志**
傅熊湘編
民國十五年（1926）醴泉小學鉛印本
2 冊

1255　**園治三卷**
［明］計成撰
民國二十年（1931）京城印書局鉛印本
1 冊

1256　**日本維新三十年史十二編附三十年間國勢進步表**
［日本］東京博文館編輯　廣智書局譯
清光緒二十八年（1902）上海廣智書局鉛印本　2 冊　存 8 編（5 至 12）

1257　**蒙古遊牧記十六卷**
［清］張穆撰
清光緒二十六年（1900）上海掃葉山房石印本　6 冊

1258　**金石圖説四卷**
［清］褚峻摹　［清］牛運震集説
劉世珩編補
清光緒十九年（1893）貴池聚學軒劉氏刻本　4 冊

1260　**歷代輿地沿革險要圖説不分卷**
楊守敬　饒敦秩撰
清光緒五年（1879）刻本　1 冊

1262　**吴愙齋尺牘不分卷**
［清］吴大澂撰
民國二十七年（1938）上海商務印書館影印本　1 冊

1263　**續秦漢瓦當文字二卷續一卷**
［清］程敦輯
清刻本　1 冊

1264　**瓦削文字譜一卷**
文素松編
民國十八年（1929）影印本　1 冊

1267　**宋史四百九十六卷**
［元］脱脱等撰
民國上海中華書局鉛印四部備要本
80 冊

1268　**金史一百三十五卷**
［元］脱脱等撰
民國上海中華書局鉛印四部備要本
20 冊

1269　**遼史一百十六卷**
［元］脱脱等撰
民國上海中華書局鉛印四部備要本　8 冊

1270 **元史二百十卷**
［明］宋濂等撰
民國上海中華書局鉛印四部備要本
30 册

1271 **明史三百三十二卷目錄四卷**
［清］張廷玉等撰
民國上海中華書局鉛印四部備要本
52 册

1272 **北齊書五十卷**
［唐］李百藥撰
民國上海中華書局鉛印四部備要本 4 册

1273 **隋書八十五卷**
［唐］魏徵撰
民國上海中華書局鉛印四部備要本
12 册

1274 **舊唐書二百卷**
［後晋］劉昫等撰
民國上海中華書局鉛印四部備要本
30 册

1275 **新唐書二百二十五卷附釋音二十五卷**
［宋］歐陽修撰
民國上海中華書局鉛印四部備要本
31 册

1276 **魏書一百十四卷**
［北齊］魏收撰
民國上海中華書局鉛印四部備要本
20 册

1277 **晋書一百三十卷音義三卷**
［唐］房玄齡等撰
民國上海中華書局鉛印四部備要本
20 册

1278 **晋略六十五卷序目一卷**
［清］周濟撰
民國上海中華書局鉛印四部備要本
10 册

1279 **北史一百卷**
［唐］李延壽撰
民國上海中華書局鉛印四部備要本
20 册

1280 **宋書一百卷**
［南朝梁］沈約撰
民國上海中華書局鉛印四部備要本
16 册

1281 **周書五十卷**
［唐］令狐德棻等撰
民國上海中華書局鉛印四部備要本 6 册

1282 **南齊書五十九卷**

［南朝梁］蕭子顯撰
民國上海中華書局鉛印四部備要本　8 册

1283　**梁書五十六卷**
［唐］姚思廉撰
民國上海中華書局鉛印四部備要本　6 册

1284　**陳書三十六卷**
［唐］姚思廉撰
民國上海中華書局鉛印四部備要本　4 册

1285　**新五代史七十四卷**
［宋］歐陽修撰
民國上海中華書局鉛印四部備要本　6 册

1286　**舊五代史一百五十卷**
［宋］薛居正撰
民國上海中華書局鉛印四部備要本
12 册

1287　**史通通釋二十卷**
［清］浦起龍著
民國上海中華書局鉛印四部備要本　8 册

1288　**通志略五十二卷**
［宋］鄭樵撰
民國上海中華書局鉛印四部備要本
16 册

1289　**前漢書一百二十卷**
［漢］班固撰　［唐］顔師古注
民國上海中華書局鉛印四部備要本　27 册　存 86 卷　（2 至 20、23 至 28、31 至 54、64 至 100）

1290　**南史八十卷**
［唐］李延壽撰
民國上海中華書局鉛印四部備要本
12 册

1291　**資治通鑑二百九十四卷**
［宋］司馬光編集　［元］胡三省音注
民國上海中華書局鉛印四部備要本
100 册

1292　**續資治通鑑二百二十卷**
［清］畢沅編集
民國上海中華書局鉛印四部備要本
64 册

1293　**通鑑目錄三十卷**
［宋］司馬光編
民國上海中華書局鉛印四部備要本　6 册

1294　**通鑑目錄三十卷**
［宋］司馬光編
民國上海中華書局鉛印四部備要本　6 册

1295　**資治通鑑二百九十四卷**
［宋］司馬光編集　［元］胡三省音注

民國上海中華書局鉛印四部備要本
100 册

1296　**明紀六十卷**
［清］陳鶴撰
民國上海中華書局鉛印四部備要本
24 册

1297　**歷代地理志韻編今釋二十卷附皇朝輿地韻編二卷**
［清］李兆洛輯
民國上海中華書局鉛印四部備要本　8 册

1298　**路史四十七卷**
［宋］羅泌纂
民國上海中華書局鉛印四部備要本
12 册

1299　**歷代統計表**
［清］段長基撰
民國上海中華書局鉛印四部備要本
15 册

1300　**續資治通鑑二百二十卷**
［清］畢沅編集
民國上海中華書局鉛印四部備要本
64 册

1301　**增補宋元學案一百卷卷首一卷考略一卷**
［清］黄宗羲撰　［清］黄百家纂輯
［清］全祖望修定
民國上海中華書局鉛印四部備要本
34 册

1302　**顔魯公集三十卷附世系表年譜補遺**
［唐］顔真卿著
民國上海中華書局鉛印四部備要本　6 册

1303　**定庵文集三卷續集四卷文集補一卷文集補編四卷文集增補一卷**
［清］龔自珍撰
民國上海中華書局鉛印四部備要本　4 册

1304　**王右丞集二十八卷首一卷末一卷**
［唐］王維撰　［清］趙殿成輯録
民國上海中華書局鉛印四部備要本　6 册

1305　**樊榭山房集十卷續集十卷文集八卷集外詩三卷集外詞四卷集外曲二卷集外詩一卷集外詞一卷集外文一卷**
［清］厲鶚撰
民國上海中華書局鉛印四部備要本
10 册

1306　**述學内篇三卷外篇一卷補遺一卷别録一卷附春秋述義一卷**
［清］汪中撰
民國上海中華書局鉛印四部備要本　2 册

1307　**騎省集三十卷行狀一卷補遺一卷校記一卷**

［宋］徐鉉撰

民國上海中華書局鉛印四部備要本　4 册

1308　**飴山堂詩集二十卷文集十二卷附録一卷**

［清］趙執信撰

民國上海中華書局鉛印四部備要本　4 册

1309　**清容居士集五十卷目録二卷札記一卷**

［元］袁桷撰

民國上海中華書局鉛印四部備要本　10 册

1310　**吳詩集覽二十卷談藪二卷補注二十卷**

［清］吳偉業撰

民國上海中華書局鉛印四部備要本　9 册

1311　**何水部集一卷附録一卷**

［南朝梁］何遜撰

民國上海中華書局鉛印四部備要本　1 册

1312　**陸士龍集十卷**

［晉］陸雲著

民國上海中華書局鉛印四部備要本　1 册

1313　**儀鄭堂駢體文三卷**

［清］孔廣森撰

民國上海中華書局鉛印四部備要本　1 册

1314　**道園學古録五十卷**

［元］虞集撰

民國上海中華書局鉛印四部備要本　10 册

1315　**茗柯文編初編一卷二編二卷三編一卷四編一卷茗柯詞一卷**

［清］張惠言撰

民國上海中華書局鉛印四部備要本　2 册

1316　**江文通集四卷**

［南朝梁］江淹撰

民國上海中華書局鉛印四部備要本　2 册

1317　**龍川文集三十卷首一卷補遺一卷附録一卷**

［宋］陳亮撰

民國上海中華書局鉛印四部備要本　4 册

1318　**宋文憲公集五十三卷首四卷**

［明］宋濂撰

民國上海中華書局鉛印四部備要本　18 册

1319　**劉隨州集十卷外集一卷**

［唐］劉長卿著

民國上海中華書局鉛印四部備要本　2 册

1320 **歐陽文忠全集一百五十三卷首一卷附錄五卷**

［宋］歐陽修撰

民國上海中華書局鉛印四部備要本 20 册

1321 **爾雅郭注十一卷**

［晉］郭璞注 ［明］金蟠訂

民國上海中華書局鉛印四部備要本 3 册

1322 **爾雅注疏十卷**

［晉］郭璞注 ［宋］邢昺疏

［宋］阮元撰 ［清］盧旬宣摘錄

民國上海中華書局鉛印四部備要本 4 册

1323 **五種遺規：養正遺規二卷補編一卷訓俗遺規四卷從政遺規二卷教女遺規三卷在官法戒錄四卷**

［清］陳弘謀編

民國上海中華書局鉛印四部備要本 8 册

1324 **淮海集十七卷後集二卷詞一卷補遺一卷**

［宋］秦觀撰

民國上海中華書局鉛印四部備要本 4 册

1325 **文子纘義十二卷**

［宋］杜道堅撰

民國上海中華書局鉛印四部備要本 3 册

1326 **潛夫論十卷**

［漢］王符撰

民國上海中華書局鉛印四部備要本 3 册

1327 **新書十卷**

［漢］賈誼撰

民國上海中華書局鉛印四部備要本 2 册

1328 **國朝學案小識十四卷末一卷**

［清］唐鑑撰

民國上海中華書局鉛印四部備要本 4 册

1329 **廣弘明集四十卷**

［唐］釋道宣著

民國上海中華書局鉛印四部備要本 10 册

1330 **農桑輯要七卷附蠶事要略一卷**

［元］司農司撰

民國上海中華書局鉛印四部備要本 2 册

1331 **關尹子一卷**

［戰國］尹喜撰

民國上海中華書局鉛印四部備要本 1 册

1332 **周子通書一卷附榕村通書篇一卷**

［宋］周敦頤 ［清］李光地撰

民國上海中華書局鉛印四部備要本 1 册

1333 **申鑒五卷**

［漢］荀悦撰
民國上海中華書局鉛印四部備要本　1 册

1334　**子略四卷目卷一卷**
［宋］高似孫撰
民國上海中華書局鉛印四部備要本　1 册

1335　**中説十卷**
［隋］王通撰
民國上海中華書局鉛印四部備要本　1 册

1336　**鄧析子一卷**
［春秋］鄧析撰
民國上海中華書局鉛印四部備要本　1 册

1337　**尹文子一卷附校勘記一卷**
［戰國］尹文撰
民國上海中華書局鉛印四部備要本　1 册

1338　**文子二卷附校勘記一卷**
［周］辛計然撰　［清］錢熙祚校勘
民國上海中華書局鉛印四部備要本　2 册

1339　**鹽鐵論十卷校勘小識一卷**
［漢］桓寬撰　王先謙校訂
民國上海中華書局鉛印四部備要本　2 册

1340　**意林五卷**
［唐］馬總著
民國上海中華書局鉛印四部備要本　2 册

1341　**張子全書十五卷**
［宋］張載撰　［宋］朱熹注釋
［清］朱軾　［清］段志熙校
民國上海中華書局鉛印四部備要本　3 册

1342　**孔叢子七卷釋文一卷**
［漢］孔鮒撰
民國上海中華書局鉛印四部備要本　1 册

1343　**性理精義十二卷**
［清］李光地輯
民國上海中華書局鉛印四部備要本　3 册

1344　**十駕齋養新錄二十卷附餘錄三卷**
［清］錢大昕著
民國上海中華書局鉛印四部備要本　6 册

1345　**二程全書七種**
［宋］程顥　［宋］程頤著
民國上海中華書局鉛印四部備要本
14 册

1346　**靈樞經十二卷**
［唐］王冰注
民國上海中華書局鉛印四部備要本　2 册

1347　**揚子法言十三卷附音義一卷**
［漢］揚雄撰　［晋］李軌注
民國上海中華書局鉛印四部備要本　2 册

1348 **素問二十四卷**
［唐］王冰注
民國上海中華書局鉛印四部備要本　6 册

1349 **元次山集十卷附拾遺一卷**
［唐］元結撰
民國上海中華書局鉛印四部備要本　1 册

1350 **陸士衡集十卷**
［晋］陸機撰
民國上海中華書局鉛印四部備要本　1 册

1351 **簡齋集三十卷無住詞一卷外集一卷附録一卷正誤一卷校勘記一卷**
［宋］陳與義著
民國上海中華書局鉛印四部備要本　3 册

1352 **元豐類稿五十卷附録一卷**
［宋］曾鞏撰
民國上海中華書局鉛印四部備要本　8 册

1353 **更生齋集十八卷：文甲集四卷文乙集四卷詩八卷詩餘二卷**
［清］洪亮吉撰
民國上海中華書局鉛印四部備要本　4 册

1354 **安雅堂詩集不分卷未刻稿五卷入蜀集一卷**
［清］宋琬撰
民國上海中華書局鉛印四部備要本　3 册

1355 **南雷文定前集十一卷後集四卷三集三卷詩歷四卷附録一卷**
［清］黄宗羲著
民國上海中華書局鉛印四部備要本　4 册

1356 **欒城集正集五十卷後集二十四卷三集十卷**
［宋］蘇轍撰
民國上海中華書局鉛印四部備要本
18 册

1357 **水心集二十九卷**
［宋］葉適撰
民國上海中華書局鉛印四部備要本　8 册

1358 **劉賓客集三十卷外集十卷**
［唐］劉禹錫撰
民國上海中華書局鉛印四部備要本　4 册

1359 **鳴原堂論文二卷**
［清］曾國藩撰
民國上海中華書局鉛印四部備要本　1 册

1360 **戴東原集十二卷附年譜一卷劄記一卷**
［清］戴震著　［清］段玉裁撰
民國上海中華書局鉛印四部備要本　3 册

1361 **卷施閣集甲集十卷乙集八卷詩二十卷年譜一卷**

［清］洪亮吉著　［清］吕培等編次
民國上海中華書局鉛印四部備要本　8 册

1362　**樊南文集詳注八卷補一卷樊南文集補編十二卷附録一卷**
［唐］李商隱撰　［清］錢振倫箋
［清］錢振常注　［清］馮浩編訂
［清］朱周望參校
民國上海中華書局鉛印四部備要本　4 册
存 10 卷（詳注 1 至 4，補編 7 至 12）

1363　**唐确慎公集十卷首一卷末一卷**
［清］唐鑑撰
民國上海中華書局鉛印四部備要本　4 册

1364　**巢經巢集文集六卷詩集九卷詩後集四卷遺詩一卷附録一卷逸詩一卷**
［清］鄭珍撰
民國上海中華書局鉛印四部備要本　4 册

1365　**經義考三百卷**
［清］朱彝尊撰
民國上海中華書局鉛印四部備要本
36 册

1366　**經義述聞三十二卷**
［清］王引之撰
民國上海中華書局鉛印四部備要本　13 册　存 30 卷（3 至 32）

1367　**朱子大全一百卷續集十一卷别集十卷目録二卷**
［宋］朱熹著
民國上海中華書局鉛印四部備要本
60 册

1368　**齊民要術十卷**
［北魏］賈思勰撰
民國上海中華書局鉛印四部備要本　4 册

1369　**國朝漢學師承記八卷附國朝經師經義目録一卷國朝宋學淵源記二卷附記一卷**
［清］江藩撰
民國上海中華書局鉛印四部備要本　2 册

1370　**長術輯要十卷附古今推步諸術考二卷**
［清］汪曰楨撰
民國上海中華書局鉛印四部備要本　4 册

1371　**東塾讀書記二十五卷**
［清］陳澧撰
民國上海中華書局鉛印四部備要本　3 册
存 21 卷（1 至 21）

1372　**難經集注五卷**
［明］王九思等集注
民國上海中華書局鉛印四部備要本　2 册

1373　**翁注困學紀聞二十卷首一卷**
［宋］王應麟著　［清］翁元圻注
民國上海中華書局鉛印四部備要本
10 册

1374　**五種遺規：養正遺規二卷補編一卷訓俗遺規四卷從政遺規二卷教女遺規三卷在官法戒錄四卷**
［清］陳弘謀編
民國上海中華書局鉛印四部備要本　8 册

1375　**周禮注疏四十二卷附校勘記四十二卷**
［唐］賈公彥撰
民國上海中華書局鉛印四部備要本
12 册

1376　**周易正義九卷附音義一卷注疏校勘記九卷釋文校勘記一卷**
［三國魏］王弼　［晋］韓康伯注
民國上海中華書局鉛印四部備要本　4 册

1377　**周易王韓注十卷**
［三國魏］王弼　［晋］韓康伯注
民國上海中華書局鉛印四部備要本　3 册

1378　**尚書正義二十卷**
［唐］孔穎達撰
民國上海中華書局鉛印四部備要本　6 册

1379　**周禮正義八十六卷**
［清］孫詒讓撰
民國上海中華書局鉛印四部備要本
28 册

1380　**儀禮鄭注十七卷**
［漢］鄭玄注
民國上海中華書局鉛印四部備要本　8 册

1381 至 1390　**無錫金櫃縣合志**
［清］秦湘業總纂
清光緒二十九年（1903）刻本　20 册

1391　**周禮鄭注四十二卷**
［漢］鄭玄注
民國上海中華書局鉛印四部備要本　8 册

1392　**儀禮正義四十卷**
［清］胡培翬撰
民國上海中華書局鉛印四部備要本
16 册

1393　**附釋音禮記注疏六十三卷附校勘記**
［漢］鄭玄注　［唐］孔穎達疏
［唐］陸德明釋文　［清］阮元撰
［清］盧宣旬摘錄
民國上海中華書局鉛印四部備要本
20 册

1394 **禮記訓纂四十九卷**
［清］朱彬輯
民國上海中華書局鉛印四部備要本 8 册

1395 **春秋穀梁傳范氏集解二十卷**
［晋］范寧集解
民國上海中華書局鉛印四部備要本 4 册

1396 **公羊義疏七十六卷**
［清］陳立撰
民國上海中華書局鉛印四部備要本
16 册

1397 **孝經唐玄宗注九卷**
［漢］鄭玄注 ［明］金蟠訂
民國上海中華書局鉛印四部備要本 1 册

1398 **孝經注疏九卷**
［宋］邢昺注疏
民國上海中華書局鉛印四部備要本 1 册

1399 **爾雅義疏二十卷**
［清］郝懿行撰
民國上海中華書局鉛印四部備要本 8 册

1400 **春秋繁露十七卷附錄一卷**
［漢］董仲舒撰
民國上海中華書局鉛印四部備要本 2 册

1401 **春秋公羊傳何氏解詁二十八卷**
［漢］何休注 ［明］金蟠訂
民國上海中華書局鉛印四部備要本 6 册

1402 **宋論十五卷**
［清］王夫之著
民國上海中華書局鉛印四部備要本 4 册

1403 **廿二史札記三十六卷附補遺一卷**
［清］趙翼撰
民國上海中華書局鉛印四部備要本 8 册 缺 2 卷（8 至 9）

1404 **中興將帥别傳三十卷**
朱孔彰撰
民國上海中華書局鉛印四部備要本 4 册

1405 **漢官六種**
［清］孫星衍輯
民國上海中華書局鉛印四部備要本 2 册

1406 **東觀漢記二十四卷**
［漢］劉珍等撰
民國上海中華書局鉛印四部備要本 3 册

1407 **孔子家語十卷**
［三國魏］王肅注
民國上海中華書局鉛印四部備要本 2 册

1408 **陸宣公集二十四卷**
［唐］陸贄撰

民國上海中華書局鉛印四部備要本　4 册

1409　**明史三百三十二卷目錄四卷**
［清］張廷玉等撰
民國上海中華書局鉛印四部備要本
52 册

1410　**明紀六十卷**
［清］陳鶴撰
民國上海中華書局鉛印四部備要本　22 册　缺 4 卷（43 至 44、59 至 60）

1411　**古今圖書集成總目三十二卷**
［清］陳夢雷主編
清光緒十年（1884）上海圖書集成局鉛印本　8 册

1412　**古今圖書集成學行典三百卷**
［清］陳夢雷主編
清光緒十年（1884）上海圖書集成局鉛印本　50 册

1413　**古今圖書集成經籍典五百卷**
［清］陳夢雷主編
清光緒十年（1884）上海圖書集成局鉛印本　84 册

1414　**古今圖書集成選舉典一百三十六卷**
［清］陳夢雷主編
清光緒十年（1884）上海圖書集成局鉛印本　22 册

1415　**古今圖書集成字學典一百六十卷**
［清］陳夢雷主編
清光緒十年（1884）上海圖書集成局鉛印本　26 册

1416　**古今圖書集成文學典二百六十卷**
［清］陳夢雷主編
清光緒十年（1884）上海圖書集成局鉛印本　44 册

1417　**古今圖書集成食貨典三百六十卷**
［清］陳夢雷主編
清光緒十年（1884）上海圖書集成局鉛印本　60 册

1418　**古今圖書集成銓衡典一百二十卷**
［清］陳夢雷主編
清光緒十年（1884）上海圖書集成局鉛印本　20 册

1419　**古今圖書集成樂律典一百三十六卷**
［清］陳夢雷主編
清光緒十年（1884）上海圖書集成局鉛印本　22 册

1420　**古今圖書集成禮儀典三百四十八**

卷

［清］陳夢雷主編

清光緒十年（1884）上海圖書集成局鉛印本 58 册

1421 **古今圖書集成祥刑典一百八十卷**

［清］陳夢雷主編

清光緒十年（1884）上海圖書集成局鉛印本 34 册

1422 **古今圖書集成戎政典三百卷**

［清］陳夢雷主編

清光緒十年（1884）上海圖書集成局鉛印本 52 册

1423 **古今圖書集成考工典二百五十二卷**

［清］陳夢雷主編

清光緒十年（1884）上海圖書集成局鉛印本 42 册

1424 **古今圖書集成交誼典一百二十卷**

［清］陳夢雷主編

清光緒十年（1884）上海圖書集成局鉛印本 20 册

1425 **古今圖書集成官常典八百卷**

［清］陳夢雷主編

清光緒十年（1884）上海圖書集成局鉛印本 124 册

1426 **古今圖書集成氏族典六百四十卷**

［清］陳夢雷主編

清光緒十年（1884）上海圖書集成局鉛印本 86 册

1427 **古今圖書集成藝術典八百二十四卷**

［清］陳夢雷主編

清光緒十年（1884）上海圖書集成局鉛印本 150 册

1428 **古今圖書集成閨媛典三百七十六卷**

［清］陳夢雷主編

清光緒十年（1884）上海圖書集成局鉛印本 58 册

1429 **古今圖書集成人事典一百一十二卷**

［清］陳夢雷主編

清光緒十年（1884）上海圖書集成局鉛印本 20 册

1430 **古今圖書集成草木典三百二十卷**

［清］陳夢雷主編

清光緒十年（1884）上海圖書集成局鉛印本 52 册

1431 **古今圖書集成禽蟲典一百九十二卷**

［清］陳夢雷主編
清光緒十年（1884）上海圖書集成局鉛印本 32 册

1432 **古今圖書集成神異典三百二十卷**
［清］陳夢雷主編
清光緒十年（1884）上海圖書集成局鉛印本 56 册

1433 **古今圖書集成歷法典一百四十卷**
［清］陳夢雷主編
清光緒十年（1884）上海圖書集成局鉛印本 28 册

1434 **古今圖書集成歲功典一百一十六卷**
［清］陳夢雷主編
清光緒十年（1884）上海圖書集成局鉛印本 20 册

1435 **古今圖書集成乾象典一百卷**
［清］陳夢雷主編
清光緒十年（1884）上海圖書集成局鉛印本 16 册

1436 **古今圖書集成職方典一千五百四十四卷**
［清］陳夢雷主編
清光緒十年（1884）上海圖書集成局鉛印本 220 册

1437 **古今圖書集成山川典三百二十卷**
［清］陳夢雷主編
清光緒十年（1884）上海圖書集成局鉛印本 50 册

1438 **古今圖書集成皇極典三百卷**
［清］陳夢雷主編
清光緒十年（1884）上海圖書集成局鉛印本 50 册

1439 **古今圖書集成坤輿典一百四十卷**
［清］陳夢雷主編
清光緒十年（1884）上海圖書集成局鉛印本 26 册

1440 **古今圖書集成宫闈典一百四十卷**
［清］陳夢雷主編
清光緒十年（1884）上海圖書集成局鉛印本 22 册

1441 **古今圖書集成邊裔典一百四十卷**
［清］陳夢雷主編
清光緒十年（1884）上海圖書集成局鉛印本 24 册

1442 **古今圖書集成家範典一百一十六卷**
［清］陳夢雷主編
清光緒十年（1884）上海圖書集成局鉛印本 20 册

1443 **古今圖書集成庶徵典一百八十八卷**
［清］陳夢雷主編
清光緒十年（1884）上海圖書集成局鉛印本 32 册

1444 **盛京通志四十八卷圖一卷**
［清］吕耀曾等修 ［清］魏樞等纂
清乾隆元年（1736）刻，清咸豐二年（1852）修補本 20 册

1445 **儀封縣志十二卷首一卷末一卷**
［清］紀黄中 ［清］王續纂修
［清］張廷敬等參訂 ［清］宋宣等採輯
民國二十四年（1935）鉛印本 6 册

1446 **蘭陽縣志十卷**
［清］高世琦修 ［清］王旦等纂
民國二十四年（1935）鉛印本 6 册

1447 **太康縣志八卷**
［清］戴鳳翔纂修 ［清］高崧等編輯
清道光八年（1828）太康縣署刻本 7 册 存 7 卷（1 至 7）

1448 **上蔡縣志十五卷**
［清］楊廷望纂修
清康熙二十九年（1690）上蔡縣署刻本 7 册 缺 1 卷（15）

1449 **萬縣志三十六卷首一卷附典禮備考八卷**
［清］王玉鯨 ［清］張琴主修
［清］范泰衡纂修
清同治五年（1866）刻本萬川書院藏版 7 册 缺 5 卷（22 至 26）

1450 **眉州縣志十九卷續眉州志略不分卷**
［清］涂長發重修 ［清］戴三錫修
清嘉慶十七年（1812）刻本 11 册 缺 1 卷（11）

1451 **新喻縣志十六卷**
［清］文聚奎 ［清］祥安總修
［清］吴增逵總纂
清同治十二年（1873）新喻縣署刻本 12 册

1452 **大寧縣志八卷首一卷末一卷**
［清］高維嶽總修 ［清］魏遠猷等纂修
清光緒十一年（1885）刻本 8 册

1453 **荆州記三卷附錄一卷**
［宋］盛弘之撰 陳運溶考證
清光緒二十四年（1898）刻本 1 册

1454 **荆州萬城隄志十卷首一卷末一卷**
［清］倪文蔚撰
清光緒六年（1880）刻本 6 册

1455 **荆州萬城隄志十卷首一卷末一卷附后續志一卷**
［清］倪文蔚撰
清光緒二十一年（1895）刻本 10 册

1456 **廬山志十五卷**
［清］毛德琦撰
清康熙五十九年（1720）刻本 12 册

1457 **贛縣志五十四卷首一卷**
［清］黄德溥 ［清］崔國榜主修
［清］褚景昕纂修
清同治十一年（1872）刻本 17 册

1458 **京口山水志十八卷首一卷末一卷**
［清］楊棨撰
清道光二十四年（1844）刻本 6 册

1459 **京口三山志北固山志十四卷焦山志二十六卷焦山續志八卷金山志二十六卷**
［清］周伯義等纂修
清光緒三十年（1904）刻本 26 册

1460 **施南府志續編十卷**
［清］王庭楨 ［清］李謙督修
［清］雷春沼 ［清］尹壽衡編輯
清光緒十年（1884）施南府署刻本 4 册

1461 **忠武祠墓誌七卷首一卷末一卷**
［清］李複心輯
清光緒十二年（1886）刻本 4 册

1462 **東湖縣志三十卷首一卷續補藝文一卷**
［清］金大鏞主修 ［清］王柏心纂
清同治三年（1864）刻本奎星樓藏版 10 册

1463 **房縣志十二卷首一卷**
［清］楊延烈修 ［清］郁方董等纂
清同治四年（1865）刻本賓興館藏版 6 册

1464 **如皋縣志二十四卷附錄一卷如皋縣續志十二卷**
［清］楊受廷 ［清］左元鎮主修
［清］馬汝舟 ［清］江大鍵纂修
［清］范仕義續主修
清嘉慶十三年（1808）原修，清道光十七年（1837）刻本 12 册

1465 **蘄水縣志二十二卷首一卷末一卷**
［清］多祺總裁 ［清］王鴻舉協修
清光緒六年（1880）刻本 16 册

1466 **貴州通志四十六卷首一卷**
［清］鄂爾泰 ［清］張廣泗修
［清］靖道謨 ［清］杜詮纂
清乾隆六年（1741）刻本 24 册

1467 **均州志十六卷首一卷**
［清］馬雲龍 ［清］湯炳堃主修
［清］賈洪詔總纂
清光緒十年（1884）刻本 8 册

1468 **武昌縣志二十六卷首一卷末一卷**
［清］鍾桐山主修 ［清］柯逢時總纂
清光緒十一年（1885）武昌縣署刻本 10 册

1469 **資州直隸州志三十卷首四卷**
［清］劉炯等纂修
清嘉慶二十年（1815）資州州署刻本 19 册

1470 **咸淳臨安志一百卷附札記三卷**
［宋］潛説友纂輯
清道光十年（1830）錢塘振綺堂汪氏刻本 24 册

1471 **荆州府志八十卷首一卷**
［清］倪文蔚 ［清］蔣銘勛主修
［清］顧佳衢 ［清］李廷鉽總纂
清光緒六年（1880）刻本 32 册

1472 **光化縣志八卷首一卷末一卷**
［清］鍾桐山 ［清］葉樹南主修
［清］段映斗等纂修
清光緒九年（1883）光化縣署刻本 7 册 缺 1 册（5）

1473 **安陸縣志四十卷首一卷**
［清］蔣炯原纂 ［清］王履謙主修
［清］李廷錫纂修
清道光二十三年（1843）刻本 12 册

1474 **羅江縣志三十六卷**
［清］李桂林總纂 ［清］鄧林纂
清嘉慶二十年（1815）刻本 4 册

1475 **嘉定府志四十八卷首一卷**
［清］文良等總修 ［清］陳堯采等纂
清同治三年（1864）刻本 16 册

1476 **浙江通志二百八十卷首三卷**
［清］嵇曾筠 ［清］李衛等總裁
［清］沈翼機 ［清］傅王露等總修
清光緒二十五年（1899）刻本 120 册

1477 **湖北通志一百七十二卷首一卷末一卷**
吕調元等修 張仲炘總纂
民國八年（1919）刻本 108 册

1478 **峨眉山志十二卷**
［清］蔣超修
民國十八年（1929）伏虎寺刻本 4 册

1479 **峨眉山志十八卷**
［清］蔣超修
清刻本 6 册

1480　**重慶府志九卷**
［清］王夢庚鑒定　［清］寇宗編輯
清道光二十三年（1843）刻本　12 册

1481　**廣東圖二十一卷**
［清］□□
清同治五年（1866）刻本　3 册

1482　**廣東圖説九十二卷**
［清］毛鴻賓主修　［清］陳澧等纂修
清同治刻本　18 册

1483　**谷城縣志八卷**
［清］承印纂修　［清］蔣海澄
［清］黄定鏞協修
清同治六年（1867）刻本　8 册

1484　**監利縣志十二卷首一卷**
［清］林瑞枝　［清］陳樹菱主修
［清］王柏心編纂
清同治十一年（1872）監利縣署刻本
10 册

1485　**濳江縣志二十卷首一卷**
［清］劉煥纂修　［清］朱載震編著
清光緒五年（1879）刻本　9 册

1486　**寶山縣志十四卷首一卷**
［清］梁蒲貴　［清］吳康壽主修
［清］朱延射　［清］潘履祥主纂
清光緒八年（1882）學海書院刻本　8 册

1487　**慧山記四卷**
［明］釋圓顯原輯
清咸豐七年（1857）二泉書院刻本　2 册

1488　**慧山記續編三卷**
［清］邵涵初輯
清同治二年（1863）二泉書院刻本　3 册

1489　**雲臺新志十八卷首一卷末一卷**
［清］謝元淮主修　［清］許喬林纂
清道光十七年（1837）刻本　5 册　存
12 卷（4 至 15）

1490　**廣東通志三百三十四卷首一卷**
［清］阮元等修　［清］陳昌齊等纂
清道光二年（1822）刻本　124 册

1491　**福建通志五十一總卷六百一十一分卷**
李厚基等修　陳衍等纂
民國三十六年（1947）刻本　100 册

1492　**韶州府志四十卷**
［清］林述訓等總修　［清］單興詩總纂
清光緒二年（1876）刻本　24 册

1493　**江西通志一百七十七卷首五卷**
［清］曾國藩　［清］劉坤一等監修

［清］劉繹等總纂　［清］趙之謙總編
清光緒六年（1880）刻本　120 册

1494　**四川通志二百零四卷**
［清］常明等修　［清］楊芳燦等纂
清嘉慶二十年（1815）刻本　160 册

1495　**漢川縣志二十二卷首一卷**
［清］德廉　［清］尹洪熙主修
［清］林祥瑗總纂
清同治十二年（1873）刻本　12 册

1496　**遵義府志四十八卷首一卷**
［清］平翰創理　［清］鄭珍等纂修
民國二十六年（1937）刻本　40 册

1497　**山東通志三十六卷首一卷**
［清］岳濬　［清］法敏主修
清乾隆元年（1736）刻本　42 册

1498　**莫愁湖志六卷**
［清］馬士圖纂
清光緒八年（1882）刻本　3 册

1499　**吉安府志五十三卷首一卷**
［清］定祥　［清］鍾珂等主修
［清］劉繹等纂
清光緒元年（1875）刻本　40 册

1500　**湘鄉縣志十卷首一卷**
［清］翟聲焕等修　［清］朱祖恪等纂
清嘉慶二十二年（1817）刻本　10 册

1501　**江西省全省輿圖十四卷首一卷**
［清］顧長齡彙修
清同治七年（1868）刻本　15 册

1502　**廣西通志二百七十九卷首一卷**
［清］謝啓昆修　［清］胡虔纂
清嘉慶五年（1800）刻本　80 册

1503　**瑯琊山志八卷首一卷**
釋達修纂　章心培編
民國十七年（1928）鉛印本　4 册

1504　**寧國縣志十四卷首一卷**
李丙麏總修
民國二十五年（1936）寧國縣署刻本
11 册

1505　**新安志十卷**
［宋］趙不悔修　［宋］羅願撰
清光緒十三年（1887）刻本　4 册

1506　**歷陽典錄三十四卷補編六卷**
［清］陳廷桂原輯
清同治六年（1867）刻本　12 册

1507　**平山堂圖志十卷首一卷**
［清］趙之壁輯

清光緒九年（1883）刻本　4 册

1508　**壬癸志稿二十八卷**
［清］錢寶琛輯
清光緒六年（1880）刻本　4 册

1509　**卧龍崗志二卷**
［清］羅景輯　［清］羅鍮校
清康熙五十一年（1712）河南南陽羅景刻本　2 册

1510　**孟縣志十卷首一卷**
阮藩儕主修
民國二十二年（1933）刻本　10 册

1511　**修武縣志十六卷首一卷**
蕭國楨　李禮耕等鑒定　焦封桐　孫尚仁主纂
民國二十年（1931）武縣署鉛印本　8 册

1512　**安徽通志三百五十卷補遺十卷**
［清］吳坤修　［清］何紹基等纂
清光緒三年（1877）刻本　120 册

1513　**烏青鎮志十二卷**
［宋］沈平實原輯　［清］董世寧纂修
民國七年（1918）鉛印本　2 册

1514　**海塘新志六卷附續志四卷**
［清］瑯玕等纂輯
清刻本　4 册

1515　**續海塘新志四卷**
［清］瑯玕等纂輯
清刻本　4 册

1516　**弘治上海志八卷**
［明］唐錦編纂
民國二十六年（1937）上海中華書局影印本　2 册

1517　**上元江寧縣合志二十九卷首一卷**
［清］莫祥芝等纂
清同治十三年（1874）刻本　12 册

1518　**欽定新疆識略十二卷首一卷**
［清］祝慶蕃等纂
清道光元年（1821）刻本　10 册

1519　**盤山志十卷首一卷補遺四卷**
［清］釋智樸纂
清康熙三十一年（1692）刻本　3 册

1520　**洛川縣志二十六卷首一卷末一卷**
余正東等修　黎錦熙等纂
民國三十三年（1944）刻本　4 册

1521　**宜川縣志二十七卷**
余正東總纂
民國三十三年（1944）刻本　4 册

1522 **華嶽志八卷首一卷**
［清］李榕輯
清光緒九年（1883）湘鄉楊昌濬重刻本 4 册

1523 **校正朝邑縣志**
［明］韓邦靖原纂 ［清］王元啓覆訂
清乾隆四十年（1775）刻本 1 册

1524 **朝邑縣志二卷**
［明］王道修 ［明］韓邦靖纂
清同義文會刻本 1 册

1525 **陜西留壩廳志十卷附别編四卷**
［清］賀仲瑊輯
清道光二十二年（1842）刻本 2 册
缺别編 4 卷（足徵録 1 至 4）

1526 **陜西志輯要六卷首一卷**
［清］王志沂輯
清道光七年（1827）朝坂謝氏賜書堂刻本 6 册

1527 **深州直隸州志十卷首一卷末一卷**
［清］張範東總纂 ［清］李廣滋編輯
清道光七年（1827）刻本 4 册

1528 **宜昌府志十六卷**
［清］聶光鑾等主修 ［清］王柏心等纂
清同治三年（1864）刻本 16 册

1529 **上虞縣志四十八卷首一卷末一卷**
［清］唐煦春總修 ［清］朱士黻總纂
清光緒十七年（1891）刻本 20 册

1530 **南平縣志三十八卷首三卷末一卷**
［清］楊桂森編纂
清嘉慶十三年（1808）刻本 23 册

1531 **永清縣志二十五卷**
［清］周震榮主修 ［清］章學誠纂修
清乾隆四十四年（1779）刻本 4 册

1532 **永定河志三十二卷首一卷諭旨一卷宸章一卷治河摘要一卷**
［清］李逢亨纂
清嘉慶刻本 16 册

1533 **崇陽縣志十二卷首一卷**
［清］高佐廷主修 ［清］傅燮鼎纂輯
清同治五年（1866）刻本 12 册

1534 **深州風土記二十二卷附表五卷**
［清］吴汝綸纂
清光緒二十六年（1900）文瑞書院刻本 8 册

1535 **廣濟縣志十六卷**
［清］劉宗元 ［清］朱榮實修
［清］劉燡纂
清同治十一年（1872）廣濟志書局木活

字本 12 册

1536 **漢陽縣志二十八卷**
［清］黄式度等修 ［清］王柏心纂
清同治七年（1868）漢陽縣署刻本
20 册

1537 **江陵縣志六十五卷首一卷**
［清］蒯正昌 ［清］倪文蔚主修
［清］胡九皋等纂
清光緒二年（1876）江陵縣署刻本
24 册

1538 **江夏縣志八卷首一卷**
［清］王庭楨總修 ［清］彭崧毓總纂
清同治八年（1869）刻本 10 册

1539 **靈壽縣志十卷附錄一卷**
［清］陸隴其修 ［清］傅維樸纂
清康熙四十八年（1709）刻本 2 册

1540 **固安縣志八卷**
［清］陳崇砥纂修 ［清］陳福嘉協修
［清］吴三峰等校刊
清咸豐五年（1855）刻本 6 册

1541 **宜都縣志四卷首一卷末一卷**
［清］崔培元等修 ［清］龔紹仁纂
清同治五年（1866）刻本 4 册

1542 **宜城縣志十卷續志二卷**
［清］程啓安主修 ［清］張炳鐘等纂輯
清同治五年（1866）刻本 9 册

1543 **枝江縣志二十卷首一卷**
［清］查子庚主修 ［清］熊文瀾纂修
清同治五年（1866）刻本 8 册

1544 **荆門州志十二卷首一卷**
［清］恩榮修 ［清］張圻纂
清同治七年（1868）刻本 16 册

1545 **任邱縣志十二卷首一卷**
［清］劉統修 ［清］劉炳等纂
清乾隆二十七年（1762）刻本 11 册

1546 **西湖志纂十五卷首一卷**
［清］沈德潛等輯
清乾隆二十年（1755）刻本 6 册

1547 **西湖志四十八卷首一卷**
［清］李衛等修 ［清］傅王露纂
清光緒四年（1878）刻本 20 册

1548 **建始縣志八卷首一卷**
［清］熊啓詠重纂 ［清］賀九如參校
清同治五年（1866）建始縣署刻本 4 册

1549 **咸豐縣志二十卷首一卷附图一卷**
［清］張梓修 ［清］張光傑纂

清同治四年（1865）刻本　4 册

1550　**黄州府志四十卷首一卷**
［清］英啓纂修　［清］劉燡等總修
［清］曾錫齡等編輯
清光緒十年（1884）刻本　40 册

1551　**雲夢縣志略十二卷首一卷末一卷**
［清］張岳崧主修　［清］程懷璟纂修
清道光二十年（1840）刻本　6 册

1552　**太嶽太和山紀略八卷**
［清］王槩修　［清］姚世倌
［清］李之蘭纂
清乾隆九年（1744）刻本　4 册

1553　**續修巴東縣志十六卷首一卷**
［清］廖恩樹主修　［清］蕭佩聲編纂
清同治五年（1866）巴東縣署刻本　6 册

1554　**石首縣志八卷**
［清］朱榮實主修　［清］傅如筠等分纂
清同治五年（1866）刻本　12 册

1555　**京山縣志二十七卷首一卷**
［清］李慶霖等鑒定　［清］曾憲德纂
清光緒八年（1882）京山縣署刻本
16 册

1556　**松滋縣志十二卷首一卷**
［清］吕緡雲　［清］李勗主修
［清］羅有文　［清］朱美燮纂修
清同治七年（1868）松滋縣署刻本
10 册

1557　**永平府志七十二卷首一卷末一卷**
［清］遊智開總修　［清］史夢蘭編纂
清光緒二年（1876）永平府署刻本
32 册

1558　**公安縣志八卷首一卷**
［清］周承弼等修　［清］王慰纂
清同治十三年（1874）刻本　9 册　缺
1 卷（卷 6 人物誌下）

1559　**麻姑山志十二卷首一卷**
［清］黄家駒編訂
清同治五年（1866）刻本　6 册

1560　**清江縣志十卷首一卷**
［清］潘懿修　［清］胡湛主修
［清］朱孫詒總纂
清同治九年（1870）刻本　10 册

1561　**江蘇海塘新志八卷**
［清］李慶雲總纂
清光緒十六年（1890）刻本　4 册

1562　**白鹿書院志十九卷首一卷**
［清］毛德琦原訂　［清］周兆蘭重修

清宣統二年（1910）刻本　8 册

1563　**大别山志十卷首一卷**
［清］胡鳳丹纂修
清同治十三年（1874）刻本　4 册

1564　**大冶縣志十八卷首一卷**
［清］胡復初倡修　［清］黄昺杰纂修
清同治六年（1867）大冶縣署刻本
10 册

1565　**唐縣志十二卷首一卷**
［清］陳詠裁定　［清］張惇德纂輯
清光緒四年（1878）唐縣縣署刻本　8 册

1566　**德安縣志二十卷首一卷末一卷**
［清］劉國光纂修
清光緒十五年（1889）刻本　20 册

1567　**石鐘山志十六卷首一卷**
［清］李成謀　［清］丁義方輯
［清］方宗誠　［清］胡傳釗校訂
清光緒九年（1883）聽濤眺雨軒刻本
8 册

1568　**定州志二十二卷首一卷**
［清］寶琳修　［清］勞沅恩纂
清道光二十九年（1849）刻本　12 册

1569　**保定府志二十九卷**
［清］紀弘謨重修　［清］郭棻等纂輯
清康熙十九年（1680）刻本　12 册

1570　**武功縣志三卷首一卷**
［明］康海撰　［清］孫景烈評注
清同治十二年（1873）湖北崇文書局刻本　1 册

1571　**武功縣志三卷首一卷**
［明］康海撰　［清］孫景烈評注
清乾隆二十六年（1761）武功縣署刻本
1 册

1572　**長安志二十卷圖志三卷**
［宋］宋敏求纂　［清］畢沅校正
清光緒十七年（1891）長沙思賢講舍刻本　6 册

1573　**定遠廳志二十六卷首一卷末一卷**
［清］余修鳳纂修
清光緒五年（1879）定遠廳署刻本　6 册

1574　**延綏鎮志六卷**
［清］譚吉璁纂修
清康熙十二年（1673）延綏鎮署刻本
6 册

1575　**三原縣新志八卷**
［清］焦雲龍修　［清］賀瑞麟纂
民國二十六年（1937）刻本　4 册

1576 **羅田縣志八卷首一卷**
［清］管貽葵主修 ［清］陳錦總纂
清光緒二年（1876）刻本 16 册

1577 **歸州志十卷首一卷**
［清］李炘修 ［清］陸仲連等纂
清同治五年（1866）刻本 4 册

1578 **襄陽府志二十六卷志餘一卷附國朝襄郡忠義錄一卷**
［清］恩聯等督修 ［清］王萬芳總纂
清光緒十一年（1885）襄陽府署刻本
16 册

1579 **鐘祥縣志二十卷補編二卷**
［清］許光曙 ［清］孫福海纂修
清同治六年（1867）刻本 14 册

1580 **興山縣志二十二卷**
［清］黄世崇纂修
清光緒十年（1884）刻本 4 册

1581 **隨州志三十二卷首一卷**
［清］文齡等主修 ［清］史策先總纂
清同治八年（1869）隨州州署刻本
16 册

1582 **襄陽縣志七卷首一卷**
［清］吴耀斗主修 ［清］李士彬纂
清同治十三年（1874）襄陽縣署刻本
8 册

1583 **應山縣志三十六卷首一卷**
［清］劉宗元等倡修 ［清］吴天錫總纂
清同治十年（1871）應山縣署刻本
16 册

1584 **重刊續纂宜荆縣志十卷首一卷**
［清］顧名等修 ［清］吴德旋纂
清道光二十年（1840）刻本 4 册

1585 **邳州志二十卷首一卷**
［清］董用威修 ［清］魯一同撰
清咸豐元年（1851）刻本 4 册

1586 **通山縣志八卷首一卷**
［清］羅登瀛 ［清］胡昌銘鑒修
［清］朱美燮 ［清］樂純青纂
清同治六年（1867）通山縣心田局刻本
8 册

1587 **棗陽縣志三十卷首一卷末一卷**
［清］張聲正總修 ［清］史策先纂修
清同治四年（1865）棗陽縣署刻本 8 册

1588 **焦山志二十六卷首一卷附續志八卷**
［清］吴雲輯 ［清］陳任暘續輯
清同治四年（1865）刻，清光緒三十一

年（1905）續刻本　10 册

1589　**通州直隸州志十六卷首一卷末一卷**
［清］梁悦馨等修　［清］季念詒等纂
清光緒元年（1875）刻本　16 册

1590　**廣雁蕩山志二十八卷首一卷末一卷**
［清］曾唯撰
清乾隆五十五年（1790）刻本東嘉依緑園藏版　8 册

1591　**歸安縣志五十二卷**
［清］李昱提調　［清］陸心源總修
清光緒七年（1881）刻本　16 册

1592　**嚴州圖經三卷**
［宋］董棻主修　［宋］陳公亮重修
清光緒二十二年（1896）漸西村舍重刻本　2 册

1593　**景定嚴州續志十卷**
［宋］鄭瑶修　［宋］方仁榮纂
清光緒二十二年（1896）刻本　2 册

1594　**廬陵縣志二十八卷首一卷末一卷**
王補修　曾燦材編纂
民國九年（1920）刻本　20 册

1595　**清涼山志八卷首一卷**
［明］釋圓廣倡修　［明］釋鎮澄纂輯
民國二十五年（1936）上海佛學書局鉛印本　1 册

1596　**清涼山新志十卷**
［清］老藏丹巴修
清康熙四十年（1701）刻本　4 册

1597　**清涼山志十卷**
［明］釋圓廣倡修　［明］釋鎮澄纂輯
清乾隆二十年（1755）淮陰祁豐元刻本　4 册

1598　**涪州志十六卷首一卷附涪州義勇彙編一卷**
［清］吕紹衣等主修　［清］王應元
［清］傅炳墀纂
清同治八年（1869）刻本　6 册

1599　**梓潼縣志六卷**
［清］張香海總理　［清］楊曦等編輯
清咸豐八年（1858）梓潼縣署刻本　5 册

1600　**沛縣志十六卷首一卷末一卷附民國新志一卷**
于書雲纂修　趙錫蕃協修
民國九年（1920）上海商務印書館鉛印本　7 册

1601　**蘇州府志一百五十卷首三卷**
［清］李銘皖修　［清］馮桂芬纂

清同治元年（1862）刻本　80 册

1602　**富順縣志五卷首一卷**
［清］段玠總裁　［清］李芝等纂修
清光緒八年（1882）釜山書社刻本　5 册

1603　**彭縣志十三卷首一卷末一卷**
［清］張龍甲總纂修
清光緒四年（1878）文廟縣署刻本
10 册

1604　**雅州府志十六卷**
［清］曹掄彬纂修　［清］曹掄翰編輯
清光緒十三年（1887）雅州府署刻本
12 册

1605　**黄鵠山志十二卷首一卷**
［清］胡鳳丹纂輯
清同治十三年（1874）胡氏退補齋刻本
6 册

1606　**黄梅縣志四十卷首一卷**
［清］覃瀚元　［清］袁瓚主修
［清］宛名昌等纂
清光緒二年（1876）黄梅縣署刻本
12 册

1607　**孝感縣志二十四卷**
［清］朱希白主修　［清］沈用增纂修
清光緒九年（1883）刻本　12 册

1608　**竹山縣志二十九卷**
［清］周士楨總修　［清］黄子遂纂修
清同治六年（1867）刻本　6 册

1609　**麻城縣志四十卷首一卷末一卷**
［清］鄭慶華主修　［清］潘頤福總纂
清光緒八年（1882）麻城縣署刻本
22 册

1610　**河南通志八十卷**
［清］田文鏡等修　［清］孫灝等纂
清雍正八年（1730）刻本　40 册

1611　**續河南通志八十卷首四卷**
［清］阿思哈等纂修
清乾隆三十二年（1767）刻本　20 册

1612　**考城縣志十四卷**
張之清主修　田春同纂修
民國十三年（1924）鉛印本　6 册

1613　**葉縣志十卷首一卷**
［清］歐陽霖　［清］杜鶴慈總修
［清］胡廷楨　［清］倉景恬總纂
清光緒二十二年（1896）葉縣縣署刻本
8 册

1614　**汜水縣志十二卷**
田金祺監修　趙東階總修
民國十七年（1928）上海世界書局鉛印

本　8 册

1615　**清河縣志二十六卷**
［清］胡裕燕　［清］萬青選修
［清］吳昆田　［清］魯蕡纂
清光緒二年（1876）刻本　6 册

1616　**泰興縣志二十六卷圖一卷末一卷**
［清］楊激雲主修　［清］顧曾烜總纂
清光緒十三年（1887）泰興縣署刻本
10 册

1617　**泰州志三十六卷**
［清］王有慶等總輯　［清］陳世鎔等同輯
清光緒三十四年（1908）刻本　12 册
缺 4 卷（33 至 36）

1618　**荆溪縣志四卷首一卷**
［清］唐仲冕　［清］寧楷修
清嘉慶二年（1797）刻本　2 册

1619　**廈門志十六卷**
［清］周凱纂修　淩翰輯
清道光十九年（1839）刻本　12 册

1620　**寧化縣志七卷**
［清］祝文郁主修　［清］李元仲纂
清同治八年（1869）刻本　8 册

1621　**武夷山志二十四卷首一卷**
［清］董天工編
清道光二十六年（1846）五夫尺木軒刻本　8 册

1622　**臨漳縣志十八卷首一卷**
［清］周秉彝總修
清光緒三十年（1904）臨漳縣署刻本
12 册

1623　**江寧府志五十六卷**
［清］吕燕昭主修　［清］姚鼐總修
清光緒六年（1880）刻本　12 册

1624　**畿輔通志一百二十卷首一卷**
［清］唐執玉等總裁　［清］陳儀協修
清雍正十三年（1735）畿輔通志局刻本
72 册

1625　**大名府志二十二卷首一卷續志六卷末一卷**
［清］何俊等總纂　［清］郭程先纂修
清咸豐三年（1853）大名府署刻本
21 册

1626　**鄖陽府志八卷首一卷**
［清］吳葆儀主修　［清］王嚴恭纂修
清同治九年（1870）鄖山書院刻本
12 册

1627 **當陽縣志十八卷首一卷末一卷**
［清］阮恩光主修 ［清］王柏心總纂
清同治五年（1866）當陽縣署刻本
10 册

1628 **宜平縣志二十卷首一卷**
［清］皮樹棠主修 ［清］祝鳳梧分纂
清光緒四年（1878）宜平縣署刻本 8 册

1629 **岳廟志略十卷首一卷**
［清］馮培編
清嘉慶八年（1803）刻本 4 册

1630 **明州阿育王山志十卷續志六卷**
［明］郭子章纂輯 ［清］釋畹荃續輯
明萬歷四十七年（1619）刻本 6 册

1631 **泰安府志三十一卷前一卷首二卷**
［清］顔希深等裁定 ［清］成城等編纂
清乾隆二十五年（1760）泰安府署刻本
20 册

1632 **陋巷志八卷**
［明］陳鎬纂 ［明］顔胤祚輯
［明］吕兆祥重修
明萬歷二十九年（1601）刻本 6 册

1633 **昌樂縣志三十二卷首一卷**
［清］魏禮焯 ［清］時銘等修
［清］閻學夏 ［清］黄方遠等纂
清嘉慶十四年（1809）昌樂縣署刻本
6 册

1634 **黔南識略三十二卷**
［清］愛必達著
清道光二十七年（1847）安化羅繞典刻本 4 册

1635 **黎平府志八卷首一卷**
［清］俞渭總理 ［清］陳瑜纂輯
清光緒十八年（1892）刻本 13 册 存 8 卷（1 至 3 上、4 上至 8）

1636 **登封縣志三十二卷**
［清］洪亮吉 ［清］陸繼蕚同纂
清乾隆五十二年（1787）刻本 8 册

1637 **温縣志十二卷首一卷**
［清］王其華纂修 ［清］苗于京總修
清乾隆二十四年（1759）温縣縣署刻本
4 册

1638 **偃師縣志三十卷首一卷**
［清］孫星衍 ［清］湯毓倬修
清乾隆五十三年（1788）刻本 16 册

1639 **疎山志略十卷末一卷**
［清］吴奎重纂
清同治十年（1871）吴氏刻本 4 册

1640 **昭萍志略十二卷首一卷末一卷**
劉洪闢纂修
民國二十四年（1935）木活字本 12 册

1641 **商邱縣志二十卷首一卷**
［清］劉德昌重修 ［清］葉澐編輯
民國二十一年（1932）長沙縣長黄正忠石印本 6 册

1642 **尉氏縣志二十卷首一卷**
［清］劉厚滋總修 ［清］王觀潮纂修
清道光十一年（1831）刻本 8 册

1643 **南豐縣志四十六卷首一卷末一卷**
［清］柏春修 ［清］魯琪光纂
清同治十年（1871）南豐縣署刻本 28 册

1644 **鄢陵文獻志四十卷**
［清］蘇源生纂
清同治二年（1863）刻本 20 册

1645 **確山縣志二十四卷附雜記一卷**
張瑨璜總纂修
民國二十年（1931）確山修志局鉛印本 3 册

1646 **饒陽縣志二卷首一卷末一卷**
［清］單作哲纂修
清乾隆十四年（1749）刻本 4 册

1647 **臨榆縣志二十四卷首一卷**
［清］游智開 ［清］趙允祐總裁
［清］高錫疇纂修
清光緒四年（1878）臨榆縣署刻本 8 册

1648 **臨榆縣志十四卷首一卷**
［清］鍾和梅纂輯
清乾隆二十一年（1756）臨榆縣署刻本 6 册

1649 **畿輔輿地全圖**
［□］□□撰
清刻本 12 册

1650 **黑龍江志稿六十二卷首一卷附黑龍江大事志四卷圖一卷**
萬福麟修 張伯英纂
民國二十一年（1932）鉛印本 32 册

1651 **金山志十卷**
［清］盧見曾編
清乾隆二十七年（1762）雅雨堂刻本 4 册

1652 **松江府續志四十卷首一卷圖一卷**
［清］博潤修 ［清］姚光發等纂
清光緒十年（1884）刻本 24 册

1653 **嵩縣志三十卷首一卷**

［清］康基淵纂修
清乾隆三十一年（1766）嵩縣縣署刻本
4 册

1654 **鄄城縣記三十卷**
陳金臺修　周雲纂
民國二十三年（1934）鄄城縣署刻本
12 册

1655 **膠澳志十二卷**
趙琪修　袁榮叜纂
民國十七年（1928）鉛印本　10 册

1656 **永定河續志十六卷首一卷**
［清］朱其詔纂修
清光緒八年（1882）刻本　12 册

1657 **開州志八卷首一卷**
［清］陳兆麟修　［清］祁德昌纂
清光緒七年（1881）開州州署刻本　8 册

1658 **續天津縣志二十卷首一卷**
［清］吳惠元總修　［清］蔣玉虹纂
清同治九年（1870）天津縣署刻本　8 册

1659 **天津縣志二十四卷**
［清］張志奇　［清］朱奎揚總裁
［清］吳廷華總修
清乾隆四年（1739）天津縣署刻本　8 册

1660 **光緒順天府志一百三十卷附錄一卷**
［清］周家楣總裁　［清］張之洞　繆荃孫總纂
清光緒十年（1884）刻本　64 册

1661 **雲南勘界籌邊記二卷**
姚文棟纂輯
清光緒刻本　1 册

1662 **滇繫四十卷**
［清］師範纂輯
清光緒十三年（1887）雲南通志局刻本
39 册

1663 **四庫全書總目二百卷首一卷**
［清］紀昀等總纂
清刻本　68 册

1664 **吳氏重刊彙刻書目**
［清］顧修編
清嘉慶二十五年（1820）刻本　4 册

1665 **百衲本已出十八史跋文彙刊不分卷**
商務印書館輯
民國二十五年（1936）上海商務印書館鉛印本　1 册

1666 **百衲本廿四史跋文樣張**
商務印書館輯
民國二十四年（1935）影印本　1 册

1667　**四部叢刊書錄不分卷**
王秉恩等編　商務印書館輯
民國十一年（1922）上海商務印書館鉛印本　1 册

1668　**百衲本廿四史預約樣本**
商務印書館輯
民國十九年（1930）上海商務印書館鉛印本　1 册

1669　**唐女郎魚玄機詩一卷附錄一卷**
［唐］魚玄機撰
民國上海中華書局鉛印四部備要本　1 册

1670　**欽定廿四史樣本**
［清］高宗弘歷欽定
民國十八年（1929）上海中華書局四部備要本　1 册

1671　**百衲本廿四史樣本**
張元濟輯
民國十九年（1930）上海商務印書館影印本　1 册

1672　**四庫全書珍本初集目錄**
商務印書館輯
民國二十四年（1935）上海商務印書館鉛印本　1 册

1673　**四部叢刊續編**
商務印書館輯
民國二十三年（1934）上海商務印書館影印本　1 册

1674　**四部叢刊第二次預約樣本**
商務印書館輯
民國十五年（1926）上海商務印書館影印本　1 册

1675　**四部叢刊三編預約樣本**
商務印書館輯
民國二十四年（1935）上海商務印書館影印本　2 册

1676　**重印聚珍倣宋版五開大本四部備要樣本**
中華書局編
民國二十三年（1934）上海中華書局鉛印本　1 册

1677　**宛委別藏四十種樣本**
故宮博物院編
民國二十四年（1935）上海商務印書館鉛印本　1 册

1678　**影印津逮秘書、岱南閣叢書等樣本**
［□］□□撰
民國上海博古齋影印本　1 册

1679　**歷代名臣言行錄二十四卷**

［清］朱桓輯
清光緒二十六年（1900）上海文瀾書局石印本　8 册

1680　**善本書室藏書志四十卷附錄一卷**
［清］丁丙輯
清光緒二十七年（1901）錢塘丁氏刻本
8 册

1681　**故宫所藏觀海堂書目四卷**
楊惺吾　何澄一等編
民國二十一年（1932）北平故宫博物院圖書館鉛印本　1 册

1682　**欽定四庫全書簡明目錄二十卷**
［清］紀昀等總纂
清同治七年（1868）廣東書局刻本
12 册

1683　**直齋書錄解題二十二卷**
［宋］陳振孫撰
清光緒九年（1883）江蘇書局刻本
6 册

1684　**輶軒語書目答問**
［清］張之洞撰
清光緒二十三年（1897）新化三味堂刻本　3 册

1685　**輶軒語書目答問**
［清］張之洞撰
清光緒三年（1877）古今書局湖南府正街刻本濠上書齋藏版　3 册

1686　**欽定天禄琳琅書目十卷續編二十卷**
［清］于敏中初編　［清］彭元瑞續編
清光緒十年（1884）長沙王氏刻本
10 册

1687　**觀古堂藏書目四卷**
葉德輝纂輯
民國四年（1915）長沙葉氏觀古堂刻本
4 册

1688　**江蘇省立蘇州圖書館圖書目錄**
蔣鏡寰　陳子彝編
民國二十四年（1935）江蘇省立蘇州圖書館鉛印本　2 册　存 2 册（1、3）

1689　**參加倫敦中國藝術國際展覽會出品目錄不分卷**
倫敦中國藝術國際展覽會籌備委員會編
民國二十四年（1935）鉛印本　2 册

1690　**宋元舊本書經眼錄三卷附錄二卷**
［清］莫友芝撰
清同治十二年（1873）江寧刻本　1 册

1691　**李氏雁影齋讀書記**
［清］李希聖撰

民國二十五年（1936）上海蟫隱廬石印本　1 册

1692　**郋園四部書叙録一卷附刻板書提要一卷**
葉德輝著　劉肇隅編
民國十六年（1927）長沙葉氏觀古堂刻本 1 册

1693　**古今書刻二卷**
［明］周弘祖集
清光緒三十二年（1906）長沙葉氏觀古堂刻本　2 册

1694　**宋元本行格表二卷附録一卷補遺一卷**
［清］江標輯
清光緒二十三年（1897）刻本　2 册

1695　**十三經注疏四百十六卷附校勘記**
［清］阮元校勘
清光緒十三年（1887）上海點石齋重刻本　32 册

1696　**書目答問**
［清］張之洞撰
民國九年（1920）上海掃葉山房石印本 1 册

1697　**彙刻書目**
［清］顧修編
清光緒十二年至清光緒十五年（1886 至 1889）上海福瀛書局刻本　20 册

1698　**欽定春秋傳説彙纂三十八卷首二卷**
［清］王掞等纂
清刻本　20 册

1699　**聲調譜闡説一卷**
［清］鄭先樸闡説
清光緒十年（1884）刻本　1 册

1700　**草堂説經**
［明］劉應秋著
清道光十三年（1833）刻本來鹿堂藏版 1 册

1701　**揚子方言十三卷新方言一卷**
［漢］揚雄傳　［晋］郭璞解　章绛撰
民國鉛印本　1 册

1702　**太和正音譜二卷**
［明］朱權撰
民國上海商務印書館石印本　2 册

1703　**御纂七經**
［清］諸錦等纂
清光緒三十年（1904）上海育文書局石印本　22 册

1704 **古音類表九卷**
［清］傅壽彤著
清光緒二年（1876）刻本 4 册

1705 **孝經一卷附二十四孝圖**
［唐］玄宗李隆基注
民國二十五年（1936）上海大成書社影印本 1 册

1706 **三禮名物之布帛名物**
吳承仕撰
民國十九年（1930）歙縣吳氏鉛印本 1 册

1707 **爾雅釋例五卷首一卷**
［清］陳玉澍著
民國九年（1920）南京高等師範學校鉛印本 1 册

1708 **詩經集解辨正二十卷**
徐天璋集辨
民國十二年（1923）泰縣徐氏鉛印本 4 册

1709 **周易述禮三卷首一卷**
［清］存幾堂述
民國十五年（1926）存幾堂刻本 2 册

1710 **大學廣義**
羅正緯著
民國三十六年（1947）長沙妙高峰南軒圖書館鉛印本 1 册

1711 **三禮便蒙二十三卷**
［清］焦循撰 鄭孝胥手錄
民國十一年（1922）影印本 7 册

1712 **御纂周易折中二十二卷首一卷**
［清］李光地等撰
清康熙五十四年（1715）刻本 10 册

1713 **古韻通説二十卷**
［清］龍啓瑞撰
清光緒九年（1883）四川尊經書局刻本 2 册

1714 **廣韻五卷**
［宋］陳彭年等撰
清同治廣州粵東書局刻小學彙函本張氏澤存堂本 2 册

1715 **音學辨微一卷附錄一卷**
［清］江永著
民國鉛印本 1 册

1716 **增廣金石韻府五卷**
［清］林尚葵廣輯 ［清］張鳳藻增校
清咸豐七年（1857）張鳳藻理董軒刻本 6 册

1717 **聲韻考四卷**
［清］戴震撰
民國十二年（1923）渭南嚴氏成都刻本
1 册

1718 **古韻標準四卷附詩韻舉例一卷**
［清］江永編
民國十五年（1926）渭南嚴氏成都刻本
3 册

1719 **隸韻十卷附碑目一卷考證一卷碑目考證一卷**
［宋］劉球纂 ［清］翁方綱考證
清嘉慶十五年（1810）石刻本 6 册

1720 **地藏菩薩本願經三卷附地藏菩薩靈驗記**
［唐］釋實叉難陀譯
民國二十二年（1933）影印本 2 册

1721 **關帝明聖尊經**
［□］□□撰
民國石印本 1 册

1722 **六祖大師金剛經解義**
［後秦］釋鳩摩羅什譯
民國二十九年（1940）鉛印本 1 册

1723 **顯密圓通成佛心要集二卷**
［遼］釋道敐集
清同治十一年（1872）金陵刻經處刻本
1 册

1724 **佛經精華錄箋注**
丁福保編
民國上海醫學書局鉛印本 1 册

1725 **般若波羅密多心經箋注一卷**
［唐］釋玄奘譯
民國九年（1920）上海醫學書局鉛印本
無錫丁氏藏版 1 册

1726 **中庸思想體系之研究**
鄭德行著
民國三十五年（1946）汝城美光石印局
石印本 1 册

1727 **中國政治與民生哲學**
張默君撰
民國三十二年（1943）白華草堂鉛印本
1 册

1728 **明倫通義後錄**
曹廣權撰輯
民國上海中華書局鉛印本 8 册

1729 **大悲心陀羅尼經附像解真言圖行法懺法**
［唐］釋伽梵達摩譯
民國二十二年（1933）上海商務印書館

影印本　1 册

1730　**弘一法師書金剛般若波羅密經一卷**
［後秦］釋鳩摩羅什譯
民國二十九年（1940）影印本　1 册

1731　**金剛經一卷**
［清］劉良臣書
民國鉛印本　1 册

1732　**湖南全省輿地圖表**
［清］陳寶箴編繪
清光緒二十二年（1896）石印本　16 册

1733　**總理哀思錄七卷**
孫中山先生葬事籌備處編
民國十四年（1925）鉛印本　1 册　存4 卷（第 3 編 1 至 4 卷）

1734　**黄膺白先生故舊感憶錄**
黄炎培等撰
民國上海新中國建設學會鉛印本　1 册

1735　**國朝先正事略六十卷首一卷**
［清］李元度纂
清光緒元年（1875）仿泰西法石印本　8 册

1736　**國朝先正事略六十卷首一卷**
［清］李元度纂
清光緒十二年（1886）刻本　10 册

1737　**道咸同光名人手札第二集四卷**
［清］林則徐等撰　商務印書館輯
民國十三年（1924）上海商務印書館石印本　4 册

1738　**東北史研究綱要**
國立東北大學編
民國福民公司鉛印本　1 册

1739　**長江圖説十二卷首一卷**
［清］馬徵麟撰
清同治十年（1871）湖北崇文書局刻本　1 册　缺 2 卷（1 至 2）

1740　**佛學大辭典不分卷**
丁福保編
民國十年（1921）上海醫學書局鉛印本　16 册

1741　**尚史五十七卷：本紀五卷列傳三十八卷表四卷志十卷**
［清］李鍇撰
清乾隆三十八年（1773）刻本悦道樓藏版　28 册

1742　**湘學略不分卷**
李肖聃撰
民國國立湖南大學鉛印本　1 册

1743 **國朝事略六卷**

［清］湖南中學堂編

清光緒三十四年（1908）長沙湖南中學堂鉛印本 2册（缺目錄、1至18頁）

1744 **史通削繁四卷**

［清］紀昀撰

清道光十三年（1883）兩廣節署刻本粵東翰星園藏版 4册

1745 **晋略六十五卷序目一卷**

［清］周濟撰

清光緒二年（1876）味雋齋刻本 10册

1746 **保甲書四卷牧令書二十三卷**

［清］徐棟輯

清道光二十八年（1848）刻本 20册

1747 **錢神志七卷**

［清］李世熊撰

清同治十年（1871）縣署聚珍版印木活字本 7册

1748 **湘綺府君年譜六卷**

王代功撰

民國十二年（1923）長沙湘綺樓刻本 2册

1749 **王船山先生年譜二卷**

［清］劉毓崧撰

清光緒十二年（1886）江南書局刻本 1册 存1卷（下卷）

1750 **韓南溪四種**

［清］韓超等撰

清宣統二年（1910）泉唐汪氏振綺堂鉛印本 1册

1751 **十七史商榷一百卷**

［清］王鳴盛撰

清乾隆五十二年（1787）洞涇草堂刻本 20册

1752 **覺迷要錄四卷**

葉德輝編

清光緒三十一年（1905）刻本 2册

1753 **牧令書輯要十卷附保甲書輯要四卷吏治三書六卷欽頒州縣事宜一卷牧民忠告二卷**

［清］徐棟輯

清同治七年（1868）江蘇書局刻本 14册

1754 **南巡盛典一百二十卷**

［清］高晋等輯

清光緒八年（1882）上海點石齋石印本 8册

1755 **史姓韻編六十四卷**

［清］汪輝祖輯　［清］馮祖憲重校
清鉛印本　15 册　缺 3 卷（1 至 3）

1756　**欽定續文獻通考二百五十卷**
［清］嵇璜纂
清光緒二十七年（1901）上海圖書集成局鉛印本　36 册

1757　**杜氏通典二百卷**
［唐］杜佑纂
清光緒二十七年（1901）上海圖書集成局鉛印本　16 册

1758　**日下舊聞四十二卷**
［清］朱彝尊輯　［清］朱昆田補遺
清刻本六峰閣藏版　24 册

1759　**歷代名臣言行錄二十四卷**
［清］朱桓輯
清光緒十六年（1890）廣百宋齋刻本　12 册

1760　**皇朝輿地水道源流五卷**
［清］胡宣慶纂
清光緒十七年（1891）長沙胡氏刻本　1 册

1761　**米利堅志四卷**
［美國］格堅扶撰　［日本］岡千仞等譯
清光緒二十二年（1896）長沙梁昌駿刻本　2 册

1762　**印度新志不分卷**
［清］學部編譯圖書局編纂
清光緒三十三年（1907）學部編輯圖書局鉛印本　1 册

1763　**印度新志不分卷**
［清］學部編譯圖書局編纂
清光緒三十三年（1907）學部編輯圖書局鉛印本　1 册

1764　**波斯志不分卷**
［清］學部編譯圖書局編纂
清光緒三十三年（1907）學部編輯圖書局鉛印本　1 册

1765　**五洲地理志略三十六卷首一卷**
王先謙撰
清宣統二年（1910）湖南學務公所刻本　12 册

1766　**琉球國志略十六卷首一卷**
［清］周煌輯
清乾隆二十二年（1757）刻本　5 册　缺 2 卷 (4 至 5)

1767　**三省邊防備覽十四卷**
［清］嚴如熤輯
清道光二年（1822）刻本　4 册

1768　**洋防輯要二十四卷**
［清］嚴如熤輯
清刻本　10 册

1769　**使琉球記六卷**
［清］李鼎元撰
清嘉慶七年（1802）師竹齋刻本　1 册

1770　**五洲圖考**
龔柴撰　許彬撰
清光緒二十八年（1902）上海徐家匯印書館鉛印本　4 册

1771　**防海輯要十八卷首一卷**
［清］俞昌會輯
清道光二十二年（1842）百甓山房刻本　10 册

1772　**日本國志四十卷首一卷**
［清］黄遵憲編
清光緒十六年（1890）廣州羊城富文齋刻本　14 册

1773　**泰山小史**
［清］蕭協中著
民國二十一年（1932）泰山趙氏刻本　1 册

1774　**印度新志不分卷**
［清］學部編譯圖書局編纂
清光緒三十三年（1907）學部編輯圖書局鉛印本　1 册

1775　**讀史方輿紀要摘錄十卷**
［清］顧祖禹輯　［清］黄冕摘錄
清光緒二十八年（1902）湖南書局刻本　6 册

1776　**方輿紀要簡覽三十四卷**
［清］顧祖禹原本　［清］潘鐸編
［清］馬光裕校
清光緒二十八年（1902）刻本　18 册

1777　**瀛環志略十卷**
［清］徐繼畬撰
清道光二十八年（1848）刻本　6 册

1778　**東亞三國地志二卷**
［日本］辻武雄著
日本明治三十三年（1900）合資會社普及舍鉛印本　2 册

1779　**海國圖志一百卷**
［清］魏源撰
清光緒二年（1876）平慶涇固道署刻本　24 册

1780　**海國圖志一百卷**
［清］魏源撰
清咸豐三年（1853）古微堂木活字本

30 册

1781 **御定全唐詩録一百卷**
［清］徐倬 ［清］徐元正輯
清刻本 28 册 缺 22 卷（6 至 7、9、11 至 13、17、22、29 至 41、48）

1782 **文文山集二卷**
［宋］文天祥著 ［清］張伯行輯 ［清］左宗棠增輯
清同治五年（1866）福州正誼書院刻本 2 册

1783 **湯潛庵集二卷**
［清］湯斌著
清同治五年（1866）福州正誼書院刻本 2 册

1784 **文粹一百卷補遺二十六卷**
［宋］姚鉉纂 ［清］郭麐補遺
清光緒十六年（1890）杭州許氏榆園刻本 23 册 缺 1 卷（卷首）

1785 **説文提要一卷**
［清］陳建侯摘録
民國十七年（1928）上海掃葉山房石印本 1 册

1786 **草堂之靈十六卷**
楊鈞著
民國十七年（1928）長沙昣章印書局鉛印本 4 册

1787 **湖南節孝録二卷首一卷**
李獬編輯
民國二十年（1931）長沙望江樓鉛印本 1 册

1788 **詞源疏證二卷**
［宋］張炎撰 蔡楨編
民國二十一年（1932）南京金陵大學中國文化研究所鉛印本 1 册

1789 **桑榆夕照録四卷**
［清］蕭震萬著
清光緒十二年（1886）湘潭蕭氏刻本 1 册

1790 **龍鳳山志四卷**
廖潤鴻編 黄應逵輯
民國三十年（1941）刻本 1 册

1791 **讀書楸樹根圖題詠**
［清］郭慶藩著
清光緒八年（1882）刻本 2 册

1792 **曾惠敏奏疏六卷**
［清］曾紀澤撰
清光緒十九年（1893）江南機器製造總局刻本 8 册

1793 **南嶽總勝集三卷**
［宋］陳田夫撰
清光緒三十二年（1906）長沙葉氏刻本
3 册

1794 **養晦堂文集十卷**
［清］劉蓉著
清光緒三年（1877）長沙思賢講舍刻本
5 册

1795 **大丈夫上書報國刊**
衡門居士撰
民國三十七年（1948）刻本　1 册

1796 **湘鄉鹽弊案合編**
湘鄉鉛印局印
民國十八年（1929）鉛印本　1 册

1797 **黄鶴樓楹聯全部**
［□］□□撰
清光緒四年（1878）自修主人刻本　1 册

1798 **明季之怪現狀一卷**
振學社編
清光緒三十二年（1906）樂群書局鉛印本　1 册

1799 **幕府瑣言五卷附頤園日錄一卷**
［清］鄧繹撰
民國湖南官書報局鉛印本　1 册

1800 **唐宋八大家文選十九卷**
［清］張伯行輯　［清］楊浚總校
清同治八年（1869）福州正誼書院刻本
10 册

1801 **學規類編二十七卷**
［清］張伯行纂
清同治五年（1866）福州正誼書院刻本
8 册

1802 **諸葛武侯文集四卷**
［清］張伯行訂
清同治五年（1866）刻本　2 册

1803 **陸稼書集二卷**
［清］張伯行訂
清同治五年（1866）福州正誼書院刻本
2 册

1804 **陸宣公集四卷首一卷**
［清］張伯行訂
清同治五年（1866）福州正誼書院刻本
2 册

1805 **方筱川先生行狀**
方授楚撰
民國三十五年（1946）長沙黄興路詠芳印刷紙莊鉛印本　1 册

1806 **説文通訓定聲十八卷附補遺一卷**

檢韻一卷説雅一卷古今韻準一卷
［清］朱駿聲著
清光緒十三年（1887）刻本　9 册　存 11 卷（24 上至 34 下）

1807　**新政彙編八編**
何啓　胡禮垣撰
清光緒二十七年（1901）上海石印書局石印本　5 册

1808　**新民叢報彙編不分卷**
梁啓超等編
清光緒三十三年（1907）文會書社石印本　11 册

1809　**歷代名人小簡二卷續編二卷**
吳曾祺編
民國十二年（1923）上海商務印書館鉛印本　2 册

1810　**荆駝逸史七卷**
［清］陳湖逸士編
民國上海錦章圖書局石印本　8 册

1811　**聖武記十四卷**
［清］魏源撰
民國上海中華書局鉛印四部備要本　6 册

1812　**中國預言七種**
［周］吕望等撰
民國鉛印本　1 册

1813　**竹書紀年二卷**
［南朝梁］沈約注　［清］洪頤煊校
清刻本　1 册

1814　**博雅十卷**
［三國魏］張揖纂輯
清刻本　1 册

1815　**釋名四卷**
［漢］劉熙著
清刻本　2 册

1816　**浙江圖書館叢書第二集十三種**
丁謙輯
民國四年（1915）浙江圖書館刻本　8 册　缺 8 册（1 至 8）

1817　**通歷十五卷**
［唐］馬總撰
民國四年（1915）葉氏夢篆樓鉛印本　2 册

1818　**事物原會四十卷**
［清］汪汲撰
清嘉慶元年（1796）古函山房刻本　8 册

1819　**戰國策三十三卷**
［漢］高誘注

清同治八年（1869）湖北崇文書局刻本 4册 缺3卷（劄記3卷）

1820 **松壺畫憶二卷**
［清］錢杜著
民國上海有正書局鉛印本 1册

1821 **若水齋古今算學書錄七卷附錄一卷**
［清］劉鐸輯
清光緒二十四年（1898）算學書局石印本 2册

1822 **欽定續通典一百五十卷**
［清］嵇璜等總裁 ［清］曹仁虎等纂修
清光緒二十七年（1901）上海圖書集成局鉛印本 12册

1823 **畫法要錄六卷首一卷**
余紹宋撰
民國十五年（1926）北京琉璃廠公慎書局鉛印本 2册

1824 **畫學教科書**
［清］蘇州化固學堂編
清光緒三十二年（1906）上海商務印書館鉛印本 1册

1825 **道咸同光名人手札**
商務印書館輯
民國十三年（1924）上海商務印書館影印本 6册 缺2册（4、5）

1826 **延平王户官楊英從征實錄**
［明］楊英傳
民國二十年（1931）國立北平中央研究院歷史語言研究所影印本 1册

1827 **諦閑大師碑真蹟**
莊翔聲書
民國二十四年（1935）上海中華書局影印本 1册

1828 **周秦名家三子校錄三卷首一卷附錄一卷**
王時潤校錄
民國二十六年（1937）山東第一監獄鉛印本 1册

1829 **春秋大事表摘要四卷**
［清］顧棟高撰
清光緒二十九年（1903）曉雲山房刻本 4册

1830 **湘軍志十六篇**
王闓運撰
清光緒十二年（1886）成都墨香書屋刻本 4册

1831 **清朝畫徵錄三卷**
［清］張庚撰

民國十一年（1922）上海掃葉山房石印本　1 册

1832　**清朝畫家筆錄四卷**
竇鎮輯
民國十二年（1923）上海朝記書莊鉛印本希賢藏版　1 册　存 2 卷（3 至 4）

1833　**圖畫見聞志六卷**
［宋］郭若虛撰
民國上海掃葉山房影印本　6 册

1834　**大清律例彙輯便覽四十卷附督捕則例二卷附五軍道里表三流道里表**
［清］律例館纂
清同治十一年（1872）湖北讞局刻本
32 册

1835　**過雲樓書畫記書四卷畫六卷**
［清］顧文彬撰
清光緒八年（1882）刻本　4 册

1836　**待盦題畫詩詞存一卷附詩餘偶一卷續編一卷**
李寶章撰
民國三年（1914）木活字本　1 册

1837　**寶鴨齋題跋三卷**
［清］徐樹鈞撰
清宣統二年（1910）宏文社石印本　1 册

1839　**紉齋畫賸**
［清］陳允升畫
清光緒二年（1876）陳氏得古歡室刻本
4 册

1840　**琴書存目六卷別錄二卷**
周慶雲纂
民國三年（1914）烏程周氏夢坡室刻本
4 册

1841　**明清名人尺牘墨寶初集六卷二集六卷三集六卷**
文明書局編
民國十年（1921）上海文明書局影印本
18 册

1842　**明清名人尺牘墨寶初集六卷二集六卷三集六卷**
文明書局編
民國十四年（1925）上海文明書局影印本　6 册

1843　**與古齋琴譜四卷**
［清］祝秋齋講授　［清］祝鳳喈集纂
清咸豐五年（1855）浦城祝氏刻本　4 册

1844　**琴學入門二卷**
［清］張鶴輯
清同治六年（1867）嘉平刻本　2 册

1845　**五知齋琴譜八卷**
［清］周魯封彙纂
清乾隆十一年（1746）刻本姑蘇忠信堂藏版　6 册

1846　**天聞閣琴譜十六卷首三卷**
［清］唐彝銘纂輯
清光緒二年（1876）成都葉氏刻本
16 册

1847　**子書二十二種附增鶡冠子**
［清］浙江書局輯
清光緒二十三年（1897）上海圖書集成局鉛印本　36 册

1848　**書林紀事四卷**
馬宗霍撰
民國二十四年（1935）上海商務印書館鉛印本　1 册

1849　**揚州畫舫錄十八卷**
［清］李斗撰
清乾隆六十年（1795）自然庵刻本　6 册

1850　**松禪書札**
［清］翁同龢書
清宣統元年（1909）影印本　1 册

1851　**陶風樓藏名賢手札**
柳詒徵選輯
民國十九年（1930）影印本　8 册

1852　**文房肆攷圖説八卷**
［清］唐秉鈞纂
清乾隆四十年（1775）刻本　2 册　缺4 卷（3 至 6）

1853　**畫禪室隨筆四卷**
［明］董其昌著
民國七年（1918）上海掃葉山房石印本
3 册

1854　**律音彙考八卷**
［清］邱之稑撰
清道光十八年（1838）椵田家塾刻本
4 册

1855　**新定九宮大成南詞宮譜**
［清］周祥鈺等編
清刻本　1 册　存 1 卷（51）

1856　**澤存堂五種**
［清］張士俊校輯
清刻本　2 册　存 6 卷（字鑑 1 至 5、唐韻入聲卷 5）

1857　**欽定曲譜十二卷首一卷末一卷**
［清］王奕清等撰
民國十三年（1924）上海掃葉山房石印本　7 册

1858 **徐青山老生琴譜**
［清］徐谼著
清康熙十二年（1673）大還閣刻本 4 册

1859 **律音彙考八卷**
［清］邱之稑撰
清道光十八年（1838）瀏陽禮樂局刻本 4 册

1860 **經籍纂詁五卷**
［清］阮元編
清光緒九年（1883）上海點石齋影印本 5 册

1861 **袖珍古書讀本墨子十六卷**
［戰國］墨翟撰 ［清］畢沅校注
民國上海中華書局鉛印四部備要本 4 册

1862 **韓非子二十卷識誤三卷**
［戰國］韓非著 ［清］顧廣圻著
民國上海中華書局鉛印四部備要本 6 册

1863 **洋務時事彙編八卷**
［清］葛子源輯
清光緒二十四年（1898）上海書局石印本 12 册

1864 **名人楹聯真蹟大全**
［□］□□撰
民國石印本 4 册

1865 **影印超覽樓稿六卷**
瞿鴻禨撰
民國八年（1919）上海商務印書館影印長沙瞿氏叢刊本 3 册

1866 **楹聯墨蹟大觀不分卷**
高野侯輯
民國十七年（1928）上海中華書局影印本 10 册

1867 **顏魯公麻姑仙壇記**
［唐］顏真卿撰并書
民國十九年（1930）上海文明書局影印本 1 册

1868 **孫子三卷**
［春秋］孫武撰
民國上海中華書局仿聚珍版影印本 3 册

1869 **名人楹聯真蹟大全**
劉再蘇搜集
民國十四年（1925）上海世界書局影印本 6 册

1870 **禮記二十卷**
［漢］鄭玄注 ［唐］陸德明音義
民國上海中華書局鉛印四部備要本 8 册

1871 **增訂臨文便覽字學舉隅**

［清］龍光甸　［清］龍啓瑞輯
清光緒二年（1876）怡雲仙館刻本　4 册

1872　**平等閣筆記二卷**
狄葆賢撰
民國二年（1913）上海有正書局鉛印本
2 册

1873　**益智續圖二卷**
［清］童昂　［清］童杲　［清］童晏著
清光緒四年（1878）刻本　2 册

1874　**劉氏四修族譜十二卷**
劉礰山主修
清光緒二年（1876）彭城堂木活字本
11 册

1875　**皇朝内府輿地圖縮摹本一卷皇朝輿地略一卷附韻編一卷補録一卷**
［清］六承如原繪　［清］六德只縮摹
清咸豐十年（1860）長沙刻本　1 册

1876　**西藏圖考八卷首一卷**
［清］黄沛翹輯
清光緒十二年（1886）刻本　4 册

1877　**三省邊防備覽十四卷**
［清］嚴如熤輯
清道光二年（1822）刻本　6 册

1878　**三省邊防備覽十八卷**
［清］嚴如熤輯
清道光十年（1830）來鹿堂刻本　10 册

1879　**淵鑑類函四百五十卷目録四卷**
［清］張英等纂
清康熙刻本　140 册

1880　**盛京通志四十八卷圖一卷**
［清］吕耀曾等修　［清］魏樞等纂
清乾隆元年（1736）刻本　20 册

1881　**善化連氏續修家譜十四卷首一卷末一卷**
連本恕　連本思修
民國元年（1912）福湘堂木活字本　6 册

1882　**湘鄉寶溪十修劉氏支譜十二卷**
劉主圭等主修　劉代滙纂修
民國二十一年（1932）校書堂木活字本
12 册

1883　**中國地理教科書四卷**
［清］王達編
清光緒三十年（1904）明德學堂刻本
4 册

1884　**長沙賈太傅祠志四卷**
［清］夏獻雲編輯
清光緒四年（1878）長沙刻本　2 册

1885 **廣輿記二十四卷图一卷**
［明］陸應陽撰 ［清］蔡方炳增輯
清道光四年（1824）體元堂刻本 12 册

1886 **瀚海盆地**
葉良輔著
民國三十二年（1943）國立浙江大學史地教研室油印本 1 册

1887 **水道提綱二十八卷**
［清］齊召南撰
清光緒五年（1879）宏達堂刻本 6 册

1888 **清史列傳八十卷**
［清］国史館編
民國十七年（1928）上海中華書局鉛印本 74 册 缺 4 卷（5 至 6、16 至 17）

1889 **日本國志四十卷首一卷**
［清］黄遵憲編
清光緒二十四年（1898）上海圖書集成印書局鉛印本 7 册 缺 11 卷（30 至 40）

1890 **重訂法國志略二十四卷**
［清］王韜撰
清光緒十五年（1889）弢園老民刻本 10 册

1891 **湖山便覽十二卷**
［清］翟灝 ［清］翟瀚同輯
［清］王維翰重訂
清光緒元年（1875）王維翰刻本槐蔭堂藏版 6 册

1892 **日本國志四十卷首一卷**
［清］黄遵憲編
清光緒二十四年（1898）上海圖書集成印書局鉛印本 8 册

1893 **外國地理教科書三卷**
［清］王達纂
清光緒三十三年（1907）刻本 3 册

1894 **海國輿地釋名十卷首一卷**
［清］陳士芑纂
清光緒二十八年（1902）武昌官舍連道清芬堂刻本 4 册

1895 **漢西域圖考七卷首一卷**
［清］李恢垣著 ［清］潘平章繪
［清］李承緒重繪
清光緒十九年（1893）上海寶善書局石印本 4 册

1896 **漢書西域傳補注二卷附新疆賦**
［清］徐松著
清光緒十九年（1893）上海寶善書局石印本 1 册

1897 **西域水道記五卷**

［清］徐松著

清光緒十九年（1893）上海寶善書局石印本　5 册

1898　**海國圖志一百卷首一卷續集二十五卷**

［清］魏源撰

清光緒二十一年（1895）上海積山書局石印本　8 册

1899　**元豐九域志十卷**

［宋］王存等删定

清光緒八年（1882）金陵書局刻本　4 册

1900　**世界地理志六卷**

［日本］中村五六編纂　［日本］樋田保熙譯

清光緒二十八年（1902）金粟齋譯書社鉛印本　3 册

1901　**地球韻言四卷**

［清］張士瀛撰

清光緒二十四年（1898）上海自強齋石印本　2 册

1902　**越南地輿圖説六卷**

［清］盛慶紱彙纂

清光緒九年（1883）求忠堂刻本　1 册

1903　**琉球入學見聞錄四卷**

［清］潘相輯

清刻本　4 册

1904　**地理全志**

［英國］慕維廉著

清光緒九年（1883）上海益智書會刻本 2 册

1905　**洋防輯要二十四卷**

［清］嚴如熤輯

清刻本　12 册

1906　**環遊地球新錄四卷**

［清］李圭撰

清光緒三年（1877）鉛印本　2 册

1907　**問影樓輿地叢書第一集四十四卷**

［宋］彭大雅等撰　胡思敬輯

清光緒三十四年（1908）新昌胡氏京師鉛印本　10 册

1908　**中國道縣圖叙便記歌**

［清］湯孫緒編述

民國十二年（1923）長沙文樂中堂書局長沙刻本　1 册

1909　**李氏五種合刊二十二卷：歷代地理韻編二十卷皇朝輿地韻編二卷**

［清］李兆洛編輯

清同治九年（1870）合肥李氏刻本　12

册　存 20 卷（歷代地理韻編 20 卷）

1910　**隨園書牘八卷附補遺**

［清］袁枚著　［清］胡光斗箋釋

民國八年（1919）上海廣益書局石印本

1 册

1911　**分類廣注曾文正公家書三卷**

［清］曾國藩著

民國上海世界書局石印本　3 册

1912　**長生殿二卷**

［清］洪昇填詞

民國六年（1917）上海掃葉山房石印本

2 册

1913　**老學庵筆記二卷**

［宋］陸游著

清宣統三年（1911）上海掃葉山房石印本　2 册

1914　**萬國公法四卷**

［美國］惠頓撰　［清］丁韙良譯

清光緒二十四年（1898）上海新學書會石印本　4 册

1915　**莊子天下篇校釋一卷**

譚戒甫著

民國二十四年（1935）華中日報社印刷所鉛印本　1 册

1916　**金剛經講話附心經講話**

法舫法師講　白智記

民國三十八年（1949）鉛印本　1 册

1917　**孝史七部分**

陳鏡伊編

民國二十二年（1933）鉛印本　1 册

1918　**清代文字獄檔**

北京故宫博物院文獻館編

民國二十六年（1937）國立北平研究院鉛印本　1 册

1919　**圓明園攷一卷**

程演生輯

民國二十五年（1936）上海中華書局鉛印本　1 册

1920　**歷代名媛圖説二卷**

［清］羅文弨撰

清光緒五年（1879）上海點石齋石印本

2 册

1921　**文心雕龍十卷**

［南朝梁］劉勰撰　［清］黄叔琳注

［清］紀昀評

清道光十三年（1833）兩廣節署刻本

4 册

1922　**學庸説文十二卷**

［清］李凱編纂
清嘉慶十五年（1810）文畲堂德記刻本
4 册

1923 **板橋雜記補三卷**
金嗣芬輯
民國二十三年（1934）鉛印本　1 册

1924 **東亞三國地誌三卷**
［日本］辻武雄撰
清光緒二十八年（1902）湖南勸學書舍刻本　3 册

1925 **新聞報三十年紀念册不分卷**
新聞報社編輯部編
民國十二年（1923）上海新聞報社鉛印本　1 册

1926 **槐廳載筆二十卷**
［清］法式善撰
清嘉慶四年（1799）刻本　2 册

1927 **方言十三卷續二卷補一卷**
［漢］揚雄撰　［晋］郭璞注
清光緒十七年（1891）長沙思賢講舍刻本　1 册

1928 **古今文藝叢書**
何藻輯
民國二年（1913）上海廣益書局鉛印本 2 册

1929 **積微居文録三卷**
楊樹達撰
民國二十年（1931）上海商務印書館鉛印本　3 册

1930 **丁未生譚叢六卷**
孔慕農撰
民國三十五年（1946）長沙嶽南鑄字印刷廠鉛印本　2 册

1931 **清詩評注讀本六卷**
王文濡評選
民國十二年（1923）上海文明書局鉛印本　3 册

1932 **湘漢百事二卷**
金城著
民國元年（1912）上海中國圖書局鉛印本　1 册　存 1 卷（上）

1933 **侯朝宗魏叔子汪堯峰三家文合鈔四卷**
王文濡輯
民國四年（1915）上海進步書局鉛印本 4 册

1934 **朗公真君事略**
［□］□□撰

民國十三年（1924）刻本　1 册

1935　**中國音樂指南不分卷**
沈寄人著
民國十二年（1923）上海世界書局石印本　1 册

1936　**湖北通志館採訪細目及表式**
湖北通志館編
民國鉛印本　1 册

1937　**小學答問一卷附説文部首均語一卷**
章炳麟撰
民國上海古書流通處影印本　1 册

1938　**聖遊記**
［英國］本仁約翰原著　謝頌羔譯
民國二十六年（1937）上海廣學會鉛印本　1 册

1939　**宋元明理學源流**
［□］□□撰
民國湖南大學講義印本　1 册

1940　**陶淵明集十卷**
［晉］陶潛撰
民國上海商務印書館影印四部叢刊本 2 册

1941　**秦淮畫舫錄不分卷**
［清］捧花生輯
清嘉慶二十二年（1817）上海掃葉山房石印本　1 册

1942　**李義山詩集三卷**
［唐］李商隱著　［清］朱鶴齡箋注　［清］沈厚塽輯評
清同治九年（1870）廣州刻本　4 册

1943　**清代殿試考略一卷**
傅增湘撰
民國二十二年（1933）天津大公報社鉛印本　1 册

1944　**淳化閣法帖釋文十卷**
［清］徐朝弼集釋
清嘉慶十七年（1812）刻本　1 册

1945　**明清八大家文鈔**
進步書局編輯部編
民國五年（1916）上海進步書局石印本 8 册

1946　**老子道德經二卷**
［春秋］老子撰　［三國］葛玄注
民國三年（1914）中夏右文社石印世德堂本　1 册

1947　**金融論文雜鈔**
黄本溥鈔

民國四年至民國六年（1915 至 1917）手抄本　4 册

1948　**漠北紀游**
封祝祁著
民國三十六年（1947）鉛印本　1 册

1949　**墨子十五卷**
［戰國］墨翟撰
民國上海涵芬樓影印明嘉靖三十二年（1553）本　4 册

1950　**列子八卷**
［戰國］列御寇撰　［晉］張湛注
［唐］殷敬順釋文
民國三年（1914）世德堂刻本　2 册

1951　**梨洲遺著彙刊五十八卷首一卷**
［清］黄宗羲著
清宣統二年（1910）上海時中書局鉛印本　20 册

1952　**黑奴籲天錄四卷**
［美國］斯土活撰　林紓　魏易　同譯
清光緒三十年（1904）上海文明書局刻本　4 册

1953　**杜詩鏡銓二十卷**
［清］楊倫輯
清光緒十八年（1892）上海著易堂書局鉛印本　6 册

1954　**畏盧文集一卷**
林紓著
清宣統二年（1910）上海商務印書館鉛印本　1 册

1955　**悔晦堂詩集七卷雜詩三卷**
吴恭亨著
民國十一年（1922）鉛印本　2 册

1956　**程伯翰先生遺集十卷首一卷末一卷**
［清］程頌藩撰
民國十七年（1928）海上汐廬鉛印本
1 册　存 6 卷（1 至 6）

1957　**老子覈詁四卷**
馬叙倫著
民國十三年（1924）馬叙倫鉛印本　2 册

1958　**静庵先生遺集五卷静庵賸稿二卷**
劉静庵著
民國二十四年（1935）長沙刻本　1 册

1959　**大佛頂首楞嚴經通議十卷補遺一卷附大佛頂首楞嚴經懸鏡一卷大乘止觀法門釋要六卷**
［明］釋德清述　［明］釋智旭撰
清刻本　8 册

1960 **芃野塵夢**
陳渠珍撰
民國二十六年（1937）鉛印本 1册

1961 **古書疑義舉例七卷**
［清］俞樾著
清刻本 1册

1962 **花間集十二卷附補二卷**
［後蜀］趙崇祚輯
民國上海涵芬樓影印本 1册 存4卷（1至4）

1963 **隨園詩話十六卷補遺十卷**
［清］袁枚著
清光緒十八年（1892）勤裕堂交著易堂鉛印本 4册 缺5卷（補遺卷5至10）

1964 **東坡志林五卷**
［宋］蘇軾著
民國鉛印本 1册

1965 **仇池筆記二卷**
［宋］蘇軾著
民國十三年（1924）上海商務印書館鉛印本 1册

1966 **陳文恭公手札節要三卷**
［清］陳宏謀著
清道光三年（1823）射雕山館刻本 3册

1967 **國立東北大學志林**
國立東北大學編印
民國二十九年（1940）三臺文華印刷社石印本 2册

1968 **國學叢編第二册**
北平中國大學編
民國鉛印本 1册

1969 **湖南巡警教訓所講義**
［□］□□撰
民國鉛印本 1册

1970 **二十四詩品淺解一卷**
［唐］司空圖撰 ［清］楊廷芝釋
清道光十八年（1838）山東刻本 1册

1971 **真齋詩存二卷附錄一卷**
［清］朱彝著
民國二十年（1931）鉛印本 1册

1972 **農桑輯要七卷**
［元］司農司撰
清宣統二年（1910）湖南地方自治籌辦鉛印本 1册

1973 **春霳集一卷**
秦佩珩著
民國三十四年（1945）成都更生書局鉛印本 1册

1974　**花谿閒筆初編一卷續編一卷**
吳鼎昌撰
民國二十九年（1940）貴州日報社鉛印本　1册

1975　**光復黄州靖難紀實錄**
謝樹滋述
民國鉛印本　1册

1976　**湘潭縣地理圖説**
張先民編
民國湘潭群守益圖書館印刷社鉛印本　1册

1977　**孔廟備考**
齊壽崐撰
民國二十四年（1935）鉛印本　1册

1978　**曾胡治兵語錄不分卷**
蔡鍔輯釋
民國二十四年（1935）上海商務印書館鉛印本　1册

1979　**滄江詩文鈔八卷：詩鈔三卷文鈔三卷詩餘二卷**
許崇熙撰
民國三十七年（1948）長沙公益印書館鉛印本　1册

1980　**天影盦全集五卷**
［清］李壽蓉著
民國湖南印務館鉛印本　1册

1981　**養復園詩集不分卷**
程潛撰
民國三十七年（1948）上海商務印書館鉛印本　2册

1982　**八年嘉遯集不分卷**
曹典球撰
民國三十四年（1945）鉛印本　1册

1983　**湘學略不分卷**
李肖聃撰
民國三十五年（1946）國立湖南大學鉛印本　1册

1984　**湘學略不分卷**
李肖聃撰
民國三十五年（1946）國立湖南大學鉛印本　1册

1985　**莊子解三十三卷**
［清］王夫之撰
清同治四年（1865）湘鄉曾氏金陵節署刻本　7册

1986　**船山禮記章句四十九卷**
［清］王夫之撰
清同治四年（1865）湘鄉曾氏金陵節署

刻本　24 冊

1987　**説文廣義三卷**
［清］王夫之撰
清同治四年（1865）湘鄉曾氏金陵節署刻本　3 冊

1988　**永曆實錄二十六卷**
［清］王夫之撰
清同治四年（1865）湘鄉曾氏金陵節署刻本　4 冊　缺 1 卷（16）

1989　**讀通鑑論三十卷**
［清］王夫之撰
清同治四年（1865）湘鄉曾氏金陵節署刻本　22 冊

1990　**薑齋文集十卷**
［清］王夫之撰
清同治四年（1865）湘鄉曾氏金陵節署刻本　2 冊

1991　**詩經稗疏四卷**
［清］王夫之撰
清同治四年（1865）湘鄉曾氏金陵節署刻本　4 冊

1992　**薑齋詩集十四卷**
［清］王夫之撰
清同治四年（1865）湘鄉曾氏金陵節署刻本　6 冊

1993　**讀四書大全説十卷**
［清］王夫之撰
清同治四年（1865）湘鄉曾氏金陵節署刻本　10 冊

1994　**張子正蒙注九卷**
［清］王夫之撰
清同治四年（1865）湘鄉曾氏金陵節署刻本　6 冊

1995　**楚辭通釋十四卷末一卷**
［清］王夫之撰
清同治四年（1865）湘鄉曾氏金陵節署刻本　5 冊

1996　**聊齋志異新評十六卷**
［清］蒲松齡著　［清］王士禛評
［清］但明倫新評
清道光二十二年（1842）廣順但氏刻朱墨套印本　16 冊

1997　**中外農學合編十二卷**
［清］楊鞏編
清光緒三十四年（1908）長沙刻本　9 冊　存 10 卷（1 至 3、6 至 12）

1998　**瀛寰志略五卷續集四卷末一卷續補一卷**

［英國］慕維廉纂輯　［清］陳俠君校訂
清光緒二十三年（1897）新學會石印本
5 册

1999　**重編留青新集二十四卷**
［清］陳枚原輯　［清］馮善長編
［清］沈君英等校讎
清光緒三十四年（1908）上海廣益書局鉛印本　12 册

2000　**岑嘉州集八卷**
［唐］岑參著
清光緒十年（1884）上海同文書局石印本　1 册　存 4 卷（1 至 4）

2001　**新民叢報孟德斯鳩之學説等三篇**
［□］□□撰
民國鉛印本　1 册

2002　**瀛環志略十卷**
［清］徐繼畬撰
清光緒二十四年（1898）上海掃葉山房石印本　1 册

2003　**增補事類統編九十三卷首一卷**
［清］黄葆真增輯
清光緒十四年（1888）上海積山書局石印本　12 册

2004　**瀛環志略十卷**
［清］徐繼畬撰
清光緒二十一年（1895）上海寶文書局石印本　4 册

2005　**泰西新史攬要二十四卷**
［英國］馬懇西原本　［清］李提摩太譯
［清］蔡爾康述
清光緒上海廣學會鉛印本　8 册

2006　**時務報類編十六卷**
［清］時務報館編
清光緒二十四年（1898）鉛印本　20 册

2007　**重編留青新集二十四卷**
［清］陳枚原編　［清］馮善長編
［清］沈君英等校讎
清光緒三十四年（1908）上海宏文閣鉛印本　12 册

2008　**楝亭十二種六十九卷**
［清］曹寅輯
民國十年（1921）上海古書流通處影印本　20 册

2009　**湘綺樓日記不分卷**
王闓運撰
清光緒二十四年（1898）淪新廬刻本
32 册

2010　**西政叢書**

［清］求自強齋主人選編
清光緒二十三年（1897）慎記書莊石印本　32 册

2011　**盛世危言八卷**
鄭觀應著
清光緒二十一年（1895）刻本　8 册

2012　**蔡松坡先生遺集八卷首一卷末一卷**
蔡鍔撰　劉達武編
民國三十二年（1943）亞東印書館鉛印本　12 册

2013　**昭代名人尺牘續集二十四卷**
［清］陶湘選集
清宣統三年（1911）天寶石印局影印本　12 册

2014　**東亞各港志**
［日本］參謀本部編輯
清光緒二十八年（1902）上海廣智書局鉛印本　1 册

2015　**新岳陽樓紀勝編三卷首三卷**
李藻芬撰輯
民國二十六年（1937）岳州光彩石印局石印本　1 册　存 3 卷（首三卷）

2016　**國民淺訓不分卷**
梁啓超著
民國五年（1916）上海商務印書館鉛印本　1 册

2017　**日用寶書**
［清］匯報館編
清光緒三十年（1904）上海鴻寶齋石印本　1 册

2018　**西學富強叢書十五類七十七種**
［清］張蔭桓輯
清光緒二十二年（1896）小倉山房石印本　2 册　存 2 册（34、35）

2019　**四裔編年表四卷**
［美國］林樂知　［清］嚴良勛同譯
［清］李鳳苞編
清光緒二十三年（1897）石印本　4 册

2020　**古籀彙十四卷**
傅厚光編
民國三十四年（1945）重慶中國印學研究社影印本　6 册

2021　**校訂定盦全集十卷**
［清］龔自珍撰
民國九年（1920）上海掃葉山房石印本　6 册

2022　**唐詩評注讀本六卷**

王文濡評選
民國八年（1919）上海文明書局鉛印本
2冊

2023 **顧氏四十家小説**
［明］顧元慶編
民國四年（1915）上海國粹扶輪社鉛印本 4冊

2024 **考正白香詞譜三卷**
［清］舒夢蘭原著 陳小蝶編 天虚我生校讎
民國七年（1918）上海春草軒鉛印本
4冊

2025 **桃花扇二卷**
［清］孔尚任編
民國六年（1917）上海掃葉山房石印本
4冊

2026 **温飛卿及其詞不分卷**
盧冀野述
民國十九年（1930）上海會文堂新記書局鉛印本 1冊

2027 **袁蔣趙三家詩選**
文明書局編
民國十二年（1923）上海文明書局石印本 2冊

2028 **日知録三十二卷日知録之餘四卷**
［清］顧炎武撰
清乾隆六十年（1795）福建建陽縣署刻本 24冊

2029 **五大洲各國政治通考八卷**
錢恂輯
清光緒二十八年（1902）古餘書局石印本 8冊

2030 **吉安螺山宋文丞相祠記附録北平文丞相祠紀念册**
蕭賡韶輯 李梓材編
民國二十五年（1936）吉安振興印刷所鉛印本 2冊

2031 **兩浙鹽法志三十卷首一卷附續纂備考四卷**
［清］阮元修 ［清］馮培
［清］潘庭筠纂
清嘉慶七年（1802）刻本 8冊 存10卷（卷首、2、5至6、24至27，備考卷2、4）

2032 **浙江全省輿圖並水陸道里記不分卷**
［清］宗源瀚纂
清光緒二十年（1894）刻本 19冊 缺1冊（2）

2033 **揚州府志七十二卷首一卷**
［清］阿克當阿監修 ［清］姚文田等

同纂
清嘉慶十五年（1810）刻本　48 册

2034　**蔚州志二十卷首一卷**
［清］慶之金修　［清］楊篤纂
清光緒三年（1877）蘿川公廨刻本　8 册

2035　**江都縣志三十二卷**
［清］五格　［清］黃湘纂修
清光緒七年（1881）劉汝賢刻本　7 册
存 28 卷（1 至 28）

2036　**天臺山方外志三十卷**
［明］釋傳燈撰
清光緒二十年（1894）刻本佛隴真覺寺藏版　8 册

2037　**黃巖縣志四十卷首一卷黃巖集三十二卷**
［清］陳寶善修　［清］陳鐘英續修
［清］王棻纂　［清］王詠霓續纂
清同治七年至清光緒五年（1868 至 1879）刻本　16 册　存黃巖縣志四十卷首一卷

2038　**會理州志十二卷**
［清］鄧仁垣修　［清］吳鍾崙纂
清同治九年（1870）金江書院刻本　8 册

2039　**承德府志六十卷首二十六卷**
［清］海忠總纂　［清］廷傑
［清］李世寅重訂
清光緒十三年（1887）刻本　24 册

2040　**玉環廳志十四卷首一卷補遺一卷續增一卷**
［清］杜冠英　［清］壽榮修
［清］吕鴻濤纂
清光緒六年（1880）刻本　8 册

2041　**續纂江寧府志十五卷首一卷**
［清］蔣啓勛主修　［清］汪士鐸纂
清光緒七年（1881）刻本　12 册

2042　**武功縣志三卷首一卷**
［明］康海纂　［清］孫景烈評注
清同治十二年（1873）湖北武昌崇文書局刻本　2 册

2043　**增修甘泉縣志二十四卷首一卷**
［清］洪汝奎等督修　［清］陳浩恩等總纂　［清］范用賓重纂
清光緒十一年（1885）刻本　20 册

2044　**莫愁湖楹聯便覽**
［清］釋壽安纂輯
清光緒五年（1879）刻本　1 册

2045　**莫愁湖志六卷**
［清］馬士圖纂

清光緒八年（1882）刻本　2册

2046　**浙江沿海圖説附海島表**
［清］朱正元纂修
清光緒二十五年（1899）上海鉛印本
1册

2047　**定海縣志十六卷**
陳訓正輯　馬瀛纂修
民國十三年（1924）鉛印本　5册

2048　**長沙臨湘山志十卷首一卷末一卷**
黄厚濤修　王壽慈等纂
民國三十六年（1947）鉛印本　4册

2049　**長安志二十卷圖志三卷**
［宋］宋敏求撰　［清］畢沅校正
清光緒十七年（1891）長沙思賢講舍刻本　5册

2050　**高淳縣志二十八卷首一卷**
［清］張裕釗　［清］楊福鼎總纂
［清］吳清標協修
清光緒七年（1881）江蘇學山書院刻本
10册

2051　**皇朝直省府廳州縣歌括不分卷**
［清］蔣升撰
清光緒二十四年（1898）上海慈母堂印書局鉛印本　1册

2052　**西樵白雲洞志五卷**
［清］黄亨輯
民國二十二年（1933）官山榮亨茶莊鉛印本　1册

2053　**富陽縣輿地小志**
［清］陳承澍修　［清］徐澹仙測繪纂輯
清光緒三十年（1904）石印本　1册

2054　**卧龍岡志二卷**
［清］羅景輯　［清］羅鈉校
清翻刻康熙五十一年（1712）刻本　2册

2055　**楚北水利隄防紀要三卷**
［清］俞昌烈纂輯
清同治四年（1865）湖北藩屬刻本　1册
存2卷（1至2）

2056　**浙誌便覽十卷**
［清］李應玨纂
清光緒二十二年（1896）刻本　4册

2057　**澠池縣志十六卷**
［清］張璟纂修
清嘉慶十五年（1810）刻本　8册

2058　**續增高郵州志六卷**
［清］張用熙纂修　［清］左輝春纂修
清道光二十三年（1843）刻本　6册

2059　**再續高郵州志八卷首一卷**
［清］龔定瀛修　［清］夏子鍚纂
清光緒九年（1883）刻本　8 册

2060　**大清一統志五百卷**
［清］和珅等纂
清光緒二十三年（1897）杭州竹簡齋石印本　59 册　存 424 卷（1 至 424）

2061　**天下郡國利病書一百二十卷**
［清］顧炎武輯
清道光三年（1823）龍萬育慎記書莊刻本　12 册

2062　**歸綏縣志**
鄭裕孚總纂　鄭植昌主修
民國二十三年（1934）北平文嵐簃鉛印本　2 册

2063　**西湖新志十四卷補遺六卷**
胡祥翰輯
民國十五年（1926）上海胡氏鉛印本
5 册

2064　**西湖遊覽志二十四卷志餘二十六卷**
［明］田汝成撰
清光緒二十二年（1896）錢塘丁氏嘉惠堂刻本　12 册

2065　**崑山郡志六卷**
［元］楊譓纂
清光緒二十年（1894）觀自得齋刻本
1 册

2066　**郡城文渠志二卷**
［清］何慶芬　［清］何其傑
［清］丁壽炳等輯
清光緒十一年（1885）刻本　1 册

2067　**天童寺志十卷首一卷**
［清］聞性道纂輯
清刻本　4 册

2068　**輿地紀勝二百卷首一卷**
［宋］王象之編
清咸豐五年（1855）南海伍氏粤雅堂刻本　24 册

2069　**廣西通志輯要十七卷首一卷附股匪總録三卷黨匪總録十二卷廣西道里表一卷**
［清］蘇宗經原輯　［清］羊復禮增輯
［清］夏敬頤續纂
清光緒十五年（1889）刻本　20 册

2070　**普陀山志二十卷首一卷**
［清］許琰編
清乾隆四年（1739）刻本　4 册

2071　**温州府志三十卷首一卷**

［清］李琬修提調　［清］齊召南
［清］汪沆總修
清乾隆二十五年（1760）刻本　14 册
缺 2 卷（29 至 30）

善 0028　**讀史方輿紀要一百三十卷**
［清］顧祖禹撰
清光緒二十五年（1899）新化三味書室刻本　60 册

2073　**太平寰宇記二百卷**
［宋］樂史著
清光緒八年（1882）金陵書局刻本
36 册

2074　**富陽縣輿地小志**
［清］陳承澍修　［清］徐澮仙測繪纂輯
清光緒三十年（1904）石印本　1 册

2075　**水經注釋四十卷**
［漢］桑欽撰　［北魏］酈道元注
［清］張匡學釋
清嘉慶二年（1797）上池書屋刻本
10 册

2076　**江西各項財政説明書不分卷**
［清］江西清理財政局編
清宣統鉛印本　8 册

2077　**小倉山房詩集三十七卷補遺二卷**
［清］袁枚撰
民國二年（1913）上海中華圖書館鉛印本　4 册

2078　**清朝畫徵録三卷續録二卷**
［清］張庚撰
民國十五年（1926）上海掃葉山房刻本
1 册

2079　**鏡吾卅前詩稿**
邱逸撰
民國二十四年（1935）上海晋新印刷所鉛活字本　1 册

2080　**晨曦之前一卷**
于賡虞著
民國十五年（1926）北京北新書局鉛印本　1 册

2081　**弘光實録鈔四卷附弘光大臣月表一卷**
［清］黄宗羲撰
民國鉛印本　1 册　存 2 卷（1 至 2）

2082　**三民主義與孔子六章**
劉守正撰
民國二十年（1931）湖南衡州派報社鉛印本　1 册

2083　**字説一卷**

［清］吳大澂撰
民國十二年（1923）蘇州振新書社石印本　1册

2084　**文字學形義篇不分卷**
朱宗萊述
民國九年（1920）北平國立北京大學鉛印本　1册

2086　**演稿彙編**
湖南模範講演團編
民國三年（1914）長沙理問街新華機器印刷局鉛印本　2册　存2册（第一集第三、四册）

2087　**禹貢川澤考二卷**
［清］桂文燦著
民國三十五年（1946）廣州利華印務局石印本　2册

2088　**玉池老人自叙一卷**
［清］郭嵩燾著
清光緒十九年（1893）長沙郭氏養知書屋刻本　1册

2089　**珠泉草廬師友錄十一卷**
廖樹蘅輯
民國三十七年（1948）衡田木活字本
1册　存5卷（1至5）

2090　**南華真經正義不分卷附識餘**
［清］陳壽昌輯
清光緒十九年（1893）怡顔齋刻本　1册　存1册（識餘1册）

2091至2099　**重修嘉魚縣志十二卷**
［清］鐘傳益總修　［清］俞焜纂修
清同治五年（1866）嘉魚縣署刻本
12册

2100　**讀大乘起信論捷訣不分卷**
釋破衲編纂
民國十年（1921）無錫丁氏鉛印本　1册

2101　**鬼谷子新釋三卷附鬼谷子佚文一卷**
尹桐陽著
民國二十一年（1932）上海文明印刷所鉛印本　1册

2102　**鎮洋縣志十四卷首一卷末一卷**
［清］金鴻彙輯　［清］李鏻等續輯
清乾隆九年（1744）刻本　8册

2103　**歷代尊孔記一卷附孔教外論一卷**
程淯編輯
民國二十三年（1934）上海山海關路洪興印刷所鉛印本　1册

2104　**離騷章義**
傅熊湘撰

民國十三年（1924）長沙中華書局鉛印本　1冊

2105　**讀書法彙一卷**
［清］杜貴墀輯
清光緒二十九年（1903）刻本　1冊

2106　**校補龍文鞭影四卷**
［明］蕭良有纂輯　［明］楊臣諍增訂　［清］李恩綬校補
清光緒十一年（1885）共賞書局刻本　2冊

2107　**歸田錄二卷補遺一卷仇池筆記二卷**
［宋］歐陽修　［宋］蘇軾撰
民國二十二年（1933）上海商務印書館鉛印本　1冊

2108　**蘄水湯先生（湯化龍）遺念錄三卷**
湯化龍撰
民國八年（1919）鉛印本　1冊　存3卷（書札1卷，游美日記1卷，游美演説1卷）

2109　**郋園六十自叙不分卷**
葉德輝撰　朱錫梁　梁任甫記
民國十一年（1922）鉛印本　1冊

2110　**中華文學史**
［□］□□撰
鉛印本　1冊

2111　**馬可講義不分卷**
［德國］花之安著
清同治十三年（1874）刻本　3冊

2112　**官話聖經備典三卷**
［英國］雷振華譯著
民國十三年（1924）漢口聖教協和書局鉛印本　3冊

2113　**法學緒論**
李祖蔭講述
民國三十五年（1946）國立湖南大學鉛印本　1冊

2114　**煉石編三卷**
［英國］亨利黎特撰　［清］舒高第　［清］鄭昌棪同譯
清光緒三年（1877）石印本　2冊

2115　**繪地法原附圖一卷附表一卷**
［美國］金楷理口譯　［清］王德均筆述
清刻本　1冊

2116　**長沙曹廣權墓志銘三種**
趙啓霖撰
民國石印本　1冊

2117　**南海先生戊戌奏稿不分卷**

康有爲原著　麥仲華編輯
清宣統三年（1911）鉛印本　1 册

2118　**國父孫中山先生傳記**
王興瑞撰
民國三十六年（1947）手稿　2 册

2119　**湘潭王專浦先生（王時芭）遺事集**
王家枬輯
民國鉛印本　1 册

2120　**仿宋胡刻文選六十卷**
［南朝梁］蕭統選　［唐］李善注
清宣統三年（1911）上海會文堂粹記石印本　14 册

2121　**河南財政説明書**
［清］河南清理財政局編
清宣統元年（1909）鉛印本　15 册

2122　**山西全省財政説明書八种**
［清］山西清理財政局編
清宣統二年（1910）鉛印本　12 册

2123　**昭明文選六十卷**
［南朝梁］蕭統選　［唐］李善注
［清］何焯評點　［清］葉樹藩參訂
清乾隆海錄軒刻本　12 册

2124　**九嶷山志四卷**
［清］吴繩祖修　［清］樊梅村纂
清嘉慶元年（1796）退思軒刻本　2 册

2125　**纂集通覽湘山志一卷**
［清］張澹煙纂
清乾隆五十九年（1794）刻本　1 册

2126　**常德縣德山誌補四卷**
［清］唐曉村原輯　程雋超補
民國二十四年（1935）常德文獻委員會重刻清光緒二十二年（1896）本　2 册

2127　**龍潭山志七卷首一卷末一卷**
［清］康皐輯
清光緒五年（1879）龍潭山刻本　8 册

2128　**苗防備覽二十二卷**
［清］嚴如熤纂
清道光二十三年（1843）紹義堂刻本　5 册

2129　**湘潭金氏五修族譜八卷**
金立潤等倡修　金志鰲纂修
民國二十一年（1932）敦叙堂刻本　10 册

2130　**長沙白石園劉氏四修支譜八卷首一卷**
劉培深倡修　劉烈宏等纂修
民國三十七年（1948）源遠堂刻本

8 册

2131 **長沙定王台志二卷**
［清］夏獻雲編輯 ［清］徐之甲校訂
清光緒七年（1881）長沙刻本 2 册

2132 **渌江橋誌四卷**
［清］陽順藻等纂
清光緒八年（1882）刻本 4 册

2133 **龍鳳山志四卷**
廖潤鴻編 黄應逵輯
民國三十年（1941）刻本 1 册

2134 **龍會寺誌二卷**
［清］吳宣志等纂
清光緒二年（1876）益陽文義堂刻本
1 册

2135 **重修陳氏族譜十卷首三卷**
陳咸巑主修総纂
民國十二年（1923）譚家灣重修本
12 册

2136 **羅氏族譜十卷首一卷**
李其豐主修 羅輝南纂修
清光緒二十六年（1900）湘陰羅氏飭敦堂本木活字 10 册

2137 **左文襄公年譜十卷**
羅正鈞纂
清光緒二十三年（1897）萃文堂湘陰左氏刻本 10 册

2138 **湘城訪古錄十七卷首一卷**
陳運溶纂
清光緒二十年（1894）刻本 8 册

2139 **湘鄉上雙江橋誌一卷**
［清］賀兆埍等纂
清宣統二年（1910）樂善堂木活字本
1 册

2140 **寧鄉五忠節孝祠志一卷**
［□］□□撰
清光緒十六年（1890）木活字本 1 册

2141 **長沙臨湘山志十卷首一卷末一卷**
黄厚濤撰 薛隆裘纂
民國三十六年（1947）鴻章印刷廠鉛印本 4 册

2142 **長沙臨湘山志十卷首一卷末一卷**
黄厚濤撰 薛隆裘纂
民國三十六年（1947）鴻章印刷廠鉛印本 4 册

2143 **直隸清理財政局説明書七編**
［清］直隸清理財政局編輯
清宣統鉛印本 2 册 存 3 編（1、6、7）

2143（1）　**源頭李氏五修族譜三十八卷首一卷末一卷**
李世燮纂修　李克鑅纂修　李克襄等編輯
民國十四年（1925）樂文堂刻本　26 册

2144　**唐詩别裁集引典備注二十卷**
［清］沈德潛選定　［清］俞汝昌增注
清道光十七年（1837）白鹿山刻本　4 册　存 16 卷（1 至 16）

2145　**新化學田志十卷**
［清］史宜長等主修
清光緒二十二年（1896）刻本　6 册

2146　**益陽縣局志不分卷**
［清］胡祖蔭纂
清光緒三十二年（1906）木活字本　2 册

2147　**苗防備覽二十二卷**
［清］嚴如熤纂
清道光二十三年（1843）刻本　4 册

2148　**長沙縣學宫志八卷首一卷**
［清］余正焕總纂
清咸豐元年（1851）奎文閣刻本　6 册
缺 2 卷（7 至 8）

2149　**水學圖説二卷**
［英國］傅蘭雅譯
清光緒十六年（1890）上海益智書會刻本　1 册

2150　**杜家河杜氏續修族譜二十五卷**
杜本崇等主修　杜業覲等纂修
民國十五年（1926）金墳堂木活字本
24 册

2151　**丁亥經緯通書**
蔡真步堂蔡伯勵氏編
民國三十六年（1947）石印本　1 册

2152　**丁亥大字通書**
五桂堂編印
民國三十七年（1948）石印本　1 册

2153　**磧砂三體唐詩三卷**
［宋］周弼選　［清］盛傳敏
［清］王謙纂釋
清康熙十九年（1680）三徑堂刻本　4 册

2154　**師伏堂筆記三卷**
［清］皮錫瑞撰
民國鉛印本　1 册

2155　**小學集解六卷**
［清］張伯行輯注　［清］李蘭汀校訂
清光緒八年（1882）湖南書局刻本　5 册

2156　**楊勇慤公詩集卷首一卷**
［清］楊岳斌撰

清光緒二十一年（1895）問竹軒刻本 2 册

2157 **一鐙精舍甲部藁五卷**
［清］何秋濤撰
清光緒五年（1879）淮南書局刻本 1 册

2158 **長沙縣學宫志八卷首一卷**
［清］周玉麒續纂
清同治六年（1867）奎文閣續修刻本 8 册

2159 **冶金錄三卷**
［美國］阿發滿撰 ［英國］傅蘭雅口譯 ［清］趙元益筆述
清刻本 2 册

2160 **太炎文錄續篇**
章氏國學講習會編
民國武漢印書館石印本 4 册 存 4 卷（1 至 2、5 至 6）

2161 **船山古近體詩評選三種**
［清］王夫之評選
民國六年（1917）湖南官報書局鉛印本 船山學社藏版 10 册

2162 **韓詩外傳十卷**
［漢］韓嬰著 ［清］黄錫禩校
清乾隆五十六年（1791）王氏刻本 2 册

2163 **杜工部草堂詩箋四十卷外集一卷**
［宋］魯訔編 ［宋］蔡夢弼會箋
清光緒十年（1884）遵義黎氏日本東京使署刻，民國十年（1921）蘇州振新書局修補古逸叢書本 8 册

2164 **光緒乙巳年交涉要覽上編二卷下編三卷**
［清］北洋洋務局纂輯
清光緒三十一年（1905）北洋官報局鉛印本 5 册

2165 **吉林農安戊巳政治報告書**
壽鵬飛撰
清宣統二年（1910）吉林官書局鉛印本 4 册

2166 **廣東財政説明書十六卷**
［清］廣東清理財政局編定
清宣統二年（1910）鉛印本 15 册

2167 **國學講義**
孫松齡 邵元沖等編 北平軍需學校特別學員班編
民國鉛活字本 1 册

2168 **西泠印社金石印譜法帖藏書目**
西泠印社編
民國五年（1916）上海西泠印社影印本 1 册

2169 **生理學講義二編**
秦之濟撰
民國秦氏同學會鉛印本 1 册

2171 **鑄鼎錄**
煉僧著
民國商群書局鉛印本 1 册

2172 **革命哲學不分卷**
蔣介石撰
民國二十二年（1933）僞中央組織委員會黨務工作人員訓練所鉛印本 1 册

2173 **金石書目十卷附美術書類二卷並補遺**
黄立猷編輯
民國十五年（1926）沔陽黄氏萬碑館鉛印本 1 册

2174 **諸子書目一卷**
陳鐘凡編
民國鉛印本 1 册

2175 **四庫全書提要類叙一卷**
劉咸炘撰
民國十年（1921）尚友書塾刻本 1 册

2176 **西泠印社書籍目錄**
西泠印社編
民國十二年（1923）西泠印社鉛印本 1 册

2177 **普法兵事記**
杜俞著
清光緒十五年（1889）成都湘鄉杜氏刻本 1 册

2178 **精拓盂鼎放大本**
［周］□□撰
民國九年（1920）上海有正書局石印本 1 册

2179 **劉石庵相國墨蹟第三集**
［清］劉墉書
民國十三年（1924）上海有正書局影印本 1 册

2180 **漢碑錄文四卷**
［清］馬邦玉輯
清光緒七年（1881）靈石楊氏刻本 2 册

2181 **潛采堂宋元人集目錄一卷**
［清］朱彝尊編
清宣統三年（1911）長沙葉氏刻本 1 册

2182 **訓蒙歌括五種**
［清］鮑東里著
清光緒十一年（1885）刻本 1 册

2183 **文廟舞譜**

湖南瀏陽禮樂局編印
民國刻本　1 册

2184　**貝元瀓紀念册**
曹典球等輯
民國十九年（1930）鉛印本　1 册

2185　**廣雅書局書目一卷**
［□］□□撰
清廣雅書局刻本　1 册

2186　**麗廔叢書九種**
葉德輝輯
清光緒三十二年（1906）長沙葉氏刻本 6 册

2187　**秦報**
［清］秦中課吏館選輯
清光緒二十九年（1903）鉛印本　9 册

2188　**秦中官報**
［清］秦中課吏館選輯
清光緒三十年（1904）鉛印本　59 册

2189　**福建財政沿革利弊説明書不分卷**
［清］福建清理財政局編
清宣統鉛印本　10 册

2190　**安徽財政沿革利弊説明書**
［清］安徽財政局編
清宣統二年（1910）安徽官紙印刷局鉛印本　2 册

2191　**蘇屬財政説明書不分卷**
［清］江蘇省蘇屬清理財政局編
清宣統鉛印本　8 册

2192　**雲南清理財政局調查全省財政説明書初稿不分卷**
［清］雲南清理財政局編
清宣統二年（1910）雲南清理財政局鉛印本　8 册

2193　**山東清理財政局編訂全省財政説明書不分卷**
［清］山東清理財政局編
清宣統二年（1910）山東清理財政局鉛印本　17 册

2194　**史學叢著第六種**
劉掞藜撰
民國國立成都大學日新工業社鉛活字本 1 册

2195　**史學研究法大綱**
李泰棻著
民國十年（1921）上海中華印刷局鉛印本　1 册

2196　**廣西財政沿革利弊説明書十三卷**

首一卷
［清］廣西清理財政局編
清宣統二年（1910）廣西官書局鉛印本
14 册

2197　**左文襄公詩文别集五卷附聯語一卷**
［清］左宗棠著
清宣統元年（1909）蘇州毛上珍鉛印本
2 册

2198　**蔡松坡先生榮哀錄一卷**
劉武纂輯
民國二十四年（1935）鉛印本　3 册

2199　**左文襄公家書二卷**
［清］左宗棠著
民國九年（1920）上海聚珍仿宋印書局鉛印本　2 册

2200　**竹石山房全集詩鈔五卷文鈔一卷**
李承陽著　李祖蔭校輯
民國三十二年（1943）鉛印本　1 册

2201　**八指頭陀詩集十卷補遺一卷雜文一卷附詞一卷**
［清］釋敬安撰
清光緒十四年（1888）刻本　2 册

2202　**笠盦舊草**
［清］何邦彦著
民國三年（1914）長沙同文公司代印石印本　1 册

2203　**史學概要**
鍾月秋著
民國鉛印本　1 册

2204　**重印四部備要樣本**
中華書局編
民國二十三年（1934）上海中華書局鉛印本　1 册

2205　**中國地方志綜錄不分卷**
朱士嘉撰
民國二十四年（1935）上海商務印書館石印本　3 册

2206　**邊事彙鈔十二卷續鈔八卷**
［清］朱克敬編輯
清光緒六年（1880）長沙刻本　10 册

2207　**鄰蘇老人年譜一卷**
楊守敬自述　熊會貞續述
民國四年（1915）石印本　1 册

2208　**王船山先生年譜二卷**
［清］劉毓崧編
清光緒十二年（1886）江南書局刻本
1 册　存 1 册（上册）

2209 **王祭酒年譜三卷**
王先謙自定
清光緒三十四年（1908）長沙王氏刻本 3 册

2210 **中國近世外交史不分卷**
時昭瀛撰
民國國立武漢大學鉛印本 1 册

2211 **曾國藩年譜十二卷**
［清］黎庶昌編 ［清］李瀚章審訂
清光緒三年（1877）刻本 4 册

2212 **喪禮私議**
鄷明綱撰
民國二十二年（1933）鉛印本 1 册

2213 **日本龍馬俠士傳二卷**
［日本］愚山真軼郎述
清光緒二十四年（1898）鉛印本 1 册

2213（1） **日本四十七俠士傳開闢美洲閣龍傳**
［日本］青山延光伯卿著 橋本海關譯
清光緒二十四年（1898）鉛印本 1 册

2214 **中西關係略論四卷**
［美國］林樂知輯
清光緒鉛印本 1 册

2215 **中國近百年政治史不分卷**
李劍農撰
民國三十五年（1946）湖南藍田啓明書局鉛印本 3 册

2216 **湘鄉史地常識**
譚日峰著
民國二十四年（1935）鉛印本 1 册

2217 **湖南各縣調查筆記不分卷**
曾繼梧編
民國二十年（1931）鉛印本 2 册

2218 **湖南各縣調查筆記不分卷**
曾繼梧編
民國二十年（1931）鉛印本 2 册

2219 **湖南歷代鄉賢事略**
［□］□□撰
民國二十四年（1935）鉛印本 1 册

2220 **中國近百年政治史不分卷**
李劍農撰
民國三十一年（1942）藍田啓明書局鉛印本 2 册 缺 1 册（3）

2221 **翰苑增補字學舉隅不分卷**
［清］龍啓瑞輯
清光緒十六年（1890）榆蔭書屋刻本 1 册

2222 **翰苑重校臨文便覽**
［清］龍光甸 ［清］龍啓瑞輯
清光緒十六年（1890）石印本 1冊

2223 **翰苑分書鄉會要訣**
［清］祁世長著
清光緒十二年（1886）刻本 1冊

2224 **淳化閣法帖釋文十卷**
［清］徐朝弼集釋
清刻本 1冊

2225 **增補分部書法正傳**
［清］蔣和著
清光緒五年（1879）北京琉璃廠西山堂書坊刻本 1冊

2226 **書學**
祝嘉著
民國二十四年（1935）正中書局鉛印本 1冊

2227 **王船山先生行跡圖**
李世琠編繪
民國二十二年（1933）長沙鴻飛印刷局影印本 1冊

2228 **增訂碑別字五卷**
羅振鋆原著 羅振玉增輯
民國十七年（1928）上虞羅氏石印本 1冊

2229 **李鴻章**
梁啓超著
清光緒二十七年（1901）石印本 1冊

2230 **逆臣傳四卷**
［清］國史館編
清末木活字本 1冊

2231 **外交報**
［□］□□撰
清光緒三十一年（1905）上海商務印書館鉛印本 23冊

2232 **清代朔閏表**
［□］□□撰
民國稿本 1冊

2233 **讀史約本**
［清］杜詔著
清道光二十七年（1847）湘西黄世傑刻本 2冊

2234 **紀元編三卷末一卷**
［清］李兆洛撰
清同治十年（1871）合肥李氏刻本 1冊

2235 **爾雅郭注義疏二十卷**
［晉］郭璞注 ［清］郝懿行義疏

清同治五年（1866）中和堂刻本　7 册

2236　**紀元編三卷末一卷**
［清］李兆洛撰
清咸豐五年（1855）刻粤雅堂叢書本
4 册

2237　**南社第二十二集**
南社編
民國十一年（1922）鉛印本　1 册

2238　**南社第十二集**
南社編
民國三年（1914）鉛印本　1 册

2239　**南社文選第二集**
胡韞玉輯
清宣統二年（1910）鉛印本　1 册

2240　**竹書紀年二卷**
［南朝梁］沈約注　［清］洪頤煊校
民國上海涵芬樓影印天一閣刊本　2 册

2241　**廿四史姓氏韻編六十四卷**
［清］汪輝祖輯
清光緒十年（1884）上海中西書局石印本　4 册

2242　**紀元編三卷末一卷**
［清］李兆洛撰
民國上海中華書局鉛印本　2 册
存 2 册（1、3）

2243　**南社湘集**
南社湘集社編
民國二十五年至民國二十六年（1936 年至 1937 年）長沙松嵐印刷局鉛印本　3 册　存 3 集（6 至 8）

2244　**南社湘集**
南社湘集社編
民國二十四年（1935）長沙湘鄂印刷公司鉛印本　1 册　存 1 集（5）

2245　**南社湘集**
南社湘集社編
民國二十三年（1934）長沙湘鄂印刷公司鉛印本　1 册　存 1 集（4）

2246　**南社湘集**
傅熊湘編輯
民國二十五年（1936）長沙松嵐印刷局鉛印本　1 册　存 1 集（3）

2246（1）　**南社湘集**
傅熊湘編輯
民國二十五年（1936）長沙松嵐印刷局鉛印本　1 册　存 1 集（3）

2246（2）　**南社湘集**

傅熊湘編輯
民國二十五年（1936）長沙松嵐印刷局鉛印本　1冊　存1集（3）

2247　**局外中立國法則不分卷**
吳振麟著
清光緒三十年（1904）日本東京戰時國際法調查局鉛印本　1冊

2248　**老子道德經二卷**
［春秋］老子撰　［三國魏］王弼注　［清］嚴復評點
清光緒三十一年（1905）日本東京並木活版所鉛印本　1冊

2249　**藏輶隨記一卷**
陶思曾著
清宣統三年（1911）湖南陶氏鉛印本　1冊

2250　**中路師範學堂宣統二年下學期牌示彙鈔**
［□］□□撰
清宣統二年（1910）鉛印本　1冊

2251　**湖南省立第一師範學校管理細則**
湖南省立第一師範學校編
民國三年（1914）鉛印本　1冊

2252　**時事罪言二卷**
張望齡著
清光緒三十二年（1906）鉛印本　1冊　存1卷（下卷）

2253　**邵陽縣土地陳報工作紀實**
鐘山編
民國三十三年（1944）邵陽縣土地陳報辦事處鉛印本　2冊

2254　**湘鄉土地陳報工作紀實**
余長棋主編
民國三十二年（1943）財政部湖南省湘鄉縣土地陳報辦事處鉛印本　1冊

2255　**城步縣土地陳報辦事處工作紀實**
康文江編
民國三十二年（1943）鉛印本　1冊

2256　**嘉禾縣土地陳報工作紀實**
魯倬昌編
民國三十一年（1942）財政部湖南省嘉禾縣土地陳報辦事處鉛印本　1冊

2257　**經濟部資源委員會重工業建設基金所屬機關會計制度**
資源委員會編
民國油印本　1冊

2258　**汞業管處所屬單位會計制度**
［□］□□撰

民國三十二年（1943）油印本　1册

2260　**常寧縣土地陳報工作紀實**
鄧少雲編
民國三十一年（1942）僞財政部常寧土地陳報處鉛印本　1册

2261　**霆軍紀略十六卷**
［清］陳昌編
清光緒八年（1882）上海申報館鉛印本　3册

2262　**清史攬要六卷**
［日本］增田貢著
清光緒上海商務印書館鉛印本　2册

2263　**熙朝政紀八卷**
［清］王慶雲著
清光緒二十七年（1901）上海圖書集成印書局鉛印本　2册

2264　**日本維新三十年史十二編附三十年間國勢進步表**
［日本］東京博文館編輯　羅孝高譯
清光緒二十八年（1902）鉛印本　6册

2265　**中國通史**
陳漢章撰
民國八年（1919）北京大學鉛印本　7册

2266　**明瞿忠宣公手札及蠟丸書**
［明］瞿式耜書
清光緒三十四年（1908）國學保存會影印本　1册

2267　**行書備要不分卷**
童式規書
民國十九年（1930）上海商務印書館石印本　2册

2268　**宋拓大字麻姑僊壇記分類習字帖**
［唐］顔真卿撰并書　吴墨農編
民國二十四年（1935）上海中華書局影印本　1册

2269　**名人書札**
［□］□□撰
清光緒十三年（1887）刻本半江書屋藏版　3册

2270　**吴母程太夫人七秩徵詩**
［□］□□撰
民國六年（1917）石印本　1册

2271　**達盦畫稿**
［□］□□撰
民國石印本　3册　存3册（2至4）

2272　**湖南省立科學館植物標本紀錄**
長沙本館編

民國油印本　3 册

2273　**金陵古今圖考一卷**
［明］陳沂撰
民國影印本　1 册

2274　**歷代疆域圖附歷代帝王世系表**
［□］□□撰
民國油印本　1 册

2275　**西魏疆域圖附補正**
熊會貞繪圖　楊守敬校訂
清宣統三年（1911）鄂城刻本　1 册

2276　**五大洲圖説簡明萬國公法**
李圭著
清光緒石印本　1 册

2277　**皇朝一統輿地全圖**
［清］欸乃軒主人增輯
清光緒二十年（1894）江左書林刻本　1 册

2278　**歷代輿地沿革險要圖説不分卷**
楊守敬　饒敦秩撰　王尚德重繪
清光緒二十四年（1898）上海文賢閣石印本　1 册

2279　**歷代輿地沿革險要圖説不分卷**
楊守敬　饒敦秩撰
清光緒五年（1879）東湖饒氏刻本　1 册

2279（1）　**歷代輿地沿革險要圖説不分卷**
楊守敬　饒敦秩撰
清光緒五年（1879）東湖饒氏刻本　1 册

2279（2）　**歷代輿地沿革險要圖説不分卷**
楊守敬　饒敦秩撰
清光緒五年（1879）東湖饒氏刻本　1 册

2279（3）　**歷代輿地沿革險要圖説不分卷**
楊守敬　饒敦秩撰
清光緒五年（1879）東湖饒氏刻本　1 册

2280　**萬國輿圖不分卷**
［清］陳兆桐繪
清光緒十三年（1887）石印本　1 册

2281　**國民快覽不分卷**
上海書業公所編輯部編
民國五年（1916）石印本　1 册

2282　**乙亥通書**
集福堂編印
民國二十四年（1935）刻本　1 册

2283　**丁亥大字通書**

大成書局編印
民國三十六年（1947）石印本　1 册

2284　**魯詠安先生榮哀錄墓志銘一卷**
趙啓霖等著
民國二十四年（1935）鉛印本　2 册

2284（1）　**魯詠安先生榮哀錄墓志銘一卷**
趙啓霖等著
民國二十四年（1935）鉛印本　2 册

2285　**大日本明治三十七年支那通書**
［□］□□撰
清光緒三十年（1904）鉛印本　1 册

2286　**丁未流年**
［□］□□撰
清光緒三十三年（1907）華商賞雪齋書局石印本　1 册

2287　**乙卯國民快覽不分卷**
上海書業公所編輯部編
民國四年（1915）上海書業公所石印本　1 册

2288　**中華民國七年陰陽合歷通書**
［□］□□撰
民國七年（1918）石印本　1 册

2289　**國民快覽不分卷**
畢公天編輯
民國八年（1919），民國十一年（1922），民國十二年（1923）上海書業公所石印本　4 册

2290　**中華民國十七年陰陽合歷通書**
［□］□□撰
民國十七年（1928）上海錦章圖書公司石印本　1 册

2291　**湖南全省掌故備考三十五卷**
王先謙撰
清光緒十四年（1888）長沙刻本　12 册

2292　**湖南全省掌故備考三十五卷**
王先謙撰
清光緒十四年（1888）長沙刻本　12 册

2293　**辛亥武昌首義記二卷**
李廉方編
民國三十六年（1947）湖北通志館鉛印本　1 册

2294　**保安湖田志二十四卷**
曾繼輝編
民國四年（1915）新化淮山遯園之輟耕樓刻本　12 册

2295　**保安湖田志續編八卷**

曾繼輝編
民國二十二年（1933）刻本　4 册

2296　**新化公産志五卷**
［□］□□撰
民國三年（1914）刻本　4 册　存 4 卷（1 至 3、5）

2297　**元和郡縣志四十卷**
［唐］李吉甫撰
清道光二十七年（1847）刻本　16 册

2298　**元和郡縣圖誌四十卷**
［唐］李吉甫撰
清光緒六年（1880）金陵書局刻本
10 册

2299　**元和郡縣圖誌四十卷**
［唐］李吉甫撰
清光緒六年（1880）金陵書局刻本　8 册

2300　**乾隆府廳州縣圖誌五十卷**
［清］洪亮吉撰
清光緒二十三年（1897）新化三味書室刻本　16 册

2301　**長沙石礦舖王氏四修支譜十六卷末一卷**
王世彝等纂修兼校對
民國三十三年（1944）三槐堂木活字本
16 册

2302　**善化吕村陳氏宗譜十四卷首一卷末一卷**
陳晋鑫等主修　陳祖樹等纂修
清光緒二十五年（1899）木活字本
16 册

2303　**蕭氏二房四續支譜十八卷首一卷**
［清］蕭大昉等主修　［清］蕭大裕總纂
民國十五年（1926）河南堂木活字本
20 册

2304　**長沙侯田劉氏續修宗譜十三卷首一卷末一卷**
劉友諒總修　劉友芝總纂
民國十三年（1924）劉天禄堂木活字本
7 册

2305　**長沙竹瓦礄周氏族譜十卷首一卷**
周國成等主修　周美田等纂修
民國二十一年（1932）汝南堂木活字本
10 册

2306　**善化彭氏四修族譜十六卷首一卷**
彭純穀等總修
清宣統三年（1911）信述堂木活字本
23 册

2307　**中湘賓氏五修族譜三十六卷首一卷**

賓鏡波纂修
民國三十七年（1948）梁國堂刻本
35 冊

2308 **嘉慶一統志表二十卷**
［清］穆彰阿等纂 ［清］潘錫恩等編
民國二十四年（1935）上海商務印書館石印本 10 冊

2309 **湖南苗防屯政考十五卷首一卷**
［清］但湘良纂
清光緒九年（1883）蒲圻但氏刻本
16 冊

2310 **嘉慶重修一統志五百六十卷**
［清］穆彰阿等纂 ［清］潘錫恩等編
民國二十三年（1934）上海涵芬樓影印本 200 冊

2311 **嘉慶重修一統志索引**
商務印書館編
民國二十三年（1934）鉛印本 9 冊
缺 1 冊（6）

2312 **嘉慶一統志表二十卷**
［清］穆彰阿等纂 ［清］潘錫恩等編
民國二十四年（1935）上海商務印書館石印本 7 冊 缺 3 冊（3、5、6）

2313 **大明一統志九十卷**
［明］李賢等修 ［明］萬安等纂
明天順五年（1461）刻本 55 冊 缺 7 卷（24 至 25、76 至 80）

2314 **湖南通志一百七十四卷首一卷**
［清］陳弘謀等監修 ［清］范咸
［清］歐陽正焕纂修
清乾隆二十三年（1758）刻本 60 冊
缺 1 卷（90）

2315 **湖南通志二百一十九卷首三卷末六卷**
［清］翁元圻主修 ［清］王煦等纂修
清嘉慶二十五年（1820）刻本 80 冊

2316 **湖南通志二百八十八卷首八卷末十九卷**
［清］曾國荃 ［清］郭嵩燾等總纂
［清］羅汝懷 ［清］李壽蓉等纂修
清光緒十一年（1885）府學官尊經閣刻本 168 冊

2317 **函海**
［清］李調元輯
清光緒七年（1881）刻本 127 冊 缺 33 冊（1 至 4、31 至 40、43 至 46、59、63、89 至 94、113、116、126、141 至 143、145）

2318 **影宋百衲本史記一百三十卷補史**

記一卷正義論例一卷
［漢］司馬遷撰 ［南朝宋］裴駰集解 ［唐］司馬貞索隱 ［唐］張守節正義
民國二十五年（1936）上海商務印書館影印本 30 冊

2319 **宋景祐本漢書一百二十卷**
［漢］班固撰 ［唐］顔師古注
民國十九年（1930）上海商務印書館影印本 32 冊

2320 **宋紹興本後漢書一百三十卷**
［南朝宋］范曄撰 ［唐］李賢注
民國二十年（1931）上海商務印書館影印本 40 冊

2321 **宋紹熙本三國志六十五卷**
［晋］陳壽撰 ［南朝宋］裴松之注
民國二十年（1931）上海商務印書館影印本 20 冊

2322 **宋本晋書一百三十卷**
［唐］房玄齡等撰
民國二十三年（1934）上海商務印書館影印本 24 冊

2323 **宋本宋書一百卷**
［南朝梁］沈約撰
民國二十二年（1933）上海商務印書館影印本 36 冊

2324 **宋本南齊書五十九卷**
［南朝梁］蕭子顯撰
民國二十二年（1933）上海商務印書館影印本 14 冊

2325 **宋本梁書五十六卷**
［唐］姚思廉撰
民國二十二年（1933）上海商務印書館影印本 14 冊

2326 **宋本陳書三十六卷**
［唐］姚思廉撰
民國二十二年（1933）上海商務印書館影印本 8 冊

2327 **宋本魏書一百十四卷**
［北齊］魏收撰
民國二十三年（1934）上海商務印書館影印本 50 冊

2328 **宋本北齊書五十卷**
［唐］李百藥撰
民國二十三年（1934）上海商務印書館影印本 10 冊

2329 **宋本周書五十卷**
［唐］令狐德棻撰
民國二十三年（1934）上海商務印書館影印本 12 冊

2330 **元本隋書八十五卷**
［唐］魏徵撰
民國二十四年（1935）上海商務印書館影印本 20冊

2331 **元本南史八十卷**
［唐］李延壽撰
民國二十四年（1935）上海商務印書館影印本 20冊

2332 **元本北史一百卷**
［唐］李延壽撰
民國二十四年（1935）上海商務印書館影印本 32冊

2333 **宋本舊唐書二百卷**
［後晋］劉昫等撰
民國二十五年（1936）上海商務印書館影印本 36冊

2334 **宋本新唐書一百五十卷**
［宋］歐陽修撰
民國二十五年（1936）上海商務印書館影印本 40冊

2335 **舊五代史一百五十卷**
［宋］薛居正撰
民國二十五年（1936）上海商務印書館影印本 24冊

2336 **宋慶元本五代史記七十四卷**
［宋］歐陽修撰
民國二十年（1931）上海商務印書館影印本 14冊

2337 **元本宋史四百九十六卷**
［元］脱脱修
民國二十六年（1937）上海商務印書館影印本 136冊

2338 **元本遼史一百一十六卷**
［元］脱脱修
民國二十年（1931）上海商務印書館影印本 16冊

2339 **元至正本金史一百三十五卷**
［元］脱脱等撰
民國二十年（1931）上海商務印書館影印本 32冊

2340 **明本元史二百十卷**
［明］宋濂等撰
民國二十四年（1935）上海商務印書館影印本 60冊

2341 **明史三百三十二卷附录一卷補遺一卷**
［清］張廷玉等撰
民國二十五年（1936）上海商務印書館影印本 100冊

2342 **常德府志四十八卷首一卷**
［清］應先烈總修 ［清］陳楷禮纂修
清嘉慶十八年（1813）常德府署刻本
24册

2343 **湘潭縣志十二卷**
［清］陳嘉榆等修 王闓運等纂
清光緒十五年（1889）湘潭縣署刻本
10册

2344 **武陵縣志四十八卷**
［清］惲世臨鑒定 ［清］汪敩灝
［清］孫翹澤等督修 ［清］陳啓邁纂
清同治元年（1862）武陵縣署刻本
16册

2345 **桃花源志略十三卷首一卷**
［清］唐開韶輯 ［清］胡焯編
清道光二十六年（1846）刻，清光緒十七年（1891）補刻本 4册

2346 **永定縣鄉土志四卷**
［清］王樹人修 ［清］侯昌銘纂
民國九年（1920）武陵集智印刷局鉛印本 4册

2347 **零陵縣志十五卷補遺一卷**
［清］嵇有慶 ［清］徐保齡主修
［清］劉沛纂修
清光緒二年（1876）零陵縣署刻本 8册

2348 **武陵縣志三十二卷首一卷武陵文徵二卷武陵詩徵二卷**
［清］歐陽烈等修 ［清］楊丕復輯
［清］楊彝珍續纂
清同治七年（1868）武陵縣署刻本
10册

2349 **巴陵縣志三十卷首一卷**
［清］嚴鳴琦 ［清］潘兆奎主修
［清］吳敏樹等編纂
清同治十一年（1872）刻本 10册

2350 **武岡州鄉土志不分卷**
張德昌撰
清光緒三十四年（1908）活字本 2册

2351 **臨湘縣志十三卷末一卷**
［清］盛慶紱等修 ［清］熊興傑等纂
清同治十一年（1872）刻，民國十八年（1929）影印本 6册

2352 **永綏廳志三十卷首一卷**
［清］董鴻勳纂修
清宣統元年（1909）永綏廳署鉛印本
12册

2353 **溆浦縣志三十二卷首一卷附圖一卷**
吳劍佩修 舒立淇纂
民國十年（1921）木活字本 8册

2354　**巴陵縣志六十三卷首一卷附洞庭君山岳陽樓詩文集十八卷**
［清］姚詩德　［清］鄭桂星主修
［清］杜貴墀編纂
清光緒十七年（1891）巴陵縣署刻本
16 册

2355　**清泉縣志十卷首一卷末一卷**
［清］張修府纂　王闓運修
清同治八年（1869）刻本　2 册

2356　**衡陽縣志十二卷**
［清］羅慶薌等修　［清］彭玉麟等纂
清同治十三年（1874）刻本　7 册

2357　**茶陵州志二十四卷**
［清］福昌等修　［清］譚鐘麟等纂
清同治十年（1871）刻本　8 册

2358　**攸縣志五十五卷**
［清］趙勷　［清］萬在衡纂修
［清］王元凱　［清］嚴鳴琦續纂修
清光緒十八年（1892）刻本　12 册

2359　**安化縣志三十四卷首五卷末一卷**
［清］邱育泉主修　［清］何才焕等纂修
［清］余堅等繼修
清同治十年（1871）刻本　20 册

2360　**湘鄉縣志二十三卷首一卷末一卷**
［清］齊德五等主修　［清］黄楷盛纂修
清同治十三年（1874）刻本　24 册

2361　**耒陽縣志八卷首一卷**
［清］於學琴　［清］周至德主修
［清］宋世煦纂修
清光緒十一年（1885）刻本　10 册

2362　**酃縣志二十卷首一卷**
［清］唐榮邦主修　［清］楊嶽方等主纂
清同治十二年（1873）文昌宫刻本　8 册

2363　**益陽縣志二十五卷首一卷**
［清］姚念楊　［清］吕懋恒主修
［清］趙裴哲總纂
清同治十三年（1874）益陽縣署刻本
16 册

2364　**邵陽縣鄉土志四卷首一卷**
［清］陳吳萃等主修　［清］姚炳奎纂修
清光緒三十三年（1907）刻本　4 册

2365　**澧州志二十六卷首一卷**
［清］何玉棻修　［清］魏式曾纂
清同治七年（1868）澧州州署刻本
21 册

2366　**城步縣志十卷**
［清］盛鎰源主修　［清］戴聯璧
［清］陳志升等纂修

民國十九年（1930）城步永德堂木活字本　10 册

2367　**寶慶府志一百四十三卷首二卷末三卷**
［清］黄宅中創修　［清］張鎮南主修
［清］鄧顯鶴總纂
民國二十三年（1934）陳植福堂鉛印本　40 册

2368　**武岡州志五十四卷首一卷**
［清］黄維瓚　［清］潘清修
［清］鄧繹纂
清光緒元年（1875）刻本　22 册

2369　**永明縣志十三卷首一卷**
［清］王春藻督修　［清］劉圭
［清］李文耀主修
清道光二十六年（1846）刻本，民國二十二年（1933）鉛印　6 册

2370　**道州志十二卷**
［清］李鏡蓉　［清］盛賡主修
［清］許清源　［清］洪廷揆主纂
清光緒三年（1877）刻本　8 册

2371　**麻陽縣志十四卷首一卷**
［清］姜鍾琇總修　［清］劉士先纂
［清］王振玉總纂
清同治十二年（1873）刻本　10 册

2372　**東安縣志八卷**
［清］黄心菊主修　［清］席寶田主纂
清光緒元年（1875）刻本　4 册

2373　**湘陰縣圖志三十四卷首一卷末一卷**
［清］郭嵩燾等纂修
清光緒六年（1880）湘陰縣志局刻本　14 册

2374　**永州府志十八卷首一卷**
［清］吕恩湛修　［清］宗績辰纂修
清道光八年（1828）刻本　32 册

2375　**瀏陽縣志二十四卷**
［清］王汝惺等主修　［清］鄒焌傑等纂
清同治十三年（1874）刻本　12 册

2376　**城南書院志四卷**
［清］余正焕纂
清道光五年（1825）刻本　2 册

2377　**濂溪志七卷附濂溪遺芳集一卷**
［清］周誥輯
清道光十九年（1839）愛蓮堂刻本　4 册

2378　**嶽麓志八卷首一卷附續志四卷首一卷末一卷補編一卷**
［清］趙寧纂　［清］丁善慶續纂
［清］劉崐補編

清同治六年（1867）半學齋刻本　7 册

2379　**石門縣志十四卷首一卷**
［清］林葆元　［清］陳煊主修
［清］申正颺等纂修
民國二十五年（1936）鉛印本　6 册

2380　**寧遠縣志二十二卷首一卷**
李毓九等主修　徐楨立總編纂
民國三十一年（1942）石印本　8 册

2381　**永順府志三十六卷**
魯隆盎主修　胡履新監修　張孔修總纂
民國十九年（1930）鉛印本　8 册

2382　**善化縣志三十四卷首一卷**
［清］吳兆熙　［清］冒沅等修
［清］張先掄　［清］韓炳章等纂
清光緒三年（1877）善化縣署刻本
20 册

2383　**藍山縣圖志三十五卷附圖一卷**
鄧以權修　雷飛鵬纂
民國二十二年（1933）刻本　14 册

2384　**桂陽直隸州志十五篇二十七卷首一卷**
［清］汪敩灝修　王闓運纂
清同治七年（1868）刻本　13 册　缺 1 卷（卷首）

2385　**宜章縣志三十二卷宜章文徵三卷**
鄧典謨總纂
民國三十年（1941）木活字本　9 册
存 29 卷（宜章縣志 1 至 29）

2386　**鳳凰廳志二十卷首一卷**
［清］黄應培主修　［清］孫均銓纂
［清］黄元復主纂
清道光四年（1824）刻本　12 册

2387　**慈利縣志二十卷首一卷**
田興奎修　吳恭亨總纂
民國十二年（1923）鉛印本　4 册

2388　**嘉禾縣圖志三十四卷**
王彬修　雷飛鵬纂
民國二十年（1931）刻本　8 册

2389　**醴陵縣志十卷**
陳鯤主修　劉謙總編纂
民國三十七年（1948）鉛印本　10 册

2390　**新寧縣志二十六卷首一卷**
［清］張葆連主修　［清］劉坤一主纂
清光緒十九年（1893）刻本　10 册

2391　**桂東縣志二十卷首一卷**
［清］楊昌江等倡修　［清］劉華邦纂修
［清］郭岐勛等編校
民國十四年（1925）活字本　8 册

2392　**汝城縣志三十五卷首一卷末一卷**
陳必聞等主修　盧純道纂輯
民國二十一年（1932）木活字本　10 册

2393　**辰溪縣志四十卷首一卷末一卷**
［清］徐會雲等主修　［清］劉家傳總纂
清道光元年（1821）刻本　10 册

2394　**重修會同縣志十四卷首一卷**
［清］孫炳煜等修　［清］黄世昌等纂
清光緒二年（1876）刻本　4 册

2395　**沅陵縣志五十卷首一卷**
［清］守忠等修　［清］許光曙纂
清同治十二年（1873）刻本　8 册　缺 5 卷（卷首、1 至 4）

2396　**常寧縣志十六卷首一卷**
［清］玉山主修　［清］李孝經等纂修
清同治九年（1870）常寧縣署刻本　4 册

2397　**興寧縣志十八卷首一卷末一卷**
［清］郭樹馨原修　［清］劉錫九
［清］黄榜元　［清］許萬松纂
清光緒元年（1875）刻本　12 册

2398　**新化縣志三十五卷首二卷**
［清］關培鈞主修　［清］劉洪澤主纂
清同治十年（1871）刻本　16 册

2399　**靖州直隸州志十二卷首一卷末一卷**
［清］吳起鳳　［清］勞銘勛修
［清］唐陸虞　［清］李廷森纂
清光緒五年（1879）刻本　6 册

2400　**通道縣志十卷首一卷**
［清］蔡象衡纂修　［清］羅臨遠
［清］李逢生協修
民國二十年（1931）石印本　4 册

2401　**祁陽縣志十一卷**
李馥纂修
民國二十年（1931）刻本　5 册

2402　**邵陽縣志十卷**
［清］李炳耀　［清］李大緒主修
［清］黄文琛總纂
清光緒二年（1876）刻本　6 册

2403　**衡州府志三十三卷首一卷**
［清］饒佺纂修　［清］曠敏本編輯
清乾隆二十八年（1763）刻本　12 册

2404　**永興縣志五十五卷首一卷**
［清］吕鳳藻主修　［清］李獻君纂修
清光緒九年（1883）永興縣署刻本　9 册　缺 8 卷（8 至 15）

2405　**長沙縣志三十六卷首一卷**
［清］劉采邦主修　［清］張延珂等纂

清同治六年（1867）刻本　19 册

2406　**長沙縣志二十八卷首一卷**
［清］趙文在主修　［清］陳光詔續修
［清］艾以清　［清］熊綬南續纂
清嘉慶二十二年（1817）刻本　9 册
缺 5 卷（20 至 24）

2407　**平江縣志五十五卷首二卷末一卷**
［清］張培仁等監修　［清］李元度纂修
清同治十三年（1874）刻本　16 册

善 0029　**長沙府志五十卷首一卷**
［清］呂肅高纂修　［清］張雄圖
［清］王文清編撰
清乾隆十二年（1747）刻本　32 册

2409　**寧鄉縣志不分卷附新志四卷**
周震麟主編　劉宗向主纂
民國三十年（1941）木活字本　28 册

2411　**直隸郴州總志四十三卷首一卷附考一卷**
［清］朱偓等主修　［清］陳昭謀總纂
清嘉慶二十五年（1820）郴州州署刻本
27 册

2412　**金石萃編補略二卷**
［清］王言撰
清光緒八年（1882）刻本　4 册

2413　**金石萃編一百六十卷續編二十一卷首一卷**
［清］王昶撰
清光緒十九年（1893）石印本　24 册

2414　**經史百家雜鈔二十六卷**
［清］曾國藩撰
民國二十年（1931）上海商務印書館鉛印本　12 册

2415　**國朝先正事略六十卷**
［清］李元度撰
民國上海中華書局鉛印四部備要本
10 册

2416　**聖武記十四卷**
［清］魏源撰
民國上海中華書局鉛印四部備要本　6 册

2417　**歷代職官表七十二卷**
［清］永瑢等主修　［清］紀昀等總纂
民國上海中華書局鉛印四部備要本
22 册

2418　**金石叢書二十一種一百五十二卷**
［清］朱記榮輯
清光緒十四年（1888）朱氏行素草堂刻本　40 册

2419　**衡山縣志四十五卷首一卷**

［清］李惟丙修　［清］文嶽英纂
清光緒二年（1876）刻本　19 册　缺 1 卷（卷首）

2420　**桃源縣志十七卷首一卷末一卷**
［清］余良棟修　［清］劉鳳苞纂
清光緒十八年（1892）桃源縣署刻本　20 册

2421　**康熙字典十二集**
［清］張玉書　［清］陳廷敬總纂
民國上海商務印書館石印本　6 册

2422　**續考古圖五卷附考古圖釋文一卷**
［宋］吕大臨編　［宋］趙九成釋文
清光緒十三年（1887）歸安陸氏刻本　6 册

2423　**綴遺齋彝器考釋三十卷首一卷**
方濬益編
民國二十四年（1935）上海商務印書館影印本　14 册

2424　**雙劍誃吉金文選二卷**
于省吾輯
民國二十二年（1933）影印本　3 册

2426　**東洲草堂金石跋五卷**
［清］何紹基撰
民國十四年（1925）湖南叢書處刻本　2 册

2427　**寳鴨齋題跋三卷**
［清］徐樹鈞撰
清宣統二年（1910）宏文社石印本　1 册

2428　**新鄭出土古器圖志初編一卷續編一卷附編一卷**
蔣鴻元等編　靳雲鶚等輯
民國十二年（1923）鉛印本　3 册

2429　**楚器圖釋**
劉節撰
民國二十四年（1935）國立北平圖書館影印本　1 册

2430　**新鄭彝器圖錄不分卷**
孫海波撰
民國二十六年（1937）河南通志館影印本

2431　**新鄭古器圖錄不分卷**
關百益撰
民國十八年（1929）上海商務印書館鉛印本　1 册

2432　**新鄭古器圖錄不分卷**
關百益撰
民國十八年（1929）上海商務印書館鉛印本　2 册

2433 **古明器圖錄四卷**
羅振玉輯
民國五年（1916）上虞羅氏影印本 2 册

2434 **古器物範圖錄三卷**
羅振玉輯
民國五年（1916）影印本 1 册

2435 **散氏盤銘楚風樓釋文**
周正權考釋
民國十二年（1923）上海藝苑真賞社影印本 1 册

2436 **古明器圖錄四卷**
羅振玉輯
民國五年（1916）影印本 1 册

2437 **雙劍誃古器物圖錄二卷**
于省吾輯
民國二十三年（1934）影印本 2 册

2438 **雙劍誃古器物圖錄二卷**
于省吾輯
民國二十九年（1940）影印本 2 册

2439 **寶鴨齋金石拓存一卷**
徐樹鈞撰
民國十四年（1925）石印本 1 册

2441 **周金文存六卷附補遺六卷**
鄒安輯
民國十年（1921）上海倉聖明智大學石印本 11 册

2442 **三代吉金文存二十卷**
羅振玉編
民國上虞羅氏百爵齋影印本 20 册

2443 **安仁縣志十六卷首一卷末一卷**
［清］張景垣主修 ［清］侯材驥
［清］張鵬總纂
清同治八年（1869）安仁縣署刻本
10 册

2444 **重修南嶽志二十六卷**
［清］李元度纂修
清光緒六年（1880）未陵洞天精舍刻本
12 册

2445 **南縣鄉土筆記**
段毓雲撰
民國十九年（1930）石印本 1 册

2446 **御批資治通鑑綱目全書前編二十五卷正編五十九卷續編二十七卷末一卷**
［宋］朱熹等撰
清同治十二年（1873）竹園書林刻本
108 册

2447 **寶慶府志一百四十三卷首二卷末**

三卷
［清］黄宅中創修　［清］張鎮南主修　［清］鄧顯鶴總纂
民國二十三年（1934）陳植福堂重印清道光二十五年（1845）刻本　40 册

2448　**九通分類總纂二百四十卷**
［清］汪鍾霖纂
清光緒二十八年（1902）上海文瀾書局石印本　80 册

2449　**舊紙幣集**
［□］□□撰
清至民國二十七年（1938）剪貼本　1 册

2450　**錢志新編二十卷首一卷**
［清］張崇懿輯
清道光十年（1830）酌春堂刻本　4 册

2451　**湖南文徵一百九十卷姓氏傳四卷目錄六卷**
［清］羅汝懷輯
清同治十年（1871）刻本　100 册

2452　**陝西通志一百卷首一卷**
［清］劉於義修　［清］沈青崖纂
清雍正十三年（1735）刻本　100 册

2453　**船山遺書七十種三百五十八卷**
［清］王夫之撰
民國二十二年（1933）上海太平洋書店鉛印本　80 册

2454　**李文忠公尺牘不分卷**
［清］李鴻章撰
民國五年（1916）上海商務印書館石印本　32 册

2455　**營造法式三十四卷**
［宋］李誡編修
民國十四年（1925）傳經書社影印本　8 册

2456　**張南軒文集論孟解合刊**
［宋］張栻撰
清道光二十五年（1845）綿邑洗墨池刻本　12 册

2457　**史料旬刊一至四十期**
故宫博物院文獻館編
民國十九年至民國二十年（1930.6 至 1931.7）北平故宫博物院鉛印本　39 册　缺 1 册（32）

2458　**滿清稗史**
漢史氏等著
民國元年（1912）新中國圖書局鉛印本　18 册

善 0030　**山帶閣注楚辭六卷首一卷楚辭**

餘論二卷楚辭説韻一卷
［戰國］屈原撰　［清］蔣驥注
清雍正五年（1727）武進蔣氏山帶閣刻本　4 册

2460　**湘軍記二十卷**
［清］王定安撰
清光緒十五年（1889）江南書局刻本
8 册

2461　**湖南褒忠錄初藁**
［清］郭嵩燾編
清同治十二年（1873）木活字本　16 册

2462　**古今錢略三十二卷首一卷末一卷**
［清］倪模撰
清光緒三年（1877）大雷岸鋤經堂刻本
16 册　缺 1 卷（27）

2463　**古錢大辭典二編附拾遺二編**
丁福保編
民國二十八年（1939）上海醫學書局石印本　13 册

2464　**錢志新編二十卷首一卷**
［清］張崇懿輯
清道光六年（1826）刻本　2 册

2465　**石門文字禪三十卷**
［宋］釋惠洪著
民國上海商務印書館影印四部叢刊本
8 册

2466　**貞觀政要十卷**
［唐］吳兢輯　［元］戈直集論
民國上海商務印書館影印四部叢刊本
4 册

2467　**華陽國志十二卷**
［晋］常璩撰
民國上海商務印書館影印四部叢刊本
3 册

2468　**三朝名臣言行錄十四卷**
［宋］朱熹撰
民國上海商務印書館影印四部叢刊本
8 册

2469　**五朝名臣言行錄十卷**
［宋］朱熹撰
民國上海商務印書館影印四部叢刊本
6 册

2470　**歸玄恭遺著一卷詩鈔一卷**
［清］歸莊撰
民國二十一年（1932）上海中華書局鉛印本　1 册

2471　**古瓷彙考（陶雅）**
陳瀏撰

民國二十二年（1933）天成書局石印本　4 册

2472　**景德鎮陶錄十卷**
［清］藍浦撰　［清］鄭廷桂補輯
民國上海朝記書莊石印本　4 册

2473　**飲流齋説瓷十卷**
許之衡著
民國上海中華書局鉛印本　4 册

2474　**奕載堂古玉圖錄不分卷**
［清］瞿中溶撰
民國十九年（1930）刻本　1 册

2475　**古玉圖考不分卷**
［清］吳大澂撰
清光緒十五年（1889）石印本　4 册

2476　**楚辭十七卷**
［戰國］屈原撰　［漢］王逸敘次
明新安吳中珩校刻本　1 册

2477　**當湖歷代畫人傳九卷補遺一卷**
孫振麟輯
民國二十三年（1934）刻本　2 册

善 0031　**楚辭集注八卷辨証二卷後語六卷**
［戰國］屈原撰　［漢］王逸敘次
明正德刻本　6 册

善 0032　**楚辭十七卷楚騷附錄一卷**
［戰國］屈原撰　［漢］王逸敘次
［明］陳深批點　［明］王世貞跋
明萬歷二十八年（1600）刻朱墨套印本　4 册

2480　**養復園詩集不分卷**
程潛撰
民國三十一年（1942）刻本　1 册

2481　**王船山墨寶四種**
康和聲編
民國三十年（1941）石印本　1 册

2482　**松坡軍中遺墨**
蔡鍔撰
民國十五年（1926）大中印刷局影印本　4 册

2483　**松坡軍中遺墨**
蔡鍔撰
民國六年（1917）上海中華書局影印本　1 册　存 1 册（上册）

2484　**孫文手札**
孫文書
民國十九年（1930）影印本　1 册

2485 **黃克強先生上總理書**
黃興書
民國二十二年（1933）影印本 1册

2486 **衡山正氣集**
劉揆一輯
民國影印本 1册

2487 **周道腴先生自撰年譜**
周震鱗撰
民國複寫本 1册

2488 **湖南民情風俗報告書**
湖南法制院編印
民國元年（1912）鉛印本 2册

2491 **戊戌六君子遺集九種六册**
張元濟輯
民國六年（1917）上海商務印書館鉛印本 3册 存3册（1至3）

2492 **湖南各縣災民代表稟控湖南水利分局局長魏景熊文**
李代治等
民國五年（1916）鉛活字本 1册

2493 **黃興小史**
劉揆一撰
民國鉛印本 1册

2494 **湖南省政府施政綱要不分卷湖南省組訓民衆改進政治加強抗日自衛力量方案不分卷**
湖南省政府編
民國鉛印本 1册

2495 **沅湘耆舊集一卷雜錄一卷**
［清］鄧顯鶴編
民國十七年（1928）鉛印本 1册

2496 **狀元譜**
［清］方澤霖編
清光緒四年（1878）刻本 1册

2497 **湘難雜錄**
南荃逸史編
清宣統二年（1910）長沙鉛印本 1册

2498 **湖南省憲法全文不分卷**
湖南省憲法審查會審定
民國十一年（1922）益陽公民自治研究會石印本 2册

2499 **戊戌政變記九卷**
梁啓超撰
民國鉛印本 3册

2500 **咸同貴州軍事史五編附咸同貴州軍事輿圖一幅**
凌惕安撰

民國二十一年（1932）鉛印本　8 册

2502　**長沙古物聞見記二卷**
商承祚撰
民國二十八年（1939）北平哈佛燕京學社刻本　2 册

2503　**天發神讖碑考一卷附錄一卷續考一卷補考一卷**
［清］周在浚撰
民國十五年（1926）鉛印本　1 册

2504　**趙氏補寰宇訪碑錄五卷附失編一卷**
［清］趙之謙撰
清光緒十二年（1886）吳縣朱氏刻本　1 册

2505　**籌國芻言二卷**
［清］劉次原著
清宣統二年（1910）石印本　1 册

2506　**請提款專員設局經理督察待質之人以免痍弊議**
［清］湯用中撰
清同治二年（1863）爽溪退士自刻本　1 册

2507　**經濟部資源委員會重工業建設基金所屬機關會計制度總案目錄**
經濟部資源委員會重工業建設基金所編
民國二十九年（1940）鉛印本　1 册

2510　**古今逸史五十五種**
［明］吳琯輯
民國上海涵芬影印明刻本　56 册

2511　**清代文字獄檔二輯**
北平故宫博物院文獻館編
民國二十年（1931）故宫博物院文獻館初版，民國二十三年（1934）再版鉛印本　2 册

2512　**太平天國書翰**
蕭一山輯
民國二十六年（1937）國立北平研究院總辦事處影印本　1 册

2513　**庚子辛亥忠烈像贊**
馮恕輯
清宣統三年（1911）影印本　1 册

2514　**海國圖志一百卷**
［清］魏源撰
清光緒元年（1875）刻本　12 册

2515　**海國圖志六十卷附圖一卷**
［清］魏源撰
清道光二十七年（1847）古微堂刻本　20 册

2516 **廬山續志稿七卷首一卷附圖片集**
江西省文獻委員會編
民國三十六年（1947）鉛印本 8 册

2517 **晃州廳志四十三卷首一卷**
［清］俞克振修 ［清］梅嶧纂
民國二十五年（1936）鉛印本 1 册

2518 **華容縣志十五卷首一卷**
［清］熊紹庚等倡纂 ［清］孫炳煜等主修
民國十九年（1930）鉛印本 2 册

2520 **華容縣志十五卷首一卷**
［清］熊紹庚等倡纂 ［清］孫炳煜等主修
清光緒八年（1882）刻本 7 册 缺 2 卷（14 下、15）

2521 **常德府志四十八卷首一卷**
［清］應先烈總修 ［清］陳階禮纂修
清嘉慶十八年（1813）刻本 14 册 缺 2 卷（卷首 1、10）

2522 **地藏菩薩本願經三卷**
［唐］釋實叉難陀譯
清刻本 1 册

2523 **道德經講義四卷**
［春秋］老子撰 ［清］宋常星注解
民國二十四年（1935）上海道德書局鉛印本 2 册

2524 **大佛頂首楞嚴經十卷**
［唐］釋般刺密帝譯
康德二年（1935）影印本 10 册

2525 **金剛經一卷**
［□］□□撰
民國二十七年至民國三十八年（1938 至 1949）青島同文書局鉛印本 3 册

2526 **學佛概論**
徐弼臣著
民國三十六年（1947）上海金剛金舍鉛印本 1 册

2527 **金剛般若波羅密經一卷**
［後秦］釋鳩摩羅什譯
民國三十六年（1947）文林印務館印本 1 册

2528 **地藏王經**
［□］□□撰
民國手抄本 1 册

2529 **聖武記十四卷**
［清］魏源撰
清道光二十四年（1844）刻本 10 册

2530 **聖武記十四卷**
［清］魏源撰
清道光二十六年（1846）第三次重訂刻本 12 册

2531 **聖武記十四卷**
［清］魏源撰
清道光二十二年（1842）古微堂板刻本 12 册

2532 **聖武記十四卷**
［清］魏源撰
清刻本 10 册

2533 **薛氏鐘鼎款識二十卷**
［宋］薛尚功輯
清嘉慶二年（1797）刻本 4 册

2534 **辛亥殉難記六卷首一卷**
吴自修撰
民國鉛印本 1 册

2536 **亂黨之真相十章**
［□］□□撰
民國鉛印本 1 册

2537 **艽野塵夢**
陳渠珍撰
民國二十六年（1937）鉛印本 1 册

2538 **二十世紀蘇氏孫子注解十三篇**
［春秋］孫武撰 蘇蔭森注解
民國二十二年（1933）長沙萬福街藻鉛印本 1 册

2539 **常寧縣長周銑現任内行政司法紀要報告書**
［□］□□撰
民國十五年至民國十六年（1926 至 1927）鉛印本 1 册

2540 **湖南全省貨物調查表一卷**
［□］□□撰
民國鉛印本 1 册

2541 **傷寒論淺注補正六卷**
［清］陳念祖注 ［清］唐宗海補正
清光緒三十四年（1908）寶慶富記書局石印本 6 册

2542 **湘學略不分卷**
李肖聃撰
民國三十五年（1946）國立湖南大學鉛印本 1 册

2542（1） **湘學略不分卷**
李肖聃撰
民國三十五年（1946）國立湖南大學鉛印本 1 册

2543 **左太傅與陳少保書**
［清］左宗棠撰
清光緒三十四年（1908）影印本　2冊

2544 **清道人遺集二卷佚稿一卷攟遺一卷附錄一卷**
李瑞清撰
民國二十八年（1939）鉛印本　3冊

2545 **金匱方歌括十卷**
［清］陳念祖撰
清道光十六年（1836）南雅堂板刻本　8冊

2546 **王壬秋先生全集**
王闓運撰
民國上海廣益書局鉛印本　12冊

2547 **古籀拾遺三卷附宋政和禮器文字攷一卷**
［清］孫詒讓撰
民國七年（1918）石印本　4冊

2548 **温飛卿詩集箋注九卷**
［唐］温庭筠撰　［清］曾益注
［清］顧予咸補注　［清］顧嗣立重校
清宣統二年（1910）秀野草堂刻本　4冊

2549 **三世醫驗五卷**
［明］陆养愚著　［明］陆肖愚
［明］陆祖愚輯
民國四年（1915）上海會文堂石印本
1冊

2550 **太平天國文鈔不分卷**
羅邕　沈祖基同輯
民國鉛印本　3冊

2551 **南社湘集一至八集**
南社湘集社編
民國長沙湘鄂印刷公司鉛印本　3冊
存3集（5、7、8）

2552 **瘞鶴銘考一卷小山畫譜二卷**
［清］汪士鋐　［清］鄒一桂撰
清刻本　1冊

2553 **粵雅堂叢書**
［清］伍崇曜輯
清南海伍氏刻本　9冊

2554 **時務通攷**
［清］杞廬主人撰
清光緒二十三年（1897）上海點石齋石印本　13冊

2555 **奏定學堂章程不分卷**
［清］張之洞著
清刻本　1冊

2556 **修正湖南省憲法不分卷**
湖南省憲法會議修定
民國鉛印本 1册

2557 **民國文牘三卷**
賀國榮輯
民國元年（1912）上海廣益書局鉛印本 2册

2558 **羅田張氏筆記二種**
［清］張星焕撰
民國十九年（1930）石印本 1册

2559 **太平天國欽定士階條例**
蕭一山輯
民國影印本 1册

2560 **長郡題名錄**
［□］□□撰
清刻本 1册

2561 **時務報合訂本**
梁啓超主編
清光緒二十三年（1897）上海時務報館鉛印本 1册 存5篇（38、39、41、43、51）

2562 **1920至1924年川邊税券兑换處兑换市價表**
［□］□□撰
民國鉛印本 1册

2563 **彭剛直公奏稿四卷**
［清］彭玉麟撰
清光緒十七年（1891）鉛印本 2册

2564 **新訂四書補注備旨十卷**
［明］鄧林撰 ［清］鄧煜編次
［清］杜定基增訂
民國三十七年（1948）上海錦章圖書局鉛印本 8册

2565 **隋唐以來官印集存一卷補遺一卷附錄一卷**
羅振玉輯
民國五年（1916）上虞羅氏影印本 1册

2566 **中國藏書家考略**
楊立誠編
民國十八年（1929）浙江省立圖書館鉛印本 1册

2567 **聖行圖**
［□］□□撰
民國刻本 2册

2568 **明清名人尺牘墨寶**
［明］李應楨等書
民國十四年（1925）上海文明書局影印本 18册

2569 **道咸同光名人手札第一集四卷第二集四卷**

［清］林則徐等撰　商務印書館輯

民國十三年（1924）上海商務印書館石印本　8 册

2570 **瓶廬詩稿八卷**

［清］翁同龢撰

民國二十四年（1935）上海商務印書館刻本　10 册

2571 **林少穆書牘**

［清］林則徐書

民國北京琉璃廠懿文齋刻本　1 册

2572 **鍾鶴亭遺墨**

鍾鶴亭書

民國影印本　1 册

2573 **黎維樅、陶福祥手札學海堂賦帖真蹟**

［清］黎維樅　［清］陶福祥書

民國三十七年（1948）影印本　1 册

2574 **書法正傳十卷**

［清］馮武編

清光緒六年（1880）刻本　1 册

2575 **散氏盤銘楚風樓釋文**

周正權考釋

民國十二年（1923）長沙湘鄂印刷公司影印本　1 册

2576 **高給諫城南先生行狀**

［清］高楷撰　何維樸書

清光緒三十二年（1906）石印本　1 册

2577 **清授通議大夫曹谷孫公墓志銘**

［清］吳嘉遡撰　［清］尹佐湯書

清石印本　1 册

2578 **湘潭羅公墓志銘**

陳三立

清石印本　2 册

2579 **趙撝叔手寫六朝別字記一卷**

［清］趙之謙撰并書

民國十五年（1926）上海商務印書館影印本　1 册

2580 **石鼓文研究**

郭沫若著

民國影印本　1 册

2581 **簠齋尺牘不分卷**

［清］陳介祺撰

民國上海涵芬樓影印本　4 册

2582 **淳化閣帖攷正十卷附二卷**

［清］王澍著

清乾隆三十三年（1768）蘭言齋刻本
8 册

2583　**百石齋叢畫**
華亭書局主人輯
民國十二年（1923）華亭書局石印本
8 册

2584　**石印畫譜**
［□］□□撰
民國石印本　5 册　存 5 卷（3 至 7）

2585　**八賢手札**
［清］郭慶藩輯
民國十二年（1923）上海東萊書局石印本　4 册

2586　**四時花鳥畫譜**
［□］□□撰
民國十三年（1924）北京志雅畫社石印本　4 册

2587　**中華古今畫範**
丁寶書摹
民國十二年（1923）上海中華書局石印本　4 册

2588　**張子祥課徒畫稿四册**
［清］張熊繪
民國十年（1921）上海中華書局石印本
4 册　存册 1、册 2、册 3（2）

2589　**古佛畫譜**
黄澤繪
民國十八年（1929）上海中華書局石印本　2 册

2590　**孫中山手札**
孫文書
民國影印本　2 册

2591　**殷周青銅器銘文研究二卷**
郭沫若撰
民國十九年(1930)影印本　存1册(上册)

2592　**秦漢瓦當文字一卷續一卷**
［清］程敦輯
石印本　3 册

2593　**三體石經未裂本**
［□］□□撰
民國十九年（1930）上海文明書局珂羅版　1 册

2594　**寐叟題跋第二集二卷**
沈曾植撰
民國十五年（1926）上海商務印書館影印本　2 册

2596　**洪亮畫梅集**

［清］洪亮撰
民國十五年（1926）北平京華印書局石印本 1冊

2597 **習字**
［□］□□撰
民國石印本 1冊

2598 **仕女畫集**
［清］吳友如繪
民國十九年（1930）上海大東書局石印本 1冊

2599 **萬國通史前編**
［英國］李思倫白輯 ［清］蔡爾康筆述
清光緒上海廣學會鉛印本 10冊

2600 **京報**
［□］□□撰
清光緒十六年至清光緒十八年（1890至1892）木活字本 1冊

2601 **景教碑文紀事攷正一卷**
［清］楊榮鋕撰
清光緒二十七年（1901）湖南思賢書局刻本 1冊

2602 **周九煙集三卷外集三卷**
［清］周星撰
清咸豐三年（1853）刻本 1冊

2603 **董皇后行狀一卷影梅庵憶語一卷**
［清］冒襄撰
清琴志樓叢書刻本 1冊

2604 **湘學新報**
［清］江標主編
清光緒二十三年（1897）刻本 1冊

2605 **南嶽總勝集三卷**
［宋］陳田夫撰
民國三十二年（1943）葉德輝影印本 1冊

2606 **湘潭城議事會第一屆議事錄**
［□］□□撰
民國元年（1912）鉛印本 1冊

2607 **湘潭縣議會第三次常會報告書**
［□］□□撰
民國鉛印本 1冊

2608 **湘潭譚棣生先生詩**
譚棣生撰
民國十二年（1923）木活字本 1冊

2609 **九煙先生集補遺**
［清］周星撰
清光緒二十五年（1899）静諳家塾刻本 1冊

2610 **寰宇分合志八卷增輯一卷**
［明］徐樞撰 ［明］盛稔等校
［清］鄭元慶撰
清光緒二十八年（1902）湘潭楊氏家塾刻本 8 册

2611 **湘綺樓漢書評**
王闓運撰
清光緒元年（1875）許銘彜鈔本 2 册

2612 **西學通考三十六卷**
［清］胡兆鸞輯
清光緒二十三年（1897）刻本 12 册

2613 **增補族制進化論三部十三章**
［日本］有賀長雄撰
清光緒二十八年（1902）上海廣智書局鉛印本 1 册

2614 **使西紀程二卷**
［清］郭嵩燾撰
清刻本 1 册

2615 **湘潭霞石潘氏二修支譜六卷**
潘克遠等監修 潘克炎主編
民國十九年（1930）明經堂木活字本 6 册

2616 **程氏四修族譜十八卷首一卷末一卷**
程昌熙 程徽炳主修 程源遠等纂修
民國四年（1915）二賢堂木活字本 21 册

2617 **湘潭高塘李氏九修家譜五十九卷首一卷末一卷**
李大熏總編
民國十八年（1929）木活字本 28 册

2618 **湘潭銀塘八修何氏族譜三十五卷首一卷末一卷**
［清］何中厚督修 ［清］何衢纂修
民國二十二年（1933）敦本堂木活字本 32 册

2619 **大乘要道密集四卷**
［明］釋莎南屹囉等集譯
民國影印本 4 册

2620 **富強齋叢書**
［清］袁俊德輯
清光緒二十七年（1901）上海寶善齋石印本 64 册

2621 **醴陵黄沙徐氏族譜九卷首一卷末一卷**
徐嗣璋等主修 徐纘齡纂修
清宣統三年（1911）桂林堂木活字 8 册

2622 **孫中山先生手札墨跡不分卷**

孫文書
民國影印本　1 册

2623　**文廟舞譜**
［□］□□撰
民國刻本　1 册

2624　**海上吟一卷**
［清］袁祖志撰
清光緒十年（1884）上海同文書局石印本　1 册

2625　**南陽漢畫象集**
關百益編
民國二十二年（1933）上海中華書局石印本　1 册

2626　**景真本東坡潁州禱雨詩話**
［宋］蘇軾書
民國影印本　1 册

2627　**銅官感舊集四卷**
［清］章壽麟撰
清宣統長沙章氏盋山舊館石印本　1 册
存 2 卷（1 至 2）

2628　**歷代畫史彙傳七十二卷首一卷附錄二卷**
［清］彭蘊燦編
民國錦章書局石印本　12 册

2629　**清代畫史三十七卷**
盛鏞輯
民國上海有正書局鉛印本　6 册

2630　**墨林今話十八卷續編一卷**
［清］蔣寶齡撰
民國十四年（1925）上海中華書局鉛印本　6 册

2631　**清朝書畫家筆錄四卷**
竇鎮編
民國九年（1920）鉛印本希賢藏版
2 册

2632　**瓠庵詩存不分卷**
謝鼎庸撰
民國十四年（1925）石印本　2 册

2633　**淡盦詩存六卷**
吳道鎔纂
民國二十七年（1938）湘潭益商印務館鉛印本　1 册

2634　**八年嘉遯集不分卷**
曹典球撰
民國三十四年（1945）長沙曹氏鉛印本
1 册

2635　**不易心堂集一卷**
吳獬撰

民國十四年（1925）鉛印本　3 册

2636　**南社第十三集**
南社編
民國四年（1915）上海中華書局鉛印本　1 册

2637　**張珌光女士貞烈詩集一卷**
郭人作編
民國湘潭鉛印本　1 册

2638　**藝廬言論集**
賓敏陔撰
民國長沙鉛印本　7 册

2639　**平養堂集**
王龍文撰
民國鉛印本　4 册

2640　**子承雜俎初稿**
吳貞纘撰
民國鉛活字本　1 册

2641　**子承雜俎二集附一集**
吳貞纘撰
民國二十六年（1937）鉛活字本　2 册

2642　**潘氏科名草二卷**
［清］潘景文撰
清光緒三年（1877）松麟莊刻本　1 册

2643　**紙幣論十章**
［日本］杉榮三郎講
清光緒京師仕學法政錄鉛印本　1 册

2644　**夏忠靖公集六卷首一卷末一卷遺事一卷**
［明］夏原吉撰
清光緒八年（1882）養知書屋刻本　2 册

2645　**菊坡詩存七卷**
［清］朱應庚著
民國十年（1921）石印本　2 册

2646　**沅湘通藝錄八卷附四書文二卷**
［清］江標輯
清光緒刻本　8 册

2647　**玉山堂存稿**
［清］賀紹循著
民國木活字本　4 册

2648　**寥天一齋文稿一卷**
［清］歐陽兆熊著
清稿本　1 册

2649　**寥天一齋文稿一卷**
［清］歐陽兆熊著
清光緒刻本　1 册

2650　**孔子編年四卷**

［清］狄子奇著
清刻本　1 册

2651　**孟子編年四卷**
［清］狄子奇著
清刻本　1 册

2652　**有關日本侵奪東北事奏疏錄要二卷**
友竹齋主人編
清光緒二十一年（1895）上海書局石印本　1 册

2653　**伶人傳論**
壽泉著
民國稿本　1 册

2654　**榾柮談屑一卷**
［清］歐陽兆熊著
清稿本　1 册

2655　**會商交收東三省約款情行疏**
［□］□□撰
民國抄本　1 册

2656　**聲明湘潭救濟貧民工藝廠事實書**
［□］□□撰
民國木活字本　1 册

2657　**長沙張文達公榮哀錄四卷**
陳毅輯
清鉛印本　1 册

2658　**希賢錄二卷**
［清］彭玉麟輯
清光緒九年（1883）衡陽彭氏刻本　1 册

2659　**中國歷史戰争形勢圖説附論二卷**
盧彤著
民國五年（1916）北京同倫學社鉛印本　1 册

2660　**春秋世族譜一卷**
［清］陳厚耀撰
清刻本　1 册

2661　**支那全史七卷**
［日本］藤田久道編
清光緒二十七年（1901）教育世界社鉛印本　6 册

2662　**出使英法義比四國日記六卷英法俄德四國志略**
［清］薛福成撰
清光緒二十二年（1896）上海圖書集成印書局鉛印本　4 册

2663　**觀古堂所著書二集**
葉德輝編
清光緒二十八年（1902）湘潭葉氏刻本　9 册

2664 **詩學識要五卷**
［清］楊登訓纂述
清道光元年（1821）袖雲山房刻本 1 册

2665 **重排石鼓文音訓**
［□］□□撰
民國抄本 1 册

2666 **湘潭縣圖志十二篇**
［清］陳嘉榆等修 王闓運等纂
清光緒十五年（1889）刻本 9 册 存8 篇（1 至 8）

2667 **善化縣志三十四卷首一卷**
［清］吳兆熙 ［清］冒沅等修
［清］張先掄 ［清］韓炳章等纂
清光緒三年（1877）刻本 20 册

2668 **漢碑大觀八集**
［清］錢泳摹
民國上海碧梧山莊石印本 8 册

2668（1） **漢碑大觀八集**
［清］錢泳摹
民國上海碧梧山莊石印本 8 册

2669 **匡喆刻經頌十二卷釋文一卷**
［北周］匡喆刻 楊守敬鉤摹
清光緒三十三年（1907）鄂城刻本 6 册

2670 **歷代碑帖**
［□］□□撰
民國上海大衆書局影印本 149 册

2671 **六朝墓志精華**
有正書局輯
民國九年（1920）上海有正書局影印本 16 册

2672 **快雪堂法書不分卷**
［晋］王羲之等書
民國九年（1920）文華山房影印本 5 册

2673 **初拓快雪堂帖**
［清］馮銓撰集
民國上海有正書局影印本 5 册

2674 **宋拓淳熙祕閣續法帖**
［□］□□撰
民國上海有正書局影印本 4 册

2675 **三希堂法帖精華**
［□］□□撰
民國十四年（1925）世界書局石印本 8 册

2676 **筠清館法帖六卷**
［清］吳榮光輯
民國上海文明書局影印本 6 册

2677　**筠清館法帖六卷**
［清］吳榮光輯
民國上海文明書局影印本　6 册

2678　**宋拓淳化閣帖殘本**
［□］□□撰
民國影印本　9 册　缺 1 册（5）

2679　**宋拓淳化閣帖殘本**
［□］□□撰
民國上海有正書局影印本　9 册　缺 1 册（4）

2680　**欽定三希堂法帖**
［清］梁詩正編
影印本　16 册

2681　**雪浪齋蘇帖石刻**
［明］盧氏摹刻　徐崇立輯並題跋
民國二十五年（1936）影印本　2 册

2682　**三希堂法帖十六册及續集三册**
［清］梁詩正等編
民國上海有正書局石印本，民國上海鴻章書局石印本　19 册

2683　**三頌精拓本放大合册**
［□］□□撰
民國上海有正書局石印本　2 册

2684　**周頌鼎銘拓片**
［□］□□撰
民國上海碧梧山莊石印本　1 册

2685　**周虢季盤銘放大本**
［□］□□撰
民國石印本　1 册

2686　**周虢季子白盤放大本**
［□］□□撰
民國上海有正書局石印本　1 册

2687　**明拓石鼓文**
有正書局輯
民國上海有正書局影印本　1 册

2688　**明拓石鼓文**
有正書局輯
民國上海有正書局影印本　1 册

2688（1）　**明拓石鼓文**
有正書局輯
民國上海有正書局影印本　3 册

2689　**鐘鼎款識原器拓片**
［□］□□撰
民國十五年（1926）上海有正書局影印本　1 册

2690　**道人攟大散盤**

［□］□□撰
民國九年（1920）石印本　1 册

2690（1）　**道人擴大散盤**
［□］□□撰
民國石印本　1 册

2691　**石鼓文**
盛昱重摹阮氏拓本
清光緒十二年（1886）石印本　1 册

2692　**精拓散氏盤銘放大本**
［□］□□撰
民國石印本　1 册

2692（1）　**精拓散氏盤銘放大本**
［□］□□撰
民國石印本　1 册

2693　**毛公鼎放大本**
［□］□□撰
民國十三年（1924）上海有正書局石印本　1 册

2693（1）　**毛公鼎放大本**
［□］□□撰
民國上海有正書局石印本　1 册

2693（2）　**毛公鼎放大本**
［□］□□撰
民國上海有正書局石印本　1 册

2694　**放大毛公鼎**
［□］□□撰
民國七年（1918）上海震亞圖書局影印本　1 册

2694（1）　**放大毛公鼎**
［□］□□撰
民國七年（1918）上海震亞圖書局影印本　1 册

2694（2）　**放大毛公鼎**
［□］□□撰
民國影印本　1 册

2694（3）　**放大毛公鼎**
［□］□□撰
民國七年（1918）上海震亞圖書局影印本　1 册

2695　**泰山秦篆二十九字南宋精拓本**
［□］□□撰
民國十五年（1926）上海有正書局石印本　1 册

2695（1）　**泰山秦篆二十九字南宋精拓本**
［□］□□撰
民國十四年（1925）上海有正書局石印

本　1冊

2695（2）　**泰山秦篆二十九字南宋精拓本**
［□］□□撰
民國十五年（1926）上海有正書局石印本　1冊

2695（3）　**泰山秦篆二十九字南宋精拓本**
［□］□□撰
民國十五年（1926）上海有正書局石印本　1冊

2696　**影印秦嶧山碑**
［秦］李斯書
民國九年（1920）上海商務印書館影印本　1冊

2696（1）　**影印秦嶧山碑**
［秦］李斯書
民國九年（1920）上海有正書局影印本　1冊

2696（2）　**影印秦嶧山碑**
［秦］李斯書
民國九年（1920）上海有正書局影印本　1冊

2696（3）　**影印秦嶧山碑**
［秦］李斯書
民國上海有正書局影印本　1冊

2696（4）　**影印秦嶧山碑**
［秦］李斯書
民國十一年（1922）上海有正書局影印本　1冊

2696（5）　**影印秦嶧山碑**
［秦］李斯書
民國十四年（1925）上海有正書局影印本　1冊

2697　**泰山經石峪金剛經集聯**
李瑞清等輯
民國六年（1917）上海震亞圖書局石印本　16冊

2698　**原拓泰山金剛經**
［□］□□撰
民國上海碧梧山莊石印本　1冊

2698（1）　**原拓泰山金剛經**
［□］□□撰
民國石印本　1冊

2699　**漢劉熊碑**
［□］□□撰
民國上海有正書局石印本　1冊

2699（1）　**漢劉熊碑**
［□］□□撰
民國石印本　1 册

2700　**漢石經殘字**
［清］端方藏
民國上海有正書局影印本　1 册

2700（1）　**漢石經殘字**
［清］端方藏
民國上海有正書局影印本　1 册

2701　**漢張遷碑**
［□］□□撰
民國十九年（1930）上海掃葉山房石印本　1 册

2701（1）　**明拓張遷碑**
［□］□□撰
民國十三年（1924）上海有正書局影印本　1 册

2702　**曹金碑**
［清］端方藏
民國二十四年（1935）上海中華書局影印本　1 册

2703　**漢郃陽令曹金碑乾字未穿本**
［□］□□撰
民國九年（1920）上海有正書局影印本　1 册

2704　**曹景完碑**
［□］□□撰
民國影印本　1 册

2705　**曹金碑**
［清］端方藏
民國二十三年（1934）上海中華書局影印本　1 册

2706　**東海廟殘碑**
［□］□□撰
民國上海有正書局影印本　1 册

2706（1）　**東海廟殘碑**
［□］□□撰
民國上海有正書局影印本　1 册

2707　**明拓史晨饗孔廟碑**
［□］□□撰
民國上海有正書局石印本　1 册

2707（1）　**明拓史晨饗孔廟碑**
［□］□□撰
民國上海有正書局石印本　1 册

2707（2）　**明拓史晨饗孔廟碑**
［□］□□撰
民國上海有正書局石印本　1 册

2707（3）　**明拓史晨饗孔廟碑**
［□］□□撰
民國上海有正書局石印本　1册

2708　**宋拓孔宙碑**
［□］□□撰
民國上海有正書局石印本　1册

2708（1）　**宋拓孔宙碑**
［□］□□撰
民國上海有正書局石印本　1册

2709　**宋拓孔宙碑**
［□］□□撰
民國十八年（1929）上海中華書局影印本　1册

2709（1）　**宋拓孔宙碑**
［□］□□撰
民國十八年（1929）上海中華書局影印本　1册

2710　**明拓漢隸四種**
龔心銘輯
民國上海有正書局影印本　1册

2710（1）　**明拓漢隸四種**
龔心銘輯
民國上海有正書局影印本　1册

2710（2）　**明拓漢隸四種**
龔心銘輯
民國上海有正書局影印本　1册

2710（3）　**明拓漢隸四種**
龔心銘輯
民國上海有正書局影印本　1册

2711　**黄小松藏漢碑五種**
［清］黄易輯
民國上海有正書局影印本　5册

2712　**漢涼州刺史魏君碑**
［清］黄易藏
民國上海有正書局影印本　1册

2713　**漢廬江太守范君碑**
［清］黄易藏
民國上海有正書局影印本　1册

2714　**漢成陽靈台碑**
［清］黄易藏
民國上海有正書局影印本　1册

2715　**漢小黄門譙君碑**
［清］黄易藏
民國上海有正書局影印本　1册

2716　**漢幽州刺史朱君碑**
［清］黄易藏

民國上海有正書局影印本　1 册

2717　**思古齋雙句漢碑篆額**
［清］何澂編
清光緒九年（1883）山陰何氏刻本　3 册

2718　**漢西嶽華山碑**
［□］□□撰
民國二十一年（1932）上海商務印書館影印本　7 册

2719　**宋拓禮器碑**
［□］□□撰
民國影印本　1 册

2720　**漢禮器碑**
［□］□□撰
民國二十二年（1933）上海商務印書館影印本　1 册

2721　**最初拓禮器碑及碑陰**
［□］□□撰
民國上海有正書局影印本　1 册

2721（1）　**最初拓禮器碑及碑陰**
［□］□□撰
民國上海有正書局影印本　1 册

2721（2）　**最初拓禮器碑及碑陰**
［□］□□撰
民國八年（1919）上海有正書局影印本　1 册

2721（3）　**最初拓禮器碑及碑陰**
［□］□□撰
民國上海有正書局影印本　1 册

2721（4）　**最初拓禮器碑及碑陰**
［□］□□撰
民國八年（1919）上海有正書局影印本　1 册

2722　**魯相乙瑛碑**
［□］□□撰
民國九年（1920）石印本　1 册

2722（1）　**魯相乙瑛碑**
［□］□□撰
民國九年（1920）石印本　1 册

2723　**魯峻碑**
［東漢］蔡邕書
民國石印本　1 册

2723（1）　**魯峻碑**
［東漢］蔡邕書
民國石印本　1 册

2724　**宋拓魏黄初修孔子廟碑**
［□］□□撰

民國上海有正書局影印本 1册

2724（1） **宋拓魏黄初修孔子廟碑**
［□］□□撰
民國影印本 1册

2725 **吳天發神讖碑**
［三國吳］皇象篆書
民國上海有正書局影印本 1册

2725（1） **吳天發神讖碑**
［三國吳］皇象篆書
民國上海有正書局影印本 1册

2725（2） **吳天發神讖碑**
［三國吳］皇象篆書
民國上海有正書局影印本 1册

2726 **宋拓好大王碑**
［□］□□撰
民國四年（1915）上海有正書局石印本 1册

2726（1） **宋拓好大王碑**
［□］□□撰
民國十年（1921）上海有正書局石印本 1册

2726（2） **宋拓好大王碑**
［□］□□撰
民國八年（1919）上海有正書局石印本 1册

2727 **最初精拓爨龍顔碑**
［清］王孝禹藏
民國十一年（1922）上海有正書局石印本 1册

2727（1） **最初精拓爨龍顔碑**
［清］王孝禹藏
民國上海有正書局石印本 1册

2727（2） **最初精拓爨龍顔碑**
［清］王孝禹藏
民國十一年（1922）上海商務印書館石印本 1册

2728 **宋拓淳化閣右軍法帖**
［清］乾隆敕拓
民國上海碧梧山莊影印本 4册

2729 **初拓爨寶子碑**
［晋］陳勃文 ［晋］楊賢書
民國十八年（1929）上海有正書局影印本 1册

2729（1） **初拓爨寶子碑**
［晋］陳勃文 ［晋］楊賢書
民國上海有正書局影印本 1册

2730　**宋拓黄庭内景經**
［□］□□撰
民國上海有正書局影印本　1册

2730（1）　**宋拓黄庭内景經**
［□］□□撰
民國上海有正書局影印本　1册

2730（2）　**宋拓黄庭内景經**
［□］□□撰
民國上海有正書局影印本　1册

2730（3）　**宋拓黄庭内景經放大本**
［□］□□撰
民國十二年（1923）上海有正書局影印本　1册

2731　**黄庭經麻姑仙壇記**
［□］□□撰
民國石印本　1册

2732　**宋拓十七帖**
［晉］王羲之書
民國上海有正書局影印本　1册

2732（1）　**宋拓十七帖**
［晉］王羲之書
民國上海有正書局影印本　1册

2732（2）　**宋拓十七帖**
［晉］王羲之書
民國上海有正書局影印本　1册

2732（3）　**宋拓十七帖**
［晉］王羲之書
民國上海有正書局影印本　1册

2732（4）　**宋拓十七帖**
［晉］王羲之書
民國十年（1921）上海有正書局影印本　1册

2733　**唐拓十七帖**
［晉］王羲之書
民國十四年（1925）影印本　4册

2734　**玉版十三行**
［晉］王獻之書
民國上海有正書局影印本　1册

2735　**蘭亭帖**
［晉］王獻之書
民國影印本　1册

2735（1）　**宋拓定武蘭亭帖**
［晉］王獻之書
民國上海有正書局影印本　1册

2735（2）　**宋拓定武蘭亭帖**
［晉］王獻之書

民國影印本 1册

2736 **館壇碑**
［南朝梁］陶弘景撰
民國影印本 1册

2737 **匋齋藏瘞鶴銘兩種合册**
［清］端方藏
民國上海有正書局影印本 1册

2737（1） **匋齋藏瘞鶴銘兩種合册**
［清］端方藏
民國上海有正書局影印本 1册

2737（2） **匋齋藏瘞鶴銘兩種合册**
［清］端方藏
民國九年（1920）上海有正書局影印本 1册

2737（3） **匋齋藏瘞鶴銘兩種合册**
［清］端方藏
民國九年（1920）上海有正書局影印本 1册

2737（4） **匋齋藏瘞鶴銘水前拓本**
［清］端方藏
民國上海有正書局影印本 1册

2737（5） **匋齋藏瘞鶴銘水前拓本**
［清］端方藏
民國上海有正書局影印本 1册

2738 **大代華嶽廟碑**
［□］□□撰
民國上海有正書局影印本 1册

2738（1） **大代華嶽廟碑**
［□］□□撰
民國上海有正書局影印本 1册

2739 **初拓李璧碑**
［□］□□撰
民國九年（1920）上海文明書局影印本 1册

2739（1） **初拓李璧碑**
［□］□□撰
民國九年（1920）上海文明書局影印本 1册

2740 **初拓刁惠公墓誌**
［清］劉克綸輯
民國十四年（1925）上海有正書局影印本 1册

2740（1） **初拓刁惠公墓誌**
［清］劉克綸輯
民國十四年（1925）上海有正書局影印本 1册

2741　**最初拓劉懿墓誌銘**
［□］□□撰
民國上海有正書局影印本　1册

2742　**魏孝昌石窟碑**
［□］□□撰
民國上海有正書局影印本　1册

2743　**魏碑**
［□］□□撰
民國影印本　1册

2744　**東海王墓誌魏碑帖**
［□］□□撰
民國影印本　1册

2745　**魏墓誌三種合册**
狄葆賢輯
民國六年（1917）上海有正書局影印本　1册

2745（1）　**魏墓誌三種合册**
狄葆賢輯
民國六年（1917）上海有正書局影印本　1册

2745（2）　**魏墓誌三種合册**
狄葆賢輯
民國上海有正書局影印本　1册

2746　**張猛龍碑**
［□］□□撰
民國十七年（1928）上海掃葉山房影印本　1册

2746（1）　**張猛龍碑**
［□］□□撰
民國上海有正書局影印本　1册

2746（2）　**張猛龍碑**
［□］□□撰
民國上海有正書局影印本　1册

2746（3）　**張猛龍碑**
［□］□□撰
民國十三年（1924）上海有正書局影印本　1册

2746（4）　**張猛龍碑**
［□］□□撰
民國上海有正書局影印本　1册

2746（5）　**明拓張猛龍碑**
［□］□□撰
民國二十五年（1936）上海中華書局影印本　1册

2747　**龍門二十品**
［□］□□撰
民國上海有正書局影印本　2册

2747（1） **龍門二十品**
［□］□□撰
民國上海有正書局影印本 2 册

2748 **舊拓石門銘**
［□］□□撰
民國八年（1919）上海有正書局影印本 1 册

2748（1） **舊拓石門銘**
［□］□□撰
民國八年（1919）上海有正書局影印本 1 册

2748（2） **舊拓石門銘**
［□］□□撰
民國上海有正書局影印本 1 册

2748（3） **舊拓石門銘**
［□］□□撰
民國上海有正書局影印本 1 册

2749 **鄭文公碑**
［北魏］鄭道昭撰文
民國上海碧梧山莊影印本 3 册

2749（1） **鄭文公碑**
［北魏］鄭道昭撰文
民國上海有正書局影印本 1 册

2749（2） **鄭文公碑**
［北魏］鄭道昭撰文
民國佛記書局影印本 1 册

2749（3） **鄭文公碑**
［北魏］鄭道昭撰文
民國佛記書局影印本 1 册

2750 **魏齊造像二十品**
平等閣藏
民國上海有正書局影印本 1 册

2751 **皇甫君碑**
［唐］于志寧撰 ［唐］歐陽詢書
民國上海有正書局影印本 1 册

2751（1） **皇甫君碑**
［唐］于志寧撰 ［唐］歐陽詢書
民國上海有正書局影印本 1 册

2751（2） **皇甫君碑**
［唐］于志寧撰 ［唐］歐陽詢書
民國上海有正書局影印本 1 册

2751（3） **皇甫君碑**
［唐］于志寧撰 ［唐］歐陽詢書
民國上海有正書局影印本 1 册

2752 **元公姬夫人墓誌**
［□］□□撰

民國上海有正書局影印本　1 册

2753　**元公姬夫人墓誌**
［□］□□撰
民國上海商務印書館影印本　1 册

2754　**隋董美人墓誌**
［□］□□撰
民國上海有正書局影印本　1 册

2755　**精拓蘇孝慈碑**
［□］□□撰
民國上海美術印書館影印本　1 册

2756　**隋大業塔盤題字**
［清］徐渭仁雙鉤
清道光刻本　1 册

2757　**宋拓隋龍藏寺碑**
［□］□□撰
民國上海有正書局影印本　1 册

2757（1）　**宋拓隋龍藏寺碑**
［□］□□撰
民國上海有正書局影印本　1 册

2758　**明拓伊闕佛龕碑**
［□］□□撰
民國上海有正書局影印本　1 册

2758（1）　**明拓伊闕佛龕碑**
［□］□□撰
民國上海有正書局影印本　1 册

2759　**唐賀季真草書孝經**
［唐］賀知章書
民國上海有正書局石印本　1 册

2759（1）　**唐賀季真草書孝經**
［唐］賀知章書
民國上海有正書局石印本　1 册

2760　**唐圭峰禪師碑**
［唐］裴休撰並書
民國上海有正書局石印本　1 册

2761　**唐姜柔遠碑**
［□］□□撰
民國上海有正書局石印本　1 册

2762　**初拓出土本虞世南東廟堂碑**
［唐］虞世南書
民國上海有正書局石印本　1 册

2762（1）　**初拓出土本虞世南東廟堂碑**
［唐］虞世南書
民國石印本　1 册

2762（2）　**初拓出土本虞世南東廟堂碑**
［唐］虞世南書

民國上海有正書局石印本　1 册

2762（3）　**初拓出土本虞世南東廟堂碑**
［唐］虞世南書
民國石印本　1 册

2763　**虞世南書汝南公主墓誌銘墨跡**
［唐］虞世南書
民國九年（1920）上海有正書局影印本
1 册

2764　**宋拓全本虞恭公温公碑**
［唐］歐陽詢書
民國江西開智書局珂羅版　1 册

2765　**化度寺碑**
［唐］歐陽詢書
民國石印本　1 册

2765（1）　**化度寺碑**
［唐］歐陽詢書
民國石印本　1 册

2766　**九成宫醴泉銘**
［唐］魏徵撰　［唐］歐陽詢書
民國江西開智書局石印本　1 册

2766（1）　**九成宫醴泉銘**
［唐］魏徵撰　［唐］歐陽詢書
民國江西開智書局石印本　1 册

2766（2）　**九成宫醴泉銘**
［唐］魏徵撰　［唐］歐陽詢書
民國上海文明書局石印本　1 册

2766（3）　**九成宫醴泉銘**
［唐］魏徵撰　［唐］歐陽詢書
1949 年天津石印本　1 册

2767　**唐歐陽通書泉男生墓誌銘**
［唐］歐陽通書
民國上海中華書局影印本　1 册

2768　**宋拓道因法師碑**
［唐］李儼撰文　［唐］歐陽通書
民國八年（1919）上海有正書局影印本
1 册

2768（1）　**宋拓道因法師碑**
［唐］李儼撰文　［唐］歐陽通書
民國影印本　1 册

2769　**王居士磚塔銘**
［唐］上官靈芝撰　［唐］敬客正書
民國上海有正書局影印本　1 册

2769（1）　**王居士磚塔銘**
［唐］上官靈芝撰　［唐］敬客正書
民國六年（1917）上海有正書局影印本
1 册

2769（2） **王居士磚塔銘**
［唐］上官靈芝撰 ［唐］敬客正書
民國上海有正書局影印本 1册

2770 **聖教序五代拓本皇甫君碑**
［唐］褚遂良書
民國上海有正書局石印本 6册

2771 **褚中令文皇哀册文**
［唐］褚遂良書
民國影印本 1册

2772 **枯樹賦兩本合册**
［唐］褚遂良書
民國上海有正書局影印本 1册

2772（1） **枯樹賦兩本合册**
［唐］褚遂良書
民國上海有正書局影印本 1册

2773 **滋惠堂靈飛經帖**
［唐］鍾紹京書
民國上海進步書局影印本 1册

2773（1） **滋惠堂靈飛經帖**
［唐］鍾紹京書
民國上海文明書局影印本 1册

2774 **唐寫金剛經**
［□］□□撰
民國石印本 1册

2775 **歷代碑帖集聯**
有正書局輯
民國上海有正書局石印本 1册

2776 **明拓柳公權玄祕塔**
［唐］柳公權書
民國上海有正書局石印本 1册

2777 **敦煌石室唐拓柳書金剛經**
［唐］柳公權書
民國上海有正書局石印本 3册

2778 **柳公權書金剛般若波羅密經**
［唐］柳公權書
民國上海碧梧山莊影印本 4册

2779 **宋拓顏平原東方畫贊**
［唐］顏真卿書
民國上海有正書局石印本 2册

2779（1） **宋拓顏平原東方畫贊**
［唐］顏真卿書
民國上海有正書局石印本 3册

2780 **八關齋會報德記、福禪寺觀音殿記合裝本**
［□］□□撰
民國石印本 1册

2781　**明拓顔魯公元次山碑**
［唐］顔真卿撰書
民國上海有正書局影印本　1册

2782　**宋拓顔書李元靖碑**
［唐］顔真卿書
民國二十二年（1933）上海文明書局影印本　4册

2783　**唐拓顔魯公多寶塔碑**
［唐］顔真卿書
民國上海有正書局影印本　1册

2783（1）　**唐拓顔魯公多寶塔碑**
［唐］顔真卿書
民國上海有正書局影印本　1册

2783（2）　**唐拓顔魯公多寶塔碑**
［唐］顔真卿書
民國上海有正書局影印本　1册

2783（3）　**宋拓顔魯公多寶塔碑**
［唐］顔真卿書
民國二十六年（1937）上海文明書局影印本　1册

2784　**北宋拓顔魯公争坐位帖**
［唐］顔真卿書
民國十二年（1923）上海有正書局石印本　1册

2784（1）　**北宋拓顔魯公争坐位帖**
［唐］顔真卿書
民國十二年（1923）上海有正書局石印本　1册

2784（2）　**北宋拓顔魯公争坐位帖**
［唐］顔真卿書
民國十一年（1922）上海有正書局石印本　1册

2784（3）　**北宋拓顔魯公争坐位帖**
［唐］顔真卿書
民國上海有正書局石印本　1册

2785　**宋拓顔魯公大麻姑仙壇記**
［唐］顔真卿書
民國石印本　1册

2785（1）　**宋拓顔魯公大麻姑仙壇記大字本**
［唐］顔真卿書
民國石印本　1册

2785（2）　**宋拓顔魯公大麻姑仙壇記大字本**
［唐］顔真卿書
民國石印本　1册

2785（3）　**宋拓顔魯公大麻姑仙壇記大字本**

［唐］顔真卿書
民國石印本　1 册

2785（4）　**宋拓顔魯公大麻姑仙壇記大字本**
［唐］顔真卿書
民國石印本　1 册

2785（5）　**宋拓顔魯公大麻姑仙壇記大字本**
［唐］顔真卿書
民國石印本　1 册

2786　**宋徐鼎臣臨秦碣石頌**
［宋］徐鼎臣書
民國石印本　1 册

2787　**黄山谷七祖山題詩不分卷**
［宋］黄庭堅書
民國十六年（1927）上海文明書局石印本　2 册

2788　**黄魯直書金剛經**
［宋］黄庭堅書
民國上海有正書局石印本　1 册

2789　**韓宗石墨**
［□］□□撰
民國石印本　1 册

2790　**蘇東坡行書**
［宋］蘇軾書
民國上海有正書局石印本　1 册

2791　**北宋拓蘇書醉翁亭記**
［宋］蘇軾書
民國上海有正書局石印本　3 册

2792　**宋拓蘇長公西樓帖**
［宋］蘇軾書
民國九年（1920）上海有正書局石印本　1 册

2792（1）　**宋拓蘇長公西樓帖**
［宋］蘇軾書
民國九年（1920）上海有正書局石印本　1 册

2792（2）　**宋拓蘇長公西樓帖**
［宋］蘇軾書
民國九年（1920）上海有正書局石印本　1 册

2793　**北宋拓蘇書豐樂亭記**
［宋］蘇軾書
民國十四年（1925）上海有正書局影印本　1 册

2793（1）　**北宋拓蘇書豐樂亭記大字本**
［宋］蘇軾書

民國二十七年（1938）上海商務印書館影印本　1冊

2793（2）　**北宋拓蘇書豐樂亭記大字本**
［宋］蘇軾書
民國二十七年（1938）上海商務印書館影印本　1冊

2793（3）　**北宋拓蘇書豐樂亭記大字本**
［宋］蘇軾書
民國二十七年（1938）上海商務印書館影印本　1冊

2793（4）　**北宋拓蘇書豐樂亭記大字本**
［宋］蘇軾書
民國二十七年（1938）上海商務印書館影印本　1冊

2794　**金拓蜀先主廟碑**
［金］王庭筠書撰
民國十三年（1924）上海有正書局石印本　1冊

2794（1）　**金拓蜀先主廟碑**
［金］王庭筠書撰
民國十三年（1924）上海有正書局石印本　1冊

2794（2）　**金拓蜀先主廟碑**
［金］王庭筠書撰
民國十三年（1924）上海有正書局石印本　1冊

2795　**趙子昂臨急就章**
［元］趙孟頫書
民國石印本　1冊

2796　**趙文敏書妙法蓮華經**
［元］趙孟頫書
民國影印本　1冊

2797　**趙松雪正草千文**
［元］趙孟頫書
民國十年（1921）上海有正書局石印本　1冊

2798　**趙松雪蘭亭十三跋**
［元］趙孟頫書
民國八年（1919）上海有正書局影印本　1冊

2798（1）　**趙松雪蘭亭十三跋**
［元］趙孟頫書
民國八年（1919）上海有正書局影印本　1冊

2798（2）　**趙松雪蘭亭十三跋**
［元］趙孟頫書
民國八年（1919）上海有正書局影印本　1冊

2799　**趙文敏龍興寺碑**
［元］趙孟頫撰並書
民國江西開智書局影印本　1 册

2799（1）　**趙文敏龍興寺碑**
［元］趙孟頫撰並書
民國江西開智書局影印本　1 册

2800　**真賞齋帖**
［□］□□撰
民國石印本　1 册

2801　**楊節愍公遺像及題贊**
周慶雲等撰
民國拓本　1 册

2802　**宋拓智永千字文**
［南朝陳］釋智永書
民國上海有正書局石印本　1 册

2802（1）　**李陽冰篆書千字文**
［唐］李陽冰篆書
民國上海碧梧山莊石印本　1 册

2803　**李陽冰文城隍廟記**
［唐］李陽冰書
民國石印本　1 册

2804　**初拓書譜**
［唐］孫過庭撰
民國四年（1915）上海有正書局影印本　1 册

2804（1）　**初拓書譜**
［唐］孫過庭撰
民國四年（1915）上海有正書局影印本　1 册

2805　**御製三希堂石渠寶笈法帖第四册**
［唐］孫虔禮書
民國石印本　1 册

2806　**宋拓太清樓書譜**
［□］□□撰
民國十五年（1926）上海有正書局石印本　1 册

2807　**宋拓薛紹彭書譜**
［□］□□撰
民國石印本　1 册

2807（1）　**宋拓薛紹彭書譜**
［□］□□撰
民國石印本　1 册

2807（2）　**宋拓薛紹彭書譜**
［□］□□撰
民國石印本　1 册

2808　**張司直書李元靜先生碑**

［□］□□撰
民國石印本　1册

2808（1）　**張司直書李元静先生碑**
［□］□□撰
民國石印本　1册

2809　**李北海娑羅樹碑**
［唐］李邕書
民國石印本　1册

2810　**宋拓雲麾碑**
［唐］李邕書
民國上海有正書局石印本　1册

2810（1）　**宋拓雲麾碑**
［唐］李邕書
民國上海有正書局石印本　1册

2810（2）　**宋拓雲麾碑**
［唐］李邕書
民國上海有正書局石印本　1册

2810（3）　**宋拓雲麾碑**
［唐］李邕書
民國上海有正書局石印本　1册

2810（4）　**宋拓雲麾碑**
［唐］李邕書
民國上海有正書局石印本　1册

2811　**麓山寺碑**
［唐］李邕書
民國石印本　9册

2812　**薛汾陰石淙詩**
［唐］薛曜書
民國石印本　1册

2813　**宋拓晋唐小楷十一種**
抱殘守缺齊藏
民國上海有正書局石印本　2册

2814　**晋唐楷帖**
［□］□□撰
民國上海商務印書館石印本　1册

2814（1）　**晋唐楷帖**
［□］□□撰
民國上海商務印書館石印本　1册

2815　**唐人楷書五種**
臨川李氏藏
民國十三年（1924）上海文明書局影印本　5册

2816　**沈文恪公妙法蓮華經真跡**
［清］沈荃書
民國石印本　1册

2817　**瓶水閑情秋波小影册子**

［清］舒位撰
民國石印本　1 册

2818　**明清名人尺牘墨寶二集六卷**
文明書局編
民國十四年（1925）上海文明書局影印本　6 册

2819　**國朝名人手跡**
［清］劉墉等書　有正書局編
民國上海有正書局石印本　8 册

2820　**漢碑範八卷**
張祖翼編輯
民國上海文明書局石印本　2 册

2820（1）　**漢碑範八卷**
張祖翼編輯
民國上海文明書局石印本　2 册

2821　**汪退谷臨褚河南聖教序**
［清］汪士鋐書
清末上海有正書局石印本　1 册

2821（1）　**汪退谷臨褚河南聖教序**
［清］汪士鋐書
清末上海有正書局石印本　1 册

2821（2）　**汪退谷臨褚河南聖教序**
［清］汪士鋐書
清末上海有正書局石印本　1 册

2822　**成親王臨化度寺碑**
［清］成親王永瑆書
民國上海有正書局石印本　1 册

2822（1）　**成親王臨化度寺碑**
［清］成親王永瑆書
民國上海有正書局石印本　1 册

2822（2）　**成親王臨化度寺碑**
［清］成親王永瑆書
民國上海有正書局石印本　1 册

2823　**汪由敦臨多寶塔楷書**
［清］汪由敦書
民國二十四年（1935）上海有正書局石印本　1 册

2823（1）　**汪由敦臨多寶塔楷書**
［清］汪由敦書
民國二十四年（1935）上海有正書局石印本　1 册

2824　**鳳先生韻語**
吕鳳子著
民國石印本　1 册

2825　**王夢樓行書墨蹟第二、三集及自書詩稿**

［清］王文治書
行書墨蹟民國十一年（1922）上海有正書局石印本；自書文稿民國七年（1918）上海文明書局石印本　3 册

2826　**張廉卿書**
［清］張裕釗書
民國石印本　1 册

2827　**張裕釗書杜詩**
［清］張裕釗書
民國石印本　1 册

2828　**張廉卿書滕王閣記**
［清］張裕釗書
民國十四年（1925）石印本　1 册

2829　**陳玉方小楷墨迹**
［清］陳希祖正書
民國十二年（1923）上海有正書局石印本　2 册

2829（1）　**李玗甫先生家傳**
李玗甫著
民國石印本　1 册

2830　**梁任公臨王聖教序枯樹賦**
梁啓超書
民國二十六年（1937）石印本　1 册

2831　**王虛舟先生墨蹟**
［清］王澍書
民國上海有正書局石印本　1 册

2832　**續三十五舉一卷**
［清］黄子高撰
清刻本　1 册

2832（1）　**續三十五舉一卷**
［清］黄子高撰
清刻本　1 册

2832（2）　**續三十五舉一卷**
［清］黄子高撰
清刻本　1 册

2833　**尋親聞耗圖**
宗士福輯
民國三年（1914）石印本　1 册

2834　**曾文正書莫猶人墓表**
［清］曾國藩書
民國十七年（1928）上海中華書局石印本　1 册

2835　**潘齡皋太師墨寶**
潘齡皋書
民國文成堂書帖莊石印本　5 册

2836　**梁山舟孫安人誄墨跡**

梁山舟書
民國上海世界書畫報社石印本　1冊

2837　**金冬心書畫小記**
［清］金農書
民國上海文明書局影印本　1冊

2837（1）　**金冬心書畫小記**
［清］金農書
民國上海文明書局影印本　1冊

2838　**金冬心詩稿墨迹**
［清］金農書
民國上海有正書局影印本　1冊

2838（1）　**金冬心詩稿墨迹**
［清］金農書
民國上海有正書局影印本　1冊

2839　**鄧石如隸書長聯**
［清］鄧石如書
民國上海文明書局石印本　1冊

2840　**鄧石如臨嶧山碑**
［清］鄧石如書
民國石印本　1冊

2841　**鄧石如楷隸三種合册**
［清］鄧石如書
民國上海有正書局石印本　1冊

2842　**鄧石如桂林紀略**
［清］鄧石如書
民國上海會文堂新記書局石印本　1冊

2843　**宋詞十九首**
［清］端木埰選
民國二十二年（1933）上海開明書店影印本　1冊

2844　**草書指南附百訣**
羅一麟手錄
民國石印本　1冊

2845　**莊蘩詩女士楷隸楚辭**
莊蘩詩書
民國影印本　1冊

2846　**李鴻裔字帖**
［清］李鴻裔書
民國石印本　3冊

2847　**周處士墓誌銘**
曾熙撰并書
民國影印本　1冊

2848　**阮君墓誌銘**
［清］李詳撰　曾熙書
民國上海震亞圖書局石印本　1冊

2849　**張之洞論學書**

［清］張之洞撰
民國上海文明書局石印本　1冊

2850　**鄭板橋城隍廟碑**
［清］鄭燮著書
民國上海碧梧山莊石印本　1冊

2852　**敬中閣碑聯集字大觀**
陳叔子輯
民國石印本　1冊

2852（1）　**敬中閣碑聯集字大觀**
陳叔子輯
民國石印本　1冊

2853　**呂廬老人遺墨**
王同書
民國石印本　1冊

2854　**行書範本**
［□］□□撰
民國石印本　1冊

2855　**小楷習字帖詞林硯滴**
有正書局編
民國上海有正書局石印本　1冊

2856　**夢醒錄**
王一亭撰
民國上海明明印刷有限公司石印本　1冊

2857　**劉鳳紀自書詩稿**
［清］劉鳳紀書
民國石印本　1冊

2858　**行書備要不分卷**
童式規書
民國二十三年（1934）石印本　1冊

2858（1）　**行書備要不分卷**
童式規書
民國十六年（1927）石印本　1冊

2859　**藍山鍾氏三代遺墨**
鍾伯毅輯
民國影印本　1冊

2860　**一心書詞**
成一心書
民國影印本　1冊

2861　**左宗棠書東銘**
［清］左宗棠書
民國拓本　1冊

2862　**善化楊壽彤書般若波羅密經殘本**
楊壽彤書
清光緒二十九年（1903）刻本　1冊
缺3冊（2至4）

2863　**楊沂孫篆書**

［清］楊沂孫書
民國石印本　1 冊

2864　**曾紀澤臨各體書**
［清］曾紀澤書
清光緒八年（1882）石印本　8 冊

2865　**李臨金剛經**
［□］□□撰
民國上海碧梧山莊影印本　2 冊

2866　**李瑞清尉夫人墓銘**
李瑞清書
民國上海碧梧山莊影印本　1 冊

2867　**李臨禮器碑**
［□］□□撰
民國石印本　1 冊

2868　**李書瘞鶴銘**
［□］□□撰
民國石印本　1 冊

2869　**書畫集錦**
［□］□□撰
民國剪貼本　1 冊

2870　**契蘭齋詩草**
［□］□□撰
民國石印本　1 冊

2870（1）　**契蘭齋詩草**
［□］□□撰
民國石印本　1 冊

2871　**聖教集對前後集二卷**
［清］張炳堃撰
清刻本　1 冊

2871（1）　**聖教集對前後集二卷**
［清］張炳堃撰
清刻本　1 冊

2872　**楹聯名蹟國朝名人楹聯匯輯第一輯**
［□］□□撰
民國十二年（1923）上海中華書局石印本　4 冊　存 3 輯（下卷 1、2、6 輯）

2873　**翁書金剛經**
［清］翁方綱書
民國十一年（1922）上海中華書局石印本　1 冊

2874　**吳穀人手書有正味齋續集之九未刊詩稿**
［清］　吳錫麒撰
民國上海有正書局影印本　1 冊

2875　**康南海篆書詩稿**
康有爲書
民國十四年（1925）上海有正書局影印

本　1册

2876　**石棣倪久香遺墨**
倪久香
民國二十三年（1934）石印本　1册

2877　**戴醇士書百字箴**
［清］戴熙書
民國七年（1918）上海中華書局石印本　1册

2878　**吳永書南海張公事狀**
［清］蔡乃煌撰　［清］吳永書
清石印本　1册

2879　**趙世駿書毛君墓誌銘**
趙世駿書
民國石印本　1册

2880　**清封新淦聶太夫人墓誌銘**
趙世駿書
民國石印本　1册

2881　**張嗇翁書世界名美術家沈女士靈表**
張謇書
民國十三年（1924）上海商務印書館石印本　1册

2882　**趙撝叔書漢鐃歌**
［清］趙之謙書
民國十五年（1926）上海中華書局石印本　1册

2883　**梁薌林書倡和詩**
［清］梁詩正書
民國二十一年（1932）上海中華書局影印本　1册

2883（1）　**聶太夫人書金剛經心經**
曾紀芬書
民國二十年（1931）影印本　1册

2884　**羽琌自寫癡詞影本**
［清］龔自珍書
民國二十年（1931）上海中華書局影印本　1册

2885　**龔定庵詩文三種**
［清］龔自珍書
民國二十年（1931）上海中華書局影印本　2册

2886　**曾文正撰書李文敏公墓誌銘**
［清］曾國藩書
民國石印本　1册

2886（1）　**曾文正撰書李文敏公墓誌銘**
［清］曾國藩書
民國石印本　1册

2886（2）　**曾文正撰書李文敏公墓誌銘**
［清］曾國藩書
民國石印本　1册

2887　**曾文正諭姪岳崧書**
［清］曾國藩書
清同治七年（1868）刻本　1册

2888　**瘦本蘭亭集序**
陳公哲臨
民國石印本　1册

2889　**李二曲書李夫人壽言**
［清］李顒書
民國石印本　1册

2890　**石鼓文碧落碑二種**
［□］□□撰
民國拓本　1册

2891　**李朝斌家廟碑**
葉德輝撰
民國石印本　1册

2892　**徐楨立書太原李氏開宗衍慶坊頌**
徐楨立書
民國石印本　1册

2893　**鄭沅書吳太君墓銘**
鄭沅書
民國拓本　1册

2894　**鄭沅書黄笥腴墓誌銘**
瞿鴻禨撰　鄭沅書
民國石印本　1册

2895　**游敬修妻楊氏墓銘**
唐鈞書
民國石印本　1册

2896　**安刻初拓孫過庭書譜正草合刊**
［唐］孫過庭草書　［清］陳香泉正楷
民國二十一年（1932）上海碧梧山莊影印本　4册

2897　**龔鼎孳書札影本**
［清］龔鼎孳書
民國影印本　1册

2898　**董文敏劉文清墨蹟合印**
［明］董其昌　［清］劉墉書
民國石印本　1册

2899　**劉梁合璧**
［清］劉墉　［清］梁同書書
民國上海有正書局石印本　2册

2899（1）　**劉梁合璧**
［清］劉墉　［清］梁同書書
民國上海有正書局石印本　1册

2900 **劉石庵墨蹟詩稿書法等拾種**
［清］劉墉書
民國影印本 10 册

2900（1） **劉石庵墨蹟詩稿書法等拾種**
［清］劉墉書
民國影印本 3 册 存 3 册（墨蹟、行楷、楷書三種各一册）

2901 **錢南園墨寶拾陸種**
［清］錢灃書
民國石印本 30 册

2902 **何紹基墨寶等八種**
［清］何紹基書
民國石印本 11 册

2903 **半隱廬草書千字文，山園帖，陶詩帖**
陳爾錫 陳哲榮書
民國二十五年（1936）上海中華書局拓本 4 册

2903（1） **半隱廬草書山園帖**
陳爾錫 陳哲榮書
民國拓本 2 册

2903（2） **半隱廬草書山園帖**
陳爾錫 陳哲榮書
民國拓本 1 册

2904 **衡山趙先生墓碑**
曾熙書
民國石印本 1 册

2905 **施毓奇書千字文**
施保昌書
民國十一年（1922）石印本 2 册

2905（1） **施毓奇書千字文**
施保昌書
民國十一年（1922）石印本 3 册

2906 **譚畏公墨蹟第一集**
譚延闓書
民國二十一年（1932）茂華圖書製版局石印本 1 册

2906（1） **譚畏公墨蹟第一集**
譚延闓書
民國二十一年（1932）茂華圖書製版局石印本 1 册

2906（2） **譚畏公墨蹟第一集**
譚延闓書
民國二十一年（1932）茂華圖書製版局石印本 1 册

2906（3） **譚畏公墨蹟第一集**
譚延闓書
民國二十一年（1932）茂華圖書製版局

石印本　1册

2907　**譚延闓書麻姑仙壇記等行楷册三種**
譚延闓書
民國二十四年（1935）上海商務印書館影印本　3册

2908　**卓君庸章草墨本**
卓定謀書
民國十九年（1930）大慈商店石印本
1册

2909　**古篆字體金剛經**
［明］釋肯道撰
民國石印本　2册

2910　**李梅庵選臨法帖（李梅庵臨漢魏六朝唐宋元明中學習字帖）**
李瑞清書
民國四年（1915）上海震亞圖書局石印本　5册

2911　**趙撝叔楷隸墨蹟**
［清］趙之謙書
民國石印本　1册

2912　**楞嚴經寫本**
紫珊府君書
民國石印本　2册　存2册（3、5）

2913　**翁松禪墨蹟**
［清］翁同龢書
民國二十三年（1934）上海商務印書館石印本　10册

2913（1）　**翁松禪墨蹟**
［清］翁同龢書
民國十八年（1929）上海商務印書館石印本　10册

2913（2）　**翁松禪墨蹟**
［清］翁同龢書
民國二十年（1931）上海商務印書館石印本　10册

2913（3）　**翁松禪墨蹟**
［清］翁同龢書
民國三十五年（1946）上海商務印書館石印本　10册

2914　**翁松禪相國尺牘真蹟**
［清］翁同龢書
民國十五年（1926）上海中華書局影印本　12册

2914（1）　**翁松禪相國尺牘真蹟**
［清］翁同龢書
民國九年（1920）上海中華書局影印本
12册

2914（2） **翁松禪相國尺牘真蹟**
［清］翁同龢書
民國十五年（1926）上海中華書局影印本 11 册 缺 1 册 (4)

2915 **楹聯墨蹟大觀不分卷**
高野侯輯
民國十七年（1928）上海中華書局影印本 10 册

2916 **曾文正公手札**
［清］曾國藩撰
民國拓本湘鄉李氏藏版 12 册

2917 **左宗棠書札**
［清］左宗棠撰
民國石印本 14 册

2918 **道咸同光名人手札第一集四卷第二集四卷**
［清］林則徐等撰 商務印書館輯
民國上海商務印書館石印本 8 册

2919 **明清名人尺牘墨寶三集十八卷**
文明書局編
民國十四年（1925）上海文明書局影印本 6 册 存 6 册（第 2 集 1 至 6）

2920 **古今尺牘墨蹟大觀**
高野侯輯
民國十七年（1928）上海中華書局影印本 8 册 缺 8 册（1 至 8）

2921 **昭代名人尺牘二十四卷附小傳**
［清］吳修輯
清石印本 14 册 缺 1 册（5）

2922 **明清兩代名人尺牘**
［清］梁同書輯
民國上海有正書局石印本 2 册 存 2 册（1 至 2）

2923 **國朝尺牘六卷**
［清］梁同書輯
民國上海有正書局石印本 2 册 存 2 册（1 至 2）

2924 **明代名臣墨寶**
［明］史可法等書
民國上海有正書局石印本 5 册 缺 3 册（2 至 4）

2925 **明代名人手蹟**
［明］沈周等書
民國上海有正書局石印本 5 册

2926 **國朝名人手跡**
［清］劉墉等書 有正書局編
民國上海有正書局石印本 7 册

2927 **曾文正公日記題跋**
［清］曾國藩書
清宣統二年（1910）石印本 1 册

2928 **曾文正公手書日記**
［清］曾國藩撰
清宣統元年（1909）上海中國圖書公司影印本 15 册

2929 **翁松禪手札**
［清］翁同龢書
民國上海有正書局影印本 10 册

2929（1） **翁松禪手札**
［清］翁同龢書
民國上海有正書局影印本 10 册

2929（2） **翁松禪手札**
［清］翁同龢書
民國上海有正書局影印本 9 册 缺 1 册（9）

2930 **翁松禪書札**
［清］翁同龢書
清光緒三十四年（1908）石印本 7 册

2931 **翁松禪家書**
［清］翁同龢書
民國二十四年（1935）上海商務印書館影印本 2 册

2931（1） **翁松禪家書**
［清］翁同龢書
民國二十八年（1939）上海商務印書館影印本 2 册

2931（2） **翁松禪家書**
［清］翁同龢書
民國二十二年（1933）上海商務印書館影印本 2 册

2932 **松翁常熟手札**
［清］翁同龢書
民國石印本 1 册

2932（1） **松翁常熟手札**
［清］翁同龢書
民國石印本 1 册

2933 **松禪老人遺墨**
［清］翁同龢書
民國石印本 2 册

2933（1） **松禪老人遺墨**
［清］翁同龢書
民國石印本 3 册

2934 **明代名賢手札墨竇**
［明］文徵明等書
民國上海有正書局石印本 2 册

2935 **張文襄書翰墨寶**
［清］張之洞撰
民國十三年（1924）上海文明書局影印本 1冊

2936 **冬暄草堂師友牋存**
陳叔通輯
民國二十六年（1937）上海中華書局影印本 3冊 存3冊（1至2、6）

2937 **簠齋尺牘不分卷**
［清］陳介祺撰
民國上海商務印書館影印本 2冊

2938 **翁方綱覃溪手札墨寶**
［清］翁同龢書
民國上海有正書局石印本 3冊

2938（1） **翁方綱覃溪手札墨寶**
［清］翁同龢書
民國上海有正書局石印本 1冊

2939 **譚文勤碑**
王闓運書
民國石印本 1冊

2940 **陳曼生先生尺牘**
［清］陳鴻壽書
民國上海有正書局石印本 1冊

2940（1） **陳曼生先生尺牘**
［清］陳鴻壽書
民國上海有正書局石印本 1冊

2941 **林則徐手札**
［清］林則徐書
民國北京琉璃廠懿文齋刻本 1冊

2942 **胡文忠書牘**
［清］胡林翼書
民國石印本 1冊

2943 **瑛夢禪師致竹軒夫人手札**
［清］釋瑛夢禪師書
民國上海有正書局石印本 1冊

2944 **王夢樓先生尺牘**
［清］王文治書
民國上海通運公司影印本 1冊

2945 **熊希齡手札**
熊希齡撰
民國石印本 1冊

2946 **鄭大鶴尺牘**
鄭叔問書
民國石印本 1冊

2947 **吳大澂王懿榮書牘合編**
［清］吳大澂 ［清］王懿榮撰并書

民國石印本　1 册

2948　**劉襄勤史傳稿一卷**
何維樸撰錄
清宣統二年（1910）石印本　1 册

2948（1）　**劉襄勤史傳稿一卷**
何維樸撰錄
清宣統二年（1910）石印本　1 册

2949　**譚張遺跡**
譚延闓書　張其煌撰
民國上海有正書局石印本　1 册

2950　**吳愙齋尺牘不分卷**
［清］吳大瀓撰
民國上海商務印書館影印本　1 册

2951　**李申耆先生手札**
［清］李兆洛撰
民國上海有正書局石印本　1 册

2952　**湘鄉試館記**
［清］曾國荃撰
清光緒九年（1883）刻本　1 册

2952（1）　**湘鄉試館記**
［清］曾國荃撰
清光緒九年（1883）刻本　1 册

2952（2）　**湘鄉試館記**
［清］曾國荃撰
清光緒九年（1883）刻本　1 册

2952（3）　**湘鄉試館記**
［清］曾國荃撰
清光緒九年（1883）刻本　1 册

2953　**趙撝叔手寫六朝別字記一卷**
［清］趙之謙書
民國上海商務印書館影印本　1 册

2954　**姚惜抱先生文稿不分卷**
［清］姚鼐撰
民國二十四年（1935）上海商務印書館影印本　1 册

2955　**秉壹老人遺書**
［□］□□撰
清道光十一年（1831）刻本　1 册

2956　**惜抱軒手札**
［清］姚鼐撰并書
民國上海商務印書館石印本　4 册

2957　**寐叟題跋第一集一卷第二集二卷**
沈曾植撰
民國上海商務印書館影印本　4 册

2958　**何詩孫手書詩稿四卷**

何維樸并書
民國十四年（1925）影印剪貼本　2 冊

2959　**譚祖安廬山紀遊墨跡**
譚延闓撰並書
民國二十四年（1935）上海商務印書館影印本　1 冊

2960　**譚延闓詩札**
譚延闓書
民國二十六年（1937）上海中華書局影印本　1 冊　存 1 冊（下集）

2960（1）　**譚延闓詩札**
譚延闓書
民國二十六年（1937）上海中華書局影印本　1 冊　存 1 冊（下集）

2961　**譚延闓自書詩稿**
譚延闓書
民國影印本　8 冊

2963　**朱子家訓印文**
［清］朱用純撰
民國二十一年（1932）北平鄉環出版社鉛印本　1 冊

2964　**蘭亭圖序**
［□］□□撰
民國手跡　1 冊

2965　**吉金貞石舫百美銘印**
［清］汪鑅編
清咸豐元年（1851）鈐印本　1 冊

2966　**漢石經殘石集一卷**
白堅輯
民國十九年（1930）西充白氏影印本　2 冊

2967　**隨軒金石文字九種**
［清］徐渭仁撰
清道光二十一年（1841）刻本　5 冊　缺 1 冊（1）

2968　**望堂金石文字**
楊守敬編
清光緒三年（1877）雙鈎刻本　8 冊

2969　**鐘鼎款識拓本**
［□］□□撰
民國拓本　1 冊

2970　**漢畫**
有正書局編
民國上海有正書局石印本　2 冊

2971　**南陽漢畫象集**
關百益編
民國十九年（1930）上海中華書局影印本　1 冊

2972 **林古樓集精品金石文字拓本**
［□］□□撰
民國拓本 1册

2973 **淮海居士長短句三卷**
［宋］秦觀撰
民國十九年（1930）北平故宫博物院圖書館影印本 1册

2973（1） **淮海居士長短句三卷**
［宋］秦觀撰
民國十九年（1930）北平故宫博物院圖書館影印本 1册

2973（2） **淮海居士長短句三卷**
［宋］秦觀撰
民國十九年（1930）北平故宫博物院圖書館影印本 1册

2974 **瘞鶴銘考補一卷附山樵書外紀一卷**
［清］翁方綱撰
清光緒三十四年（1908）刻本 1册

2975 **廣倉專錄三卷**
鄒安等輯
民國上海廣倉學宭影印本 1册

2976 **草隸存六卷**
鄒安輯
民國十年（1921）上海廣倉學宭影印本 1册 存1卷（4）

2977 **金石圖不分卷**
［清］褚峻摹 ［清］牛運震集説
清乾隆六年（1741）刻本 4册

2978 **藝海樓金石文字**
［清］顧沅輯
民國十年（1921）上海震亞圖書局影印本 1册

2979 **鐘鼎款識原器拓片第一**
［□］□□撰
民國十五年（1926）上海有正書局石印本 1册

2979（1） **鐘鼎款識原器拓片第一**
［□］□□撰
民國十五年（1926）上海有正書局石印本 1册

2980 **寶鴨齋金石拓存一卷**
徐楨立拓 徐樹鈞輯
民國十四年（1925）石印本 1册

2980（1） **寶鴨齋金石拓存一卷**
徐楨立拓 徐樹鈞輯
民國十四年（1925）石印本 1册

2980（2） **寶鴨齋金石拓存一卷**

徐楨立拓　徐樹鈞輯
民國十四年（1925）石印本　1 冊

2981　**吴愙齋磚瓦録一卷**
［清］吴大澂編
民國八年（1919）西泠印社影印本　1 冊

2982　**河南金石志圖正編第一集**
關百益編
民國河南通志館影印本　1 冊

2983　**日本裁方寸法清册**
［□］□□撰
民國影印本　1 冊

2984　**平定粤匪功臣戰蹟圖一卷**
［清］吴嘉猷繪
清光緒二十年（1894）石印本　1 冊

2985　**日本論畫書**
［□］□□撰
日本明治三十六年（1903）鉛印本　1 冊

2986　**天心閣古物待考**
廖漢瀛撰
民國拓本　1 冊

2987　**湖南孤兒院菊譜**
曹孟其編
民國二十三年（1934）長沙湖南孤兒院石印本　1 冊

2988　**柳大年詩詞畫譜**
柳大年著
清宣統三年（1911）石印本　1 冊

2989　**古佛畫譜**
黄澤繪
民國十八年（1929）上海中華書局石印本　2 冊

2990　**友葛之畫**
［□］□□撰
民國影印本　1 冊

2991　**奚岡樹木竹石畫法**
［清］奚岡繪
民國影印本　1 冊

2992　**木刻中國輿圖（各省圖）**
［□］□□撰
清刻本　1 冊

2993　**蘭亭序六種合刻**
［晉］王羲之撰
民國五年（1916）上海震亞圖書局石印本　1 冊

2994　**明拓道因法師碑**

［唐］李儼撰文　［唐］歐陽通書
民國二十三年（1934）上海中華書局石印本　1 册

2995　**通商章程成案彙編三十卷**
［清］李鴻章輯
清光緒十二年（1886）鐵城廣百宋齋鉛印本　12 册

2996　**泮湖文集十二卷**
［清］吴敏樹著
清光緒十九年（1893）長沙思賢講舍刻本　4 册

2997　**御製耕織圖二卷**
［清］聖祖玄燁撰
石印本　1 册　存 1 卷（織目）

2998　**慧山記續編三卷**
［清］邵涵初輯
清同治七年（1868）二泉書院刻本　1 册　存 1 卷（3）

2999　**淥江詩存二十四卷**
［清］陳昌廣等編
清光緒二十年（1894）淥江聽竹笑樓刻本　8 册

3000　**粹芬閣珍藏善本書目**
粹芬閣主人編
民國二十三年（1934）上海世界書局鉛印本　1 册

3001　**荆楚修疏指要**
［清］胡祖翮撰
清同治十一年（1872）湖北崇文書局刻本　2 册

3002　**敦煌石室寫經題記與敦煌雜錄二輯**
許國霖輯
民國二十六年（1937）上海商務印書館鉛印本　2 册

3003　**古月軒瓷考不分卷**
楊歗谷撰
民國二十二年（1933）北平雅韻齋鉛印本　1 册

善 0033　**馮宫保援越紀實四卷**
［清］尹恭保記
清光緒十四年（1888）抄本（舊幼堂抄書紙）　1 册

3005　**孫中山先生手札墨跡不分卷**
孫文書
民國十五年（1926）上海太平洋書店影印本　1 册

3006　**蕭躍鯨（蕭翼鯤）訃聞**
劉謙撰

民國二十五年（1936）鉛印本　1 册

3007　**聶曾紀芬年譜自訂稿一卷**
曾紀芬訂
民國二十年（1931）鉛印本　1 册

3008　**紅薇感舊記題詠集四卷**
傅熊湘輯
民國八年（1919）上海鉛印本　1 册

3009　**文湘芷遺集**
文啓泉撰
民國十九年（1930）長沙鉛印本　1 册

3010　**莫大令遺稿三卷**
［清］莫炳琪著
民國九年（1920）長沙莫氏鉛印本　1 册

3011　**聲明湘潭救濟貧民工藝廠事實書**
［□］□□撰
民國七年（1918）鉛印本　1 册

3012　**歷史感應統紀四卷**
許止净編纂
民國十八年（1929）鉛印本　4 册

3014　**雲想山莊詩集四卷**
楊述章譔
民國鉛印本　1 册

3015　**改良紫微斗數全書**
［宋］陳摶著
民國上海錦章圖書局石印本　1 册

3016　**共和對聯匯海**
俞文淵著
民國八年（1919）上海錦章圖書局石印本　1 册

3017　**龍文鞭影初集四卷二集二卷**
［明］蕭良有纂輯　［清］楊臣諍增訂
［清］李恩綬校補
民國六年（1917）上海錦章圖書局石印本　1 册

3018　**雪心賦辯訛正解五卷**
［清］孟浩注　［清］張鐸
［清］趙廷芳訂
民國上海錦章圖書局石印本　1 册

3019　**繪圖弟子規**
［清］李毓秀撰
民國上海錦章圖書局石印本　1 册

3019（1）　**繪圖弟子規**
［清］李毓秀撰
民國上海錦章圖書局石印本　1 册

3020　**三体石經未裂本**
［□］□□撰

民國十三年（1924）上海文明書店石印本　1 册

3021　**黄自元朝考卷**
黄自元書
石印本　1 册

3022　**放大秦權量册**
［秦］李斯篆書
民國七年（1918）上海震亞圖書局石印本　1 册

3023　**木刻湖廣全圖**
［□］□□撰
清刻本　1 册

3024　**木刻江西全圖**
［□］□□撰
清刻本　1 册

3025　**木刻浙江全圖**
［□］□□撰
清刻本　1 册

3026　**木刻江南全圖**
［□］□□撰
清刻本　1 册

3027　**木刻直隸全圖**
［□］□□撰
清刻本　1 册

3028　**濟寧州扼要防禦全圖**
［□］□□撰
清刻本　1 册

3029　**徐州郡城四關等處土城寨墻炮臺及現扎營盤全圖**
［□］□□撰
清刻本　1 册

3030　**魚台縣輿圖**
［□］□□撰
清刻本　1 册

3031　**魚台縣城圖**
［□］□□撰
清刻本　1 册

3032　**直隸五大河流圖**
［□］□□撰
清道光四年（1824）刻本　1 册

3033　**福建全圖**
［□］□□撰
清道光刻本　1 册

3034　**山西全圖**
［□］□□撰
清刻本　1 册

3035 **河南全圖**
［□］□□撰
清刻本 1冊

3036 **山東全圖**
［□］□□撰
清刻本 1冊

3037 **石刻華夷圖**
［□］□□撰
清刻本 1冊

3038 **手繪安徽歙縣圖**
［□］□□撰
清刻本 1冊

3039 **手繪蘇州城圖**
［□］□□撰
清刻本 1冊

3040 **大清一統志分野圖**
［清］六嚴繪
清咸豐元年（1851）朱蘭版刻本 1冊

3041 **文昌帝君寶誥**
［□］□□撰
清咸豐九年（1859）刻本 1冊

善0034 **歷代名臣奏議三百五十卷**
［明］黄淮 ［明］楊士奇等輯
［明］張溥删正
明崇禎八年（1635）刻本 76冊 缺2冊（目錄、2）

3043 **函海**
［清］李調元輯
清乾隆川西萬卷樓刻，嘉慶十四年（1809）李鼎元重印本 175冊 缺2冊（2至3）

3044 **資治通鑑綱目前編二十五卷正編五十九卷續編二十七卷末一卷**
［明］陳仁錫評定
清嘉慶九年（1804）姑蘇聚文堂刻本 120冊

善0035 **唐類函二百卷目錄二卷**
［明］俞安期撰 ［明］徐顯卿校
明萬歷三十一年（1603）刻本 40冊

善0036 **西山先生真文忠公讀書記四十卷**
［宋］真德秀撰
清乾隆八年（1743）刻本 36冊

3047 **惜陰軒叢書**
［清］李錫齡輯
清道光二十年（1840）刻本 47冊

3048 **文章正宗復刻三十卷**
［宋］真德秀撰

清乾隆三十三年（1768）刻本　19 册
缺 1 册（1）

3049　**續文章正宗復刻十二卷**
［宋］真德秀撰
清乾隆三十三年（1768）刻本　10 册

3050　**佩文齋廣群芳譜一百卷**
［清］劉灝校刊
清康熙四十七年（1708）刻本　48 册

3051　**西山先生真文忠公文集五十五卷**
［宋］真德秀撰
清乾隆刻本　29 册　缺 1 卷（目錄）

善 0037　**新編古今事文類聚前集六十卷後集五十卷續集二十八卷別集三十二卷新集三十六卷外集十五卷遺集十五卷**
［宋］祝穆　［元］富大用
［元］祝淵輯
明萬曆三十二年（1604）唐富春金陵德壽堂刻本　60 册

善 0038　**藝文類聚一百卷**
［唐］歐陽詢纂
明嘉靖胡纘宗刻本　16 册

3055　**馮少墟集二十二卷續集四卷**
［明］馮從吾撰
清康熙十二年（1673）刻本　12 册

3056　**郭侍郎集十五卷**
［清］郭嵩燾撰
清光緒十八年（1892）刻本　16 册

3057　**困學紀聞二十卷**
［宋］王應麟撰　［清］閻若璩箋
清乾隆三年（1738）馬氏叢書樓刻本
8 册

3058　**吕氏家塾讀詩記三十二卷續三卷**
［宋］吕祖謙　［宋］戴溪撰
清刻本　12 册

3059　**尚書精義五十卷**
［宋］黄倫撰
清道光二十六年（1846）刻本　12 册

3060　**國朝先正事略六十卷**
［清］李元度撰
清同治五年（1866）刻本　24 册

3061　**續修大清會典八十卷**
［清］托津　［清］曹振鏞總纂
清嘉慶十六年（1811）刻本　40 册

3062　**欽定大清會典圖一百三十二卷**
［清］慶桂等纂圖
清嘉慶十六年（1811）刻本　40 册

3063　**大清會典事例九百二十卷**

［清］王杰等纂
清嘉慶刻本　358 册

3064　**胡文忠公遺集八十六卷首一卷**
［清］胡林翼撰　［清］鄭敦謹
［清］曾國荃編
清同治六年（1867）黄鶴樓刻本　32 册

3065　**陶雲汀先生奏疏**
［清］陶澍纂
清道光九年（1829）刻本　8 册

3066　**高子遺書十二卷附錄一卷**
［明］高攀龍撰　［明］陳龍正輯
清光緒二年（1876）無錫東林書院刻本
13 册

3067　**庾子山集十六卷**
［北周］庾信撰　［清］倪璠注釋
清同治八年（1869）刻本　10 册

3068　**養晦堂詩集二卷文集十卷**
［清］劉蓉撰
清光緒三年（1877）長沙思賢講舍刻本
6 册

3069　**養晦堂詩集二卷文集十卷**
［清］劉蓉撰
清光緒三年（1877）長沙思賢講舍刻本
6 册

3070　**環天室古近體詩類選五卷後集一卷**
曾廣鈞撰
清宣統元年（1909）刻本　1 册

3071　**下學寮彙稿四卷**
［清］羅鎮嵩撰
清光緒三十三年（1907）長沙刻本　2 册

3072　**慎盦文鈔二卷**
［清］左宗植撰
清光緒元年（1875）湘陰左氏刻本　2 册

3073　**師伏堂駢文四卷詠史一卷詩草六卷**
［清］皮錫瑞撰
清光緒三十年（1904）善化皮氏刻本
6 册

3074　**劉中丞奏議二十卷**
［清］劉蓉撰
清光緒十一年（1885）長沙思賢講舍刻本　10 册

3075　**實其文齋文鈔八卷**
［清］黄雲鵠著
清同治十一年（1872）刻本　6 册

3076　**實其文齋文續鈔**
［清］黄雲鵠著
清同治十一年（1872）刻本　1 册

3077 **實其文齋詩鈔六卷**
［清］黄雲鵠著
清同治十一年（1872）刻本　2 册

3078 **祥人詩抄**
［清］黄雲鵠著
清同治十一年（1872）刻本　1 册

3079 **祥人詩續抄**
［清］黄雲鵠著
清同治十一年（1872）刻本　1 册

3080 **青城集**
［清］黄雲鵠著
清同治十一年（1872）刻本　1 册

3081 **彭遊集**
［清］黄雲鵠著
清同治十一年（1872）刻本　1 册

3082 **花潭集詠一卷**
［清］黄雲鵠輯
清同治十一年（1872）刻本　1 册

3083 **廣粥譜一卷**
［清］黄雲鵠著
清同治十一年（1872）刻本　1 册

3084 **勸學説一卷**
［清］黄雲鵠著
清同治十一年（1872）刻本　1 册

3085 **兵部公牘二卷**
［清］黄雲鵠著
清同治十一年（1872）刻本　2 册

3086 **雅州公牘一卷**
［清］黄雲鵠著
清同治十一年（1872）刻本　1 册

3087 **念昔齋寤言圖纂不分卷**
［清］黄雲鵠著
清光緒十二年（1886）刻本　2 册

3088 **南陽集六卷**
［宋］趙湘撰
清重刻武英殿聚珍版書本　1 册

3089 **禹貢指南四卷**
［宋］毛晃撰
清重刻武英殿聚珍版書本　1 册

3090 **後山詩注十二卷**
［宋］陳師道撰　［宋］任淵注
清重刻武英殿聚珍版書本　2 册

3091 **涑水記聞十六卷**
［宋］司馬光撰
清重刻武英殿聚珍版書本　4 册

3092 **蒙齋集二十卷**
［宋］袁甫撰
清重刻武英殿聚珍版書本 5冊

3093 **直齋書錄解題二十二卷**
［宋］陳振孫撰
清重刻武英殿聚珍版書本 8冊

3094 **鄴中記一卷**
［晉］陸翽撰
清重刻武英殿聚珍版書本 1冊

3095 **傅子一卷**
［晉］傅玄撰
清重刻武英殿聚珍版書本 1冊

3096 **澗泉日記三卷**
［宋］韓淲撰
清重刻武英殿聚珍版書本 1冊

3097 **茶山集八卷**
［宋］曾幾撰
清重刻武英殿聚珍版書本 2冊

3098 **陶山集十六卷**
［宋］陸佃撰
清重刻武英殿聚珍版書本 3冊

3099 **儀禮釋宮一卷**
［宋］李如圭撰
清重刻武英殿聚珍版書本 1冊

3100 **金淵集六卷**
［元］仇遠撰
清重刻武英殿聚珍版書本 1冊

3101 **絜齋毛詩經筵講義四卷**
［宋］袁燮撰
清重刻武英殿聚珍版書本 1冊

3102 **絜齋集二十四卷**
［宋］袁燮撰
清重刻武英殿聚珍版書本 8冊 存20卷（1至20）

3103 **甕牖閒評八卷**
［宋］袁文撰
清重刻武英殿聚珍版書本 2冊

3104 **拙軒集六卷**
［金］王寂撰
清重刻武英殿聚珍版書本 1冊

3105 **春秋傳説例一卷**
［宋］劉敞撰
清重刻武英殿聚珍版書本 1冊

3106 **歲寒堂詩話二卷**
［宋］張戒撰
清重刻武英殿聚珍版書本 1冊

3107 **儀禮識誤三卷**
［宋］張淳撰
清重刻武英殿聚珍版書本 1 册

3108 **明本釋三卷**
［宋］劉荀撰
清重刻武英殿聚珍版書本 1 册

3109 **海島算經一卷五經算術二卷**
［晋］劉徽 ［北周］甄鸞撰
清重刻武英殿聚珍版書本 1 册

3110 **魏鄭公諫續録二卷**
［元］翟思忠撰
清重刻武英殿聚珍版書本 1 册

3111 **漢官舊儀二卷補遺一卷**
［漢］衛宏撰
清重刻武英殿聚珍版書本 1 册

3112 **公是弟子記四卷**
［宋］劉敞撰
清重刻武英殿聚珍版書本 1 册

3113 **易緯稽覽圖二卷**
［漢］鄭玄注
清重刻武英殿聚珍版書本 1 册

3114 **砻溪詩話十卷**
［宋］黄徹著
清重刻武英殿聚珍版書本 1 册

3115 **麟臺故事五卷**
［宋］程俱撰
清重刻武英殿聚珍版書本 1 册

3116 **鄭志三卷**
［三國魏］鄭小同撰
清重刻武英殿聚珍版書本 1 册

3117 **五曹算經五卷**
［唐］李淳風等注
清重刻武英殿聚珍版書本 1 册

3118 **五代史纂誤三卷**
［宋］吳縝撰
清重刻武英殿聚珍版書本 1 册

3119 **春秋辨疑四卷**
［宋］蕭楚撰
清重刻武英殿聚珍版書本 2 册

3120 **夏侯陽算經三卷**
［晋］夏侯陽撰
清重刻武英殿聚珍版書本 1 册

3121 **敬齋古今黈八卷**
［元］李冶撰
清重刻武英殿聚珍版書本 1 册

3122 **墨法集要一卷**
［明］沈繼孫撰
清重刻武英殿聚珍版書本 1 册

3123 **欽定武英殿聚珍版程式一卷**
［清］金簡撰
清重刻武英殿聚珍版書本 1 册

3124 **文恭集四十卷**
［宋］胡宿撰
清重刻武英殿聚珍版書本 8 册

3125 **學易集八卷**
［宋］劉跂撰
清重刻武英殿聚珍版書本 2 册

3126 **文苑英華辨證十卷**
［宋］彭叔夏撰
清重刻武英殿聚珍版書本 1 册

3127 **融堂書解二十卷**
［宋］錢時撰
清重刻武英殿聚珍版書本 4 册

3128 **浩然齋雅談三卷**
［宋］周密撰
清重刻武英殿聚珍版書本 1 册

3129 **雲谷雜記四卷首一卷末一卷**
［宋］張淏撰
清重刻武英殿聚珍版書本 1 册

3130 **帝範四卷**
［唐］太宗李世民撰
清重刻武英殿聚珍版書本 1 册

3131 **五好山房詩稿四卷**
［清］楊昌濬撰
清光緒三十一年（1905）刻本 2 册

3132 **和州集一卷**
［清］羅錫疇撰
清光緒十九年（1893）刻本 1 册

3133 **鐫恥集五卷**
［清］聶瀞
清光緒聶氏刻本 1 册

3134 **罘罳草堂詩集四卷**
［清］隆觀易撰
清光緒五年（1879）長沙刻本 2 册

3135 **容川詩鈔四卷**
［清］蔣澤澐撰
民國十三年（1924）鉛印清光緒二十年（1894）忠雅堂刻本 2 册

3136 **子固齋詩存一卷**
［清］田維翰撰
民國十三年（1924）鉛印本 1 册

3137 **昆侖樓詩存前編四卷後編二卷拾存一卷**
曾希文撰
民國十二年（1923）鉛印本 4 册

3138 **退一步軒雜抄三卷續刻三卷**
［清］李元善撰
清光緒六年（1880）沅陵官舍刻本 2 册

3139 **左文襄公文鈔**
［清］黄雲鵠抄輯
清光緒十二年（1886）抄本 1 册

3140 **遜學齋文鈔十二卷首一卷**
［清］孫衣言撰
清同治十二年（1873）刻本 6 册

3141 **遜學齋文續鈔五卷**
［清］孫衣言撰
清光緒十三年（1887）刻本 1 册

3142 **遜學齋詩鈔十卷**
［清］孫衣言撰
清同治三年（1864）刻本 2 册

3143 **遜學齋詩續鈔五卷**
［清］孫衣言撰
清光緒刻本 1 册

3144 **莫如樓時義合稿一集**
［清］蔣湘培著
清同治五年（1866）粤東撫署刻本 2 册

3145 **莫如樓時義合稿二集**
［清］蔣湘墉著
清同治五年（1866）粤東撫署刻本 1 册

3146 **莫如樓時義合稿三集**
［清］蔣湘城著
清同治五年（1866）粤東撫署刻本 1 册

3147 **莫如樓時義合稿四集**
［清］蔣湘垣著
清同治五年（1866）粤東撫署刻本 1 册

3148 **莫如樓詩選合刻六卷**
［清］蔣湘墉 ［清］蔣湘城
［清］蔣湘垣撰
清同治五年（1866）粤東撫署刻本 2 册 存4卷（3至6）

3149 **于清端公政書八卷首編一卷外集一卷**
［清］于成龍撰
清乾隆二十六年（1761）刻本 11 册

3150 **黄黔陽遺詩鈔一卷**
［清］黄忠浩撰
民國六年（1917）刻本 1 册

善 0039　**陶庵文集六卷附錄一卷詩集八卷**
［清］黄淳耀撰　［清］陸翼王輯
清康熙十五年（1676）嘉定張懿實刻本　3 册

3152　**雪門詩草十四卷**
［清］許瑶光撰
清同治十三年（1874）刻本　6 册

3153　**心鐵石齋存稿四十卷**
［清］宋鳴琦撰
清道光十二年（1832）誦梅堂刻本　7 册

3154　**心鐵石齋聯句詩一卷年譜一卷**
［清］宋鳴琦撰
清道光十二年（1832）誦梅堂刻本　1 册

3155　**寶彝堂文存二卷**
［清］傅澤鴻撰
清宣統元年（1909）壺天傅氏刻本　1 册

3156　**劍閒齋遺集六卷**
［清］陳瀚撰
民國二年（1913）刻本　3 册

3157　**半隱廬詩草一卷**
陳爾錫撰
民國十七年（1928）鉛印本　1 册

3158　**麋園詩鈔一卷**
［清］毛國翰撰
清光緒十六年（1890）刻本　1 册

3159　**匱慧山房詩集四卷**
［清］吴超然撰
清光緒二十九年（1903）刻本　1 册

3160　**西垣詩鈔二卷西垣黔苗竹枝詞一卷**
［清］毛貴銘撰
清光緒十年（1884）刻本　1 册

3161　**雨蒼詩稿**
［清］彭澍撰
民國抄本　1 册

3162　**曾惠敏公奏疏六卷文集五卷詩集四卷使西日記二卷**
［清］曾紀澤撰
清光緒十九年（1893）江南機器製造總局鉛印本　7 册　缺 2 卷（奏疏 1 至 2）

3163　**李文忠公朋僚函稿二十四卷**
［清］李鴻章撰　［清］吴汝綸編輯
清光緒鉛印本　12 册

3164　**澥園集六卷**
趙啓霖撰
民國二十年（1931）刻本　6 册

3165 **磵東詩鈔二卷**
［清］歐陽輅撰
清光緒十五年（1889）長沙王氏刻本 1册

3166 **駱文忠奏議：湘中稿十六卷奏稿十一卷祭文一卷**
［清］駱秉章撰
清光緒四年（1878）刻本 26册

3167 **珠泉草廬文錄二卷**
廖樹蘅撰
清宣統二年（1910）長沙刻本 2册

3168 **珠泉草廬詩鈔二卷**
廖樹蘅撰
清光緒二十七年（1901）刻本 2册

3169 **珍漣山館文集不分卷**
顔昌嶢撰
民國十九年（1930）鉛印本 2册

3170 **竢定堂詩鈔一卷**
田文弨撰
民國十三年（1924）石印本 1册

3171 **涵鑒齋文錄一卷**
袁緒欽撰
清光緒二十五年（1899）刻本 1册

3172 **大桴山人偶存集三卷**
［清］陳詩撰
清光緒三年（1877）三餘堂刻本 1册

3173 **淡盦詩存不分卷**
謝鼎庸撰
民國十四年（1925）鉛印本 2册

3174 **巢經巢文集六卷詩集五卷詩後集五卷遺詩一卷附錄一卷**
［清］鄭珍撰
民國三年（1914）花近樓刻本 5册
缺2卷（文集5至6）

3175 **葛中翰遺集十二卷首一卷**
［明］葛麟撰
清光緒十六年（1890）敦本堂刻本 6册

3176 **平養堂疏稿一卷平養文待十六卷**
王龍文撰
民國九年（1920）蕭子基刻本 3册

3177 **平養堂詩存二卷**
王龍文撰
民國九年（1920）蕭子基刻本 1册

3178 **沈文肅公政書七卷首一卷**
［清］沈葆楨撰
清光緒六年（1880）上海掃葉山房刻本 3册 存3卷（卷首、1至2）

3179 **泣血緝存四卷**

［清］羅長禕撰　羅春馭輯

民國三年（1914）北平京華印書館鉛印本　1 册

3180 **虚受堂文集十五卷**

王先謙撰

清光緒二十六年（1900）長沙王氏刻本 4 册

3181 **海嶽軒叢刻**

杜俞撰

清光緒三十三年（1907）江蘇印刷總局鉛印本　8 册

3182 **花宜館文略一卷**

［清］吳振棫撰

清光緒二十六年（1900）刻本　1 册

3183 **江忠烈公遺集二卷**

［清］江忠源撰

清同治三年（1864）四川藩署刻本　1 册

3184 **江忠烈公（江忠源）行狀一卷**

［清］左宗棠　［清］郭嵩燾撰

清咸豐五年（1855）刻本　1 册

3185 **句溪雜著六卷**

［清］陳立撰

清光緒廣雅書局刻本　2 册

3186 **涉江先生文鈔一卷**

唐晏撰

民國十年（1921）鉛印涉江遺稿本　1 册

3187 **蕙西先生遺稿一卷**

［清］邵懿辰撰

清同治八年（1869）潘氏安順堂刻本 1 册

3188 **屈廬詩稿四卷**

［清］鄭知同撰

民國十四年（1925）影印本　1 册

3189 **十三峰書屋文稿一卷詩集二卷書札四卷批牘二卷**

［清］李榕撰

清光緒十六年（1890）龍安書院刻本 8 册

3190 **楊忠烈公文集十卷**

［明］楊漣撰

清道光十三年（1833）世美堂刻本 10 册

3191 **湘軍記二十卷**

［清］王定安撰

清光緒十五年（1889）江南書局刻本 12 册

3192 **湘軍志平議不分卷**

郭振墉撰
民國五年（1916）清聞山館刻本　1 册

3193　**康熙字典十二集附備考一卷補遺一卷**
［清］張玉書等撰
清光緒元年（1875）湖北崇文書局刻本　39 册

3194　**宋詩鈔初集詩鈔二集**
［清］吕留良等輯
清康熙十年（1671）洲錢吳氏鑑古堂刻本　38 册

3195　**萬國政治叢考一百八十卷**
［清］朱大文等輯
清光緒二十八年（1902）上海鴻文書局石印本　22 册　缺 5 卷（29 至 33）

3196　**萬國政治最新文編四十卷**
［清］朱大文等輯
清光緒二十八年（1902）上海鴻文書局石印本　4 册

3197　**萬國藝學最新文編四十卷**
［清］朱大文等輯
清光緒二十八年（1902）上海鴻文書局石印本　1 册

3198　**萬國藝學叢考一百二十卷**
［清］朱大文等輯
清光緒二十八年（1902）上海鴻文書局石印本　24 册

3199　**宦游紀略二卷**
［清］高廷瑶撰
清光緒九年（1883）資中官廨刻本　1 册

3200　**詩餘偶鈔六卷**
王先謙輯
清光緒十六年（1890）長沙王氏刻本　1 册

3201　**春秋繁露十七卷**
［漢］董仲舒撰
清光緒二年（1876）拾經堂刻本　2 册

3202　**春秋集解十二卷**
［宋］蘇轍撰
清道光錢氏刻經苑本　2 册

3203　**春秋集傳纂例十卷春秋微旨三卷**
［唐］陸淳撰　［清］錢儀吉輯
清道光二十六年（1846）錢氏刻經苑本　4 册

3204　**選注六朝唐賦不分卷**
［清］馬傳庚選注
清光緒二年（1876）京都松竹齋刻本　2 册

3205 **春秋董氏學八卷**
康有爲撰
清光緒二十四年（1898）上海大同譯書局刻本 6册

3206 **平定粤匪紀略十八卷附記四卷**
［清］杜文瀾撰
清同治十年（1871）京都聚珍齋木活字本 8册

3207 **章草考不分卷**
卓定謀纂輯
民國十九年（1930）北平自青榭叢書鉛印本 1册

3208 **歷代職官表六卷**
［清］黄本驥撰
清光緒六年（1880）膺詁齋刻本 4册

3209 **吕氏春秋二十六卷**
［秦］吕不韋撰 ［漢］高誘注
［清］畢沅輯校
清光緒元年（1875）浙江書局刻本 6册

3210 **山海經十八卷**
［晋］郭璞撰 ［清］畢沅校
清光緒三年（1877）浙江書局刻本 3册

3211 **商君書五卷**
［戰國］商鞅撰
清光緒二年（1876）浙江書局刻本 1册

3212 **新書十卷**
［漢］賈誼撰 ［清］盧文弨注
清光緒元年（1875）浙江書局刻本 2册

3213 **竹書紀年統箋十二卷前編一卷雜述一卷**
［南朝梁］沈約注 ［清］徐文靖統箋
清光緒三年（1877）浙江書局刻本 4册

3217 **群書治要五十卷**
［唐］魏徵等輯
清道光二十七年（1847）靈石楊氏刻連筠簃叢書本 12册

3218 **康南海先生自編年譜**
康有爲撰
油印本 1册

3220 **容川詩集**
［清］蔣澤澐撰
清光緒八年（1882）抄本 2册

3221 **詩總聞二十卷**
［宋］王質撰
清道光二十六年（1846）錢氏刻經苑本 6册

3222 **華陽國志十二卷附録一卷**

［晋］常璩撰
清嘉慶十九年（1814）金陵劉文奎、劉文楷、劉文模刻本　6 册

3223　**黔語二卷**
［清］吳振棫撰
清咸豐四年（1854）刻本　1 册

3224　**先撥志始二卷**
［明］文秉撰
清道光二十七年（1847）吳門黄氏讀未見書齋刻本　2 册

3225　**掌故叢編十輯**
故宫博物院文獻館編
民國十九年（1930）故宫鉛印本　10 册

3226　**船山古詩評選六卷**
［清］王夫之評選
民國五年（1916）湖南官書報局鉛印本　3 册

3227　**船山唐詩評選四卷**
［清］王夫之評選
民國五年（1916）湖南官書報局鉛印本　3 册

3228　**船山明詩評選八卷**
［清］王夫之評選
民國五年（1916）湖南官書報局鉛印本　4 册

3229　**歐陽文公圭齋集十六卷首一卷末一卷**
［元］歐陽玄撰　［清］鄧顯鶴增訂
清道光二十六年（1846）新化鄧氏南邨草堂刻本　5 册

3230　**翼教叢編六卷**
蘇輿輯
清刻本　3 册

3231　**蘿庵遺稿三卷**
鄭澤撰
民國十年（1921）鉛印本　1 册

3232　**中國文字學不分卷**
顧實撰
民國十三年（1924）東南大學石印本　1 册

3233　**説文古籀三補十四卷**
强運開撰
民國二十四年（1935）上海商務印書館石印本　2 册

3234　**吳中金石新編八卷**
［明］陳暐撰
民國石印本　6 册

3235 **積微居文錄三卷**
楊樹達撰
民國二十年（1931）上海商務印書館鉛印本 1 册

3236 **近代秘密社會史料六卷**
蕭一山輯
民國二十四年（1935）國立北平研究院史學研究會鉛印本 4 册

3237 **任盦遺稿文存四卷**
王鎮群撰
民國十五年（1926）北京天華館鉛印本 1 册

3238 **酌中志餘二卷**
［明］劉若愚輯
清刻本 1 册 存 1 卷（上卷）

3239 **三國志辨疑三卷**
［清］錢大昭撰
清刻本 1 册

3240 **三國紀年表一卷五代紀年表一卷**
［清］周嘉猷撰
清光緒湖北崇文書局刻正覺樓叢書本 1 册

3241 **兩京新記一卷李嶠雜詠二卷**
［唐］韋述撰 ［唐］李嶠撰
清刻本 1 册

3242 **龍經**
［唐］楊益撰
清光緒九年（1883）金陵甘福刻本 1 册

3243 **擬瑟譜一卷**
［清］段仔文 ［清］張懋賞編
［清］邵嗣堯撰
清刻本 1 册

3244 **風角書四卷**
［清］張爾岐撰
清刻本 1 册 存 4 卷（1 至 4）

3245 **歷代名賢齒譜九卷**
［清］易宗涒輯
清雍正三年（1725）賜書堂刻本 20 册

3246 **明李文正公年譜七卷**
［清］法式善撰 ［清］唐仲冕增補
清嘉慶十四年（1809）刻本 2 册

3247 **京畿金石考二卷**
［清］孫星衍撰
清乾隆五十七年（1792）刻本 1 册
存 1 卷（上卷）

3248 **聖諭像解二十卷**
［清］梁延年編

清光緒二十八年（1902）江蘇撫署刻本 10 册

3249 **康熙會稽縣志二十八卷首一卷**
［清］王元臣修 ［清］董欽德等纂
民國二十五年（1936）紹興縣志委員會鉛印本 4 册

3250 **錢辛楣疑年録四卷**
［清］錢大昕撰 ［清］吴修校
清刻本 1 册

3251 **疑年賡録二卷**
［清］張鳴珂編
清光緒二十四年（1898）刻本 1 册

3252 **三續疑年録十卷**
［清］陸心源撰
清光緒五年（1879）刻本 2 册

3253 **疑年録四卷**
［清］錢大昕編 ［清］吴修校
清嘉慶十七年（1812）刻本 2 册

3254 **續疑年録四卷**
［清］吴修編
清光緒四年（1878）刻本 2 册

3256 **船山史論四種：春秋論五卷春秋左氏二卷讀通鑒論三十卷宋論十五卷**
［清］王夫之撰
清光緒二十六年（1900）湖南澹雅書局刻本 20 册

3257 **評選船山史論二卷**
林紓評選
民國四年（1915）上海商務印書館鉛印清宣統三年（1911）本 2 册

3258 **清儀閣題跋不分卷**
［清］張廷濟撰
清光緒十九年（1893）蘇州振興書社石印本 6 册

3259 **各國約章纂要六卷首一卷附録一卷**
勞乃宣等輯
清光緒十八年（1892）上海圖書集成印書局鉛印本 4 册

3260 **出使英法義比四國日記六卷**
［清］薛福成撰
清石印本 3 册

3261 **金石索十二卷**
［清］馮雲鵬 ［清］馮雲鵷輯
清道光元年（1821）刻本 23 册

3262 **楚辭王逸注**
［漢］劉向集 ［漢］王逸章句
民國上海文瑞樓鴻章書局石印本 2 册

3263 **變法自強奏議彙編二十卷**
［清］毛佩之輯
清光緒二十七年（1901）上海書局石印本 5 冊

3264 **新輯隸字彙十卷**
［清］項懷述編 惕孜氏編錄
民國十二年（1923）上海掃葉山房石印本 2 冊

3265 **海國圖志一百卷**
［清］魏源撰
清光緒二年（1876）平慶涇固道署刻本 24 冊

3266 **聖武記十四卷**
［清］魏源撰
清道光二十二年（1842）古微堂刻本 10 冊

3267 **沈文肅公奏議七卷**
［清］沈葆楨撰
清光緒六年（1880）吳門節署木活字本 9 冊 存 6 卷（2 至 7）

3269 **陶龕語錄二卷**
［清］羅信南撰
清光緒三十二年（1906）刻本 1 冊

3270 **養吉齋叢錄二十六卷餘錄十卷**
［清］吳振棫纂
清光緒二十二年（1896）刻本 8 冊

3271 **容川詩鈔二卷**
［清］蔣澤澐撰
清光緒七年（1881）刻朱印本 1 冊

3272 **折獄龜鑑八卷首一卷**
［宋］鄭克撰
清光緒十四年（1888）四川縣學刻本 2 冊

3273 **罪言存略一卷**
［清］郭嵩燾撰
清光緒五年（1879）養知書屋刻本 1 冊

3274 **西征籌筆二卷**
［清］李揚華著
清同治六年（1867）澣紅山館刻本 2 冊

3275 **晚成堂隨筆二卷晚成堂詩稿二卷**
［清］李光漢撰
清光緒二十三年（1897）京都刻本 2 冊 存 2 卷（隨筆上、詩稿上）

3276 **宰湘節錄一卷**
［清］劉倬雲輯
清同治十二年（1873）長沙廣順堂刻本 1 冊

3277 **巢溪詩草四卷**
［清］江紹華撰
清同治五年（1866）刻本　1 册

3278 **求在我齋示子弟帖一卷**
［清］成毅撰
清咸豐七年（1857）刻本　1 册

3279 **練勇芻言五卷**
［清］王鑫撰
清咸豐七年（1857）長沙郁文堂刻本
1 册

3280 **燕臺雜詠八卷首一卷**
［清］李光漢撰
清光緒二十年（1894）刻本晚成堂藏版
1 册　存 4 卷（1 至 4）

3281 **楚辭釋十一卷**
王闓運撰
清光緒十二年（1886）成都尊經書院刻本　2 册

3282 **東三省移民開墾意見書不分卷**
熊希齡著
清末鉛印本　1 册

3283 **湘鄉縣志二十三卷首一卷末一卷**
［清］齊德五等主修　［清］黄楷盛纂修
清同治十三年（1874）刻本　22 册　缺 2 卷（2、24）

3284 **欽定大清會典一百卷**
［清］允裪等撰
清刻本　12 册　存 80 卷（9 至 51、64 至 100）

3285 **大清中外一統輿圖三十卷首一卷**
［清］胡林翼　［清］嚴樹森修
［清］鄒世詒　［清］晏啓鎮繪
清同治二年（1863）刻本　32 册

3291 **聾道人百種詩箋**
劉錫玲畫
清光緒榮寶齋刻本自聞居士百花詩箋
1 册

3296 **歷代文化皇國史大觀**
［日本］大澤米造編
日本昭和十二年（1937）上海日報社鉛印本　1 册

3301 **湖南文徵元明文五十四卷國朝文百三十六卷首一卷目錄六卷姓氏傳四卷**
［清］羅汝懷輯
清同治八年至清同治十年（1869 至 1871）刻本　100 册

3302 **隋唐石刻拾遺二卷附關中金石記隋唐石刻原目一卷**

［清］黄本驥編
民國十五年（1926）湖南叢書處刻本
2 册

3303 **太平天國叢書十三種**
謝興堯輯
民國二十七年（1938）鉛印瑶齋叢刻本
3 册 缺 1 輯（4）

3304 **吳讓之印存**
吳熙載刻
清同治二年（1863）西泠印社鈐印本
2 册

3306 **國朝畫家書四卷荔香室石刻二卷國朝畫家書小傳四卷**
［清］蔡載福集 葉銘采輯
清宣統元年（1909）西泠印社石印本
7 册

3308 **光宣列傳四十卷**
金粱輯
民國二十三年（1934）鉛印本 6 册

善 0043 **明題名碑錄不分卷：明洪武四年至明崇禎十六年**
［清］李周望輯
清同治刻本 7 册

善 0044 **國朝歷科題名碑錄初卷**
［清］李周望輯
清同治刻本 7 册

3311 **聽園讀左隨筆二十卷**
［清］李藝元撰
清同治十二年（1873）長沙李一經堂刻本 10 册

3312 **清光緒朝中日交涉史料八十八卷**
故宫博物院編
民國二十一年（1932）北平故宫博物院鉛印本 44 册

3313 **螢窗異草初編四卷**
［清］浩歌子著
清光緒二年（1876）上海申報館鉛印本
4 册

3314 **三借廬贅譚十二卷**
［清］鄒弢撰
清光緒十一年（1885）上海申報館鉛印本 2 册

3315 **翰海十二卷**
［明］陳繼儒編 ［明］沈佳允輯
清光緒二年（1876）上海申報館鉛印本
8 册

3316 **靈檀碎金六十八卷**
［清］郎玉銘輯

清光緒二十八年（1902）上海申報館鉛印本 10册

3317 **舉史四十八卷**
［清］王希廉撰
清光緒二年（1876）上海申報館鉛印本 8册

3318 **嘯亭雜錄十卷**
［清］昭槤撰
清光緒上海申報館鉛印本 10册

3319 **紅樓復夢一百回**
［清］小和山樵撰
清光緒上海申報館鉛印 10册

3320 **仙壇花雨一卷**
［清］浮園主人輯
清光緒二年（1876）上海申報館鉛印本 1册

3321 **求闕齋日記類鈔十卷**
［清］曾國藩撰
清光緒十三年（1887）上海申報館鉛印本 2册

3322 **國朝嵊詩鈔四卷**
［清］吕岳孫 黄晃等輯
清光緒十六年（1890）刻本 4册

3323 **庭聞錄六卷**
［清］劉健撰
清光緒上海申報館鉛印本 1册

3324 **夢花亭尺牘一卷**
［清］陸長春撰
清光緒上海申報館鉛印本 1册

3325 **勝朝越郡忠節名賢尺牘一卷**
莫繩孫輯
清光緒三年（1877）上海申報館鉛印本 1册

3326 **東池草堂尺牘四卷**
［清］謝鴻申撰
清光緒上海申報館鉛印本 1册

3327 **十三日備嘗記一卷**
［清］曹晟撰
清光緒二年（1876）上海申報館鉛印本 1册

3328 **雲間據目抄五卷**
［明］范濂撰
清光緒上海申報館鉛印本 2册

3329 **思益堂日札五卷**
［清］周壽昌著
清光緒上海申報館鉛印本 1册

3330　**柳南隨筆六卷續筆四卷**
［清］王應奎撰
清光緒四年（1878）上海申報館鉛印本　4 册

3331　**文海披沙八卷**
［明］謝肇淛撰
清光緒三年（1877）上海申報館鉛印本　1 册

3332　**香祖筆記十二卷**
［清］王士正撰
清光緒三年（1877）上海申報館鉛印本　4 册

3333　**壺天錄三卷**
［清］百一居士撰
清光緒十一年（1885）上海申報館鉛印本　3 册

3334　**妙香室叢話十四卷**
［清］張培仁著
清光緒上海申報館鉛印本　4 册

3335　**萬國史記二十卷**
［日本］岡本監輔撰
清光緒上海申報館鉛印本　10 册

3336　**鏡花緣一百回**
［清］李汝珍撰
清光緒上海申報館鉛印本　10 册　缺 2 册（第二册 9 至 17 回、第六册 44 至 51 回）

3337　**詩句題解韻編四集十二卷**
［清］倪承瓚輯
清光緒元年（1875）上海申報館鉛印本　10 册　缺 2 卷（7、11）

3338　**儒林外史五十六回**
［清］吴敬梓撰
清同治十三年（1874）上海申報館鉛印本　8 册

3339　**醒睡錄初集十卷**
［清］鄧文濱輯
清光緒上海申報館鉛印本　6 册

3340　**女才子十二卷**
［清］煙水散人撰
清光緒三年（1877）上海申報館鉛印本　4 册

3341　**蟫史二十卷**
［清］屠紳撰
清光緒五年（1879）上海申報館鉛印本　6 册

3342　**屑玉叢譚初集六卷**
［清］錢徵　［清］蔡爾康同輯
清光緒四年（1878）上海申報館鉛印本

6 册

3343 **屑玉叢譚二集六卷**
［清］錢徵 ［清］蔡爾康同輯
清光緒四年（1878）上海申報館鉛印本 6 册

3344 **屑玉叢譚三集六卷**
［清］錢徵 ［清］蔡爾康同輯
清光緒四年（1878）上海申報館鉛印本 6 册

3345 **屑玉叢譚四集六卷**
［清］錢徵 ［清］蔡爾康同輯
清光緒四年（1878）上海申報館鉛印本 6 册

3346 **歷代陵寢備考五十卷歷代宗廟附考八卷**
［清］朱孔陽輯
清光緒三年（1877）上海申報館鉛印本 14 册

3347 **幼幼集四卷**
［清］胡文炳輯
清光緒十三年（1887）上海申報館鉛印本 4 册

3348 **薈蕞編二十卷**
［清］俞樾撰
清光緒七年（1881）上海申報館鉛印本 8 册

3349 **鸝砭軒質言四卷**
［清］戴蓮芬撰
清光緒五年（1879）上海申報館鉛印本 2 册

3350 **和約彙抄六卷首一卷**
［清］謝家福輯
清光緒四年（1878）上海申報館鉛印本 5 册

3351 **香咳集十卷附錄一卷**
［清］許夔臣編
清光緒上海申報館鉛印本 4 册

3352 **庸閒齋筆記八卷**
［清］陳其元撰
清同治十二年（1873）上海申報館鉛印本 4 册

3353 **曾文正公家書十卷家訓二卷**
［清］曾國藩撰
清光緒上海申報館鉛印本 12 册

3354 **小五義一百二十四回**
［清］石玉崑撰
清光緒十六年（1890）上海申報館鉛印本 10 册

3355 **客窗閒話八卷**
［清］吳熾昌撰
清光緒二年（1876）上海申報館鉛印本
2 册

3356 **續客窗閒話八卷**
［清］吳熾昌撰
清光緒二年（1876）上海申報館鉛印本
2 册

3357 **曾文正公大事記四卷**
［清］王定安撰
清光緒二年（1876）上海申報館鉛印本
2 册

3358 **硯雲甲編**
［清］金忠淳輯
清光緒上海申報館鉛印本 2 册

3359 **硯雲乙編**
［清］金忠淳輯
清光緒上海申報館鉛印本 4 册

3360 **耳郵四卷**
［清］俞樾撰
清光緒四年（1878）上海申報館鉛印本
1 册

3361 **勝國文徵四卷**
［清］楊家麟編
清光緒上海申報館鉛印本 1 册

3362 **史餘萃覽四卷**
［清］楊家麟輯
清光緒四年（1878）上海申報館鉛印本
1 册

3363 **蕉軒摭錄十二卷**
［清］俞夢蕉著
清光緒上海申報館鉛印本 4 册

3364 **小家語四卷附梟林小史一卷**
［清］黄本銓撰
清光緒上海申報館鉛印本 2 册

3365 **篤素堂文集四卷澄懷園語四卷**
［清］張英撰 ［清］張廷玉撰
清光緒上海申報館鉛印本 1 册

3366 **讀史探驪錄五卷**
［清］姚芝生撰
清光緒上海申報館鉛印本 4 册

3367 **夢園叢説八卷**
［清］方濬頤著
清光緒上海申報館鉛印本 2 册

3368 **影談二卷**
［清］管世灝撰
清光緒二年（1876）上海申報館鉛印本

2 册

3369 **四夢彙談四卷**
［清］吴紹箕撰
清光緒上海申報館鉛印本 2 册

3370 **談古偶錄二卷**
［清］陳拙庵撰 ［清］姚成濟注
清光緒二年（1876）上海申報館鉛印本
2 册

3371 **潛庵漫筆八卷**
［清］程畹撰
清光緒元年（1875）上海申報館鉛印本
2 册

3372 **在園雜志四卷**
［清］劉廷璣著
清光緒上海申報館鉛印本 4 册

3373 **聞見異辭四卷**
［清］許秋垞撰
清光緒上海申報館鉛印本 1 册

3374 **吴門畫舫續錄三卷**
［清］箇中生編
清同治十三年（1874）上海申報館鉛印本 1 册

3375 **三異筆談一集四卷**
［清］許元仲著
清光緒上海申報館鉛印本 1 册

3376 **隨園瑣記一卷**
［清］袁祖志撰
清光緒上海申報館鉛印本 1 册

3377 **甕牖餘談二卷**
［清］王韜撰
清光緒上海申報館鉛印本 1 册

3378 **桯史十五卷附錄一卷**
［宋］岳珂撰
清光緒四年（1878）上海申報館鉛印本
2 册

3379 **紀載彙編十種**
［清］馮夢龍等輯
清光緒四年（1878）上海申報館鉛印本
1 册

3380 **獨悟庵叢抄：浮生六記四卷聞見雜錄一卷鏡亭軼事一卷天山清辨一卷**
［清］楊引傳輯
清光緒四年（1878）上海申報館鉛印本
4 册

3381 **驚喜集二卷**
［清］程畹撰
清光緒三年（1877）上海申報館鉛印本

1 册

3382 **欣賞齋尺牘六卷**

［清］曹仁鏡撰

清光緒上海申報館鉛印本 4 册

3383 **息盦尺牘二卷**

［清］陳觀圻撰

清光緒七年（1881）上海申報館鉛印本

2 册

3384 **六梅書屋尺牘四卷**

［清］淩丹陛撰

清同治十一年（1872）上海申報館鉛印本 2 册

3385 **語新二卷**

［清］錢學綸撰

清光緒二年（1876）上海申報館鉛印本

1 册

3386 **野記四卷**

［明］祝允明纂

清光緒四年（1878）上海申報館鉛印本

1 册

3387 **粉墨叢談二卷**

［清］夢畹生編

清光緒十三年（1887）上海申報館鉛印本 1 册

3388 **侯鯖新錄一卷**

沈飽山編

清光緒二年（1876）上海申報館鉛印本

1 册

3389 **竹西花事小錄一卷燕臺花事錄三卷**

［清］芬利它行者編 ［清］蜀西樵也撰

清光緒三年（1877）上海申報館鉛印本

1 册

3390 **有正味齋尺牘二卷**

［清］吳錫麒書

清光緒元年（1875）上海申報館鉛印本

2 册

3391 **山中一夕話十二卷**

［明］李贄編 ［清］笑笑先生增訂

清光緒上海申報館鉛印本 2 册

3392 **澆愁集八卷**

［清］鄒弢撰

清光緒四年（1878）上海申報館鉛印本

4 册

3393 **訂譌雜錄十卷**

［清］胡鳴玉著

清光緒上海申報館鉛印本 2 册

3394 **有正味齋日記**

［清］吳錫麒撰

清光緒上海申報館鉛印本　2 册

3395　**十洲春語三卷**
［清］二石生編
清光緒三年（1877）上海申報館鉛印本　1 册

3396　**笑史四卷**
［清］陳庚撰　［清］沈泰評
清光緒上海申報館鉛印本　1 册

3397　**香飲樓賓談二卷**
［清］陸長春撰
清光緒三年（1877）上海申報館鉛印本　1 册

3398　**雙桂軒尺牘一卷**
［清］丁善儀著
清光緒三年（1877）上海申報館鉛印本　1 册

3399　**薑露庵雜記六卷**
［清］施山著
清光緒五年（1879）上海申報館鉛印本　1 册

3400　**東征集六卷**
［清］藍鼎元著
清光緒上海申報館鉛印本　2 册

3401　**中俄和約節要一卷**
［□］□□撰
清新疆哈密大營刻本　1 册

3402　**聖諭十六條附律易解一卷**
［清］聖祖玄燁撰
清新疆哈密大營刻本　1 册

3403　**澧志舉要三卷**
［清］潘相纂　［清］潘承煒續纂
清嘉慶二年（1797）經腴堂刻本　2 册

3404　**陳文肅公遺集一卷年譜一卷清芬錄二卷**
［清］陳大受撰　［清］陳文騄輯
清光緒十六年（1890）素園刻本　4 册

3405　**周子通書**
［宋］周敦頤撰　［清］張伯行輯
清刻本　1 册

3406　**器象顯真四卷**
［英國］白力蓋輯　［英國］傅蘭雅口譯
［清］徐建寅删述
清光緒江南機器製造總局刻本　3 册

3407　**營城揭要二卷**
［英國］儲意比撰　［英國］傅蘭雅口譯
［清］徐壽筆述
清末江南機器製造總局鉛印本　2 册

3408 **克虜伯炮准心法一卷**
［布國］軍政局編 ［美國］金楷理口譯
［清］李鳳苞筆述
清末江南機器製造總局鉛印本 1册

3409 **定刑類編**
［清］刑部編
清刻本 1册

3410 **湘陰左日升妾張氏之公案**
［□］□□撰
民國刻本 2册

3411 **兵船炮法六卷**
［美國］水師書院編 ［美國］金楷理口譯 ［清］朱恩錫筆述
清光緒江南機器製造總局鉛印本 3册

3412 **防海新論十八卷**
［布國］希理哈撰 ［英國］傅蘭雅口譯 ［清］華蘅芳筆述
清末江南機器製造總局鉛印本 6册

3413 **航海簡法四卷**
［英國］那麗撰 ［美國］金楷理口譯
［清］王德均筆述
清光緒江南機器製造總局刻本 1册
存2卷（1至2）

3414 **礮法畫譜一卷**
［清］丁乃文撰
清光緒江南機器製造總局鉛印本 1册

3415 **鐵路紀要三卷**
［美國］柯理編 ［清］潘松譯
清光緒江南機器製造總局鉛印本 1册

3416 **爆藥記要六卷**
［美國］水雷局編 ［清］舒高第口譯
［清］趙元益筆述
清光緒江南機器製造總局鉛印本 1册

3417 **電氣鍍金略法一卷**
［英國］華特撰 ［英國］傅蘭雅口譯
［清］周郇筆述
清光緒江南機器製造總局刻本 1册

3418 **通歷十五卷**
［唐］馬總撰 ［宋］孫光憲續撰
民國四年（1915）長沙葉氏夢篆樓鉛印本 2册

3419 **營工要覽四卷**
［英國］傅蘭雅 ［清］汪振聲同譯
清末江南機器製造總局鉛印本 2册

3420 **御製數理精蘊上編四卷**
［明］徐光啓譯
清光緒十九年（1893）江南機器製造總局鉛印本 3册

3421 **測候叢談四卷**
［美國］金楷理口譯 ［清］華蘅芳筆述
清光緒江南機器製造總局刻本 2 册

3422 **水雷秘要五卷圖一卷**
［英國］史理孟撰 ［清］舒高第口譯 ［清］鄭昌棪筆述
清光緒六年（1880）江南機器製造總局刻本 6 册

3423 **攻守礮法一卷**
［布國］軍政局編 ［美國］金楷理口譯 ［清］李鳳苞筆述
清末江南機器製造總局鉛印本 2 册

3424 **攻守礮法一卷腰箍礮説一卷螺繩礮架説一卷**
［布國］軍政局編 ［美國］金楷理口譯 ［清］李鳳苞筆述
清末江南機器製造總局鉛印本 1 册

3425 **行軍測繪十卷首一卷**
［英國］連提撰 ［英國］傅蘭雅口譯 ［清］趙元益筆述
清末江南機器製造總局鉛印本 2 册

3426 **行海要術四卷**
［美國］金楷理口譯 ［清］李鳳苞筆述
清光緒江南機器製造總局刻本 3 册

3427 **行軍鐵路工程二卷**
［英國］傅蘭雅 ［清］汪振聲同譯
清末江南機器製造總局鉛印本 1 册

3428 **悟庵先生成仁錄一卷**
［清］林圭撰 林受祐編
民國鉛印本 1 册

3429 **電氣鍍臬一卷**
［英國］傅蘭雅口譯 ［清］徐華封筆述
清光緒江南機器製造總局刻本 1 册

3430 **五大洲國别最近統計表**
［□］□□撰
民國刻本 1 册

3431 **鹿洲公案二卷**
［清］藍鼎元撰
清光緒七年（1881）江州官舍刻本 2 册

3432 **四裔編年表四卷**
［美國］林樂知 ［清］嚴良勛同譯 ［清］李鳳苞編
清末江南機器製造總局刻本 4 册

善 0045 **六經圖六卷**
［宋］楊甲撰 ［宋］吳翬飛 ［宋］黄松年等編
明刻本 6 册

3434 **水道提綱二十八卷**
［清］齊召南撰
清光緒長沙船山書局刻本 6 册

3435 **李長吉集四卷外集一卷**
［唐］李賀撰 ［清］黄淳耀評點
［清］黎簡批點
清光緒十八年（1892）羊城葉衍蘭刻本
2 册

3436 **三國志注補六十五卷附補遺**
［清］趙一清撰 陶元珍補遺
民國二十四年（1935）北平國立北京大學出版組影印本（初版） 5 册 缺 3 卷（1 至 3）

3437 **三國郡縣表補正八卷**
［清］吳增僅原編 楊守敬補正
清光緒三十三年（1907）鄂城刻本 2 册

3438 **三國職官表三卷**
［清］洪飴孫撰
清光緒十七年（1891）廣雅書局刻本
3 册

3439 **諸史考異十八卷**
［清］洪頤煊撰
清光緒五年（1879）廣雅書局刻本 3 册

3440 **三國志補注續一卷**
［清］侯康撰
清光緒十七年（1891）廣雅書局刻本
1 册

3441 **讀史舉正八卷**
［清］張熷撰
清光緒十七年（1891）廣雅書局刻本
2 册

3442 **三國志辨疑三卷**
［清］錢大昭撰
清光緒十五年（1889）廣雅書局刻本
1 册

3443 **三國志攷證八卷**
［清］潘眉撰
清光緒十五年（1889）廣雅書局刻本
2 册

3444 **三國志攷證八卷**
［清］潘眉撰
清道光世楷堂刻本 1 册

3445 **三國志考異**
［清］錢大昕撰
清刻本 1 册

3446 **三國志補注六卷附諸史然疑一卷**
［清］杭世駿著
清刻道古堂外集本 1 册

3447 **三國疆域志補注十九卷**
［清］洪亮吉撰 ［清］謝鍾英補注 楊守敬補正
清光緒十五年（1889）刻本 8冊

3448 **三國志知意一卷**
劉咸炘撰
民國二十一年（1932）刻本 1冊

3449 **三國志兵事鉤元四卷**
孫傳芳纂 王嵩儒輯
民國十七年（1928）濟南北洋印刷公司鉛印本 1冊

3450 **三國志補義十二卷**
［清］康發祥撰
清咸豐十年（1860）刻本 3冊

3451 **北宋拓多寶塔碑銘**
［唐］顏真卿書
民國石印本 1冊

3452 **東塾讀書記二十五卷**
［清］陳澧撰
清刻本 1冊 存1卷（16）

3453 **孝經質疑一卷**
［清］徐紹楨撰
清光緒十年（1884）刻本 1冊

3454 **神州國光集**
鄧實編錄
清宣統元年（1909）上海神州國光社影印本 17冊

3455 **抱沖齋詩集三十六卷**
［清］斌良撰
清光緒四年（1878）湖南省城通志局刻本 12冊

3456 **包肅公奏議十卷**
［宋］包拯撰
清同治二年（1863）省心閣刻本 4冊

3457 **福氏所藏甲骨文字一卷附考釋一卷**
商承祚編 福開森藏
民國二十二年（1933）南京金陵大學中國文化研究所鉛印本 1冊

3458 **支那書畫人名辭書四卷**
［日本］大西林五郎撰
日本大正八年（1919）東京松山堂刻本 4冊

3459 **鹿鳴雅詠四卷首一卷**
［清］吳大澂等輯
清光緒二十一年（1895）長沙綠蔭草堂刻本 5冊

3460　**嶽游唱和集一卷**
［清］釋敬安　［清］吳嘉瑞撰
清光緒十四年（1888）刻本　1 册

3461　**湖南鄉試硃卷八份墨卷三份頁卷一份會試硃卷二份**
楊先焯　譚紹裘等撰
清刻本　14 册

善 0057　**胡若川仿張仲謙金石刀法**
［清］胡圻鐫
清同治十一年（1872）鈐印本　22 頁

3463　**戊寅叢編十種**
趙詒琛　王大隆輯
民國二十七年（1938）鉛印本　4 册

3464　**清秘述聞再續三卷**
許推輯
民國許氏鞠霜樓抄本　1 册

3465　**光緒乙巳年交涉要覽上編二卷下編三卷**
［清］北洋洋務局纂輯
清光緒三十三年（1907）北洋官報局鉛印本　5 册

3466　**光緒丙午年交涉要覽一編一卷中編二卷下編四卷**
［清］北洋洋務局纂輯
清光緒三十四年（1908）北洋官報局鉛印本　6 册

3467　**清宣統朝中日交涉史料六卷清光緒朝中日交涉史料二十二卷**
故宫博物院編
民國北平故宫博物院鉛印本　14 册

3468　**陶園文集八卷**
［清］張九鉞撰
清道光二十三年（1843）賜錦樓刻本　2 册

3469　**陶園詩集二十四卷**
［清］張九鉞撰
清道光二十三年（1843）賜錦樓刻本　10 册

3470　**撼山草堂遺稿三卷**
［清］陳起書撰
清同治五年（1866）刻本　1 册

3471　**榆囦讀史草**
［清］李壽蓉撰
民國鉛印本　2 册

3472　**天影盦詩存一卷**
［清］李壽蓉撰
民國鉛印本　2 册

3473　**劉建威將軍遺書三種**
［清］劉厚基撰
清光緒元年（1875）刻本　4 册

3474　**牧民忠告二卷**
［元］張養浩撰
清同治七年（1868）姑蘇書局刻本　1 册

3475　**退一步軒雜抄三卷**
［清］李元善撰
清光緒六年（1880）沅陵官舍刻本　1 册

3476　**端敏公集奏議二十卷函牘二卷首二卷**
［清］袁甲三撰　丁振鐸輯
清宣統三年（1911）清芬閣鉛印項城袁氏家集本　25 册

3477　**文誠公奏議六卷函牘二卷文稿拾遺一卷詩稿拾遺一卷首一卷**
［清］袁保恒撰　丁振鐸輯
清宣統三年（1911）清芬閣鉛印項城袁氏家集本　9 册

3478　**中議公事實紀略一卷自乂瑣言二卷**
［清］袁保慶撰　丁振鐸輯
清宣統三年（1911）清芬閣鉛印項城袁氏家集本　2 册

3479　**閣學公公牘十卷書札四卷書札録遺一卷文稿拾遺一卷詩稿拾遺一卷首一卷**
［清］袁保齡撰　丁振鐸輯
清宣統三年（1911）清芬閣鉛印項城袁氏家集本　16 册

3480　**袁氏家書六卷母德録一卷**
袁世傳輯
清宣統三年（1911）清芬閣鉛印項城袁氏家集本　4 册

3481　**湖北詩徵傳略四十卷**
［清］丁宿章輯
清光緒七年（1881）孝感丁氏涇北艸堂刻本　18 册

3483　**書畫鑑影二十四卷首一卷**
［清］李佐賢撰
清同治十年（1871）利津石泉書屋李氏刻本　8 册

3484　**家寶初集八卷**
［清］石成金撰
清尚義堂刻本　8 册

3485　**家寶二集八卷**
［清］石成金撰
清尚義堂刻本　8 册

3486　**家寶三集八卷**
［清］石成金撰

清尚義堂刻本　8 册

3487　**家寶四集八卷**
［清］石成金撰
清尚義堂刻本　8 册

3488　**驗方新編八卷**
［清］鮑相璈撰
清刻本長沙南陽街藏版　10 册　缺 2 册（甲册、乙册）

3489　**居家要書臍風急慢驚風喚醒世人妙文**
［清］王庾梅　［清］莊在田著
清光緒二十年（1894）長沙蘇家巷朱煥章閣刻本　1 册

3490　**四家藏墨圖錄**
葉恭綽等輯
民國影印本　1 册

3491　**津門徵獻詩八卷**
［清］華鼎元著
清光緒十二年（1886）德清俞樾刻本　4 册

3492　**耐庵文存六卷**
［清］賀長齡撰
清咸豐十一年（1861）刻本　3 册

3493　**南明忠烈傳**
蘇雪林撰
民國三十年（1941）國民圖書出版社鉛印本　1 册

3494　**性理精華十九卷**
［清］無量劫佛編　［清］月西老人訂
清宣統二年（1910）湘潭崇善堂刻本　4 册

3495　**楊氏先孍錄存四卷卷首一卷**
［清］楊基善輯
清光緒十七年（1891）善化楊氏益清祠刻本　4 册

3496　**楊氏先孍錄存四卷卷首一卷**
［清］楊基善輯
清光緒十七年（1891）善化楊氏益清祠刻本　4 册

3497　**璧合珠聯集十卷**
［清］翰緣齋主人輯
清光緒二十三年（1897）京都翰緣齋刻本　10 册

3499　**朱子近思錄十四卷**
［宋］朱熹編　［清］徐樹銘校
清同治九年（1870）刻本　2 册

3500　**重修名法指掌圖四卷**

［清］徐灝輯
清同治九年（1870）湖南藩署刻本　4 册

3501　**大清律例四十七卷**
［清］刑部纂修
清刻本　12 册　存 29 卷（8 至 36）

3502　**六圃沈新周先生地學二卷**
［清］沈鎬撰
清刻本　2 册

3503　**商法講義**
陳世琪編
民國湖南財政學校鉛印本　1 册

3504　**租税原論不分卷經濟學不分卷經濟政策不分卷**
周丙炎撰
民國湖南財政學校鉛印本　1 册

3505　**人相水鏡全編**
［清］右髻道人删定
清刻本紫雲閣藏版　4 册

3506　**國朝歷科元墨正宗不分卷**
［清］胡先琅編
清刻本　5 册

3507　**商人通例不分卷商業注册規則不分卷**
［□］□□撰
民國四年（1915）長沙縣知事公署鉛印本　1 册

3508　**英美條款**
［□］□□撰
清咸豐八年（1858）五月刻本　1 册

3509　**法國條款一卷**
［□］□□撰
清刻本　1 册

3510　**奉天鹽運使司擬定屬官章程**
［清］奉天鹽運使司擬
清刻本　1 册

3511　**清河縣春秋丁祭條規**
［□］□□撰
清光緒七年（1881）刻本　1 册

3512　**欽定訓飭州縣規條一卷**
［清］田文鏡　［清］李衛撰
清光緒元年（1875）湖南省荷池書局刻本　1 册

3513　**桂杏聯芳譜六卷附音釋一卷重刻桂宫梯靈驗記一卷重刻續靈驗記一卷重刻桂宫梯題詩一卷附錄一卷重刻聯芳譜附錄一卷**
［清］徐謙輯　［清］裴蔭森重刊

清同治十三年（1874）阜甯裴氏長沙刻本　4 册

3514　**重訂七政臺歷萬年書**
清照齋自訂
清刻本　2 册

3515　**書總目**
［□］□□撰
清刻本　1 册　存 1 卷（下卷）

3516　**篤素堂文集**
［清］張英撰
清刻本　1 册

3517　**合訂能與集讀本**
［清］邢退庵選定
清刻本尚德堂藏版　4 册

3518　**飲冰室文集**
梁啓超著
清石印本　1 册　存 1 卷（2）

3519　**應制詩賦題解四卷**
［清］丁湘錦選注
清刻本　2 册

3520　**全唐排律含英**
［清］劉文蔚選
清刻本　1 册　存 1 卷（3）

3521　**七家詩詳注七卷**
［清］張熙宇輯評　［清］張昶注釋
清道光十二年（1832）刻本尚德堂藏版　1 册　存 1 卷（1）

3522　**太上感應篇**
［清］徐樹鈞書
清光緒二十九年（1903）影印本石耕山房藏版　1 册

3523　**壽世格言**
［清］孟浩校
清嘉慶三年（1798）會文齋刻本　1 册

3524　**文昌帝君功過格**
［□］□□撰
民國四年（1915）長沙織機巷積善小補堂刻本　2 册

3525　**包公真經**
［□］□□撰
民國十三年（1924）長沙織機巷積善小補堂刻本　1 册

3526　**三聖心經**
［□］□□撰
清宣化文社刻本　1 册

3527　**惜字示諭真詮**
［□］□□撰

清刻本　1 册

3528　**中皇戒規論解説**

［□］□□撰

清刻本長沙織機巷積善小補堂藏版

1 册

3529　**皇覺顯密經齋法壇**

［□］□□撰

清刻本　1 册

3530　**關聖帝君覺世經一卷文昌帝君陰騭文一卷**

［□］□□撰

清京師秀文齋刻本　1 册

3531　**戒色勸世文**

［清］補過子輯

清麓山湘水校經堂刻本　1 册

3532　**金剛般若經疏一卷**

［隋］釋智顗説　［隋］釋顯宗會

清光緒七年（1881）長沙刻經處刻本

1 册

3533　**金光斗臨經一卷**

［清］張慶瑗輯

清光緒九年（1883）陳春橋刻本　1 册

3534　**醒迷文**

［□］□□撰

清光緒二年（1876）刻本　1 册

3535　**敬灶章一卷**

［清］□□撰

清光緒十一年（1885）刻清同治十二年（1873）年刻本　2 册

3536　**感應類鈔不分卷**

［清］史潔珵輯

清光緒二十九年（1903）上海商務印書館鉛印本　1 册

3537　**續刻公門福報續刻問刑便覽**

曹廣澤撰　純埜子著

清光緒五年（1879）刻本　1 册

3538　**感應篇直講一卷**

［清］黄體端撰

清咸豐四年（1854）刻本　1 册

3539　**航中帆**

［清］趙熊詔校訂

清道光十四年（1834）公善堂刻本　1 册

3540　**男女戒規歌**

［□］□□撰

民國十年（1921）長沙善書流通處刻本

2 册

3541 **廣達生編一卷**
［清］亟齋居士撰 ［清］周毓齡增補
清光緒十五年（1889）遐齡書舍刻本
2 册

3542 **文昌帝君陰騭文**
［□］□□撰
清道光十九年（1839）刻本 1 册

3543 **文昌孝經**
［□］□□撰
清嘉慶五年（1800）刻本 1 册

3544 **善惡分明**
［□］□□撰
清光緒十二年（1886）刻本 1 册

3545 **新鐫司臺歷數袖裏璇璣十一卷**
［明］夏青山子彙編
清刻本萬選堂藏版 1 册 存 6 卷（1 至 6）

3545（1） **新鐫司臺歷數袖裏璇璣十一卷**
［明］夏青山子彙編
清刻本萬選堂藏版 1 册 存 6 卷（1 至 6）

3546 **袖裏璇璣**
［□］□□撰
民國刻本 1 册

3547 **命理正宗六卷**
［清］張楠撰
清刻本聚星堂藏版 6 册

3548 **太上感應篇圖説八卷首一卷**
［清］黄正元輯
清光緒三十三年（1907）長沙楊翰霞園刻本 8 册

3549 **陰騭果報圖注一卷**
［清］任國鈞校刊
清光緒二十四年（1898）黎家坡翰霞園刻本 1 册

3550 **丹桂籍三卷注釋一卷末一卷**
［明］顔正輯
清嘉慶五年（1800）刻本 4 册

3551 **三聖合編**
［□］□□撰
清光緒十九年（1893）長沙玉家街曾守積刻本 1 册

3552 **玉歷鈔傳不分卷**
［□］□□撰
清道光三十年（1850）長沙郁文堂刻本
4 册

3553　**晨鐘録二卷**
洗心子編
清刻本　2 册

3554　**池上草堂筆記**
［清］梁恭辰撰
清刻本　3 册

3555　**格言聯璧不分卷天帝珠玉篇三章**
［清］金纓輯
民國八年（1919）上海宏大紙號石印本
1 册

3556　**敬灶全書一卷**
［清］惕心憫世道人編
清光緒三年（1877）刻本辜懷德堂藏版
2 册

3557　**灶神靈籤**
［□］□□撰
清同治八年（1869）湘潭十四總正街集成堂刻本　1 册

3558　**文昌帝君陰騭文關聖帝君覺世經**
［□］□□撰
清光緒二十四年（1898）京師秀文齋刻本　1 册

3559　**天機啓蒙**
［□］□□撰
民國手抄本　1 册

3560　**關聖愛國齊家俗歌**
［□］□□撰
清刻本　1 册

3561　**元宰必讀**
［清］彭定求著
清道光二年（1822）刻本玉麟堂藏版
1 册

3562　**廿八宿圖等**
［□］□□撰
清刻本　1 册

3563　**重鐫正俗新編**
［清］溆邑樂善堂首事人同撰
清同治元年（1862）長沙郁文堂刻本
1 册

3564　**陽宅三要四卷**
［清］趙廷楝撰　［清］張含章
［清］王庸弼參著
清刻本　2 册

3565　**果老星宗命格大全十卷**
［清］陸位輯
清咸豐八年（1858）重鎸清經綸堂刻本
1 册　存 2 卷（1 至 2）

3566 **地理五訣八卷**

［清］趙廷棟撰

清經綸堂刻本 4冊

3567 **格言聯璧不分卷天帝珠玉篇三章**

［清］金纓輯

民國八年（1919）上海宏大紙號石印本 1冊

3568 **太上感應篇**

［□］□□撰

民國影印本 2冊

3569 **河圖精義**

［□］□□撰

民國抄本 1冊

3570 **斷易黄金策九卷**

［明］劉基撰

清文蓮堂刻本 1冊 存1卷（上卷）

3571 **占卜繫辭**

［□］□□撰

清嘉慶十四年（1809）敬宗讓堂抄本 1冊

3572 **三聖經白話句解圖驗**

［清］嘉興惜字會顛沛生編

清宣統三年（1911）刻本 1冊

3573 **新增命學須知津梁**

［清］魏明遠纂

清道光十年（1830）刻本鼎翰樓藏版 2冊

3574 **高王觀音經**

［□］□□撰

清刻本 1冊

3575 **日月紀古**

［□］□□撰

清刻本 1冊

3577 **初刻敬信錄文昌聖歌十戒**

［□］□□撰

清刻本 1冊 存1卷（上卷）

3578 **蕊榜捷報錄**

［清］四香居士原本 ［清］欲寡過生手輯

清三樂書屋刻本 1冊

3579 **果報聞見錄一卷**

［清］楊式傳著

清刻本 1冊

3580 **醒迷脱劫勸世文**

陳先德撰

清刻本 1冊

3581　**戒溺女圖説**
［□］□□撰
清刻本　1册

3582　**賢良詞一卷**
［清］□□撰
清光緒七年（1881）刻本　1册

3583　**改良繪圖六千字文一卷**
［清］宋鶴齡增補
清刻本　1册

3584　**實事求是錄(爲彭棟樓恭人辯冤書)**
［清］明里散人撰
清光緒元年（1875）刻本　1册

3585　**校補龍文鞭影四卷幼學珠璣四卷**
［明］蕭良有撰　［明］楊臣諍增訂
［清］李恩綬校補　［清］程登吉撰
清光緒十一年（1885）刻本　4册

3586　**重校十三經不貳字一卷**
［清］李鴻藻撰
清光緒十四年（1888）湖南崇德書局刻本　1册

3587　**萬寶元龍雜字**
［清］徐三省編
清刻本經國堂藏版　2册

3588　**論語**
［□］□□撰
清刻本　1册　存1卷（上卷）

3589　**增補萬寶全書**
［□］□□撰
清刻本　3册　存17卷（4至20）

3590　**學而第一歌（勸民歌）附錄**
［清］蔣敘梅編
清同治四年（1865）李集成堂刻本　1册

3591　**百家姓法帖**
［□］□□撰
清刻本　1册

3591（1）　**律賦選青四卷**
［清］任聘三纂注
清刻本聚錦堂藏版　1册　存2卷（1至2）

3592　**説鈴**
［清］吳震方輯
清刻本　7册

3593　**留茆庵尺牘叢殘四卷**
［清］嚴簕撰
清咸豐八年（1858）刻本　1册　存1卷（1）

3594　**白喉捷要合編**
［清］黄炳乾著
清光緒五年（1879）三王街黄敬修堂刻本　1册

3595　**座右銘贅語八卷**
［清］彭世昌撰
清光緒十二年（1886）信好軒刻本　1册　存4卷（1至4）

3596　**律賦衡裁六卷**
［清］周嘉猷輯　［清］湯聘評
清刻本　3册　缺2卷（1至2）

3607　**温飛卿詩集七卷别集一卷集外詩一卷**
［唐］温庭筠撰　［明］曾益注
［清］顧予咸補注　［清］顧嗣立續注
清秀野草堂刻本　2册

3609　**爾雅郭注三卷**
［晋］郭璞注
清嘉慶十一年（1806）思適齋刻本　1册

3611　**唐寫本説文解字木部箋異一卷**
［清］莫友芝撰
清同治二年（1863）刻本　1册

3612　**昌黎先生詩集注十一卷**
［唐］韓愈撰　［清］朱彝尊
［清］何焯評　［清］顧嗣立删補
清道光贗德堂刻朱墨套印本　2册

3613　**歸震川先生全集**
［明］歸有光撰　［清］歸玠輯
清康熙十二年（1673）刻本　10册

3614　**國語二十一卷札記一卷考異四卷**
［三國吴］韋昭注　［清］黄丕烈札記
［清］汪遠孫考異
清同治八年（1869）湖北崇文書局刻本　5册

3615　**戰國策三十三卷附札記三卷**
［漢］高誘注　［清］黄丕烈札記
清同治八年（1869）湖北崇文書局刻本　5册

3616　**楚辭十七卷**
［戰國］屈原撰　［漢］劉向集
［漢］王逸章句　［宋］洪興祖補注
清同治十一年（1872）金陵書局刻汲古閣本　4册

3617　**世説新語三卷**
［南朝宋］劉義慶撰　［南朝梁］劉孝標注
清刻惜陰軒叢書本　3册

3618　**甘泉鄉人稿二十四卷**

［清］錢泰吉撰
清同治三年（1864）刻本　6 册

3619　**閱微草堂筆記二十四卷**
［清］紀昀撰　［清］盛時彦校
清嘉慶北平盛時彦刻本　10 册

3620　**八年嘉遯集不分卷**
曹典球撰
民國三十四年（1945）鉛印本　1 册

3621　**滄江詩文鈔八卷：詩鈔三卷文鈔三卷詩餘二卷**
許崇熙撰
民國三十七年（1948）鉛印本　1 册

3622　**樵歌三卷**
［宋］朱敦儒撰　［清］吳翌鳳鈔校
清光緒二十六年（1900）刻本　1 册

3623　**絶妙好詞箋七卷續鈔一卷**
［宋］周密輯　［清］查爲仁
［清］厲鶚箋
清乾隆十五年（1750）刻本　4 册

3624　**五經圖**
［明］章達編
清光緒石印本　1 册

3625　**詞選二卷**
［清］張惠言輯
清道光十年（1830）刻本　1 册

3626　**製錢通考三卷**
［清］唐與崑輯
清咸豐二年（1852）刻本　1 册

3627　**歷代統系錄六卷**
［清］黄本騏編
清道光十一年（1831）刻本　1 册

3628　**牡丹亭還魂記二卷**
［明］湯顯祖撰
清光緒十二年（1886）上海同文書局石印本　4 册

3629　**三禮圖二十卷**
［宋］聶崇義集注
清光緒三十二年（1906）上海同文書局石印本　2 册

3630　**高士傳三卷**
［晉］皇甫謐撰　［清］任熊繪
清光緒三年（1877）上海同文書局石印本　1 册

3631　**於越先賢傳一卷**
［清］王齡輯　［清］任熊繪
清光緒十二年（1886）上海同文書局石印本　1 册

3632 **列仙酒牌一卷**
［清］任熊繪
清光緒十二年（1886）上海同文書局石印本 1册

3633 **隋第三分阿摩書經第一**
［□］□□撰
民國十八年（1929）上海中華書局影印本 1册

3633（1） **唐妙法蓮華經方便品第二**
［□］□□撰
民國十八年（1929）上海中華書局影印本 1册

3634 **海藏樓詩十三卷**
鄭孝胥撰
民國三年（1914）武漢刻本 4册

3635 **文人畫之研究**
［日本］大村西崖撰 陳衡恪撰譯
民國十年（1921）鉛印本 1册

3636 **湘潭胡氏世典**
［清］胡元儀纂
清刻本 1册

3637 **古泉叢話三卷**
［清］戴熙撰
清同治十一年（1872）刻本 1册

3638 **癖談六卷**
［清］蔡雲撰
清刻本 1册

3639 **泉苑菁華古泉叢話合刻四卷**
［清］劉喜海 ［清］戴熙撰 丁福保輯
民國二十四年（1935）上海醫學書局石印本 1册

3640 **嘉蔭簃論泉絶句二卷**
［清］劉喜海撰
清道光十八年（1838）嘉蔭簃刻本 1册

3641 **大錢圖録一卷**
［清］鮑康撰
清刻本 1册

3642 **觀古閣泉説一卷續泉説一卷**
［清］鮑康撰 ［清］李佐賢撰
清同治十二年（1873）刻本 1册

3643 **古泉雜詠四卷**
葉德輝撰
清光緒二十七年（1901）刻本 1册

3644 **陶淵明詩不分卷**
［晋］陶潛撰
清光緒影刻本 1册

善0047 **鬳齋考工記解二卷**

［宋］林希逸撰
清同治鍾謙鈞重刻通志堂刻本　2 册

3646　**唐女郎魚玄機詩一卷附録一卷**
［唐］魚玄機撰
清刻本　1 册

3647　**才調集選三卷**
［十國後蜀］韋縠編　［清］王士禛删纂
清刻本　1 册

3648　**古今韻考四卷**
［清］李因篤撰
清光緒六年（1880）福山王氏天壤閣刻本　1 册

3649　**唐人萬首絶句選七卷**
［宋］洪邁輯　［清］王士禛選
清刻本文粹堂藏版　2 册

3650　**悔晦堂對聯話十四卷**
吳恭亨著
民國十年（1921）長沙鴻飛印刷廠鉛印本　4 册

善 0048　**封氏聞見記十卷**
［唐］封演撰
清乾隆二十一年（1756）盧氏雅雨堂刻本　1 册

3652　**述學三卷**
［清］汪中撰
清刻本　1 册

3653　**藝概六卷**
［清］劉熙載撰
清同治十二年（1873）刻本　2 册

3654　**天影盦聯語四卷**
［清］李壽蓉撰　蕭幹編
民國二十三年（1934）長沙府正街謙善書局刻本　1 册

3655　**修真日誦**
［□］□□撰
清光緒九年（1883）刻本遐齡精舍藏版 2 册

3656　**瓷史二卷**
黄裔編
民國刻本　1 册

3657　**三大疑案考實**
孟森撰
民國鉛印本　1 册

善 0049　**東周列國全志二十三卷一百八回**
［清］蔡元放評點
清咸豐四年（1854）書城山房刻朱墨套

印本步月山房藏版　12 册

3660　**繪圖增像五才子書七十回**
［明］施耐庵著　［清］金聖嘆評釋
清廣百宋齋鉛印本　10 册

3661　**繡像封神演義一百回**
［明］許仲琳撰　［明］鍾惺評譯
清廣百宋齋鉛印本　10 册

3662　**硃批增注聊齋志異**
［清］蒲松齡撰　［清］但明倫評
清光緒九年（1883）上海掃葉山房刻朱墨套印本　16 册

3663　**繪圖增像西遊記一百回**
［明］吳承恩著　［清］陳士斌詮解
清廣百宋齋鉛印本　10 册

3664　**考古質疑六卷**
［宋］葉大慶撰
清刻本　2 册

3665　**地學淺釋三十八卷**
［英國］雷俠兒撰　［美國］瑪高温口譯
［清］華蘅芳筆述
清同治十二年（1873）刻本　8 册

3666　**測候叢談四卷**
［美國］金楷理口譯　［清］華蘅芳筆述
清光緒江南機器製造總局刻本　2 册

3667　**光學二卷**
［英國］田大里輯　［美國］金楷理口譯
［清］趙元益筆述
清同治九年（1870）江南機器製造總局刻本　2 册

3668　**運規約指三卷**
［英國］白起德輯　［英國］傅蘭雅口譯
［清］徐建寅筆述
清末江南機器製造總局刻本　1 册

3669　**制火藥法三卷**
［英國］利稼孫等輯　［英國］傅蘭雅口譯　［清］丁樹棠筆述
清末江南機器製造總局鉛印本　1 册

3670　**礮乘新法三卷首一卷圖一卷**
［英國］製造官局撰　［清］舒高第口譯　［清］鄭昌棪筆述
清光緒江南機器製造總局鉛印本　6 册

3671　**克虜伯炮説四卷克虜伯礮操法四卷**
［布國］軍政局編　［美國］金楷理口譯　［清］李鳳苞筆述
清末江南機器製造總局鉛印本　1 册

3672　**克虜伯炮表八卷**
［布國］軍政局編　［美國］金楷理口

譯 ［清］李鳳苞筆述
清末江南機器製造總局鉛印本 1冊

3673 **克虜伯炮彈附圖一卷餅藥造法一卷**
［布國］軍政局編 ［美國］金楷理口譯 ［清］李鳳苞筆述
清末江南機器製造總局鉛印本 1冊

3674 **克虜伯炮彈造法二卷**
［布國］軍政局編 ［美國］金楷理口譯 ［清］李鳳苞筆述
清末江南機器製造總局鉛印本 2冊

3675 **開地道轟藥法三卷附圖一卷**
［英國］武備工程學堂編定 ［英國］傅蘭雅口譯 ［清］汪振聲筆述
清末江南機器製造總局刻本 2冊

3676 **海塘輯要十卷**
［英國］韋更斯撰 ［英國］傅蘭雅口譯 ［清］趙元益筆述
清光緒江南機器製造總局刻本 2冊

3677 **前敵須知四卷**
［英國］克利賴撰 ［清］舒高第 ［清］鄭昌棪譯
清末江南機器製造總局刻本 4冊

3678 **鐵甲叢譚五卷**
［英國］黎特撰 ［清］舒高第 ［清］鄭昌棪譯
清光緒江南機器製造總局鉛印本 2冊

3679 **列國陸軍制九卷**
［美國］歐潑登著 ［美國］林樂知 ［清］瞿昂來譯
清光緒江南機器製造總局刻本 3冊

3680 **航海簡法四卷**
［英國］那麗撰 ［美國］金楷理口譯 ［清］王德均筆述
清光緒江南機器製造總局刻本 1冊
存1卷（3）

3681 **管壘圖説一卷**
［比利時］伯里芽芒撰 ［美國］金楷理口譯 ［清］李鳳苞筆述
清末江南機器製造總局鉛印本 1冊

3682 **繪地法原一卷測繪儀器考一卷**
［美國］金楷理口譯 ［清］王德均筆述
清光緒江南機器製造總局刻本 2冊

3683 **測地繪圖十一卷附卷一卷附表一卷**
［英國］富路瑪撰 ［英國］傅蘭雅口譯 ［清］徐壽筆述
清光緒江南機器製造總局刻本 4冊

3684 **臨陣管見九卷**
［比利時］斯拉弗司撰 ［美國］金楷

理口譯　［清］趙元益筆述
清末江南機器製造總局鉛印本　4 册

3685　**湘軍志十六卷**
王闓運撰
清刻本　4 册

3686　**五大洲國别最近統計表**
［□］□□撰
民國刻本　1 册

3687　**徐氏續修族譜六卷首一卷**
徐芝年總辦
民國元年（1912）東海堂木活字本
45 册

3688　**廣韻五卷**
［宋］陳彭年等撰
清康熙張士俊澤存堂刻本　1 册　存 1 卷（1）

3689　**大廣益會玉篇三十卷**
［南朝梁］顧野王撰　［唐］孫強增補
［清］朱彝尊校
清刻本　1 册　存 1 卷（上卷）

3690　**蜀典十二卷**
［清］張澍撰
清嘉慶二十三年（1818）刻本　4 册

3691　**儒門醫學三卷附一卷**
［英國］海得蘭撰　［英國］傅蘭雅口譯
［清］趙元益筆述
清光緒江南機器製造總局刻本　4 册

3692　**紀效新書十八卷首一卷**
［明］戚繼光撰
清咸豐慎德堂刻本　6 册

3693　**文字形義學**
周兆沅著
民國二十四年（1935）上海商務印書館石印本　1 册

3694　**吳熙文存**
吳熙著
清稿本　2 册

3695　**綺霞江館詩存三卷**
吳熙著
清稿本　3 册

3696　**巴台集一卷**
吳熙著
民國稿本　1 册

3697　**綺霞江館聯語偶存二卷續存一卷**
吳熙著
清稿本　3 册

3698 **讀史隨筆**
［□］□□撰
民國抄本 1册

3699 **詩稿一百六十一首少陵詩鈔一卷詩草稿一卷交結雜錄一卷覘詩雜錄一卷**
［□］□□撰
清稿本 5册

3700 **勺山泉話**
錢無咎著
民國稿本 2册

3701 **陝西通志三十二卷**
［清］賈漢復修 ［清］李楷纂
清康熙六年（1667）刻本 30册

3702 **江油縣志四卷**
［清］桂星纂修
清道光二十年（1840）刻本 4册

3703 **龍安府志十卷**
［清］鄧存詠總纂修 ［清］張方觀［清］彭維植分纂
清道光二十二年（1842）刻本 6册

3704 **壽州志三十六卷首一卷末一卷**
［清］朱士達纂修
清道光九年（1829）刻本 16册

3705 **彰明縣志五十七卷**
［清］何慶恩修 ［清］李朝棟纂
清同治十二年（1873）刻本 9册 存56卷（2至57）

3706 **四川鹽法志四十卷**
［清］丁寶楨等纂
清光緒八年（1882）刻本 16册 缺3卷（1至3）

3707 **劍州志十卷**
［清］張兆辰 ［清］余文焕修［清］李榕纂
清同治十二年（1873）刻本 3册 缺5卷（5至9）

3708 **金石索十二卷首一卷**
［清］馮雲鵬 ［清］馮雲鵷輯
清光緒十九年（1893）上海積山書局石印本 22册 存11卷（金索卷1至5、石索卷1至6）

3709 **史記一百三十卷**
［漢］司馬遷撰 ［南朝宋］裴駰集解［唐］司馬貞索隱 ［唐］張守節正義
清光緒十四年（1888）上海蜚英館石印本 12册

3712 **鄭冢古器圖考十二卷**
關葆謙撰

民國二十九年（1940）上海中華書局影印本　4 册

3714　**戊申全年畫報**
［清］上海時事報館編輯部編
清宣統元年（1909）上海時事報館石印本　14 册　存 14 册（1 至 5、12、13、16 至 19、34 至 36）

3715　**泉貨彙考十二卷**
［清］王錫棨彙纂
民國十三年（1924）上海中華書局影印本　12 册

3716　**善齋吉金錄不分卷**
劉體智編
民國二十三年（1934）廬江劉氏善齋石印本　28 册（4 函）

3718　**陝西金石志三十卷附補遺二卷**
武樹善編
民國二十三年（1934）陝西通志館鉛印本　16 册（4 函）

3719　**陝西藝文志七卷附補遺二卷**
郭毓璋編
民國二十三年（1934）陝西通志館鉛印本　4 册（1 函）

3721　**石雅十二卷**
章鴻釗著
民國十六年（1927）鉛印本　3 册

3722　**積古齋鐘鼎彝器款識十卷**
［清］阮元撰
清嘉慶九年（1804）刻本　4 册

3723　**古匋文舂錄十四卷**
顧廷龍輯
民國二十五年（1936）國立北平研究院石印本　1 册

3724　**楚器圖釋**
劉節撰
民國二十四年（1935）國立北平圖書館影印本　1 册

3726　**漢晋西陲木簡彙編**
張鳳撰
民國二十年（1931）上海有正書局影印本　1 册

3727　**故宫：第 1 至 43 期**
故宫博物院編
民國十八年（1929）影印本　30 册　缺 13 册（11、14、18 至 20、23、30、34 至 38、41）

3728　**漢武梁祠畫像錄一卷附考釋**
容庚撰

民國二十五年（1936）北平燕京大學考古學社影印本 2册

3731 **文廟通考六卷首一卷**
［清］牛樹梅撰
清同治十一年（1872）浙江書局刻本 2册

3732 **歷代年號通檢**
范迪瑞撰
民國齊魯大學國學研究所鉛印本 1册

3733 **歷代紀元編三卷末一卷**
［清］李兆洛撰
民國上海中華書局鉛印四部備要本 1册

3734 **新鄭彝器**
孫海波編
民國二十六年（1937）河南通志館影印本 2册

3735 **太平天國書翰**
蕭一山輯
民國二十六年（1937）國立北平研究院總辦事處影印本 1册

3737 **權衡度量實驗考一卷**
［清］吳大澂撰
民國四年（1915）上虞羅氏影印本 1册

3738 **漢金文錄七卷附录一卷**
容庚撰集
民國二十年（1931）北平國立中央研究院歷史語言研究所影印本 4册

3739 **秦金文錄八卷**
容庚編
民國二十年（1931）北平國立中央研究院歷史語言研究所影印本 1册 存1卷（1）

3740 **古玉圖考不分卷**
［清］吳大澂撰并書
清光緒十五年（1889）上海同文書局石印本 1册

3741 **宋王復齋鐘鼎欵識一卷**
［宋］王厚之輯 ［清］阮元考釋
清嘉慶七年（1802）揚州阮氏積古齋摹刻本 1册

3742 **中國文字之原始及其構造**
蔣善國撰
民國十九年（1930）上海商務印書館石印本 2册

3744 **湖南全省掌故備考三十五卷**
王先謙撰
清光緒十四年（1888）長沙刻本 12册

3745 **彭剛直公奏稿八卷**
［清］彭玉麟撰
清光緒十七年（1891）刻本 4冊

3746 **滄浪小志二卷**
［清］宋犖編
清光緒十年（1884）江蘇書局刻本 1冊

3747 **内務部古物陳列所書畫目錄十四卷附三卷附補遺二卷附勘誤表**
何煜編
民國十四年（1925）北平京華印書局鉛印本 10冊

3748 **北嶽遺書**
［清］閻鎮珩撰
民國鉛印本 5冊

3749 **螺庵詩集十四卷**
羅世彝撰
民國十七年（1928）長沙長治路鴻飛印刷所鉛印本 2冊

3751 **陶齋藏石記四十四卷首一卷藏磚記二卷**
［清］端方撰
清宣統元年（1909）石印本 12冊

3753 **雍睦堂法書**
郭立志輯
民國三十一年（1942）北京豹文齋影印本 1冊

3754 **遯庵古鏡存**
西泠印社編
民國十二年（1923）拓本 1冊

3756 **貞松堂吉金圖三卷**
羅振玉輯
民國二十四年（1935）墨緣堂影印本 3冊

3759 **貞松堂集古遺文十六卷續編三卷補遺三卷**
羅振玉輯
民國二十年（1931）上虞羅氏影印本 14冊

3761 **胡文忠公遺集十卷首一卷**
［清］胡林翼撰
清同治七年（1868）上海醉六堂刻本 10冊

3763 **史料旬刊一至四十期**
故宫博物院文獻館編
民國十九年至民國二十年（1930.6至1931.7）北平故宫博物院鉛印本 40冊

3765 **春覺齋論畫遺稿**
林紓撰

民國二十四年（1935）北平燕京大學圖書館鉛印本　1 册

3766　**水經注四十卷首一卷**
［北魏］酈道元撰
清光緒三年（1877）湖北崇文書局刻本　12 册

3767　**省軒考古類編十二卷**
［清］柴紹炳纂　［清］姚廷謙評
清雍正四年（1726）澹成堂刻本　4 册

3768　**禹貢川澤考二卷**
［清］桂文燦撰
民國三十五年（1946）廣州利華印務局石印本　2 册

3769　**觀身集不分卷**
［清］陳會等撰
清咸豐三年（1853）兩廣督署刻本　1 册

3770　**梅花喜神譜二卷**
［宋］宋伯仁撰并繪
清咸豐五年（1855）兩廣督署刻本　1 册

3771　**歷代世系紀年編一卷**
［清］沈炳震輯　［清］姚文田增輯
清咸豐六年（1856）兩廣督署刻本　1 册

3772　**清遠文木圖**
［清］葉志詵撰
清道光二十九年（1849）兩廣督署刻本　1 册

3773　**瘞鶴銘考一卷**
［清］汪士鋐撰
清咸豐二年（1852）漢陽葉志詵補刻本　1 册

3774　**金石索十二卷首一卷**
［清］馮雲鵬　［清］馮雲鵷輯
清道光元年（1821）滋陽縣署刻本邃古齋藏版　2 册　存 1 卷（金索 6）

3775　**董巴胡王會刻印譜**
［清］董洵等鐫
民國六年（1917）西泠印社鈐印本　4 册

3777　**種竹齋詩草三卷**
胡錕撰
民國十三年（1924）活字本　2 册

3778　**杉蔭橋邊舊草堂詩鈔二卷**
［清］翁壽麐撰
清咸豐三年（1853）刻本　2 册

3779　**求闕齋日記類鈔二卷**
［清］曾國藩撰
清光緒二年（1876）湖南傳忠書局刻本　2 册

3780 **景德鎮陶録十卷**
［清］藍浦撰 ［清］鄭廷桂補輯
清光緒十七年（1891）京都書業堂刻本 4 册

3781 **滇南碑傳集三十二卷末一卷**
方樹梅纂輯
民國二十九年（1940）國立北平圖書館鉛印本 6 册

3782 **歷科鼎甲策：王仁堪**
［清］王仁堪撰
清末刻本 1 册

3782（1） **歷科鼎甲策：李盛鐸**
李盛鐸撰
清末刻本 1 册

3782（2） **歷科鼎甲策：鍾駿聲**
［清］鍾駿聲撰
清末刻本 1 册

3782（3） **歷科鼎甲策：陸潤庠**
陸潤庠撰
清末刻本 1 册

3782（4） **歷科鼎甲策：陳冕**
［清］陳冕撰
清末刻本 1 册

3782（5） **歷科鼎甲策：洪鈞**
［清］洪鈞撰
清末刻本 1 册

3783 **磻湖先生遺稿二卷**
［清］魏瓊撰
民國四年（1915）衡陽魏氏石印本 1 册

善 0050 **尚書表注二卷**
［元］金履祥撰
清康熙通志堂經解本 1 册

3785 **紅樓夢圖詠不分卷**
［清］改琦繪 ［清］顧恒等題
清光緒五年（1879）刻本 4 册

3786 **瞿文慎公詩選遺墨四卷聖德紀略一卷傫直紀略一卷恩遇紀略一卷舊聞紀略一卷**
瞿鴻禨撰
民國九年（1920）長沙瞿氏超覽樓石印本 5 册

3787 **湘綺樓史贊十七卷**
王闓運撰
民國十五年（1926）長沙刻本 4 册

3788 **清道人遺二卷附録一卷**
李瑞清撰
民國二十八年（1939）上海中華書局鉛

印本　3 册

3789　**榆囦讀史草**
［清］李壽蓉撰
清同治十一年（1872）抄本　1 册

3791　**玉泓館縮刻周石鼓文**
［明］顧從義輯　［清］葉志詵校
清道光二十八年（1848）刻本　1 册

3792　**增補白眉故事十卷**
［明］許以忠集　［清］鄧志謨校
［清］許貫日注釋
清康熙四十一年（1702）聚錦堂刻本
2 册

3794　**何紹基殿試墨卷**
［清］何紹基撰
清石印本　1 册

3795　**民國時代海軍艦艇明信片七張**
［□］□□撰
石印本　1 册

3796　**孫中山奉安紀念明信片**
［□］□□撰
民國石印本　1 册

3797　**王之春生前友好僚屬通訊集**
［□］□□撰
清手稿　316 張

3798　**敬吾心室識篆圖不分卷**
［清］朱善旗撰　［清］朱之榛編
清光緒三十四年（1908）影印本　2 册

3799　**張叔未解元所藏金石文字一卷**
［清］張廷濟輯
清光緒四會嚴氏鶴緣齋石印本　1 册

3800　**醉墨軒畫譜初集四册續集四册**
胡炎卿繪
民國十九年（1930）大聖書局石印本
8 册

3801　**六一山房詩集十卷**
［清］董沛撰
清同治十三年（1874）刻本　4 册

3802　**雙梅景闇叢書**
葉德輝輯
清光緒二十九年（1903）長沙葉氏郋園
刻本　5 册

3803　**惜陰齋遺稿**
［清］唐宗海撰
民國二十年（1931）石印蜨社叢刊本
1 册

3804　**文徵一卷**

林紓口授　朱羲胄纂述
民國九年（1920）黄岡陶子麟刻本　1 册

3805　**九香山人七十唱和詩編**
王壽慈輯
民國二十年（1931）鉛印本　1 册

3806　**惜抱軒詩抄**
［清］姚鼐撰　［清］歐陽勳選
清道光三十年（1850）歐陽勳抄本　1 册

3807　**怡盦詩草**
黄傳麒著
民國十三年（1924）石印本　1 册

3808　**尊聞室剩草二卷**
陳鼎忠撰
民國三十七年（1948）益陽文獻委員會鉛印本　1 册

3809　**張濬園書廣雅相國奏議**
［清］張曾疇書
民國十二年（1923）石印本　1 册

3810　**劫餘吟草**
宗子威著
民國三十二年（1943）新化喚民書局鉛印本　1 册

3811　**小我日記**
［□］□□撰
民國二十二年（1933）稿本　1 册

3812　**丁未生譚叢六卷**
孔慕農撰
民國三十五年（1946）長沙嶽南鑄字印刷廠鉛印本　1 册

3813　**五言飛鳥集**
［印度］太戈爾著　姚華譯
民國十八年（1929）鉛印本　1 册

3814　**馬克心自放快炮説二篇附補遺**
［英國］包樂德口述　□□筆述
民國十六年（1927）抄本　1 册

3817　**集聯**
［□］□□撰
民國抄本　1 册

3818　**歷代帝王在位年數考**
［□］□□撰
民國抄本　1 册

3819　**竹書紀年通考附徐世溥書信五通**
［□］□□撰
民國抄本　1 册

3820　**欽定秘殿珠林石渠寶笈續編不分卷**
［清］王杰等編

民國三十七年（1948）開平譚氏區齋影印本 40 册

3821 **鶺鴒頌**

［唐］玄宗李隆基書

民國二十一年（1932）北平故宫博物院影印本 1 册

3822 **姚惜抱文稿不分卷**

［清］姚鼐撰

民國二十四年（1935）上海商務印書館影印本 1 册

3823 **葭洲書屋遺稿一卷**

［清］劉安瀾著

民國十三年（1924）吳興劉氏嘉業堂刻本 1 册

3824 **入蜀稿五卷國聲集一卷**

唐鼎元著

民國三十六年（1947）南京樹文印刷工業社鉛印本 2 册

3825 **崇德老人自訂年譜一卷**

曾紀芬訂

民國二十年（1931）鉛印本 1 册

3826 **自怡齋詩一卷**

胡俊撰

民國二十八年（1939）南京金陵大學文學院刻本 1 册

3827 **癸酉九日掃葉樓登高詩集不分卷**

曹經沅集

民國二十三年（1934）鉛印本 1 册

3828 **大至閣詩一卷**

諸宗元撰

民國二十二年（1933）鉛印爰居閣叢書本 1 册

3829 **讀三國志蠡述三卷**

李澄宇撰

民國二十二年（1933）長沙湘鄂印刷公司鉛印本 1 册

3830 **積石叢稿五卷**

張舜徽撰

民國三十五年（1946）壯議軒鉛印本 1 册

3831 **廣校讎略不分卷**

張舜徽撰

民國三十四年（1945）壯議軒刻本 1 册

3832 **養復園詩集不分卷**

程潛撰

民國三十一年（1942）渝州刻本 1 册

3833 **養復園詩集不分卷**

程潛撰
民國鉛印本　1 册

3834　**訒庵詩鈔一卷**
彭敦毅著
民國十二年（1923）鉛印本　1 册

3835　**綺霞江館聯語偶存一卷**
吳熙撰
清宣統二年（1910）長沙刻本　1 册

3836　**寶綸堂集古錄十一卷附錄一卷**
［清］齊召南撰　［清］齊毓川輯
清光緒十四年（1888）齊氏擘古齋木活字本　2 册

3837　**静庵先生遺集五卷静庵賸稿二卷**
劉静庵撰
民國二十四年（1935）長沙鉛印本　1 册

3838　**恪靖侯盾鼻餘瀋一卷**
［清］左宗棠撰
清光緒七年（1881）長沙刻本　1 册

3839　**談浙四卷**
［清］許瑶光撰
清光緒十四年（1888）刻本　2 册

3840　**度遼吟草二卷**
宗威撰
民國三十二年（1943）新化唤民書局鉛印本　1 册

3841　**顗頠室詩稿四卷**
［清］李瀚昌著
清末石印本　1 册　缺 2 卷（1 至 2）

3842　**詹厂艾齡唱和集一卷**
李言仲撰
民國三十四年（1945）鉛印本　1 册

3843　**養餘老人（朱昌琳）挽詞彙編一卷**
孫舉璜輯
民國五年（1916）鉛印本　1 册

3844　**蔚廬亥子集四卷**
劉人熙撰
民國二年（1913）鉛印本　2 册

3845　**湘鄉縣志六卷**
［清］張天如主修　［清］謝天錦等纂修
清乾隆十三年（1748）刻本　4 册　缺 2 卷（3、5）

3846　**國粹學報**
國粹學報館編
清光緒至清宣統鉛印本　8 册

3847　**續甬上耆舊詩集一百四十卷張蒼水全集十二卷**

［明］張煌言撰 ［清］全祖望輯選
清宣統元年（1909）國學保存會鉛印本
4 册 存 52 卷（續甬上耆舊詩集 13 至 27、45 至 74，張蒼水全集 1 至 7）

3848 **文獻通考纂要**
［□］□□撰
清抄本 1 册 存 3 卷（選舉考，學校考，職官考各一卷）

3850 **譚嗣同書簡**
［清］譚嗣同撰
民國鉛印本 1 册

3851 **中西紀事二十四卷**
［清］夏燮撰
清末鉛印本 6 册

3852 **萸江吟社詩集第二輯**
萸江吟社編
民國二十九年（1940）鎮梅印刷社鉛印本 1 册

3853 **適廬謎語二卷回文一卷**
熊志高撰 譚延闓題序
民國八年（1919）稿本 3 册

3854 **庚子國變記一卷**
［清］李希聖撰
清刻本 1 册

3855 **甘肅通志五十卷首一卷**
［清］許容等主修 ［清］李迪等纂
清乾隆元年（1736）刻本 33 册 存 46 卷（1 至 10、12 至 42，又重卷 12 至 16）

3856 **同州府志三十四卷附文徵錄三卷**
［清］李思繼 ［清］文廉總纂
［清］蔣湘南編
清咸豐二年（1852）刻本 24 册

3857 **華陰縣志二十二卷首一卷**
［清］張曾塝 ［清］許光基等主修
［清］李天秀 ［清］李汝榛纂
清乾隆五十九年（1794）刻本 16 册
存 20 卷（2 至 21）

3858 **先船山公年譜前編一卷後編一卷**
［清］王之春撰
清光緒十九年（1893）刻本 2 册

3859 **瓠庵續集八卷附遺錄二卷**
曾廉撰
民國十三年（1924）層漪堂刻本 5 册

3860 **潭陽蔡氏九儒書九卷**
［明］蔡有鵾輯
清光緒十二年（1886）刻本廬峰書院藏版 6 册

3861 **福王登極實錄一卷過江七事一卷金陵紀略一卷**
［明］文震亨著 ［清］陳貞慧撰
［清］□□撰
民國元年（1912）上海商務印書館鉛印痛史本 1 册

3862 **哭廟紀略一卷**
［清］□□撰
民國元年（1912）上海商務印書館鉛印痛史本 1 册

3863 **丁酉北闈大獄紀略一卷**
［清］信天翁撰
民國元年（1912）上海商務印書館鉛印痛史本 1 册

3864 **研堂見聞雜記一卷**
［清］王家禎撰
民國元年（1912）上海商務印書館鉛印痛史本 1 册

3865 **思文大紀八卷**
［清］□□撰
民國元年（1912）上海商務印書館鉛印痛史本 4 册

3866 **弘光實錄鈔四卷**
［清］古藏室史臣（黄宗羲撰）
民國元年（1912）上海商務印書館鉛印痛史本 2 册

3867 **淮城紀事一卷附揚州變略一卷京口變略一卷**
［明］□□ ［明］□□ ［明］□□撰
民國元年（1912）上海商務印書館鉛印痛史本 1 册

3868 **崇禎長編二卷**
［明］□□撰
民國元年（1912）上海商務印書館鉛印痛史本 1 册 存 1 卷（1）

3869 **浙東紀略一卷**
［清］徐芳烈撰
民國元年（1912）上海商務印書館鉛印痛史本 1 册

3870 **嘉定縣乙酉紀事一卷**
［清］朱子素撰
民國元年（1912）上海商務印書館鉛印痛史本 1 册

3871 **鹿樵紀聞三卷**
［清］吳偉業撰
民國元年（1912）上海商務印書館鉛印痛史本 2 册 缺 1 册（2）

3872 **隆武遺事一卷**
［清］□□撰

民國元年（1912）上海商務印書館鉛印痛史本 1 册

3873 **客滇述一卷**
［清］顧山貞撰
民國元年（1912）上海商務印書館鉛印痛史本 1 册

3874 **甲申朝事小紀八卷**
［清］抱陽生撰
民國元年（1912）上海商務印書館鉛印痛史本 1 册

3875 **藝風藏書記八卷續八卷**
繆荃孫撰
清光緒二十六年（1900）刻本 6 册

3876 **藏書紀事詩六卷**
葉昌熾撰
清宣統二年（1910）刻本 6 册

3877 **史記會注考證駁議一卷**
魯實先撰
民國二十九年（1940）鉛印本 1 册

3878 **江忠烈公遺集一卷**
［清］江忠源撰
清咸豐六年（1856）長沙刻本 1 册

3879 **明李文正公年譜七卷**
［清］法式善撰 ［清］唐仲冕增補
清嘉慶九年（1804）刻本 1 册 存 3 卷（1 至 3）

3881 **清代徵獻類編五種**
嚴懋功編
民國二十年（1931）無錫民生公司鉛印曉霞書屋叢書本 8 册

3882 **經學通論五卷**
［清］皮錫瑞撰
清光緒三十三年（1907）湖南思賢書局刻本 5 册

3883 **清儀閣所藏古器物文不分卷**
［清］張廷濟編
民國上海涵芬樓影印本 10 册

3884 **説文解字注三十卷附五表**
［清］段玉裁撰
清同治十一年（1872）湖北崇文書局刻本 18 册

3885 **貳臣傳八卷**
［清］國史館編
清北京正陽門琉璃廠榮錦書坊刻本 8 册

3886 **國朝館選錄：清順治三年至清宣統**
［清］沈廷芳等輯

清翰林院刻本　2 册

3887　**胡永昌拓金石拓片**
胡永昌拓
拓片　1 册

3888　**道榮堂詩集十卷**
［清］陳鵬年撰
清乾隆二十七年（1762）刻本　6 册

3889　**長安獲古編二卷補一卷**
［清］劉喜海纂
清刻本　2 册

3890　**西清續鑑乙編二十卷**
［清］王杰等輯
清宣統二年（1910）上海商務印書館影印本　20 册

3891　**珠泉草廬師友錄十一卷**
［清］廖樹蘅等撰　梅焯憲編
民國三十七年（1948）木活字本　3 册

3893　**中外交涉紀略四卷**
［清］日新齋主人編
清光緒二十四年（1898）盉山氏刻本　2 册

3894　**陳長簇函稿**
陳長簇撰
民國稿本　2 册

3895　**陳長簇函稿**
陳長簇撰
民國二十三年（1934）稿本　7 册

3896　**沌盦詠史詩存九卷**
鄧振聲撰
民國石印本　1 册

3897　**鶴壽山房詩集四卷**
［清］李子榮撰
清刻本　1 册　存 2 卷（3 至 4）

3898　**南雷詩草二卷**
歐陽武撰
民國十二年（1923）秋聲館石印本　2 册

3899　**焦尾集一卷**
賀宗章撰
民國九年（1920）石印本　1 册

3900　**吴梅村詞一卷**
［清］吴偉業撰
清光緒十六年（1890）湖北官書處刻本　1 册

3901　**清贈資政大夫淩公墓誌銘**
譚延闓題　鄭繼烈撰　鄭沅書
民國拓本　1 册

3902 **妙怡老人馬母張太夫人神道碑**
［□］□□撰
民國二十四年（1935）石印本 1册

3903 **總理遺墨第二輯**
孫文書
民國十九年（1930）影印本 1册

3904 **周明公彝文釋考**
吳寶煒撰
民國十九年（1930）石印本 3册

3905 **巴黎茶花女遺事**
［法國］小仲馬撰 林紓譯
清光緒二十七年（1901）長沙玉情瑶怨館鉛印本 1册

3906 **晚周繒書攷証不分卷**
蔡季襄撰
民國三十三年（1944）石印本 1册

3907 **大悲心陀羅尼經**
［唐］釋伽梵達摩譯
民國十七年（1928）陳澤涵抄本 1册

3908 **金剛般若波羅密經一卷**
［後秦］釋鳩摩羅什譯 鄭沅書
民國影印本 1册

3910 **清季各國照會目錄**
張德澤編
民國二十五年（1936）北平故宫博物院文獻館鉛印本 4册

3911 **莊子南華真經十卷**
［戰國］莊周撰 ［晋］郭象注
［唐］陸德明音義
清光緒十一年（1885）湖南傳忠書局刻本 6册

3912 **韓非子集解二十卷首一卷**
［清］王先慎撰
清光緒二十二年（1896）刻本 6册

3913 **史通削繁四卷**
［清］紀昀撰
清光緒二十一年（1895）湖南寶慶澹雅書局刻本 4册

3914 **魏書校勘記一卷**
王先謙撰
清光緒九年（1883）長沙王氏刻本 1册

3916 **欽定西清古鑑四十卷錢録十六卷**
［清］梁詩正等編
清光緒十四年（1888）上海鴻文書局石印本 24册

3917 **小校經閣金石文字拓本十八卷**
劉體智編

民國二十四年（1935）石印本　18 册

3918　**林文忠公政書三十七卷**
［清］林則徐撰　［清］李元度編
清末刻本　10 册

3919　**奕載堂古玉圖錄不分卷**
［清］瞿中溶撰
民國十九年（1930）瑞安陳準湫漻齋刻本　1 册

3920　**慎盦詩鈔二卷**
［清］左宗植撰
清光緒元年（1875）湘陰左氏刻本　2 册

3921　**萬山草堂詩集六卷**
［清］李登雲撰
清光緒三十三年（1907）武林刻本　2 册

3922　**太平天國詩文鈔不分卷**
羅邕　沈祖基同輯
民國二十一年（1932）上海商務印書館鉛印本　2 册

3928　**漢魏六朝磚文不分卷**
王樹枏集藏
民國二十四年（1935）上海商務印書館影印本　2 册

3929　**國朝兩浙科名錄不分卷**
［清］黄安綬輯
清咸豐七年（1857）京師刻本　2 册

3930　**光緒丁酉科各省選拔同年明經通譜一卷**
［□］□□撰
清光緒二十三年（1897）北京文奎齋等七家刻字鋪刻本　4 册

3931　**清代殿試考略一卷**
傅增湘撰
民國二十二年（1933）天津大公報社鉛印本　1 册

3933　**常勝軍案略**
謝元壽輯
泰山古舊書店傳抄本　1 册

3935　**南豐先生元豐類藁五十卷**
［宋］曾鞏撰
民國上海涵芬樓影印四部叢刊本　10 册

3936　**光緒六年庚辰科會試同年齒錄一卷**
［□］□□撰
清光緒六年（1880）會文齋刻本　2 册

3937　**格一齋日記**
孔昭綬撰
民國十五年至民國十八年（1926 至 1929）稿本　10 册

3939　**民國十五年大事紀及戰紀**
［□］□□撰
民國鉛印本　2 册

3940　**湖南省政府職員錄**
湖南省政府秘書處編
民國鉛印本　1 册

3941　**湖南省政府職員錄**
湖南省政府秘書處編
民國鉛印本　1 册

3947　**積學齋叢書**
徐乃昌輯
清光緒十六年（1890）南陵徐氏刻本
20 册

3948　**湘綺樓日記不分卷**
王闓運撰
民國十六年（1927）上海商務印書館鉛印本　32 册

3949　**湘綺樓箋啓八卷**
王闓運撰
清光緒三十三年（1907）長沙劉氏墨莊刻本　6 册

3950　**湘綺樓文集八卷**
王闓運撰
清光緒三十三年（1907）長沙劉氏墨莊刻本　4 册

3951　**湘綺樓詩集十四卷**
王闓運撰
清光緒三十三年（1907）長沙劉氏墨莊刻本　4 册

3952　**湘綺樓選絶妙好詞三編**
王闓運輯
民國元年（1912）零陵刻本　1 册

3953　**遐庵彙稿三編**
葉恭綽撰
民國十九年（1930）鉛印本　4 册

3954　**古董辨疑二卷**
趙汝珍撰
民國三十二年（1943）鉛印本　2 册

3955　**國朝學案小識十四卷末一卷**
［清］唐鑑撰
民國二十年（1931）上海中華書局鉛印四部備要本　4 册

3956　**皇朝經世文編一百二十卷姓名總目二卷**
［清］賀長齡輯
清光緒廣百宋齋鉛印本　24 册

3957　**皇朝經世文續編一百二十卷**

［清］葛士濬輯
清光緒十四年（1888）圖書集成局鉛印本　32 册

3958　**藕香零拾**
繆荃孫輯
清光緒至清宣統刻本　32 册

3965　**鐘鼎彝器吉金文字**
似僧藏
拓片剪貼本　2 册

3966　**湘綺府君年譜六卷**
王代功撰
民國十二年（1923）長沙湘綺樓刻本　2 册

3967　**湘綺樓文集八卷**
王闓運撰
清光緒二十六年（1900）烝陽刻本　4 册

3968　**湘綺樓詩集十四卷別集三卷**
王闓運撰
清光緒三十三年（1907）衡陽東洲講舍刻本　5 册

3969　**湘綺樓箋啓八卷**
王闓運撰
清光緒三十年（1904）衡陽刻本　4 册

3970　**周易説十一卷**
王闓運撰
清光緒三十二年（1906）衡陽東洲刻本　4 册

3971　**尚書箋三十卷**
王闓運撰
清光緒二十九年（1903）衡陽東洲講舍刻本　4 册

3972　**尚書大傳補注七卷**
王闓運撰
民國十二年（1923）刻本　1 册

3973　**詩經補箋二十卷**
王闓運撰
清光緒三十二年（1906）衡陽東洲講舍刻本　8 册

3974　**論語訓不分卷**
王闓運撰
清光緒刻本　2 册

3975　**禮經箋十七卷**
王闓運撰
清光緒二十二年（1896）衡陽東洲講舍刻本　6 册

3976　**禮記箋四十六卷**
王闓運撰

清光緒二十二年（1896）衡陽東洲講舍刻本　10 册

3977　**周官箋六卷**
王闓運撰
清光緒二十二年（1896）衡陽東洲講舍刻本　6 册

3978　**春秋公羊傳箋十一卷**
王闓運撰
清光緒三十四年（1908）刻本　6 册

3979　**爾雅集解十九卷**
王闓運撰
清光緒二十九年（1903）衡陽東洲講舍刻本　4 册

3980　**穀梁申義一卷**
王闓運撰
清光緒十七年（1891）刻本　1 册

3981　**春秋例表不分卷**
［清］王代豐撰
清光緒三十四年（1908）衡陽東洲講舍刻本　2 册

3982　**莊子注二卷**
王闓運注
清同治八年（1869）刻本　2 册

3983　**墨子七十一篇三卷墨子佚文一卷**
［戰國］墨翟撰　［清］畢沅輯　王闓運注
清光緒三十年（1904）江西書局刻本　2 册

3984　**鶡冠子一卷**
王闓運録
清宣統三年（1911）安仁刻本　1 册

3985　**楚辭釋十一卷**
王闓運撰
清光緒二十七年（1901）衡陽刻本　1 册

3986　**八代詩選二十卷**
王闓運輯
民國十二年（1923）經濟堂刻本　8 册

3987　**唐詩選十三卷**
王闓運輯
清宣統三年（1911）衡陽東洲講舍刻本　10 册

3988　**湘綺樓選絶妙好詞三編**
王闓運輯
民國元年（1912）零陵刻本　2 册

3989　**湘軍志十六卷**
王闓運撰
清宣統元年（1909）衡陽東洲講舍刻本

2册　存11卷（1至4、10至16）

3990　**王志二卷**
［清］陳兆奎編輯　王闓運撰
清光緒刻本　1册

3991　**忠王李秀成自述**
［清］李秀成撰
影印本　2册

3994　**清徽樓楹帖款選**
程息叟手輯　秋廬手校
民國二十年（1931）稿本　1册

3995　**篆文詩經**
［清］李光地等編
清光緒九年（1883）上海同文書局石印欽定篆文六經四書本　1册

3996　**篆文書經**
［清］李光地等編
清光緒九年（1883）上海同文書局石印欽定篆文六經四書本　1册

3997　**篆文易經**
［清］李光地等編
清光緒九年（1883）上海同文書局石印欽定篆文六經四書本　1册

3998　**篆文周禮**
［清］李光地等編
清光緒九年（1883）上海同文書局石印欽定篆文六經四書本　2册

3999　**篆文儀禮**
［清］李光地等編
清光緒九年（1883）上海同文書局石印欽定篆文六經四書本　2册

4000　**篆文春秋**
［清］李光地等編
清光緒九年（1883）上海同文書局石印欽定篆文六經四書本　1册

4001　**篆文大學篆文中庸篆文論語**
［清］李光地等編
清光緒九年（1883）上海同文書局石印欽定篆文六經四書本　1册

4002　**篆文孟子**
［清］李光地等編
清光緒九年（1883）上海同文書局石印欽定篆文六經四書本　1册

4003　**耐園集**
左雛麟著
民國衡陽自強文化公司石印本　1册

4004　**説文解字句讀三十卷附句讀補正**
［清］王筠撰

清光緒八年（1882）餘姚朱氏刻本　14 册

4005　**故宫殿本書庫現存目三卷**
陶湘編輯
民國二十二年（1933）北平故宫博物院圖書館鉛印本　3 册

4006　**故宫善本書目三卷**
張允亮編
民國二十三年（1934）北平故宫博物院圖書館鉛印本　1 册

4007　**内閣大庫書檔舊目補不分卷**
國立中央研究院歷史語言研究所編
民國二十五年（1936）上海商務印書館鉛印本　1 册

4008　**國立北平圖書館方志目録二編**
國立北平圖書館編
民國二十五年（1936）國立北平圖書館鉛印本　1 册

4009　**清内府藏刻絲繡綫書畫録二卷**
朱啓鈐輯
民國十九年（1930）鉛印本　1 册

4010　**太平天國起義記**
［清］洪仁玕述　［瑞典］韓山文撰　簡又文譯
民國二十四年（1935）北平燕京大學圖書館鉛印本　1 册

4011　**雅學攷一卷**
［清］胡元玉撰
民國二十五年（1936）長沙東長街梁益智書局鉛印本　1 册

4012　**古月軒瓷考不分卷**
楊歗谷撰
民國北平雅韻齋鉛印本　1 册

4013　**倚山閣詩二卷附淡月平芳館詞一卷**
章華撰
民國十九年（1930）刻本　1 册

4014　**湘雨樓詞五卷**
［清］張祖同撰
民國十一年（1922）刻本　4 册

4015　**袖海樓雜著四種十二卷**
［清］黄汝成撰
民國二十九年（1940）北平燕京大學圖書館影印本　2 册

4017　**子史輯要詩賦題解四卷續編四卷**
［清］胡本淵編
清刻本經庫閣藏版　1 册

4018　**簡明五經備旨（樣本）**

［清］鄒聖脈纂輯
清光緒二十八年（1902）石印本　6冊

4019　**巧搭清新**
［□］□□撰
民國石印本　6冊

4020　**張文襄公電稿六十六卷**
［清］張之洞撰
民國七年（1918）鉛印本　22冊

4021　**皕宋樓藏書志一百二十卷續志四卷**
［清］陸心源編
清光緒八年（1882）刻本　32冊

4022　**史外八卷**
［清］汪有典撰
清光緒元年（1875）刻本　8冊

4024　**羅山遺集八卷首一卷年譜二卷小學韻語一卷姚江學辯二卷讀孟子劄記二卷人極衍義一卷周易附説一卷**
［清］羅澤南撰
清咸豐至清同治長沙郁文堂刻本　10冊

4025　**庸庵尚書奏議十六卷**
陳夔龍撰
清宣統三年（1911）鉛印本　8冊

4026　**古今圖書集成目錄四十卷附康跋**
［清］蔣廷錫等撰
民國二十三年（1934）上海中華書局影印本　6冊

4027　**四部備要書目提要**
［□］□□撰
民國二十五年（1936）上海中華書局鉛印本　4冊

4028　**士禮居黄氏叢書**
［清］黄丕烈輯
民國四年（1915）上海石竹山房石印本　30冊

4029　**蕘圃藏書題識十卷補遺一卷**
［清］黄丕烈　［清］繆荃孫輯
民國八年（1919）金陵書局刻本　10冊

4030　**李肅毅伯奏議十三卷**
［清］李鴻章　［清］章洪鈞撰
［清］吳汝綸編輯
清末石印本　13冊

4031　**霜杰集不分卷**
金兆棪輯
民國鉛印本　2冊

4033　**輯佚叢刊**
陶棟輯
民國三十七年（1948）上海中華書局鉛

印本　1 册

4034　**大清縉紳全書四卷**
［清］榮禄堂編
清宣統二年（1910）榮禄堂刻本　4 册

4035　**山東現任候補同官錄**
［清］布政使署發行
清宣統元年（1909）簡報館石印本　1 册

4036　**歷代循吏傳八卷**
［清］蔡世遠　［清］朱軾纂
民國三年（1914）上海廣益書局石印本
4 册

4037　**魏默深先生文集**
［清］魏源撰
清光緒二十九年（1903）金陵刻本　2 册

4038　**十六觀齋遺集五卷**
［清］何維棟撰
民國十四年（1925）鉛印本　2 册

4039　**古微堂内集三卷外集七卷**
［清］魏源撰
清光緒四年（1878）淮南書局刻本　4 册

4040　**二林居集二十四卷**
［清］彭紹升撰
清光緒七年（1881）蘇州刻本　6 册

4041　**禮闕郵齋詩鈔二卷**
袁思永撰
清光緒三十三年（1907）石印本　1 册

4042　**善卷堂四六十卷**
［清］陸繁弨撰　［清］吳自高注
清乾隆三十五年（1770）刻本亦園藏版
8 册

4043　**孔子聖蹟圖不分卷**
李炳衛鑒定
民國二十三年（1934）北平民社影印本
1 册

4045　**畫史彙稿文徵明二卷**
［明］文徵明繪
民國十八年（1929）上海神州國光社鉛
印本　2 册

4047　**賓虹詩草三卷補遺一卷**
黄質著
民國二十二年（1933）石印本　1 册

4048　**説文釋例二十卷**
［清］王筠撰
清光緒九年（1883）成都御風樓刻本
20 册

善 0053　**大戴禮記十三卷**
［漢］戴德撰　［北周］盧辯注

［清］盧文弨　［清］戴震校
清乾隆盧氏雅雨堂刻本　2 册

4053　**木天清氣詩集**
［明］高廷禮撰　［清］韓應陛輯
清抄本　1 册

4054　**王宗潮日記**
王宗潮著
清光緒二十九年（1903）稿本　1 册

4055　**回文類聚續編十卷**
［清］朱象賢集
清刻本　3 册

4058　**孫中山先生遺墨**
孫文著
民國影印本　1 册

4059　**唐確慎公集十卷首一卷末一卷**
［清］唐鑑撰
民國上海中華書局鉛印本　4 册

4060　**練川名人畫像四卷**
［清］程祖慶輯
清道光二十七年（1847）刻本　1 册

4061　**字畫便考**
［□］□□撰
清同治七年（1868）刻本群玉閣藏版
1 册

善 0046　**禁書總目不分卷**
［清］清浙江等處承宣政使司輯
清乾隆五十三年（1788）刻本　1 册

4063　**昌谷集四卷**
［唐］李賀撰　［清］姚文燮注
清順治十四年（1657）刻本　1 册

4064　**本草綱目五十二卷**
［明］李時珍撰
清光緒二十年（1894）上海圖書集成局
鉛印本　24 册

4073　**説文解字義證五十卷**
［清］桂馥撰
清同治九年（1870）湖北崇文書局刻
32 册

4074　**文字淺識不分卷**
徐運錦撰
民國十三年（1924）石印本　4 册

4075　**晚晴集一卷**
王綵撰
民國十九年（1930）石印本　1 册

4076　**説文經字考辨證四卷**
［清］郭慶藩撰

清光緒二十一年（1895）郭氏岵瞻堂維揚刻本　2 册

4077　**槩隖詩存別集**

王以敏集韻

民國稿本　2 册　存 4 卷（27 至 30）

4078　**雨窗消意錄甲部四卷**

［清］牛應之編

清光緒刻本　2 册

4079　**故宫已佚書籍書畫目錄四種**

故宫博物院編

民國二十三年（1934）北平故宫博物院圖書館鉛印本　1 册

4079　（1）　**三字錦二卷**

［清］趙暄編

清令德堂刻本　1 册

4080　**郭侍郎奏疏十二卷**

［清］郭嵩燾撰

清光緒十八年（1892）刻本　12 册

4081　**讀報隨筆**

［□］□□撰

民國十二年（1923）手抄本　1 册

4082　**寐叟題跋第一集一卷第二集二卷**

沈曾植撰

民國十五年（1926）上海商務印書館影印本　4 册

4083　**硯小史四卷**

［清］朱棟撰

清嘉慶五年（1800）刻，民國二十四年（1935）高氏寒隱草堂補刻本　2 册

4084　**眼福編初集十四卷二集十五卷三集七卷**

［清］楊恩壽編

清光緒十一年（1885）長沙楊氏坦園家刻本　10 册

4085　**鐵耕齋印譜**

雷悦篆　葉德輝輯

清光緒三十年（1904）長沙葉氏鈐印本　1 册

4086　**抗心齋遺集三卷**

艾作模著

民國十年（1921）長沙湘鄂印刷公司鉛印本　3 册

4087　**貞松老人遺稿**

羅振玉撰

民國北平燕京大學鉛印本　6 册

4088　**環天室古近體詩類選五卷後集一卷外集一卷**

曾廣鈞撰
清宣統元年至清宣統二年（1909至1910）刻本　3册

4089　**錫金遊庠同人自述彙刊不分卷**
蔣士棟編
民國二十年（1931）鉛印本　2册

4090　**詞林輯略十一卷**
朱汝珍輯
民國中央刻經院鉛印本　5册

4091　**格致鏡原一百卷**
［清］陳元龍撰
清光緒十四年（1888）上海大同書局石印本　16册

4092　**耕雲別墅詩集一卷智因閣詩集一卷**
［清］鄔啓祚　［清］鄔寶珍撰
清宣統元年（1909）刻本　1册

4093　**梧笙館聯吟初輯二卷**
［清］李星沅　［清］郭潤玉撰
清道光十七年（1837）刻本　2册

4094　**傅青主先生年譜一卷**
丁寶銓編
清宣統三年（1911）刻本　1册

4095　**哭庵丁戊詩集四卷**
易順鼎撰
清宣統鉛印本　1册

4096　**西湖盾墨一卷**
羅植乾撰
民國二十七年（1938）鉛印本　1册

4097　**蔽廬非詩話四卷**
蔣著超撰
民國四年（1915）鉛印本　1册

4098　**古今格言四卷**
江畬經輯
民國二十四年（1935）上海商務印書館鉛印本　4册

4099　**邸鈔擇要**
［□］□□撰
清光緒二十二年（1896）刻本　4册

4100　**光緒壬寅科會試同年齒録一卷**
［□］□□撰
清光緒二十八年（1902）刻本　4册

4101　**國朝御史題名不分卷**
［清］黄玉圃輯
清光緒十三年（1887）刻本京畿道藏版　5册

4102　**翁文恭公日記**

［清］翁同龢撰
民國十四年（1925）上海涵芬樓影印本 40 册

4103 **貨布文字考四卷**
［清］馬昂撰
清道光二十二年（1842）雲間錢氏蘭隱園刻本 4 册

4104 **瓶廬叢稿十卷**
［清］翁同龢撰
民國二十四年（1935）上海商務印書館影印本 10 册

4105 **澹廬藏鏡二卷**
徐鋆藏輯
民國二十二年（1933）南通徐氏澹廬影印本 1 册

4106 **簠齋藏鏡**
［清］陳介祺藏
民國十四年（1925）上海蟫隱廬影印本 2 册

4107 **鏡影樓鈎影一卷**
徐乃昌輯
民國十七年（1928）上海商務印書館影印本 1 册

4108 **小檀欒室鏡影六卷**
徐乃昌輯
民國南陵徐氏影印本 3 册

4109 **骨董十三説一卷**
［明］董其昌撰
民國三年（1914）杭州西泠印社活字本 1 册

4112 **草堂詩餘四卷附詩餘圖譜三卷**
［明］武陵逸史編 ［清］隱湖小隱訂
清刻本丹山堂藏版 1 册

4113 **十國雜事詩十七卷叙目二卷**
［清］饒智元撰
清光緒十七年（1891）竹素齋刻本 4 册

4114 **經籍纂詁一百六卷**
［清］阮元撰
清光緒九年（1883）上海點石齋石印本 5 册

4115 **寸草廬贈言十卷**
［清］張嘉禄輯
民國四明張氏約園刻本 2 册

4116 **唐寫本唐韻**
［唐］孫愐撰
清光緒三十四年（1908）上海國粹學報館石印本 1 册

4117　**説文辨似**
［□］□□撰
民國三十六年（1947）抄本　1 册

善 0054　**懷麓堂集一百卷**
［明］李東陽撰　［清］廖方達校刻
清康熙二十年（1681）湖廣長沙府茶陵州儒學刻本　40 册

4121　**目錄學發微不分卷**
余嘉錫述
民國鉛印本　1 册

4122　**青郊六十自定稿四卷**
梁焕奎著
民國十六年（1927）铅印本　2 册

4123　**獨笑齋金石文考第二集八卷**
鄭業斅撰
民國三年（1914）石印本　2 册

4124　**蓼園詩存二卷**
［清］周名建撰
民國二十年（1931）鉛印本　1 册

4125　**蓼園文存二卷**
［清］周名建撰
民國二十年（1931）鉛印本　1 册

4126　**滇遊草二卷**
［清］周名建撰
民國二十年（1931）鉛印本　1 册

4127　**漢鐃歌釋文箋正一卷**
王先謙撰
清同治十一年（1872）王氏虚受堂刻本　1 册

4128　**小學韻語注解一卷**
［清］羅澤南撰
清光緒七年（1881）聯雅齋刻本　1 册

4129　**楚頌齋詩集八卷末一卷**
［清］胡焯撰
清光緒十五年（1889）刻研經堂遺書本　4 册

4130　**金石萃編補略二卷**
［清］王言撰
清光緒八年（1882）杭州抱經堂刻本　4 册

4131　**陶齋藏石記四十四卷首一卷藏磚記二卷**
［清］端方撰
清宣統元年（1909）石印本　12 册

4132　**國朝畫家書四卷附小傳**
葉銘輯
清宣統元年（1909）西泠印社鉛印本

7册

4133　**增補古今瓷器源流考二卷**
邵蟄民輯著　余棨昌增補
民國二十七年（1938）北平鉛印本　2册

4134　**丁戊之間行卷十卷**
易順鼎撰
清光緒四年（1878）刻本　2册

4135　**四大家人物畫寶**
任渭長　馬鏡江等繪　潘衎編
民國十四年（1925）中華新教育社影印本　4册

4136　**國朝書人輯略十一卷首一卷**
震鈞輯
清光緒三十四年（1908）金陵刻本　8册

4137　**十六觀齋遺集五卷**
［清］何維棟撰
民國十四年（1925）鉛印本　2册

4138　**五續疑年錄五卷附錄二卷**
閔爾昌編
民國七年（1918）刻本　2册

4139　**周秦名家三子校錄三卷首一卷附錄一卷**
王時潤校錄
民國二十六年（1937）山東第一監獄鉛印本　1册

4140　**名原二卷**
［清］孫詒讓撰
清光緒三十一年（1905）刻本　1册

4141　**夕紅樓詩集八卷**
周大烈撰
民國十九年（1930）北平文嵐簃鉛印本　1册

4142　**嶽雪樓書畫錄五卷**
［清］孔廣鏞　［清］孔廣陶編
清光緒十五年（1889）廣州三十有三萬卷堂刻本　5册

4143　**研華館詞三卷**
［清］羅汝懷撰
清光緒九年（1883）長沙刻本　1册

4144　**古籀彙編十四卷**
徐文鏡編
民國二十四年（1935）上海商務印書館石印本　14册

4146　**浮邱子十二卷**
［清］湯鵬撰
清宣統二年（1910）上海掃葉山房石印本　6册

4147　**養知書屋全集二十八卷**
［清］郭嵩燾撰
清光緒十八年（1892）刻本　38 册

4148　**明代版本圖錄初編十二卷**
顧廷龍　潘承弼編
民國三十年（1941）上海開明書店影印齊魯大學國學研究所專著彙編本　4 册

4149　**雪堂所藏古器物圖**
羅振玉輯
民國十二年（1923）上虞羅氏影印本　1 册

4151　**蜀碧四卷附記一卷**
［清］彭遵泗編述
清刻本　1 册

4152　**湘報類纂六集**
［清］覺睡齋主人編
清光緒二十八年（1902）上海中華編譯印書館鉛印本　8 册

4154　**貢舉考略五卷**
［清］黄崇蘭輯
清道光五年（1825）金閶經義堂刻本　5 册

4156　**古今僞書考一卷**
［清］姚際恒撰
民國蘇州文學山房木活字本　1 册

4157　**宋元本行格表二卷**
［清］江標輯
清光緒二十三年（1897）刻本　2 册

4158　**鄰蘇老人手書題跋一卷**
楊守敬撰
民國三年（1914）上海震亞圖書局石印本　2 册

4159　**古今僞書考補證不分卷**
黄雲眉輯
民國二十一年（1932）南京金陵大學中國文化研究所鉛印本　1 册

4160　**平津館鑑藏書籍記三卷補遺一卷續編一卷**
［清］孫星衍撰
清光緒十一年（1885）木犀軒刻本　1 册

4161　**中國歷代法家著述考不分卷**
孫祖基輯
民國二十三年（1934）岱廬叢著鉛印本　1 册

4162　**校讐新義十卷**
杜定友著
民國二十年（1931）上海中華書局鉛印本　2 册

4165　**求闕齋讀書録十卷**
［清］曾國藩撰　［清］王定安編
清光緒二年（1876）都門琉璃廠龍文齋刻本　4 册

4166　**玉海二百四卷附刻十三種**
［宋］王應麟撰
清乾隆五十六年（1791）遞修本　80 册

善 0055　**松雪堂印萃八卷**
［清］郭啓翼篆刻
清乾隆五十年（1785）鈐印本　8 册

善 0056　**松筠桐蔭館印譜三卷集印一卷**
［清］郭偉勣輯
清乾隆四十二年（1777）鈐印本　4 册

4169　**天一閣書目四卷附碑目一卷**
［清］范懋柱　［清］范懋敏輯
清嘉慶十三年（1808）揚州阮氏刻本　10 册

4170　**支那南畫大成續集六卷**
［日本］興文社編輯
日本昭和十二年（1937）興文社影印本　2 册　存 2 卷（5 至 6）

4171　**當代名畫大觀正集六卷**
王念慈編輯
民國十三年（1924）上海碧梧山莊影印本　6 册

4172　**當代名畫大觀續集六卷**
王念慈編輯
民國十三年（1924）上海碧梧山莊影印本　6 册

4173　**簠齋尺牘不分卷**
［清］陳介祺撰
民國八年（1919）黄縣丁氏匋齋影印本　12 册

4174　**水經注四十卷首一卷末一卷**
［北魏］酈道元撰
清光緒十八年（1892）長沙思賢講舍刻本　16 册

4175　**百花詩箋譜二卷**
［清］張兆祥繪
清宣統三年（1911）文美齋刻彩色套印本　2 册

4176　**中華名畫**
［英國］史德匿珍藏
民國三年（1914）上海商務印書館影印本　1 册

4177　**湘潭郭氏閨秀集不分卷梧笙唱和二卷**
［清］郭潤玉輯

清道光十七年（1837）廣東使院刻本
4冊

4178 **弗堂類稿三十一卷**
姚華撰
民國十九年（1930）上海中華書局鉛印本 12冊

4179 **楚望閣詩集十卷**
程頌萬撰
清光緒二十七年（1901）長沙刻本 1冊

4180 **武昌開國實錄二卷**
胡祖舜撰
民國三十七年（1948）武昌久華印書館鉛印 2冊

4182 **白華草堂詩六卷玉尺樓詩一卷**
張昭漢撰
民國二十三年（1934）鑑湖邵氏刻本
1冊

4185 **碧湖集二卷**
釋永光著
民國二十一年（1932）長沙萃錦園刻本
1冊

4186 **南園詩集一卷**
曹廣權撰
民國二十六年（1937）鉛印本 1冊

4187 **倚山閣詩二卷附淡月平芳館詞一卷**
章華撰
民國刻本 1冊

4189 **棣懷堂隨筆十一卷雙圃同館賦鈔一卷**
［清］李象鵾撰
清道光二十五年（1845）刻本 8冊

4190 **褎碧齋集八卷**
［清］陳鋭撰
民國十九年（1930）鉛印本 2冊

4191 **函樓詩鈔八卷函樓因遇诗三十八首詞鈔一卷**
［清］易佩紳撰
清光緒八年（1882）刻本 2冊

4192 **大隱居士集二卷補登一卷**
［宋］鄧深撰
民國十四年（1925）湖南叢書處刻本
1冊

4193 **嚼梅吟二卷**
［清］釋敬安撰 ［清］白雲禪窟道人評
清光緒七年（1881）甯郡迎鳳橋下翰香刻字店刻本 1冊

4194 **鐵瓶詩鈔九卷**
［清］張岳齡撰

清同治六年（1867）刻本　1 册　存 3 卷（1 至 3）

4195　**知非齋詩鈔一卷**

［清］陳鍾英撰

清同治十一年（1872）刻本　1 册

4196　**黄黔陽遺詩鈔一卷**

［清］黄忠浩撰

民國六年（1917）石印本　1 册

4197　**所安遺集一卷**

［元］陳泰撰

清光緒六年（1880）武林節署刻本　1 册

4198　**黝曜室詩存一卷**

［清］陳鼎撰

民國鉛印本　1 册

4199　**聽鯨吟二卷**

［清］張開先撰

清同治七年（1868）刻本　1 册

4200　**古樗山房遺稿三卷首一卷紅杏館詩存一卷**

［清］黄兆麟撰　［清］張雲輝撰

民國十一年（1922）上海中華書局鉛印本　1 册

4201　**師伏堂詠史一卷師伏堂詞一卷**

［清］皮錫瑞撰

清光緒三十年（1904）刻本　1 册

4202　**未晚樓文存四卷**

李澄宇撰

民國二十二年（1933）長沙湘鄂印刷公司鉛印本　1 册

4203　**白香亭詩三卷**

［清］鄧輔綸撰

清光緒十九年（1893）東河督署刻本　2 册

4204　**海秋時文二卷補遺一卷**

［清］湯鵬撰

清道光十七年（1837）刻本　2 册

4205　**天咫偶聞十卷**

震鈞撰

清光緒三十三年（1907）甘棠轉舍刻本　8 册

4206　**湘社集四卷**

易順鼎　程頌萬編

清光緒十七年（1891）長沙蜕園刻本　2 册

4207　**湘城遺事記九卷首一卷**

陳運溶纂

清光緒二十一年（1895）刻本　2 册

4208 **讀史兵略四十六卷**
［清］胡林翼撰
清光緒元年（1875）湖北崇文書局刻本 16 册

4209 **堅白齋詩存三卷駢文存一卷雜稿四卷**
［清］龍汝霖撰
清光緒七年（1881）刻本 4 册

4210 **鐵網珊瑚二十卷**
［明］都穆撰
清乾隆二十三年（1758）紫陽書院刻本 3 册

4211 **湖南疆域驛傳總纂十卷**
［清］慳硿山館編
清光緒十四年（1888）刻本 10 册

4212 **詩學贅言一卷**
蘇維嶽著
民國二十五年（1936）長沙彰文印刷局鉛印本 1 册

4213 **虬江集四卷末一卷**
曾廣翼撰
民國二十五年（1936）集成書局鉛印本 2 册

4214 **王船山黄書注一卷**
歐陽祖經撰
民國二十五年（1936）上海中華書局鉛印本 1 册

4215 **函樓詩鈔八卷詞鈔一卷**
［清］易佩紳撰
清光緒八年（1882）刻本 2 册

4216 **曹江孝女廟志八卷首一卷末一卷**
［清］金廷棟編
清光緒八年（1882）刻本 2 册

4217 **端石擬三卷**
［清］陳齡撰
清同治十二年（1873）刻本 1 册

4218 **賈太傅井銘**
［清］楊彝珍撰 ［清］楊翰書
清光緒元年（1875）拓本 1 册

4219 **清操軒畫賸**
趙詠清繪編
民國十五年（1926）上海大德書局石印本 2 册

4220 **唐寫本切韻殘卷三卷**
王國維手摹
民國 | 年（1921）石印本 1 册

4221 **文字學要略**

趙啓雍著
民國鉛印本 1册

4222 **書法**
張鴻來編
民國二十一年（1932）北京文化學社鉛印本 1册

4223 **有竹山房印癖**
［清］鄒端篆
清道光二十二年（1842）鈐印本 2册
存歸去來辭印譜，閒章綺語印譜

4224 **竹譜詳録七卷**
［元］李衎述
民國鉛印知不足齋叢書本 3册

4225 **趙仲穆葉葉舟合刻紅樓夢人名西廂記詞句印玩**
高翰承編
民國三十五年（1946）重慶翰文印書館彩印本 1册

4226 **小石山房印譜四卷歸去來辭一卷**
［清］顧湘 ［清］顧浩編
清刻本 1册

4227 **字林考逸八卷附録一卷補本一卷補附録一卷**
［清］任大椿輯
鉛印本 1册

4228 **秦漢印章拾遺四卷**
［清］高慶齡藏輯
清鈐印本 1册

4229 **旭東館印集**
毛鳳祥篆刻
民國二十四年（1935）長沙湘江晚報社鈐印本 2册

4230 **廣印人傳十六卷補遺一卷**
葉銘輯
清宣統三年（1911）杭州西泠印社刻本 4册

4231 **翁文恭公軍機處日記**
［清］翁同龢撰
民國二十八年（1939）北平燕京大學圖書館影印本 2册

4232 **隋唐以來官印集存一卷補遺一卷附録一卷**
羅振玉輯
民國上虞羅氏影印本 1册

4234 **閲微草堂硯譜**
［清］紀昀輯
民國五年（1916）北洋印刷局石印本 1册

4235 **欽定狀元策**
［清］陸潤庠 ［清］洪鈞 ［清］徐郙
［清］梁耀樞 ［清］吴鳳藻撰
清刻本 1册

4236 **欽定狀元策**
［清］趙以炯 ［清］陳冕
［清］黄思永 ［清］王仁堪
［清］曹鴻勛等撰
清刻本 1册

4237 **曾廣鈞會試硃卷（光緒己丑科）**
曾廣鈞撰
清光緒十五年（1889）刻本 1册

4238 **朱家寶朝考卷**
朱家寶撰
清刻本 1册

4239 **姚肇椿湖南鄉試硃卷**
［清］姚肇椿撰
清刻本 1册

4240 **湖南鄉試第三房同門録：光緒甲午科**
［□］□□撰
清光緒二十年（1894）刻本 1册

4241 **桂堂清故宫詩一百首**
周大烈撰
民國鉛印本 1册

4242 **須静齋雲煙過眼録一卷**
［清］潘世璜撰
清宣統三年（1911）吴縣潘氏刻本 1册

4243 **夕紅樓詩集八卷**
周大烈撰
民國十九年（1930）鉛印本 1册

4244 **夕紅樓詩續集三卷**
周大烈撰
民國二十三年（1934）鉛印本 1册

4245 **南塘劉氏重修族譜十二卷首一卷**
劉端章主修
清嘉慶五年（1800）木活字本 1册
存5卷（卷首至4）

4246 **上湘席氏族譜**
［□］□□撰
清道光十五年（1835）敦本堂木活字本
1册 存1卷（卷首）

4249 **寶硯堂硯辨一卷**
［清］何傳瑶撰
民國十九年（1930）武進陶氏涉園石印本 1册

5001 **左文襄公全集一百三十一卷：首**

一卷論摺二卷
［清］左宗棠撰
清光緒十六年（1890）湘陰左氏刻本
3 册

5002　**左文襄公全集一百三十一卷：奏稿六十四卷**
［清］左宗棠撰
清光緒十六年（1890）湘陰左氏刻本
65 册

5003　**左文襄公全集一百三十一卷：書牘二十六卷**
［清］左宗棠撰
清光緒十八年（1892）湘陰左氏刻本
26 册

5004　**左文襄公全集一百三十一卷：批劄七卷咨劄一卷告示一卷**
［清］左宗棠撰
清光緒十八年（1892）湘陰左氏刻本
8 册

5005　**左文襄公全集一百三十一卷：張大司馬奏稿四卷**
［清］左宗棠撰
清光緒十七年（1891）湘陰左氏刻本
4 册

5006　**左文襄公全集一百三十一卷：駱文忠公奏稿十卷**
［清］左宗棠撰
清光緒十七年（1891）湘陰左氏刻本
10 册

5007　**左文襄公全集一百三十一卷：文集五卷詩一卷**
［清］左宗棠撰
清光緒十八年（1892）湘陰左氏刻本
2 册

5008　**左文襄公全集一百三十一卷：年譜十卷**
羅正鈞撰
清光緒二十三年（1897）湘陰左氏刻本
10 册

5009　**使黔艸三卷**
［清］何紹基撰
清道光二十五年（1845）刻本　2 册

5010　**耐盦言志一卷**
胡元倓撰
民國三年（1914）石印本　1 册

5011　**憫忠草不分卷**
［清］嚴正基撰
清同治四年（1865）金陵刻本　1 册

5012　**達觀堂詩話八卷**

［清］張晋本撰
清同治芋園刻本 4册

5013 **達觀堂詩話八卷**
［清］張晋本撰
清同治芋園刻本 4册

5014 **羅忠節公年譜二卷**
［□］□□撰
清同治二年（1863）長沙郁文堂刻本 1册

5015 **人極衍義一卷**
［清］羅澤南撰
清咸豐九年（1859）長沙郁文堂刻本 1册

5016 **姚江學辨一卷**
［清］羅澤南撰
清咸豐九年（1859）長沙郁文堂刻本 1册

5017 **西銘講義一卷**
［清］羅澤南撰
清咸豐七年（1857）長沙郁文堂刻本 1册

5018 **讀孟子劄記一卷**
［清］羅澤南撰
清咸豐九年（1859）長沙郁文堂刻本 1册

5019 **羅山遺集八卷首一卷**
［清］羅澤南撰
清長沙郁文堂刻本 2册 存5卷（1至2、6至8）

5020 **待月樓詩存三卷附錄一卷**
徐明熙著
民國十一年（1922）鉛印本 1册

5021 **小招隱館後甲子詩編十卷**
王禮培撰
民國二十六年（1937）船山學社鉛印本 2册

5022 **藝芳館詩集**
郭筠撰
清宣統元年（1909）上海中國圖書公司鉛印本 3册

5023 **湘潭譚半農先生詩集：釋耒草一卷横塘漁唱一卷集外詩一卷年譜一卷家傳一卷**
［清］譚澍青撰
民國三十七年（1948）鉛印本 2册

5024 **春海堂詩鈔六卷**
廖潤鴻撰
民國二十八年（1939）寧鄉縣志局鉛印

本　2 册

5025　**北嶽山房文集十四卷首一卷**
［清］閻鎮珩撰
清光緒三十一年（1905）刻本　5 册

5026　**青草田舍詩存一卷首一卷附錄一卷梅隖山房詩草一卷首一卷附錄一卷**
［清］王百中撰　［清］王萬冕著
民國衡陽三湖王氏緑杉野屋刻本　1 册

5027　**環天室續刊詩集**
曾廣鈞撰
民國環天室鉛印本　1 册

5028　**子承雜俎不分卷**
吳貞纘撰
民國二十一年（1932）鉛印本　2 册

5029　**白心草堂詩集一卷**
楊鈞撰
民國十二年（1923）湘潭楊氏鉛印本　1 册

5030　**素庵文稿二卷**
王珏纂
民國九年（1920）刻本　1 册

5031　**青郊詩存六卷**
梁焕奎撰
民國元年（1912）長沙刻本　2 册

5032　**南嶽志二十六卷增補南嶽志詩集二卷**
南嶽志二十六卷［清］李元度原輯　王香余　歐陽謙校刊；增補南嶽志诗集二卷　李子榮編次　鄭阜康參閲　王香余　歐陽謙補輯
民國十二年（1923）刻本　17 册

5033　**度遼吟草二卷**
宗威撰
民國二十三年（1934）鉛印本　1 册

5034　**廣校讎略不分卷**
張舜徽撰
民國三十四年（1945）壯議軒刻本　1 册

5035　**單方新編全集一卷**
劉本昌輯
民國三十五年（1946）湘潭漣南鄉培根堂木活字本　1 册

5036　**温病新編歌括一卷**
劉本昌編
民國三十五年（1946）湘潭漣南鄉培根堂刻本　1 册

5037　**張臯文禮記圖（儀禮圖）六卷**
［清］張惠言撰

清同治九年（1870）湖北崇文書局刻本
3 册

5038 **柳文惠公全集四十三卷別集二卷外集二卷附錄一卷**
［唐］柳宗元撰　［唐］劉禹錫編
清同治刻本　6 册

5039 **紀評蘇詩蘇文忠公詩集五十卷目錄二卷**
［宋］蘇軾著　［清］紀昀評點
清同治八年（1869）廣州翰墨園刻本
12 册

5040 **文心雕龍十卷**
［南朝梁］劉勰撰　［清］黄叔琳注
［清］紀昀評
清光緒十九年（1893）長沙思賢講舍刻本　4 册

5041 **沈下賢集十二卷**
［唐］沈亞之撰
清光緒二十一年（1895）刻本　2 册

5042 **樂府詩集一百卷**
［宋］郭茂倩編
清同治十三年（1874）湖北崇文書局刻本　16 册

5043 **昭明文選六十卷**
［南朝梁］蕭統撰　［唐］李善注
［清］何焯評點　［清］葉樹藩參訂
清乾隆三十七年（1772）海錄軒刻本
12 册

5044 **韓非子二十卷識誤三卷**
［戰國］韓非撰　［清］顧廣圻著
清光緒元年（1895）浙江書局刻本　4 册

5045 **荀子集解二十卷首一卷**
［戰國］荀況著　王先謙集解
清光緒十七年（1891）刻本　6 册

5046 **禮記二十卷考證一卷**
［漢］鄭玄注
民國影印本　10 册

5047 **江陵張文忠公全集（張太岳文集）四十七卷**
［明］張居正撰　［明］雷思霈
［明］馬啓圖校
明萬歷四十年（1612）繡谷唐國達刻本
16 册

5048 **古文苑二十一卷**
［宋］章樵注
清光緒十二年（1886）江蘇書局刻本
4 册

5049 **黄文節公全集正集三十二卷首四**

卷外集二十四卷首一卷别集十九卷首一卷續集十卷首一卷伐檀集二卷
［宋］黄庭堅撰
清光緒二十年（1894）善化義寧州署刻本 28 册

5050 **庾開府全集十六卷總釋一卷**
［北周］庾信撰
清光緒二十年（1894）廣東儒雅堂刻本 12 册

5051 **李太白文集輯注三十六卷**
［唐］李白著 ［清］王琦輯注
清乾隆二十四年（1759）聚錦堂刻本 10 册

5052 **漁洋精華録箋注十二卷年譜一卷附録一卷補注一卷**
［清］王士禎撰 ［清］金榮箋注
清刻本 6 册

5053 **樊榭山房集十卷續集十卷文集八卷振綺堂詩存一卷松聲池館詩存四卷集外文一卷集外詩四卷集外詞五卷集外曲二卷輓辭墓碣銘墓田碑記軼事**
［清］厲鶚 ［清］汪憲
［清］汪璐撰 ［清］龔胡崟等輯
清光緒十年（1884）錢塘汪氏振綺堂刻本，清光緒十五年（1893）刻本 12 册

5054 **李文莊公全集十卷**
［明］李騰芳著
清光緒二年（1876）湘潭高塘李氏刻本 10 册

5055 **續古文辭類纂二十八卷**
［清］黎庶昌撰
民國十三年（1924）上海中華書局鉛印四部備要本 14 册

5056 **哲言韻編一卷**
何鍵編
民國二十年（1931）長沙石印本 1 册

5057 **胡文忠公遺集八十六卷首一卷**
［清］胡林翼撰 ［清］鄭敦謹
［清］曾國荃編
清同治六年（1867）刻本 32 册

5058 **詩學含英十四卷**
［清］劉文蔚輯
清益元堂刻本 2 册

5059 **詩學含英十四卷**
［清］劉文蔚輯
清文富堂刻本 2 册

5060 **讀史兵略十二卷**
［清］胡林翼撰
清光緒二十七年（1901）上海紹先書局

石印本　4 册

5061　**言文對照左傳句解六卷**
廣益書局編輯部編
民國上海廣益書局石印本　6 册

5062　**春秋左傳正義六十卷**
［唐］孔穎達撰　［晉］杜預注
民國十三年（1924）上海中華書局鉛印四部備要本　20 册

5063　**易林十六卷**
［漢］焦延壽撰
民國十三年（1924）上海中華書局鉛印四部備要本　3 册　存 12 卷（1 至 4、9 至 16）

5064　**監本附音春秋公羊注疏二十八卷附校勘記二十八卷**
［漢］何休注　［唐］陸德明音義
［唐］徐彦疏　［清］阮元校
［清］盧宣旬摘錄
民國十三年（1924）上海中華書局鉛印四部備要本　6 册

5065　**孔子家語十卷**
［三國魏］王肅注
民國上海同文書局鉛印本　5 册

5066　**荀子二十卷附校勘補遺一卷**
［戰國］荀況撰　［唐］楊倞注
［清］谢墉輯校
民國十三年（1924）上海中華書局鉛印四部備要本　4 册

5067　**孫子十家注十三卷敘錄一卷遺説一卷**
［春秋］孫武撰　［清］孫星衍
［清］吳人驥同校
民國十三年（1924）上海中華書局鉛印四部備要本　6 册

5068　**詞綜三十八卷**
［清］朱彝尊輯
民國十三年（1924）上海中華書局鉛印四部備要本　6 册

5069　**古詩選：五言詩十七卷七言詩十五卷**
［清］王士禛選
民國十三年（1924）上海中華書局鉛印四部備要本　6 册

5070　**淮南子二十一卷**
［漢］劉安撰　［漢］高誘注
［清］莊逵吉校
民國十三年（1924）上海中華書局鉛印四部備要本　6 册

5071　**後村先生大全集一百九十六卷**

［宋］劉克莊撰
民國上海商務印書館影印本　46 册　缺 2 册（15 至 16）

5072　**長術輯要十卷附古今推步諸術考二卷**
［清］汪曰楨撰
民國十三年（1924）上海中華書局鉛印四部備要本　4 册

5073　**春秋左傳正義六十卷**
［唐］孔穎達撰　［晋］杜預注
民國十三年（1924）上海中華書局鉛印四部備要本　19 册　缺 1 册（3）

5074　**通鑑紀事本末四十二卷**
［宋］袁樞撰
民國上海涵芬樓影印本　35 册　缺 5 册（4、9、18、21、33）

5075　**史記一百三十卷補史記一卷正義論例一卷**
［漢］司馬遷撰　［南朝宋］裴駰集解
［唐］司馬貞索隱　［唐］張守節正義
民國十三年（1924）上海中華書局鉛印四部備要本　24 册

5076　**史記一百三十卷補史記一卷正義論例一卷**
［漢］司馬遷撰　［南朝宋］裴駰集解
［唐］司馬貞索隱　［唐］張守節正義
民國十三年（1924）上海中華書局鉛印四部備要本　19 册　缺 27 卷（15 至 16、19 至 20、69 至 76、103 至 117）

5077　**前漢書一百二十卷**
［漢］班固撰　［唐］顔師古注
民國十三年（1924）上海中華書局鉛印四部備要本　31 册　缺 1 册（5）

5078　**後漢書一百二十卷**
［南朝宋］范曄撰
［唐］李賢注　［南朝梁］劉昭注補
民國十三年（1924）上海中華書局鉛印四部備要本　30 册

5079　**後漢書一百二十卷**
［南朝宋］范曄撰
［唐］李賢注　［南朝梁］劉昭注補
民國十三年（1924）上海中華書局鉛印四部備要本　30 册

5080　**後漢書一百二十卷**
［南朝宋］范曄撰　［唐］李賢注
［南朝梁］劉昭注補
民國上海中華書局鉛印四部備要本 30 册

5081　**三國志六十五卷**
［晋］陳壽撰　［南朝宋］裴松之注

民國上海中華書局鉛印四部備要本　13册　缺3册（6、10至11）

5082　**通鑑目錄三十卷**
［宋］司馬光編
民國上海中華書局鉛印四部備要本　6册

5083　**文選李善注六十卷考異十卷**
［南朝梁］蕭統輯　［唐］李善注
［清］胡克家考異
民國上海中華書局鉛印四部備要本　22册

5084　**廣韻五卷附校劄一卷**
［宋］陳彭年等撰
民國上海中華書局鉛印四部備要本　5册

5085　**集韻十卷**
［宋］丁度等撰
民國上海中華書局鉛印四部備要本　5册

5086　**人物志三卷**
［三國魏］劉邵撰　［西涼］劉昞注
民國上海中華書局鉛印四部備要本　1册

5087　**彈指詞二卷**
［清］顧貞觀撰
民國上海中華書局鉛印四部備要本　1册

5088至5090　**三國志六十五卷**
［晉］陳壽撰　［南朝宋］裴松之注
民國上海中華書局鉛印四部備要本
13册　缺4册（魏志6、10，蜀志3，吳志1）

5091　**明紀六十卷**
［清］陳鶴撰
民國上海中華書局鉛印四部備要本　22册　缺2册（11至12）

5092　**歷代帝王年表十四卷**
［清］齊召南撰　［清］阮福續編
民國上海中華書局鉛印四部備要本　2册

5093　**附釋音毛詩注疏二十卷**
［漢］毛亨傳　［漢］鄭玄箋
［唐］陸德明音義　［唐］孔穎達疏
民國上海中華書局鉛印四部備要本　11册　缺1册（7）

5094　**附釋音毛詩注疏二十卷**
［漢］毛亨傳　［漢］鄭玄箋
［唐］陸德明音義　［唐］孔穎達疏
民國上海中華書局鉛印四部備要本　7册　存7册（1至2、8至12）

5095　**毛詩鄭箋二十卷**
［漢］毛亨傳　［漢］鄭玄箋
民國上海中華書局鉛印四部備要本　3

册 缺1册（3）

5096 **毛詩鄭箋二十卷**
［漢］毛亨傳 ［漢］鄭玄箋
民國上海中華書局鉛印四部備要本 2册 存12卷（5至16）

5097 **毛詩傳箋通釋三十二卷**
［清］馬瑞辰撰
民國上海中華書局鉛印四部備要本 10册 存21卷（1至9、19至22、25至32）

5098 **附釋音毛詩注疏二十卷**
［漢］毛亨傳 ［漢］鄭玄箋
［唐］陸德明音義 ［唐］孔穎達疏
民國上海中華書局鉛印四部備要本 2册 存2册（9、12）

5099 **江氏周易述補一卷**
［清］江藩撰
民國上海中華書局鉛印四部備要本 1册

5100 **周易述二十一卷附江李二氏周易述補**
［清］惠棟撰 ［清］李林松撰
民國上海中華書局鉛印四部備要本 4册 存20卷（周易述卷7至21、周易述補全）

5101 **尚書今古文注疏三十卷**
［清］孫星衍撰
民國上海中華書局鉛印四部備要本 4册

5102 **尚書今古文注疏三十卷**
［清］孫星衍撰
民國上海中華書局鉛印四部備要本 3册 缺1册（4）

5103 **尚書十三卷**
［漢］孔安國傳 ［唐］陸德明音義
民國上海中華書局鉛印四部備要本 1册 存1册（3）

5104 **儀禮注疏五十卷**
［漢］鄭玄注 ［唐］陸德明音義
［唐］賈公彦疏
民國上海中華書局鉛印四部備要本 11册 缺1册（9）

5105 **儀禮注疏五十卷**
［漢］鄭玄注 ［唐］陸德明音義
［唐］賈公彦疏
民國上海中華書局鉛印四部備要本 9册 缺3册（7、9至10）

5106 **儀禮注疏五十卷**
［漢］鄭玄注 ［唐］陸德明音義
［唐］賈公彦疏
民國上海中華書局鉛印四部備要本 5

册 存5册（1至4、7）

5107 **周禮正義八十六卷**
［清］孫詒讓撰
民國上海中華書局鉛印四部備要本 13册 存13册（1、9至20）

5108 **周禮正義八十六卷**
［清］孫詒讓撰
民國上海中華書局鉛印四部備要本 3册 存3册（10至12）

5109 **周禮鄭注四十二卷**
［漢］鄭玄注 ［明］金蟠校訂
民國上海中華書局鉛印四部備要本 7册 缺1册（1）

5110 **春秋經傳集解三十卷名號歸一圖二卷年表一卷**
［晋］杜預注 ［明］穆文熙輯評
民國上海中華書局鉛印四部備要本 12册

5111 **春秋左傳詁二十卷**
［清］洪亮吉撰
民國上海中華書局鉛印四部備要本 8册

5112 **春秋左傳詁二十卷**
［清］洪亮吉撰
民國上海中華書局鉛印四部備要本 5册 存15卷（1至7、9至14、17至18）

5113 **附釋音春秋左傳注疏六十卷附校勘**
［晋］杜預注 ［唐］孔穎達疏
［清］阮元校 ［清］盧宣旬摘録
民國上海中華書局鉛印四部備要本 11册 存49卷（4至48、57至60）

5114 **附釋音春秋左傳注疏六十卷附校勘**
［晋］杜預注 ［唐］孔穎達疏
［清］阮元校 ［清］盧宣旬摘録
民國上海中華書局鉛印四部備要本 2册 存8卷（41至44、57至60）

5115 **春秋公羊傳注疏二十八卷**
［漢］何休解詁 ［唐］陸德明音義
［唐］徐彦疏 ［清］阮元校
［清］盧宣旬摘録
民國上海中華書局鉛印四部備要本 3册 存14卷（1至9、19至23）

5116 **公羊義疏七十六卷**
［清］陳立撰
民國上海中華書局鉛印四部備要本 2册 存10卷（12至16、32至36）

5117 **穀梁補注二十四卷首一卷**
［清］鍾文烝著
民國上海中華書局鉛印四部備要本 8册

5118　**穀梁補注二十四卷首一卷**
［清］鍾文烝著
民國上海中華書局鉛印四部備要本　7册　缺4卷（9至12）

5119　**穀梁補注二十四卷首一卷**
［清］鍾文烝著
民國上海中華書局鉛印四部備要本　6册　存17卷（1至8、12至14、19至24）

5120　**春秋穀梁傳注疏二十卷**
［晋］范寧集解　［唐］楊士勛疏
［唐］陸德明音義
民國上海中華書局鉛印四部備要本　1册　存6卷（1至6）

5121　**論語二十卷**
［三國魏］何晏集解　［明］金蟠校訂
民國上海中華書局鉛印四部備要本　1册　存10卷（1至10）

5121（1）　**論語二十卷**
［三國魏］何晏集解　［明］金蟠校訂
民國上海中華書局鉛印四部備要本　1册　存10卷（1至10）

5122　**論語正義二十四卷**
［清］劉寶楠撰
民國上海中華書局鉛印四部備要本　3册　存11卷（1至4、9至12、17至19）

5123　**論語注疏解經二十卷**
［三國魏］何晏集解　［宋］邢昺疏
民國上海中華書局鉛印四部備要本　2册　存14卷（7至20）

5123（1）　**論語注疏解經二十卷**
［三國魏］何晏集解　［宋］邢昺疏
民國上海中華書局鉛印四部備要本　2册　存14卷（7至20）

5124　**孟子正義三十卷**
［清］焦循著
民國上海中華書局鉛印四部備要本　7册　存30卷（1至23、24至30）

5125　**孟子正義三十卷**
［清］焦循著
民國上海中華書局鉛印四部備要本　5册　存19卷（1至4、9至11、16至23、27至30）

5126　**孟子注疏解經十四卷附校勘記**
［漢］趙岐注　［宋］孫奭疏
［清］阮元校勘
民國上海中華書局鉛印四部備要本　4册

5127　**孟子注疏解經十四卷附校勘記**

［漢］趙岐注　［宋］孫奭疏
［清］阮元校勘
民國上海中華書局鉛印四部備要本　3 册　存 11 卷（1 至 11 上）

5127（1）　**孟子注疏解經十四卷附校勘記**
［漢］趙岐注　［宋］孫奭疏
［清］阮元校勘
民國上海中華書局鉛印四部備要本　2 册　存 8 卷（1 至 3 上、7 下至 11 上）

5128　**孟子趙注十四卷**
［漢］趙岐注　［明］金蟠校訂
民國上海中華書局鉛印四部備要本　4 册

5129　**孟子集注七卷孟子正義三十卷**
［宋］朱熹集注　［清］焦循著
民國上海中華書局鉛印四部備要本　2 册　存 7 卷（3 至 5、12 至 15）

5130　**經義考三百卷**
［清］朱彝尊撰
民國上海中華書局鉛印四部備要本　34 册　缺 25 卷（54 至 60、136 至 144、292 至 300）

5131　**古經解彙函十六種**
［清］鍾謙鈞等輯
清光緒十四年（1888）石印本　9 册　存 9 册（1、3 至 9、19）

5132　**小學集注六卷**
［宋］朱熹著　［明］陳選注
民國上海中華書局鉛印四部備要本　1 册

5133　**爾雅注疏十卷**
［晋］郭璞注　［宋］邢昺疏
［清］阮元撰　［清］盧旬宣摘錄
民國上海中華書局鉛印四部備要本　1 册　存 3 卷（5 至 7）

5134　**小爾雅義證十三卷補遺一卷**
［清］胡承珙撰
民國上海中華書局鉛印四部備要本　1 册　存 10 卷（4 至 13）

5135　**方言疏證十三卷**
［清］戴震疏證
民國上海中華書局鉛印四部備要本　1 册　存 6 卷（8 至 13）

5136　**廣雅疏證十卷博雅音十卷**
［清］王念孫　［清］曹憲撰
民國上海中華書局鉛印四部備要本　4 册　缺 2 册（3、5）

5137　**廣韻五卷**
［宋］陳彭年等撰
清蘇州張氏澤存堂刻小學匯函本　1 册

5138 **廣韻五卷附校劄一卷**
［宋］陳彭年等撰
民國上海中華書局鉛印四部備要本 4册 缺1卷（4）

5139 **集韻十卷**
［宋］丁度等撰
民國上海中華書局鉛印四部備要本 1册 存2卷（1至2）

5140 **説文通檢十四卷首一卷末一卷**
［清］黎永椿編
民國上海中華書局鉛印四部備要本 2册 存7卷（1至7）

5141 **説文繫傳四十卷**
［五代］徐鍇撰
民國上海中華書局鉛印四部備要本 3册 缺13卷（19至31）

5142 **説文解字十五卷**
［漢］許慎撰 ［宋］徐鉉校勘
民國上海中華書局鉛印四部備要本 5册 存5册（1至5）

5143 **説文解字段注三十卷附六書音韵表二卷**
［清］段玉裁撰
民國上海中華書局鉛印四部備要本 14册 缺2册（4、8）

5144 **玉篇三十卷**
［南朝陳］顧野王撰 ［清］張士俊校 ［清］朱彝尊校
民國上海中華書局鉛印四部備要本 1册 存9卷（11至19）

5145 **孫子十家注十三卷敘録一卷遺説一卷**
［春秋］孫武撰 ［清］孫星衍 ［清］吳人驥同校
民國上海中華書局鉛印四部備要本 5册 缺1册（3）

5146 **孫子十家注十三卷敘録一卷遺説一卷**
［春秋］孫武撰 ［清］孫星衍 ［清］吳人驥同校
民國上海中華書局鉛印四部備要本 5册 缺1册（3）

5147 **荀子二十卷附校勘補遺一卷**
［戰國］荀況撰 ［唐］楊倞注 ［清］谢墉輯校
民國上海中華書局鉛印四部備要本 4册

5148 **荀子二十卷附校勘補遺一卷**
［戰國］荀況撰 ［唐］楊倞注 ［清］谢墉輯校
民國上海中華書局鉛印四部備要本 2册 存11卷（11至20、補遺1卷）

5149 **莊子十卷**
［戰國］莊周撰 ［西晋］郭象注
民國上海中華書局鉛印四部備要本 4册

5150 **淮南子二十一卷**
［漢］劉安撰 ［漢］高誘注
［清］莊逵吉校
民國上海中華書局鉛印四部備要本 5册 缺3卷（1至3）

5151 **管子二十四卷**
［春秋］管仲著 ［唐］房玄齡注
民國上海中華書局鉛印四部備要本 3册 存18卷（7至24）

5152 **管子二十四卷**
［春秋］管仲著 ［唐］房玄齡注
民國上海中華書局鉛印四部備要本 2册 存14卷（7至20）

5153 **晏子春秋七卷附音義二卷校勘二卷**
［春秋］晏嬰著 ［清］孫星衍音義
［清］黄以周校勘
民國上海中華書局鉛印四部備要本 3册 存6卷（4至7、校勘1至2）

5154 **商君書五卷附考一卷**
［戰國］商鞅撰 ［清］嚴萬里校
民國上海中華書局鉛印四部備要本 1册 存3卷（3至5）

5155 **吕氏春秋二十六卷附攷一卷**
［秦］吕不韋著
民國上海中華書局鉛印四部備要本 2册 存2册（3至4）

5156 **吴子二卷**
［戰國］吴起撰
民國上海中華書局鉛印四部備要本 1册

5157 **抱樸子内篇二十卷外篇五十卷内校勘記一卷外校勘記一卷内佚文一卷外佚文一卷金汋三卷養生論一卷**
［晋］葛洪著
民國上海中華書局鉛印四部備要本 4册

5158 **易林十六卷**
［漢］焦延壽撰
民國上海中華書局鉛印四部備要本 3册 缺4卷（13至16）

5159 **易林十六卷**
［漢］焦延壽撰
民國上海中華書局鉛印四部備要本 3册 缺4卷（13至16）

5160 **太玄經十卷**
［宋］司馬光注
民國上海中華書局鉛印四部備要本 2册 存4卷（1至4）

5161 **論衡三十卷**
［漢］王充著
民國上海中華書局鉛印四部備要本 5冊 缺5卷（15至19）

5162 **論衡三十卷**
［漢］王充著
民國上海中華書局鉛印四部備要本 4冊 缺10卷（15至24）

5163 **傷寒論十卷**
［漢］張機著 ［晋］王叔和編
［宋］成無己注 ［明］汪濟川校正
民國上海中華書局鉛印四部備要本 2冊 存4卷（2至5）

5164 **皇極經世書九卷首二卷**
［宋］邵雍著 ［清］黄泰泉輯
民國上海中華書局鉛印四部備要本 3冊 缺4卷（1至4）

5165 **弘明集十四卷**
［南朝梁］釋僧祐編
民國上海中華書局鉛印四部備要本 3冊

5166 **弘明集十四卷**
［南朝梁］釋僧祐編
民國上海中華書局鉛印四部備要本 2冊

5167 **弘明集十四卷**
［南朝梁］釋僧祐編
民國上海中華書局鉛印四部備要本 2冊 存10卷（5至14）

5168 **小學集注六卷**
［宋］朱熹著 ［明］陳選注
民國上海中華書局鉛印四部備要本 1冊 存2卷（5至6）

5169 **明儒學案六十二卷**
［清］黄宗羲著
民國上海中華書局鉛印四部備要本 11冊 缺9卷（18至19、56至62）

5170 **近思錄集注十四卷**
［宋］朱熹撰 ［清］江永集注
民國上海中華書局鉛印四部備要本 1冊 存3卷（1至3）

5171 **日知錄集釋三十二卷附刊誤二卷續刊誤二卷**
［清］顧炎武撰 ［清］黄汝成集釋
民國上海中華書局鉛印四部備要本 1冊 存2卷（日知錄集釋卷1至2）

5172 **東塾讀書記二十五卷**
［清］陳澧撰
民國上海中華書局鉛印四部備要本 3冊 存21卷（1至21）

5173 **世説新語三卷**
［南朝宋］劉義慶撰 ［南朝梁］劉孝標注
民國上海中華書局鉛印四部備要本 2冊 存2卷（卷上之上下、卷下之上下）

5174 **續世説十二卷**
［宋］孔平仲撰
民國上海中華書局鉛印四部備要本 2冊 存8卷（1至8）

5175 **陽明全書三十八卷**
［明］王守仁著
民國上海中華書局鉛印四部備要本 15冊 存28卷（1至16、19至20、27至35、38）

5176 **顏氏家訓七卷附注補并重校一卷**
［北齊］顏之推撰 ［清］趙曦明注
民國上海中華書局鉛印四部備要本 4冊

5177 **顏氏家訓七卷附注補并重校一卷**
［北齊］顏之推撰 ［清］趙曦明注
民國上海中華書局鉛印四部備要本 4冊

5178 **顏氏家訓七卷附注補并重校一卷**
［北齊］顏之推撰 ［清］趙曦明注
民國上海中華書局鉛印四部備要本 2冊 存4卷（1至4）

5179 **蔡中郎集十卷外集四卷外紀一卷傳表一卷**
［漢］蔡邕撰
民國上海中華書局鉛印四部備要本 4冊 缺5卷（蔡中郎集1至2、外集1至3）

5180 **曹子建集十卷**
［三國魏］曹植撰
民國上海中華書局鉛印四部備要本 1冊 存6卷（1至6）

5181 **靖節先生集十卷首一卷年譜考異二卷**
［晋］陶潛撰 ［清］陶澍集注
民國上海中華書局鉛印四部備要本 3冊 缺2卷（1至2）

5182 **文心雕龍十卷**
［南朝梁］劉勰撰 ［清］黄叔琳注 ［清］紀昀評
民國上海中華書局鉛印四部備要本 3冊 缺2卷（1至2）

5183 **玉臺新詠十卷**
［南朝陳］徐陵編
民國上海中華書局鉛印四部備要本 2冊 存7卷（4至10）

5184 **初唐四傑集二十一卷**
［唐］王勃等撰

民國上海中華書局鉛印四部備要本　3 册　缺 5 卷（16 至 21）

5185　**昌黎先生集四十卷外集十卷遺文一卷韓集點勘四卷**
［唐］韓愈撰
民國上海中華書局鉛印四部備要本　11 册　缺 4 卷（5 至 8）

5186　**昌黎先生集四十卷外集十卷遺文一卷韓集點勘四卷**
［唐］韓愈撰
民國上海中華書局鉛印四部備要本　9 册　缺 21 卷（昌黎先生集 5 至 8、13 至 16、38 至 40、外集 1 至 10）

5187　**柳河東集四十五卷外集一卷遺文一卷附錄一卷**
［唐］柳宗元著　［清］蔣之翹輯注
民國上海中華書局鉛印四部備要本　10 册　缺 2 册（2、14）

5188　**曲江集二十卷附錄一卷**
［唐］張九齡撰
民國上海涵芬樓影印四部叢刊本　3 册　缺 6 卷（6 至 11）

5189　**曲江集十二卷**
［唐］張九齡撰
民國上海中華書局鉛印四部備要本　2 册　缺 6 卷（1 至 6）

5190　**李太白詩集三十六卷**
［唐］李白撰
民國上海中華書局鉛印四部備要本　13 册　缺 2 卷（4 至 5）

5191　**李太白詩集三十六卷**
［唐］李白撰
民國上海中華書局鉛印四部備要本　7 册　存 19 卷（1、6 至 18、28 至 30、34 至 35）

5192　**杜工部集二十卷首一卷附諸家詩話一卷唱酬題詠一卷**
［唐］杜甫撰
民國上海中華書局鉛印四部備要本　4 册　存 13 卷（1 至 7、15 至 20）

5193　**白香山詩集四十卷年譜一卷本傳一卷目錄一卷**
［唐］白居易撰　［清］汪立名編
民國上海中華書局鉛印四部備要本　10 册

5194　**白香山詩集四十卷年譜一卷本傳一卷目錄一卷**
［唐］白居易撰　［清］汪立名編
清康熙一隅艸草刻本　8 册　存 25 卷（白香山詩集 12 至 15、21 至 40、目錄

1卷）

5195 **玉谿生詩箋注六卷首一卷年譜一卷詩話一卷評注補一卷**
［唐］李商隱撰 ［清］馮浩編訂
民國上海中華書局鉛印四部備要本 3冊 存7卷（玉谿生詩箋注1至6、注補1卷）

5196 **樊南文集補編十二卷附録一卷**
［唐］李商隱撰 ［清］錢振倫箋
［清］錢振常注
民國上海中華書局鉛印四部備要本 3冊 缺1冊（3）

5197 **樊川詩集注四卷别集一卷外集一卷補遺一卷**
［唐］杜牧撰 ［清］馮集梧注
民國上海中華書局鉛印四部備要本 1冊 存5卷（樊川詩集注3至4、别集1卷、外集1卷、補遺1卷）

5198 **樊川詩集注四卷别集一卷外集一卷補遺一卷**
［唐］杜牧撰 ［清］馮集梧注
民國上海中華書局鉛印四部備要本 2冊 存4卷（樊川詩集注4、别集1卷、外集1卷、補遺1卷）

5199 **李長吉歌詩四卷卷首一卷外集一卷**
［唐］李賀著 ［清］王琦匯解
民國上海中華書局鉛印四部備要本 1冊 存3卷（李長吉歌詩3至4、外集1卷）

5200 **元氏長慶集六十卷**
［唐］元稹著
民國上海中華書局鉛印四部備要本 6冊

5201 **陸放翁全集之二劍南詩稿八十五卷放翁逸稿一卷**
［宋］陸游撰 ［清］毛晉輯
民國上海中華書局鉛印四部備要本 14冊 缺10卷（17至20、31至36）

5202 **陸放翁全集之一渭南文集五十卷南唐書十八卷音釋一卷**
［宋］陸游 ［元］戚光撰
民國上海中華書局鉛印四部備要本 11冊 存11冊（渭南文集10冊、南唐書1冊）

5203 **司馬温公集十四卷首一卷**
［宋］司馬光撰
民國上海中華書局鉛印四部備要本 5冊 缺2冊（3至4）

5204 **山谷全集詩集注二十卷外集詩注十七卷别集詩注兩卷**
［宋］黄庭堅著
民國上海中華書局鉛印四部備要本 3

册 存3册（1、3、6）

5205 **騎省集（徐文公集）三十卷**
［宋］徐鉉撰
民國上海中華書局鉛印四部備要本 3册 缺5卷（26至30）

5206 **誠齋詩集四十二卷**
［宋］楊萬里著
民國上海中華書局鉛印四部備要本 5册 存5册（1至3、5至6）

5207 **臨川集一百卷**
［宋］王安石撰
民國上海中華書局鉛印四部備要本 19册 缺1册（20）

5208 **臨川集一百卷**
［宋］王安石撰
民國上海中華書局鉛印四部備要本 14册 存80卷（1至39、51至86、92至96）

5209 **嘉祐集十五卷**
［宋］蘇洵撰
民國上海中華書局鉛印四部備要本 3册

5209（1） **嘉祐集十五卷**
［宋］蘇洵撰
民國上海中華書局鉛印四部備要本 1册 存5卷（11至15）

5210 **東坡全集一百十卷：正集四十卷後集二十卷奏議十五卷外製集三卷附樂語一卷内製集十卷續集十二卷附校記二卷**
［宋］蘇軾撰
民國上海中華書局鉛印四部備要本 13册 存69卷（正集9至32、後集20卷、奏議1至9、外製集3卷、樂語1卷、内製集10卷、續集9至10）

5210（1） **東坡全集一百十卷：正集四十卷後集二十卷奏議十五卷外製集三卷附樂語一卷内製集十卷續集十二卷附校記二卷**
［宋］蘇軾撰
民國上海中華書局鉛印四部備要本 1册 存4卷（奏議6至9）

5211 **東坡全集一百十卷：正集四十卷後集二十卷奏議十五卷外製集三卷内製集十卷附應詔十卷續集十二卷附校記二卷**
［宋］蘇軾撰
民國上海中華書局鉛印四部備要本 22册

5212 **蘇學士集十六卷**
［宋］蘇舜欽著

民國上海中華書局鉛印四部備要本　2冊

5213　**山中白雲八卷附錄一卷校記一卷**
［宋］張炎撰　［清］江昱疏證
民國上海中華書局鉛印四部備要本　2冊

5214　**後山集二十四卷**
［宋］陳師道著
民國上海中華書局鉛印四部備要本　2冊　缺8卷（7至14）

5215　**嵩山文集二十卷**
［宋］晁説之撰
民國上海涵芬樓影印本　2冊　存4卷（1至4）

5216　**苕溪漁隱叢話前集六十卷後集四十卷**
［宋］胡仔撰
民國上海中華書局鉛印四部備要本　6冊　存38卷（前集1至10、22至32、後集15至24、34至40）

5217　**斜川集六卷附錄二卷訂誤一卷**
［宋］蘇過撰
民國上海中華書局鉛印四部備要本　1冊　存5卷（斜川集4至6、附錄2卷）

5218　**宛陵集六十卷**
［宋］梅堯臣著
民國上海中華書局鉛印四部備要本　4冊　存40卷（9至48）

5218（1）　**宛陵集六十卷**
［宋］梅堯臣著
民國上海中華書局鉛印四部備要本　1冊　存9卷（29至37）

5219　**絶妙好詞箋七卷續鈔一卷補錄一卷詞選二卷續詞選一卷附錄一卷**
［宋］周密輯　［清］查爲仁
［清］厲鶚箋　［清］張惠言
［清］黄景仁　［清］董毅錄
民國上海中華書局鉛印四部備要本　3冊　缺2卷（6至7）

5220　**宋六十名家詞**
［清］毛晋輯
民國上海中華書局鉛印四部備要本　12冊　缺2冊（8、14）

5221　**西山先生真文忠公文集五十一卷**
［宋］真德秀撰
民國上海商務印書館影印四部叢刊本　22冊　缺5卷（6至8、47至48）

5222　**元遺山詩集十四卷首一卷附錄一卷補載一卷**
［金］元好問著　［清］施國祁注
民國上海中華書局鉛印四部備要本　5

册 存14卷（卷首至13）

5223 **青邱高季迪先生詩集十八卷遺詩一卷扣舷集一卷鳧藻集五卷**
［明］高啓撰 ［清］金檀輯注
民國上海中華書局鉛印四部備要本 4册 缺9卷（詩集8至11、16至18、遺詩1卷、扣舷集1卷）

5224 **草堂詩餘四卷**
［宋］武陵逸史編 ［清］隱湖小隱訂
民國上海中華書局鉛印四部備要本 2册

5225 **壯悔堂集十六卷：壯悔堂文集十卷附遺稿四憶堂詩集六卷附遺稿**
［清］侯方域著
民國上海中華書局鉛印四部備要本 3册 缺3卷（壯悔堂文1至3）

5226 **亭林詩文集十二卷：詩集五卷文集六卷餘集一卷**
［清］顧炎武著
民國上海中華書局鉛印四部備要本 3册 缺2卷（詩集1至2）

5227 **袁中郎全集六卷**
［明］袁宏道撰
民國上海時代圖書公司鉛印本 1册 存1卷（4）

5228 **花間集十卷**
［後蜀］趙崇祚輯
民國上海中華書局鉛印四部備要本 1册

5229 **遜志齋集二十四卷**
［明］方孝孺著
民國上海中華書局鉛印四部備要本 10册

5230 **震川文集三十卷彆集十卷附錄一卷**
［明］歸有光著
民國上海中華書局鉛印四部備要本 6册

5231 **震川文集三十卷彆集十卷附錄一卷**
［明］歸有光著
民國上海中華書局鉛印四部備要本 5册 缺13卷（1至6、20至26）

5232 **元曲選十集一百種**
［元］馬致遠撰 ［明］臧晋叔編
民國上海中華書局鉛印四部備要本 13册 缺3册（6、13至14）

5233 **駢體文鈔三十一卷**
［清］李兆洛編
民國上海中華書局鉛印四部備要本 8册 缺11卷（2至10、24至25）

5233（1） **駢體文鈔三十一卷**

［清］李兆洛編
民國上海中華書局鉛印四部備要本　1冊　存3卷（1至3）

5234　**望溪文集十八卷集外文十卷補遺二卷年譜二卷**
［清］方苞著
民國上海中華書局鉛印四部備要本　8冊　缺7卷（集外文3至5、補遺2、年譜1至2）

5235　**飴山堂詩集二十卷文集十二卷附録一卷**
［清］趙執信撰
民國上海中華書局鉛印四部備要本　4冊

5236　**十五家詞**
［清］孫默輯
民國上海中華書局鉛印四部備要本　4冊　缺11卷（13至23）

5237　**詞律二十卷首一卷拾遺八卷補遺一卷**
［清］萬樹輯　［清］杜文瀾編
［清］徐立本撰
民國上海中華書局鉛印四部備要本　11冊　缺9卷（8至16）

5238　**國朝詞綜續編二十四卷**
［清］黄燮清纂
民國上海中華書局鉛印四部備要本　3冊　存14卷（1至14）

5239　**國朝詞綜四十八卷**
［清］王昶編
民國上海中華書局鉛印四部備要本　5冊　缺7卷（1至7）

5240　**湖海樓詞集三十卷**
［清］陳維崧著
民國上海中華書局鉛印四部備要本　6冊

5240（1）　**湖海樓詞集三十卷**
［清］陳維崧著
民國上海中華書局鉛印四部備要本　1冊　存5卷（12至16）

5241　**更生齋集十八卷：文甲集四卷文乙集四卷詩八卷詩餘二卷**
［清］洪亮吉撰
民國上海中華書局鉛印四部備要本　3冊　缺4卷（更生齋文甲集1至4）

5242　**鐵厓古樂府十卷詠史注八卷逸編注八卷**
［元］楊維禎著　［清］樓卜瀍注
民國上海中華書局鉛印四部備要本　5冊　缺4卷（逸編注5至8）

5243　**古詩源十四卷**

［清］沈德潛編
民國上海中華書局鉛印四部備要本　1冊　缺7卷（1至7）

5244　**五言詩十七卷七言詩十五卷**
［清］王士禛選
民國上海中華書局鉛印四部備要本　5冊　缺5卷（五言詩6至10）

5245　**蓮洋集二十卷附錄一卷蓮洋吳徵君年譜一卷**
［清］吳雯撰
民國上海中華書局鉛印四部備要本　2冊　存11卷（4至14）

5245（1）　**蓮洋集二十卷附錄一卷蓮洋吳徵君年譜一卷**
［清］吳雯撰
民國上海中華書局鉛印四部備要本　1冊　存6卷（9至14）

5246　**敬業堂詩集五十卷續集六卷**
［清］查慎行撰
民國上海中華書局鉛印四部備要本　10冊　缺2冊（1、4）

5247　**小倉山房詩集三十七卷詩集補遺二卷文集三十五卷外集八卷**
［清］袁枚撰
民國上海中華書局鉛印四部備要本　13冊　缺5冊（1、3、5、8、10）

5248　**今體詩鈔十八卷**
［清］姚鼐輯
民國上海中華書局鉛印四部備要本　2冊

5249　**惜抱軒全集文集十六卷文後集十卷詩集十卷詩後集一卷詩外集一卷法帖題跋三卷筆記八卷**
［清］姚鼐撰
民國上海中華書局鉛印四部備要本　7冊　缺3卷（3、6、7）

5250　**古文辭類纂七十五卷附錄一卷附校勘記一卷**
［清］姚鼐纂
民國上海中華書局鉛印四部備要本
14冊

5251　**續古文辭類纂二十八卷**
［清］黎庶昌撰
民國上海中華書局鉛印四部備要本　13冊　缺1冊（3）

5252　**温飛卿集箋注九卷**
［唐］温庭筠撰
民國上海中華書局鉛印四部備要本　1冊　存5卷（5至9）

5253　**畫法要錄十七卷**

余紹宋撰
民國上海中華書局鉛印四部備要本　1册　存7卷（11至17）

5254　**校讎通義三卷**
［清］章學誠撰
民國上海中華書局鉛印四部備要本　1册

5255　**定盦全集十六卷文集補四種補編四卷**
［清］龔自珍撰
民國上海中華書局鉛印四部備要本　2册　存2册（3、4）

5256　**大雲山房文稿初集四卷二集四卷言事二卷補編一卷**
［清］惲敬撰
民國上海中華書局鉛印四部備要本　3册　缺1册（1）

5257　**曝書亭集八十卷附錄一卷笛漁小稾十卷**
［清］朱彝尊撰　［清］朱昆田撰
民國上海中華書局鉛印四部備要本　15册　缺1册（12）

5258　**曝書亭集八十卷附錄一卷笛漁小稾十卷**
［清］朱彝尊撰　［清］朱昆田撰
民國上海中華書局鉛印四部備要本　11册　缺5册（1、12至13、15至16）

5259　**庸庵全集十種**
［清］薛福成撰
清光緒二十三年（1897）上海醉六堂石印本　10册　缺5卷（文編卷3至4、外編卷4、出使日記卷1至2）

5260　**漁洋山人精華錄訓纂十卷漁洋山人自撰年譜二卷**
［清］王士禛撰　［清］惠棟撰
民國上海中華書局鉛印四部備要本　11册　缺1册（2）

5261　**國朝先正事略六十卷**
［清］李元度撰
民國上海中華書局鉛印四部備要本　6册　存45卷（16至60）

5262　**曾文正公詩集三卷曾文正公文集三卷首一卷**
［清］曾國藩撰
民國上海中華書局鉛印四部備要本　4册　缺1卷（文集2）

5263　**曾文正公詩集三卷曾文正公文集三卷首一卷**
［清］曾國藩撰
民國上海中華書局鉛印四部備要本　5册

5264　**經史百家雜鈔二十六卷**
［清］曾國藩撰
民國上海中華書局鉛印四部備要本　7 冊　缺 1 冊（7）

5265　**十八家詩鈔二十八卷**
［清］曾國藩編
民國上海中華書局鉛印四部備要本　13 冊　缺 1 冊（1）

5266　**十八家詩鈔二十八卷**
［清］曾國藩編
民國上海中華書局鉛印四部備要本　10 冊　缺 4 冊（1、3、5、9）

5267　**劉申叔先生遺書（左庵遺書）七十四種**
劉師培著
民國二十三年（1934）鉛印本　32 冊　存 32 冊（總目、7 至 10、12、30 至 31、35 至 42、44 至 48、51 至 53、55、57、59 至 60、62 至 63、65、70）

5268　**松坡山館詩稿三卷**
［清］劉順昌撰
民國十三年（1924）鉛印本　2 冊　存 2 卷（上、中）

5269　**駢林摘艷五十卷**
［清］胡又安編
民國上海科學圖書社石印本　18 冊　存 3 函（2 至 4）

5270　**資治通鑑二百九十四卷**
［宋］司馬光編集　［元］胡三省音注
清光緒十四年（1888）上海蜚英館石印本　1 冊　存 7 卷（1 至 7）

5271　**尚書今古文注疏三十卷**
［清］孫星衍撰
民國上海中華書局鉛印本　1 冊　存 10 卷（3 至 12）

5272　**三國志六十五卷**
［晋］陳壽撰　［南朝宋］裴松之注
民國上海中華書局鉛印本　1 冊　存 6 卷（吳志 4 至 9）

5273　**國朝先正事略六十卷**
［清］李元度纂
清光緒二十二年（1896）上海文盛書局石印本　2 冊

5274　**溆浦縣志三十二卷首一卷**
吳劍佩等主修　舒立淇總纂兼督修
民國十年（1921）木活字本　7 冊　缺 3 卷（30 至 32）

5275　**邵陽縣志十卷**
［清］李炳耀　［清］李大緒主修

［清］黃文琛總纂
民國十八年（1929）邵陽地方財富保管處鉛印清光緒三年（1877）本　6冊

5276　**南嶽志八卷**
［清］高自位重編　［清］黄宫
［清］黄有福校訂　［清］曠敏本同輯
清乾隆十八年（1753）重修開雲樓刻本　8冊

5277　**石門縣志十四卷首一卷**
［清］林葆元　［清］陳煊主修
［清］申正颺等纂修
民國二十五年（1936）石門縣教育局鉛印本　6冊

5278　**城步縣志十卷**
［清］盛鎰源主修　［清］戴聯璧
［清］陳志升等纂修
民國十九年（1930）城步永德堂木活字本　10冊

5279　**益陽縣志二十五卷首一卷**
［清］姚念楊　［清］吕懋恒主修
［清］趙裴哲總纂
清同治十三年（1874）刻本　16冊

5280　**衡陽縣志十二卷**
［清］羅慶薌等修　［清］彭玉麟等纂
清同治十三年（1874）刻本　10冊

5281　**瀏陽縣志二十四卷**
［清］王汝惺等主修　［清］鄒俊傑等纂
清同治十二年（1873）刻本　13冊

5282　**南嶽志二十六卷增補南嶽志詩集二卷續增南嶽志文集二卷**
南嶽志二十六卷［清］李元度原輯　王香余　歐陽謙校刊；增補南嶽志诗集二卷　李子榮編次　鄭阜康參閱　王香余　歐陽謙補輯；續增南嶽志文集二卷　李子榮　鄭阜康鑒定　王香余補輯
南嶽志二十六卷、增補南嶽志詩集二卷清光緒五年（1879）刻本；續增南嶽志文集二卷民國十三年（1924）刻本　18冊

5283　**安化縣志三十四卷首五卷末一卷**
［清］邱育泉主修　［清］何才焕等纂修
［清］余堅等繼修
清同治十年（1871）刻本　20冊

5284　**寧鄉縣志四十四卷首一卷**
［清］郭慶揚主修　［清］童秀春總纂
清同治六年（1867）刻本　18冊

5285　**寧鄉縣志不分卷附新志四卷**
周震麟主修　劉宗向主纂
民國三十年（1941）木活字本　20冊
缺1編（故事編）

5286　**長沙縣志三十六卷首一卷**
［清］劉採邦主修　［清］張延珂等纂
清同治十年（1871）刻本　20 册

5287　**平江縣志五十五卷首二卷末一卷**
［清］張培仁等監修　［清］李元度纂修
清光緒元年（1875）刻本　15 册　缺 1 卷（卷首 1）

5288　**新化縣志三十五卷首二卷**
［清］關培鈞主修　［清］劉洪澤主纂
清同治十年（1871）刻本　14 册　缺 2 册（11 至 12）

5290　**慈利縣志二十卷首一卷**
田興奎修　吳恭亨總纂
民國十二年（1923）縣南山小學鉛印本 4 册

5291　**重印明弘治衡縣志六卷**
［明］劉熙重修　［明］何紀編輯　康和聲重印
民國十三年（1924）鉛印本　2 册

5292　**湘鄉縣志二十三卷首一卷末一卷**
［清］齊德五等主修　［清］黄楷盛纂修
清同治十三年（1874）刻本　24 册

5293　**湘陰縣圖志三十四卷首一卷末一卷**
［清］郭嵩燾等纂修
清光緒六年（1880）湘陰縣志局刻本 14 册

5294　**祁陽縣志二十四卷首一卷**
［清］陳玉祥主修　［清］劉希關等編修
清同治九年（1870）刻本　13 册　缺 1 卷（24）

5295　**湖南各縣調查筆記不分卷**
曾繼梧編
民國二十年（1931）和濟印刷公司代印鉛印本　2 册

5296　**湘潭縣圖志十二篇**
［清］陳嘉榆等修　王闓運等纂
民國三十二年（1943）鉛印本　10 册

5297　**春秋大事表五十卷春秋輿圖一卷**
［清］顧棟高輯
春秋大事表清乾隆十二年（1747）萬卷樓刻本；春秋輿圖清乾隆十四年（1749）刻本　3 册　存 3 卷（春秋大事表 2 卷，春秋輿圖 1 卷）

5298　**蔡松坡先生遺集八卷首一卷末一卷**
蔡鍔撰　劉達武編
民國三十二年（1943）亞東印書館刻本 12 册

5299　**御批五經備旨**
［清］鄒聖脈纂輯
清乾隆二十八年（1763）刻本　20 册
缺 3 卷（易經備旨 1、禮記備旨 5 至 6）

5300　**牧齋初學集一百十卷**
［清］錢謙益纂
民國上海商務印書館影印本　29 册　缺
3 册（1、23、29）

5301　**古文觀止十二卷**
［清］吳乘權等輯
民國三十五年（1946）上海商務印書館
鉛印本　2 册

5302　**鮑參軍集二卷**
［南朝宋］鮑照纂　［清］胡鳳丹校梓
清同治胡氏退補齋刻本　1 册

5303　**崇禎存實疏鈔八卷**
北京大學研究院文史部編
民國二十三年（1934）上海商務印書館
石印本　14 册　缺 2 卷（3 上、6 下）

5304　**熙朝紀政六卷**
［清］王慶雲述　［清］王雁訂
清光緒二十七年（1901）上海天章書局
石印本　1 册

5305　**唐宋八大家文十卷**
［清］沈歸愚選輯
清光緒二十四年（1898）上海鴻文書局
石印本　2 册

5306　**嘯亭雜錄十卷嘯亭續錄三卷**
［清］昭槤撰
清光緒六年（1880）石印本　4 册

5307　**熊襄愍公集十卷首一卷末一卷**
［明］熊廷弼撰
清嘉慶胡氏退補齋刻本　9 册　缺 1 册（3）

5308　**曲律易知二卷**
許之衡纂
民國十一年（1922）飲流齋刻本　2 册

5309　**勒封將軍大王畫像**
［□］□□撰
民國河南河防局重刊石印本　1 册

5310　**荆駝逸史**
［清］陳湖逸士編
清刻本　20 册　缺 4 册（5、11、17、
23）

5311　**清河書畫舫十二卷**
［明］張丑撰
清乾隆二十八年（1763）吳長元池北草
堂刻本　11 册　缺 1 册（10）

5312 **東華錄三十二卷**
［清］蔣良騏編
清乾隆三十年（1765）京都正陽門琉璃廠榮錦書房刻本 12 册

5313 **東華錄貳臣傳八卷**
［清］蔣良騏編
清乾隆三十年（1765）京都正陽門琉璃廠榮錦書房刻本 8 册

5314 **小腆紀年附考二十卷**
［清］徐鼒撰
清咸豐十一年（1861）刻本 10 册 缺 2 卷（3、4）

5315 **崇禎朝紀事四卷**
［清］李遜之撰
清光緒二十三年（1897）武維盛氏刻本 2 册

5316 **採輯歷朝詩話一卷**
［清］胡鳳丹編纂
清同治胡氏退補齋刻本 1 册

5317 **謝宣城集五卷**
［南朝齊］謝朓著 ［清］胡鳳丹校梓
清同治胡氏退補齋刻本 1 册

5318 **庾開府集四卷**
［北周］庾信著 ［清］胡鳳丹校梓
清同治胡氏退補齋刻本 3 册

5319 **玉茗堂全集四十六卷：序六卷文十六卷賦六卷詩十八卷玉茗堂尺牘六卷**
［明］湯顯祖撰
玉茗堂全集清康熙竹林堂刻本；玉茗堂尺牘民國八年（1915）上海有正書局影印本 15 册

5320 **隸辨八卷**
［清］顧藹吉撰
民國二十年（1931）上海掃葉山房石印本 8 册

5321 **淵鑑類函四百五十卷**
［清］張英等輯
清光緒二十一年（1895）上海點石齋石印本 9 册 缺 1 册（10）

5322 **餘園墨瀋八卷**
武克順撰
民國十二年（1923）鉛印本 1 册

5323 **三教源流搜神大全七卷**
葉德輝輯
清宣統元年（1909）長沙郎園刻本 2 册

5324 **頌橘廬詩存**
曾克耑撰
民國三十六年（1947）成都刻本 2 册

5325 **養復園詩集不分卷**
程潛撰
民國三十七年（1948）中國詩學會鉛印本 1冊

5326 **皇朝中外一統輿圖三十一卷首一卷**
［清］胡林翼撰 ［清］嚴樹森輯
［清］鄒世詒 ［清］晏啓鎮編繪
［清］李廷蕭 ［清］汪士鐸核校
清同治二年（1863）湖北撫署刻本景桓樓藏版 12冊

5328 **庾開府全集十六卷附夫人墓志銘**
［北周］庾信著 ［清］倪璠注釋
清刻本 9冊 缺1卷（13）

5329 **南宋雜事詩七卷**
［清］沈嘉轍等撰
清刻本 4冊

5330 **猛悔樓詩五卷補遺一卷**
王世鼐撰
民國三十三年（1944）貴池王氏鉛印本 1冊

5332 **黛方山莊詩集六卷詩餘一卷**
［清］黎吉雲撰
民國二十六年（1937）湘潭黎錦熙影印本 2冊

5333 **新曲苑三十四種**
任中敏編
民國二十九年（1940）上海中華書局鉛印本 12冊

5334 **清代燕都梨園史料**
張次溪編
民國二十三年（1934）北平邃雅齋書店鉛印本 12冊

5335 **清代燕都梨園史料續編**
張次溪編
民國二十六年（1937）北平松筠閣書店鉛印本 4冊

5336 **揚州畫舫錄十八卷**
［清］李斗撰
清道光十九年（1839）自然盦刻本 8冊

善0058 **津逮秘書九集十集：**

酉陽雜俎二十卷續集十卷
［唐］段成式撰 ［明］毛晋訂
明末汲古閣刻津逮秘書本 6冊

洛陽名園記一卷洛陽伽藍記五卷
［宋］李格非撰 ［北魏］楊衒之
［明］毛晋訂

明末汲古閣刻津逮秘書本　1册

東京夢華録十卷
［宋］孟元老撰
明末汲古閣刻津逮秘書本　1册

道德指規論六卷青烏先生葬經一卷
［漢］嚴遵撰　［明］沈士龍
［明］胡震亨同校　［金］兀欽仄注
明末汲古閣刻津逮秘書本　1册
道德指規論　存4卷（3至6）

焚椒録一卷佛國記一卷
［遼］王鼎　［宋］釋法顯撰
［明］胡震亨　［明］毛晋同校
明末汲古閣刻津逮秘書本　1册

5339　**蘇文忠公詩集五十卷**
［宋］蘇軾撰　［清］紀昀評點
清同治八年（1869）韞玉山房刻本
12册

5341　**竹軒摭録八卷**
郭則澐輯
民國二十七年（1938）刻本　4册

5343　**通制條格存卷二至九、卷十三至二十二、卷二十七至三十卷**
［元］完顔納丹等纂
民國十九年（1930）國立北平圖書館影印本　6册

5344　**長郡題名録續長郡題名録**
［清］吳東麓　［清］胡達源纂
清道光十五年（1835）刻本　2册

5345　**湖南各縣調查筆記不分卷**
曾繼梧編
民國二十年（1931）湖南各省地方自治籌備處鉛印本　2册

5346　**茶余客話二十二卷**
［清］阮葵生著
清光緒十四年（1888）鉛印本　2册

5347　**劍南詩稿八十五卷附放翁逸稿一卷**
［宋］陸游撰
民國上海中華書局鉛印四部備要本
16册

5348　**説文古籀補十四卷附録一卷**
［清］吳大瀓撰
清光緒二十四年（1898）刻本　3册

5349　**塵卧軒詩集七卷**
陳澄一撰
民國三十二年（1943）孫義忠校印石印本　1册

5350 **湖南中路師範規劃**
湖南中路師範編
民國湖南機器印刷局鉛印本 1册

5351 **蕩平楚粤逆傜匯鈔**
［清］石洞山人抄
清道光十二年（1832）抄本 1册 存1卷（2）

5352 **學部官報第十二期**
［清］學部圖書局編
清光緒三十二年（1906）鉛印本 1册

5353 **馮給事中（馮錫仁）事略**
陳衍等撰
民國鉛印本 1册

5354 **温飛卿集箋注七卷别集一卷集外詩一卷**
［唐］温庭筠撰 ［明］曾益注
［清］顧予咸補注
民國上海中華書局鉛印四部備要本 2册

5355 **温飛卿集箋注七卷别集一卷集外詩一卷**
［唐］温庭筠撰 ［明］曾益注
［清］顧予咸補注
民國上海中華書局鉛印四部備要本 1册 存4卷（1至4）

5356 **敏學齋臆説不分卷**
［清］李得春著
清道光二十一年（1841）刻本 1册

5357 **光緒癸卯恩科湖南鄉試卷**
［清］汪根甲等
清光緒二十九年（1903）刻本 4册

5358 **徐棻辛丑恩科殿試卷**
［清］徐棻撰
清道光二十一年（1841）刻本 1册

5359 **徐氏續修族譜六卷首一卷**
徐芝年總辦
民國東海堂木活字本 1册 存1卷（海字卷）

5360 **養復園詩集不分卷**
程潛撰
民國三十七年（1948）中國詩學會鉛印本 1册

5361 **古今諺拾遺三卷**
［清］史夢蘭輯
清刻本 1册

5362 **卧龍崗志二卷**
［清］羅景輯 ［清］羅鋲校
清康熙五十一年（1712）刻本 1册 存1卷（2）

5363 **湖南官報**
［清］湖南官報局編印
清光緒三十年（1904）鉛印本 2 册

5364 **萬國公報**
［清］萬國公報館編輯
清光緒上海美華書館鉛印本 5 册 存 5 卷（124、132、145、148、154）

5365 **洛水詞一卷歸愚詞一卷龍洲詞一卷**
［宋］程珌 ［宋］葛立方
［宋］劉過撰
明毛晋汲古閣刻本 1 册

5366 **小山詞一卷**
［宋］晏幾道撰
明毛晋汲古閣刻本 1 册

5367 **琴趣外篇六卷烘堂詞一卷**
［宋］晁補之 ［宋］盧炳撰
明毛晋汲古閣刻本 1 册

5368 **溪堂詞一卷樵隱詞一卷竹山詞一卷**
［宋］謝逸 ［宋］毛幵 ［宋］蔣捷撰
明毛晋汲古閣刻本 1 册

5369 **初寮詞一卷龍川詞一卷姑溪詞一卷**
［宋］王安中 ［宋］陳亮
［宋］李之儀撰
明毛晋汲古閣刻本 1 册

5370 **夢窗詞稿四卷補遺一卷**
［宋］吴文英撰
明毛晋汲古閣刻本 1 册 存 2 卷（1 至 2）

5371 **竹齋詩餘一卷金谷遺音一卷散花庵詞一卷**
［宋］黄機 ［宋］石孝友
［宋］黄昇撰
明毛晋汲古閣刻本 1 册

5372 **稼軒詞四卷**
［宋］辛棄疾撰
明毛晋汲古閣刻本 1 册

5373 **宋六十名家詞**
［清］毛晋輯
明毛晋汲古閣刻本 3 册

5374 **愙齋集古錄二十六卷**
［清］吴大瀓編
民國上海涵芬樓影印本 8 册 存 7 册（1、5、10、14、24 至 26）

5375 **畫法要錄第二編十卷首一卷末一卷補遺一卷**
余紹宋著

民國二十四年（1935）上海中華書局鉛印本　4 册

5376　**玉函山房輯佚書書經十二種**
［清］馬國翰輯
清光緒十年（1884）楚南書局刻本　1 册

5377　**中國近百年政治史第一册**
李劍農撰
民國三十一年（1942）湖南藍田啓明書局鉛印本　1 册

5378　**精選廣注王氏古文辭類纂不分卷**
秦同培選
民國十四年（1925）上海世界書局石印本　4 册

5379　**簷曝雜記六卷**
［清］趙翼撰
清刻本　1 册　存 3 卷（1 至 3）

5380　**繡像增補搜神記六卷**
［晋］干寶撰　［明］唐富春校
明萬歷金陵大盛堂刻本　1 册　存 3 卷（1 至 3）

5382　**增補氏族箋釋八卷**
［清］熊峻運著　［清］楊煌義編
清刻本　1 册　存 4 卷（1 至 4）

5383　**長沙張氏族譜天吉公六房草稿附張雲笙墓志銘張雲笙行述**
張錫山手訂
民國二十二年（1933）稿本　1 册

5384　**名人碑帖圖誌底稿**
［清］张海珊手抄
張錫山手訂　民國稿本　1 册

5385　**岑毓英畫傳**
［□］□□撰
民國石印本　1 册

5386　**説論文鈔**
張錫山訂
清宣統二年（1910）手抄本　1 册

5387　**元典章校補釋例六卷**
陳垣著
民國二十三年（1934）北平國立中央研究院歷史語言研究所刻本　1 册

5388　**尤西堂全集**
［清］尤侗撰
清順治十二年（1655）刻本　2 册　存 15 卷（西堂雜組 8 卷、鈞天樂 2 卷、百末詞 5 卷）

5389　**賦學正鵠集釋十一卷**
［清］李元度編

清光緒二十年（1894）湖南澹雅書局刻本 4册 存5卷（1、2、8至10）

5390 **書林藻鑑十二卷**
馬宗霍撰
民國二十四年（1935）上海商務印書館鉛印本 4册

5391 **靈芬館詞四種**
［清］郭麐撰
民國上海中華書局鉛印本 1册

5392 **永曆實錄二十六卷**
［清］王夫之撰
清同治四年（1865）湘鄉曾氏金陵節署刻本 3册

5393 **文始真經三卷校勘記一卷**
［戰國］關尹子撰 張元濟校勘
民國二十五年（1936）上海商務印書館影印四部叢刊本 1册

5394 **讀畫錄四卷**
［清］周亮工撰
清嘉慶四年（1799）桐川顧氏刻本 1册

5395 **經學歷史一卷**
［清］皮錫瑞撰
民國十六年（1927）上海涵芬樓影印本 1册

5396 **圣跡圖**
曹琨重摹
民國十二年（1923）影印本 4册

5397 **宋名家詞：蘆川詞一卷**
［宋］張元幹撰
明毛晋汲古閣刻本 1册

5398 **有正味齋駢體文箋二十四卷首一卷**
［清］吳錫麒著 ［清］王廣業箋
清咸豐九年（1859）刻本 6册 缺2册（7、8）

5399 **文房肆攷圖説八卷**
［清］唐秉衡撰
清乾隆刻本 1册 存2卷（5、6）

5400 **中學國文課本精華**
啓明女學校編
民國十四年至民國十七年（1925至1928）上海土山灣印書館鉛印本 3册 存3册（2至4）

善0059 **清朝進士題名碑錄：清同治十三年至清光緒十六年**
房兆楹等編
清抄本 1册

5402 **圖像山海經詳注五卷**
［晋］郭璞撰 ［清］梁忠漢繪

［清］吳志伊校注
清文運堂刻本　2册

5403　**山海經注解十八卷**
［晋］郭璞撰　［明］吳中珩校
清刻本　2册

5404　**影印孝建四銖拓本不分卷**
［清］吕堯仙拓
民國二十三年（1934）上海醫學書局影印本　1册

5405　**潛研堂答問十二卷**
［清］錢大昕撰
清光緒七年（1881）謨觴室刻本　4册

5406　**國朝書識十七卷**
［清］馮金伯纂輯
民國上海中華書局鉛印本　4册

5408　**郎潛紀聞十四卷**
［清］陳康祺撰
清光緒六年（1880）琴川刻本　6册

5409　**南園詩集一卷**
曹廣權撰
民國二十六年（1937）鉛印本　1册

5410　**碧梧紅杏山房詩鈔二卷碧梧紅杏山房楹帖一卷**
［清］陸費爕撰
清光緒二十七年（1901）刻本　2册

5411　**仿唐石經體寫本急就篇不分卷**
［漢］史遊撰
清光緒遵義黎氏刻本　1册

5412　**袪疑説一卷中華古今注三卷**
［宋］儲泳　［後唐］馬縞撰
清刻本　1册　缺1卷（中華古今注卷上）

5413　**字義類例**
陳獨秀著
民國十四年（1925）上海亞東圖書館石印本　1册

5420　**壯陶閣書畫錄（龍珠寶藏）二十二卷附錄一卷**
裴景福編
民國二十六年（1937）上海中華書局鉛印本　22册

5421　**虚齋名畫錄十六卷**
龐元濟撰
清宣統元年（1909）刻本　16册

5422　**綺霞江館聯語偶存一卷**
吳熙撰
清宣統二年（1910）長沙刻本　1册

5426 **清河書畫舫十二卷**
［明］張丑撰
清刻本 1册

5427 **晚翠軒詞韻一卷**
［清］舒夢蘭輯
民國十四年（1925）上海錦章圖書局石印本 1册

5428 **庾子山集十六卷**
［北周］庾信撰 ［清］倪璠注釋
清刻本 1册 存1卷（13）

5429 **增像全圖三國演義一百二十回六十卷**
［明］羅貫中撰 ［清］毛宗崗評
清光緒十四年（1888）上海鴻文書局石印本 12册

5430 **黄帝内經素問二十四卷**
［唐］王冰注 ［宋］林億等校正
民國上海廣益書局石印本 4册

5432 **三餘札記四卷**
劉文典撰
民國二十八年（1939）上海商務印書館鉛印本 3册

5433 **增訂别號索引不分卷**
陳乃乾編
民國三十二年（1943）上海開明書店鉛印本 1册

5434 **積微居小學金石論叢五卷補遺一卷**
楊樹達撰
民國二十六年（1937）上海商務印書館鉛印本 2册

5435 **音韻學通論八卷**
馬宗霍撰
民國二十六年（1937）上海商務印書館鉛印本 3册

5436 **長術輯要十卷附古今推步諸術考二卷**
［清］汪曰楨撰
民國上海中華書局鉛印本 4册

5437 **蔡忠烈公（蔡道憲）遺集四卷**
［明］蔡道憲撰 ［清］鄧顯鶴原編
［清］夏獻雲重輯
清光緒六年（1880）刻本蓬萊山房藏版
4册

5438 **精拓顔君廟碑銘四卷**
［唐］顔真卿撰并書
拓本 4册

5440 **使華訪古録（德文版）**
［德國］艾克編

民國二十八年（1939）中國彩華印刷局鉛印本　1冊

善 0060　**理靈坡一卷**
［清］楊恩壽撰
清同治九年（1870）長沙楊氏坦園家刻本　1冊

5442　**公亮篆印**
袁公亮篆刻
鈐印本　1冊　存1冊（上集）

5449　**難經集注五卷金匱要略方論三卷**
［明］王九思等集注　［漢］張機撰
民國上海商務印書館影印四部叢刊本　1冊

5453　**盅園日記**
劉宗向記
民國十年至民國二十八年（1921至1939）稿本　3冊

5454　**寧鄉縣九修志稿全本（盅園文稿）**
劉宗向撰
民國十年至民國二十七年（1921至1938）稿本　8冊

5455　**老子章義二篇**
［清］姚鼐撰
清同治九年（1870）桐城吴氏刻本　1冊

5456　**聖賢志略底稿**
［□］□□撰
民國稿本　1冊

5457　**輓聯合編五編補編一卷**
［清］謝爲誠編
清光緒十年（1884）寧鄉刻本謝萃珍堂藏版　1冊

5458　**史略**
［□］□□撰
民國手抄本　1冊

5459　**守藝堂治事三**
［□］□□撰抄
民國抄本　1冊

5460　**珠泉草廬書札第二十四卷**
廖樹蘅撰
清宣統二年（1910）稿本　1冊　存1卷（24）

善 0061　**前漢書一百卷**
［漢］班固撰　［唐］顔師古注
明崇禎十五年（1642）琴川毛氏汲古閣刻本　16冊

5462　**隋甯贊碑**
［□］□□書
清同治七年（1868）拓本　1冊

善 0062 **湘潭縣志二十五卷首一卷續集一卷續編一卷**

［清］陳弘謀總裁 ［清］呂正音主修 ［清］歐陽正煥編輯

清乾隆二十一年（1756）刻本 12 册

5464 **資治通鑑注二百九十四卷附釋文辨誤十二卷**

［宋］司馬光編 ［元］胡三省音注

清同治十年（1871）湖北崇文書局刻本 104 册

善 0063 **宋書考論四卷**

［清］孫彪撰 孫鼎宜編次

民國十六年（1927）稿本 4 册

5466 **寰宇貞石圖六卷**

楊守敬輯

民國影印剪貼本 6 册

5467 **趙孟頫六體千字文不分卷**

［元］趙孟頫書

民國十七年（1928）北平古物陳列館影印本 1 册

5468 **漢熹平石經**

阿維越致輯

民國二十年（1931）上海神州國光社影印拓片 1 册

5469 **神州國光集第二輯：趙衷九歌圖，張宇思親慕道圖合集**

程葆元編

民國二十四年（1935）上海神州國光社影印本 1 册

5470 **神州國光集第四輯：名畫法書扇面之二**

程葆元編

民國二十四年（1935）上海神州國光社影印本 1 册

5471 **神州國光集第五輯：青道人江山卧游圖，王季陳珉等花鳥册頁**

程葆元編

民國二十四年（1935）上海神州國光社影印本 1 册

5472 **神州國光集第六輯：名畫法書集妙之一**

程葆元編

民國二十四年（1935）上海神州國光社影印本 1 册

5473 **神州國光集第七輯：名畫法書集妙之二**

程葆元編

民國二十四年（1935）上海神州國光社影印本 1 册

5474 **神州國光集第八輯：老蓮遺意（陳洪綬）**
程葆元編
民國二十四年（1935）上海神州國光社影印本 1冊

5475 **神州國光集第十輯：明吕延振畫甲申十月年圖卷**
程葆元編
民國二十四年（1935）上海神州國光社影印本 1冊

5476 **神州國光集第十二輯：石濤花卉集**
程葆元編
民國二十四年（1935）上海神州國光社影印本 1冊

5477 **徐楨立楷隸字用**
徐楨立著
民國手蹟 1冊

5478 **善化周聲溢墓銘**
郭焯瑩撰 曹廣楨書
民國六年（1917）拓本 1冊

5479 **劉實公先生墓表**
徐崇立撰 徐楨立書
民國十八年（1929）拓本 1冊

5480 **清於女史惲冰筠籃百卉册**
［清］惲冰繪
清宣統三年（1911）陽湖吕景端影印本 1冊

5481 **劉府君墓志銘**
許崇熙撰并書 來青閣劉惇鐫石
民國十九年（1930）拓印本 1冊

5482 **故宫週刊合訂第一册**
北平故宫博物院編輯
民國二十一年（1932）北平故宫博物院影印本 1冊

5483 **故宫週刊合訂第二册**
北平故宫博物院編輯
民國十九年（1930）北平故宫博物院影印本 1冊

5484 **故宫週刊合訂第三册**
北平故宫博物院編輯
民國二十二年（1933）北平故宫博物院影印本 1冊

5485 **故宫週刊合訂第四册**
北平故宫博物院編輯
民國二十二年（1933）北平故宫博物院影印本 1冊

5486 **故宫週刊合訂第五册**
北平故宫博物院編輯

民國二十二年（1933）北平故宫博物院影印本　1 册

5487　**故宫週刊合訂第六册**
北平故宫博物院編輯
民國二十二年（1933）北平故宫博物院影印本　1 册

5488　**故宫週刊合訂第七册**
北平故宫博物院編輯
民國二十一年（1932）北平故宫博物院影印本　1 册

5489　**故宫週刊合訂第八册**
北平故宫博物院編輯
民國二十一年（1932）北平故宫博物院影印本　1 册

5490　**故宫週刊合訂第九册**
北平故宫博物院編輯
民國二十一年（1932）北平故宫博物院影印本　1 册

5491　**故宫週刊合訂第十册**
北平故宫博物院編輯
民國二十二年（1933）北平故宫博物院影印本　1 册

5492　**故宫週刊合訂第十一册**
北平故宫博物院編輯
民國二十二年（1933）北平故宫博物院影印本　1 册

5493　**故宫週刊合訂第十二册**
北平故宫博物院編輯
民國二十二年（1933）北平故宫博物院影印本　1 册

5494　**故宫週刊合訂第十三册**
北平故宫博物院編輯
民國二十二年（1933）北平故宫博物院影印本　1 册

5495　**故宫週刊合訂第十四册**
北平故宫博物院編輯
民國二十三年（1934）北平故宫博物院影印本　1 册

5496　**故宫週刊合訂第十五册**
北平故宫博物院編輯
民國二十三年（1934）北平故宫博物院影印本　1 册

5497　**故宫週刊合訂第十六册**
北平故宫博物院編輯
民國二十三年（1934）北平故宫博物院影印本　1 册

5498　**故宫週刊合訂第十七册**
北平故宫博物院編輯

民國二十三年（1934）北平故宫博物院影印本　1册

5499　**故宫週刊合訂第十八册**

北平故宫博物院編輯

民國二十四年（1935）北平故宫博物院影印本　1册

5500　**故宫週刊合訂第十九册**

北平故宫博物院編輯

民國二十四年（1935）北平故宫博物院影印本　1册

5501　**故宫週刊合訂第二十一册**

北平故宫博物院編輯

民國二十五年（1936）北平故宫博物院影印本　1册

5502　**故宫週刊雙十號**

北平故宫博物院編輯

民國十九年（1930）北平故宫博物院雙十號影印本　1册

5503　**故宫旬刊一至十六期合訂本**

北平故宫博物院編輯

民國二十五年（1936）北平故宫博物院影印本　1册

5504　**康熙字典十二集附備考一卷補遺一卷**

［清］張玉書等撰

清光緒十五年（1889）上海點石齋石印本　6册

5505　**芥子園畫傳四集**

［清］王概等摹繪

清光緒九年（1883）刻本　1册

5506　**黄石齋先生逸詩**

［明］黄道周撰

民國九年（1920）上海有正書局石印本　1册

5529　**皇清經解續編：九經誤字一卷周易稗疏四卷**

［清］顧炎武　［清］王夫之撰

清光緒十四年（1888）南菁書院刻本　1册

5530　**皇清經解續編：詩經稗疏四卷**

［清］王夫之撰

清光緒十四年（1888）南菁書院刻本　1册

5531　**皇清經解續編：春秋稗疏二卷學庸稗疏一卷論語稗疏一卷孟子稗疏一卷**

［清］王夫之撰

清光緒十四年（1888）南菁書院刻本　1册

5532　**皇清經解續編：春秋占筮書三卷續詩傳鳥名三卷白鷺洲主客説詩一卷**
［清］毛奇齡撰
清光緒十四年（1888）南菁書院刻本
1 册

5532（1）　**皇清經解續編：尚書古文疏證八卷**
［清］閻若璩撰
清光緒十四年（1888）南菁書院刻本
5 册

5533　**皇清經解續編：郊社禘祫問一卷大小宗通繹一卷孝經問一卷禮記偶箋三卷**
［清］毛奇齡　［清］萬斯大撰
清光緒十四年（1888）南菁書院刻本
1 册

5533（1）　**皇清經解續編：易圖明辨十卷**
［清］胡渭撰
清光緒十四年（1888）南菁書院刻本
2 册

5534　**皇清經解續編：春秋長歷十卷**
［清］陳厚耀撰
清光緒十四年（1888）南菁書院刻本
3 册

5535　**皇清經解續編：儀禮釋宫增注一卷儀禮釋例一卷禮記訓義擇言一至三卷**
［清］江永撰
清光緒十四年（1888）南菁書院刻本
1 册

5536　**皇清經解續編：禮記訓義擇言四至八卷**
［清］江永撰
清光緒十四年（1888）南菁書院刻本
1 册

5537　**皇清經解續編：春秋大事表五十卷春秋綱領一卷讀春秋偶筆一卷輿圖一卷**
［清］顧棟高撰
清光緒十四年（1888）南菁書院刻本
17 册

5538　**皇清經解續編：天子肆獻祼饋食禮纂三卷朝廟宫室考並圖一卷附田賦考**
［清］任啓運撰
清光緒十四年（1888）南菁書院刻本
1 册

5539　**皇清經解續編：易例二卷**
［清］惠棟撰
清光緒十四年（1888）南菁書院刻本
1 册

5540　**皇清經解續編：易漢學八卷**
［清］惠棟撰

清光緒十四年（1888）南菁書院刻本
1 册

5541　**皇清經解續編：明堂大道錄卷一至七**
［清］惠棟撰
清光緒十四年（1888）南菁書院刻本
1 册

5542　**皇清經解續編：明堂大道錄卷八禘説二卷晚書訂疑三卷**
［清］惠棟　［清］程廷祚撰
清光緒十四年（1888）南菁書院刻本
1 册

5543　**卦氣解一卷周官記五卷周官説二卷**
［清］莊存與撰
清光緒十四年（1888）南菁書院刻本
1 册

5544　**周官説補三卷儀禮管見十七卷爾雅補郭二卷**
［清］莊存與　［清］褚寅亮
［清］翟灝撰
清光緒十四年（1888）南菁書院刻本
3 册

5545　**深衣釋例三卷詩聲類十二卷詩聲分例一卷經傳小記一卷**
［清］任大椿　［清］孔廣森
［清］劉臺拱撰
清光緒十四年（1888）南菁書院刻本
2 册

5546　**逸周書雜志四卷爾雅古義二卷爾雅釋地四篇注一卷**
［清］王念孫　［清］錢坫撰
清光緒十四年（1888）南菁書院刻本
1 册

5546（1）　**車制考一卷群經義證八卷釋服二卷**
［清］錢坫　［清］武億
［清］宋緜初撰
清光緒十四年（1888）南菁書院刻本
2 册

5547　**孟子四攷四卷毛詩攷證四卷**
［清］周廣業　［清］莊述祖撰
清光緒十四年（1888）南菁書院刻本
2 册

5548　**毛詩周頌口義三卷**
［清］莊述祖撰
清光緒十四年（1888）南菁書院刻本
1 册

5549　**五經小學述二卷詩書古訓十卷**
［清］莊述祖　［清］阮元撰
清光緒十四年（1888）南菁書院刻本

4 册

5550 **春秋左傳詁二十卷**
［清］洪亮吉撰
清光緒十四年（1888）南菁書院刻本
7 册

5551 **左通補釋三十二卷**
［清］梁履繩撰
清光緒十四年（1888）南菁書院刻本
9 册

5552 **周易述補五卷**
［清］李林松撰
清光緒十四年（1888）南菁書院刻本
1 册

5553 **易圖條辨一卷虞氏易事二卷**
［清］張惠言撰
清光緒十四年（1888）南菁書院刻本
1 册

5554 **虞氏易言二卷虞氏易候一卷**
［清］張惠言撰
清光緒十四年（1888）南菁書院刻本
1 册

5555 **儀禮圖六卷讀儀禮記二卷書序述聞一卷**
［清］張惠言　［清］劉逢禄撰
清光緒十四年（1888）南菁書院刻本
4 册

5556 **尚書今古文集解三十卷卦本圖考一卷**
［清］劉逢禄　［清］胡秉虔撰
清光緒十四年（1888）南菁書院刻本
4 册

5557 **尚書大傳輯校三卷**
［清］陳壽祺撰
清光緒十四年（1888）南菁書院刻本
1 册

5558 **禹貢鄭注釋二卷**
［清］焦循撰
清光緒十四年（1888）南菁書院刻本
1 册

5559 **群經宫室圖二卷**
［清］焦循撰
清光緒十四年（1888）南菁書院刻本
1 册

5560 **隸經文四卷**
［清］江藩撰
清光緒十四年（1888）南菁書院刻本
1 册

5561 **説文聲類十六卷**

［清］嚴可均著
清光緒十四年（1888）南菁書院刻本
1 册

5562 **周易考異二卷尚書略説二卷**
［清］宋翔鳳撰
清光緒十四年（1888）南菁書院刻本
1 册

5563 **尚書譜一卷大學古義説二卷**
［清］宋翔鳳撰
清光緒十四年（1888）南菁書院刻本
1 册

5564 **論語説義十卷**
［清］宋翔鳳撰
清光緒十四年（1888）南菁書院刻本
1 册

5565 **孟子趙注補正六卷**
［清］宋翔鳳撰
清光緒十四年（1888）南菁書院刻本
1 册

5566 **小爾雅訓纂六卷**
［清］宋翔鳳撰
清光緒十四年（1888）南菁書院刻本
1 册

5567 **過庭錄五卷**
［清］宋翔鳳撰
清光緒十四年（1888）南菁書院刻本
1 册

5568 **毛詩傳箋通釋三十二卷**
［清］馬瑞辰撰
清光緒十四年（1888）南菁書院刻本
9 册

5569 **毛詩後箋三十卷**
［清］胡承珙撰
清光緒十四年（1888）南菁書院刻本
13 册

5570 **儀禮古今文疏義十七卷讀書叢錄一卷**
［清］胡承珙　［清］洪頤煊撰
清光緒十四年（1888）南菁書院刻本
2 册

5571 **爾雅匡名二十卷**
［清］嚴元照撰
清光緒十四年（1888）南菁書院刻本
2 册

5572 **周官故書考四卷**
［清］徐養原撰
清光緒十四年（1888）南菁書院刻本
1 册

5573 **儀禮今古文異同疏證五卷**
［清］徐養原撰
清光緒十四年（1888）南菁書院刻本
1 册

5574 **論語魯讀考一卷頑石廬經説十卷**
［清］徐養原撰
清光緒十四年（1888）南菁書院刻本
2 册

5575 **周禮學二卷儀禮學一卷易經異文釋六卷**
［清］王聘珍 ［清］李富孫撰
清光緒十四年（1888）南菁書院刻本
2 册

5576 **詩經異文釋十六卷**
［清］李富孫撰
清光緒十四年（1888）南菁書院刻本
4 册

5578 **春秋左傳異文釋十卷**
［清］李富孫撰
清光緒十四年（1888）南菁書院刻本
2 册

5579 **春秋公羊傳異文釋一卷夏小正分箋四卷夏小正異義二卷**
［清］李富孫 ［清］黄模撰
清光緒十四年（1888）南菁書院刻本
1 册

5580 **春秋左氏古義六卷**
［清］臧壽恭撰
清光緒十四年（1888）南菁書院刻本
1 册

5581 **春秋左氏傳補注十二卷**
［清］沈欽韓撰
清光緒十四年（1888）南菁書院刻本
2 册

5582 **春秋左氏傳地名補注十二卷**
［清］沈欽韓撰
清光緒十四年（1888）南菁書院刻本
1 册

5583 **儀禮經注疏正譌十七卷**
［清］金曰追撰
清光緒十四年（1888）南菁書院刻本
2 册

5584 **周易虞氏略例一卷論語孔注辨僞二卷**
［清］李銳 ［清］沈濤撰
清光緒十四年（1888）南菁書院刻本
1 册

5585 **國語發正二十一卷**
［清］汪遠孫撰

清光緒十四年（1888）南菁書院刻本
2 册

5586 **説文諧聲譜九卷**
［清］張成孫撰
清光緒十四年（1888）南菁書院刻本
2 册

5587 **春秋穀梁傳時月日書法釋例四卷錄禮説十五卷求古錄禮説補遺一卷鄉黨正義一卷**
［清］許桂林 ［清］金鶚撰
清光緒十四年（1888）南菁書院刻本
5 册

5588 **説文解字音均表十七卷**
［清］江沅撰
清光緒十四年（1888）南菁書院刻本
8 册

5589 **儀禮正義四十卷禘祫答問一卷**
［清］胡培翬撰
清光緒十四年（1888）南菁書院刻本
14 册

5590 **實事求是齋經義二卷**
［清］朱大韶撰
清光緒十四年（1888）南菁書院刻本
2 册

5591 **十三經詁答問六卷**
［清］馮登府撰
清光緒十四年（1888）南菁書院刻本
1 册

5592 **左傳舊疏考正八卷**
［清］劉文淇撰
清光緒十四年（1888）南菁書院刻本
2 册

5593 **春秋朔閏異同二卷**
［清］羅士琳撰
清光緒十四年（1888）南菁書院刻本
1 册

5594 **春秋左傳賈服注輯述二十卷喪禮經傳約一卷**
［清］李貽德 ［清］吳卓信撰
清光緒十四年（1888）南菁書院刻本
5 册

5595 **詩毛氏傳疏三十卷**
［清］陳奂撰
清光緒十四年（1888）南菁書院刻本
6 册

5596 **釋毛詩音四卷毛詩説一卷毛詩傳義類一卷**
［清］陳奂撰
清光緒十四年（1888）南菁書院刻本

1 册

5597 **鄭氏箋考徵一卷公羊逸禮考徵一卷周禮注疏小箋五卷**
［清］陳奂 ［清］曾釗撰
清光緒十四年（1888）南菁書院刻本
1 册

5598 **大戴禮記補注十三卷附錄一卷**
［清］汪照撰
清光緒十四年（1888）南菁書院刻本
2 册

5599 **癸巳類稿六卷**
［清］俞正燮撰
清光緒十四年（1888）南菁書院刻本
1 册

5600 **癸巳存稿四卷**
［清］俞正燮撰
清光緒十四年（1888）南菁書院刻本
1 册

5601 **尚書餘論一卷禹貢錐指正誤一卷詩譜攷正一卷**
［清］丁晏撰
清光緒十四年（1888）南菁書院刻本
1 册

5602 **孝經征文一卷齊詩翼氏學四卷**
［清］丁晏 ［清］迮鶴壽撰
清光緒十四年（1888）南菁書院刻本
1 册

5603 **公羊禮疏十一卷公羊問答二卷**
［清］淩曙撰
清光緒十四年（1888）南菁書院刻本
2 册

5604 **春秋繁露注十七卷**
［清］淩曙撰
清光緒十四年（1888）南菁書院刻本
2 册

5605 **周易姚氏學十六卷**
［清］姚配中撰
清光緒十四年（1888）南菁書院刻本
3 册

5606 **春秋公羊傳歷譜十一卷**
［清］包慎言撰
清光緒十四年（1888）南菁書院刻本
1 册

5607 **論語古注集箋二十卷**
［清］潘維城撰
清光緒十四年（1888）南菁書院刻本
3 册

5608 **虞氏易消息圖説一卷大誓答問一**

卷春秋決事比一卷輪輿私箋二卷輪輿圖一卷
［清］胡祥鱗　［清］龔自珍
［清］鄭珍撰　［清］鄭知同繪
清光緒十四年（1888）南菁書院刻本
1 册

5609　**儀禮私箋八卷**
［清］鄭珍撰
清光緒十四年（1888）南菁書院刻本
1 册

5610　**巢經巢經説一卷禹貢圖一卷東塾讀書記十卷**
［清］鄭珍　［清］陳澧撰
清光緒十四年（1888）南菁書院刻本
2 册

5610（1）　**春秋古經説二卷穀梁禮證二卷**
［清］侯康撰
清光緒十四年（1888）南菁書院刻本
1 册

5611　**説文聲讀表七卷**
［清］苗夔撰
清光緒十四年（1888）南菁書院刻本
1 册

5612　**學禮管釋十八卷**
［清］夏炘撰
清光緒十四年（1888）南菁書院刻本
3 册

5613　**開有益齋經説五卷**
［清］朱緒曾撰
清光緒十四年（1888）南菁書院刻本
1 册

5614　**穀梁大義述三十卷春秋釋一卷**
［清］柳興恩　［清］黄式三撰
清光緒十四年（1888）南菁書院刻本
5 册

5615　**考工記考辨八卷**
［清］王宗涑撰
清光緒十四年（1888）南菁書院刻本
1 册

5616　**逸周書集訓校釋十卷附逸文一卷**
［清］朱右曾撰
清光緒十四年（1888）南菁書院刻本
1 册

5617　**詩地理徵七卷**
［清］朱右曾撰
清光緒十四年（1888）南菁書院刻本
2 册

5618　**喪服會通説四卷讀儀禮錄一卷**

［清］吳家賓　［清］曾國藩撰
清光緒十四年（1888）南菁書院刻本
1 册

5619　**論語正義二十四卷**
［清］劉寶楠撰
清光緒十四年（1888）南菁書院刻本
5 册

5620　**釋穀四卷**
［清］劉寶楠撰
清光緒十四年（1888）南菁書院刻本
1 册

5621　**今文尚書經説考三十二卷尚書歐陽夏侯遺説考一卷**
［清］陳喬樅撰
清光緒十四年（1888）南菁書院刻本
12 册

5622　**魯詩遺説考二十卷**
［清］陳壽祺撰　［清］陳喬樅述
清光緒十四年（1888）南菁書院刻本
5 册

5623　**齊詩遺説考十二卷**
［清］陳壽祺撰　［清］陳喬樅述
清光緒十四年（1888）南菁書院刻本
3 册

5624　**韓詩遺説考十八卷外傳附錄一卷**
［清］陳壽祺撰　［清］陳喬樅述
清光緒十四年（1888）南菁書院刻本
4 册

5625　**毛詩鄭箋改字説四卷**
［清］陳喬樅撰
清光緒十四年（1888）南菁書院刻本
1 册

5626　**詩經四家異文考五卷齊詩翼氏學疏證二卷禮堂經説二卷**
［清］陳喬樅撰
清光緒十四年（1888）南菁書院刻本
6 册

5627　**禮記鄭讀考六卷爾雅經注集證三卷**
［清］陳喬樅　［清］龍啓瑞撰
清光緒十四年（1888）南菁書院刻本
2 册

5628　**公羊義疏七十六卷**
［清］陳立撰
清光緒十四年（1888）南菁書院刻本
15 册

5629　**白虎通疏證十二卷禮經通論一卷周易爻辰申鄭義一卷**
［清］陳立　［清］邵懿辰
［清］何秋濤撰

清光緒十四年（1888）南菁書院刻本
4 册

5630 **禹貢鄭氏略例一卷書古微十二卷**
［清］何秋濤　［清］魏源撰
清光緒十四年（1888）南菁書院刻本
3 册

5631 **詩古微十七卷**
［清］魏源撰
清光緒十四年（1888）南菁書院刻本
5 册

5632 **讀書偶識十卷附一卷劉貴陽經説一卷**
［清］鄒漢勛　［清］劉書年撰
清光緒十四年（1888）南菁書院刻本
3 册

5633 **穀梁補注二十四卷首一卷**
［清］鍾文烝著
清光緒十四年（1888）南菁書院刻本
5 册

5634 **周易舊疏考正一卷尚書舊疏考正一卷讀易漢學私記一卷孟子音義考正二卷達齋叢説一卷**
［清］劉毓崧　［清］陳壽熊
［清］蔣仁榮　［清］俞樾撰
清光緒十四年（1888）南菁書院刻本
1 册

5635 **周易互體徵一卷九族考一卷詩名物證古一卷士昏禮對席圖一卷禮記異文箋一卷禮記鄭讀考一卷**
［清］俞樾撰
清光緒十四年（1888）南菁書院刻本
1 册

5636 **玉佩考一卷鄭君駁正三禮考一卷春秋名字解詁補義一卷論語鄭義一卷續論語駢枝一卷**
［清］俞樾撰
清光緒十四年（1888）南菁書院刻本
1 册

5637 **群經平議三十五卷古書疑義舉例七卷禹貢説一卷周易釋爻例一卷**
［清］俞樾　［清］倪文蔚
［清］成蓉鏡撰
清光緒十四年（1888）南菁書院刻本
10 册

5638 **尚書歷譜二卷禹貢班義述三卷**
［清］成蓉鏡撰
清光緒十四年（1888）南菁書院刻本
1 册

5639 **春秋日南至譜一卷何休注訓論語述一卷禮記天算釋一卷先聖生卒年月日**

考二卷
［清］成蓉鏡　［清］劉恭冕
［清］孔廣牧撰
清光緒十四年（1888）南菁書院刻本
1 册

5640　**禮説略三卷**
［清］黄以周撰
清光緒十四年（1888）南菁書院刻本
1 册

5641　**經説略二卷**
［清］黄以周撰
清光緒十四年（1888）南菁書院刻本
1 册

5642　**漢孳室文抄二卷昏禮重別論對駁義二卷**
［清］陶方琦　［清］劉壽曾撰
清光緒十四年（1888）南菁書院刻本
1 册

5643　**隸經賸義一卷毛詩譜一卷駁春秋名字解詁一卷**
［清］林兆豐　［清］胡元儀
［清］胡元玉撰
清光緒十四年（1888）南菁書院刻本
1 册

5644　**經述三卷**
［清］林頤山撰
清光緒十四年（1888）南菁書院刻本
1 册

5645　**古泉匯首集四卷元集十四卷亨集十四卷利集十八卷貞集十四卷，續泉匯元三卷亨三卷利三卷貞五卷補遺二卷**
［清］鮑康　［清］李佐賢輯
古泉匯清同治三年（1864）利津李氏石泉書屋刻本；續泉匯清光緒元年（1875）刻本　20 册

5646　**左傳杜解補正三卷首一卷**
［清］顧炎武撰
清道光九年（1829）廣州鎔經鑄史齋皇清經解本　1 册

5647　**音論一卷易音三卷詩本音十卷**
［清］顧炎武撰
清道光九年（1829）廣州鎔經鑄史齋皇清經解本　2 册

5648　**日知錄二卷**
［清］顧炎武撰
清道光九年（1829）廣州鎔經鑄史齋皇清經解本　1 册

5649　**四書釋地一卷續一卷又續一卷三續一卷孟子生卒年月考一卷潛邱劄記二卷**
［清］閻若璩撰

清道光九年（1829）廣州鎔經鑄史齋皇清經解本　3 册

5650　**禹貢錐指二十卷附例略及禹圖一卷**
［清］胡渭撰
清道光九年（1829）廣州鎔經鑄史齋皇清經解本　9 册

5651　**學禮質疑二卷**
［清］萬斯大撰
清道光九年（1829）廣州鎔經鑄史齋皇清經解本　1 册

5652　**學春秋隨筆十卷**
［清］萬斯大撰
清道光九年（1829）廣州鎔經鑄史齋皇清經解本　1 册

5653　**毛詩稽古編三十卷**
［清］陳啓源撰
清道光九年（1829）廣州鎔經鑄史齋皇清經解本　8 册

5654　**仲氏易三十卷**
［清］毛奇齡撰
清道光九年（1829）廣州鎔經鑄史齋皇清經解本　4 册

5655　**春秋毛氏傳三十六卷**
［清］毛奇齡撰
清道光九年（1829）廣州鎔經鑄史齋皇清經解本　7 册

5656　**春秋簡書刊誤二卷春秋屬辭比事記四卷**
［清］毛奇齡撰
清道光九年（1829）廣州鎔經鑄史齋皇清經解本　1 册

5657　**經問十四卷經問補一卷**
［清］毛奇齡撰
清道光九年（1829）廣州鎔經鑄史齋皇清經解本　2 册

5658　**論語稽求篇七卷**
［清］毛奇齡撰
清道光九年（1829）廣州鎔經鑄史齋皇清經解本　1 册

5659　**四書賸言四卷四書賸言補二卷詩説三卷附錄一卷**
［清］毛奇齡　［清］惠周惕撰
清道光九年（1829）廣州鎔經鑄史齋皇清經解本　1 册

5660　**湛園札記一卷經義雜記十卷**
［清］姜宸英　［清］臧琳撰
清道光九年（1829）廣州鎔經鑄史齋皇清經解本　5 册

5661　**解春集二卷尚書地理今釋一卷**
［清］馮景　［清］蔣廷錫撰
清道光九年（1829）廣州鎔經鑄史齋皇清經解本　1册

5662　**易説六卷**
［清］惠士奇撰
清道光九年（1829）廣州鎔經鑄史齋皇清經解本　1册

5663　**禮説十四卷**
［清］惠士奇撰
清道光九年（1829）廣州鎔經鑄史齋皇清經解本　4册

5664　**春秋説十五卷**
［清］惠士奇撰
清道光九年（1829）廣州鎔經鑄史齋皇清經解本　5册

5665　**白田草堂存稿一卷周禮疑義舉要七卷深衣考誤一卷**
［清］王懋竑　［清］江永撰
清道光九年（1829）廣州鎔經鑄史齋皇清經解本　2册

5666　**春秋地理考實三卷**
［清］江永撰
清道光九年（1829）廣州鎔經鑄史齋皇清經解本　1册

5667　**群經補義五卷**
［清］江永撰
清道光九年（1829）廣州鎔經鑄史齋皇清經解本　1册

5668　**鄉黨圖考十卷**
［清］江永撰
清道光九年（1829）廣州鎔經鑄史齋皇清經解本　3册

5669　**儀禮章句十七卷**
［清］吳廷華撰
清道光九年（1829）廣州鎔經鑄史齋皇清經解本　3册

5670　**觀象授時十四卷**
［清］秦蕙田撰
清道光九年（1829）廣州鎔經鑄史齋皇清經解本　5册

5671　**經史問答七卷質疑一卷**
［清］全祖望　［清］杭世駿撰
清道光九年（1829）廣州鎔經鑄史齋皇清經解本　2册

5672　**尚書注疏考證一卷春秋左傳注疏考證二卷春秋公羊傳注疏考證一卷禮記注疏考證一卷春秋穀梁傳注疏考證一卷**
［清］齊召南撰
清道光九年（1829）廣州鎔經鑄史齋皇

清經解本　2 册

5673　**周官禄田考三卷**

［清］沈彤撰

清道光九年（1829）廣州鎔經鑄史齋皇清經解本　1 册

5674　**尚書小疏一卷儀禮小疏八卷春秋左傳小疏二卷果堂集一卷**

［清］沈彤撰

清道光九年（1829）廣州鎔經鑄史齋皇清經解本　2 册

5675　**周易述二十一卷**

［清］惠棟撰

清道光九年（1829）廣州鎔經鑄史齋皇清經解本　5 册

5676　**古文尚書考二卷春秋左傳補注六卷**

［清］惠棟撰

清道光九年（1829）廣州鎔經鑄史齋皇清經解本　2 册

5677　**九經古義十六卷**

［清］惠棟撰

清道光九年（1829）廣州鎔經鑄史齋皇清經解本　2 册

5678　**春秋正辭十三卷鍾山札記及龍城札記二卷**

［清］莊存與　［清］盧文弨撰

清道光九年（1829）廣州鎔經鑄史齋皇清經解本　3 册

5679　**尚書集注音疏十二卷末一卷外編一卷**

［清］江聲撰

清道光九年（1829）廣州鎔經鑄史齋皇清經解本　6 册

5680　**尚書後案三十卷尚書後辨附一卷**

［清］王鳴盛撰

清道光九年（1829）廣州鎔經鑄史齋皇清經解本　15 册

5681　**周禮軍賦説四卷**

［清］王鳴盛撰

清道光九年（1829）廣州鎔經鑄史齋皇清經解本　1 册

5682　**十駕齋養新錄三卷附餘錄一卷**

［清］錢大昕撰

清道光九年（1829）廣州鎔經鑄史齋皇清經解本　1 册

5683　**潛研堂文集六卷**

［清］錢大昕撰

清道光九年（1829）廣州鎔經鑄史齋皇清經解本　2 册

5684 **四書考異三十六卷**
［清］翟灝撰
清道光九年（1829）廣州鎔經鑄史齋皇清經解本 6冊

5685 **尚書釋天六卷**
［清］盛百二撰
清道光九年（1829）廣州鎔經鑄史齋皇清經解本 2冊

5686 **讀書脞錄二卷續編二卷弁服釋例八卷釋繒一卷**
［清］孫志祖 ［清］任大椿撰
清道光九年（1829）廣州鎔經鑄史齋皇清經解本 4冊

5687 **爾雅正義二十卷**
［清］邵晋涵撰
清道光九年（1829）廣州鎔經鑄史齋皇清經解本 5冊

5688 **宗法小記一卷儀禮喪服文足征記十卷釋宫小記一卷**
［清］程瑶田撰
清道光九年（1829）廣州鎔經鑄史齋皇清經解本 3冊

5689 **考工創物小記四卷**
［清］程瑶田撰
清道光九年（1829）廣州鎔經鑄史齋皇清經解本 2冊

5690 **磬折古義一卷溝洫疆理小記一卷禹貢三江考三卷水地小記一卷解字小記一卷聲律小記一卷**
［清］程瑶田撰
清道光九年（1829）廣州鎔經鑄史齋皇清經解本 2冊

5691 **九穀考四卷**
［清］程瑶田撰
清道光九年（1829）廣州鎔經鑄史齋皇清經解本 1冊

5692 **釋草小記一卷釋蟲小記一卷禮箋三卷**
［清］程瑶田 ［清］金榜撰
清道光九年（1829）廣州鎔經鑄史齋皇清經解本 1冊

5693 **毛鄭詩考正四卷杲溪詩經補注二卷**
［清］戴震撰
清道光九年（1829）廣州鎔經鑄史齋皇清經解本 1冊

5694 **考工記圖二卷**
［清］戴震撰
清道光九年（1829）廣州鎔經鑄史齋皇清經解本 1冊

5695 **戴東原集二卷**
［清］戴震撰
清道光九年（1829）廣州鎔經鑄史齋皇清經解本 1冊

5696 **古文尚書撰異三十三卷**
［清］段玉裁撰
清道光九年（1829）廣州鎔經鑄史齋皇清經解本 7冊

5697 **毛詩故訓傳三十卷**
［清］段玉裁撰
清道光九年（1829）廣州鎔經鑄史齋皇清經解本 3冊

5698 **詩經小學四卷**
［清］段玉裁撰
清道光九年（1829）廣州鎔經鑄史齋皇清經解本 1冊

5699 **周禮漢讀考六卷**
［清］段玉裁撰
清道光九年（1829）廣州鎔經鑄史齋皇清經解本 1冊 存4卷（1至4）

5700 **周禮漢讀考六卷儀禮漢讀考一卷**
［清］段玉裁撰
清道光九年（1829）廣州鎔經鑄史齋皇清經解本 1冊 存3卷（周禮漢讀考4至6）

5701 **説文解字注十五卷附説文部目分韻一卷**
［清］段玉裁撰
清道光九年（1829）廣州鎔經鑄史齋皇清經解本 15冊

5702 **六書音韻表五卷**
［清］段玉裁撰
清道光九年（1829）廣州鎔經鑄史齋皇清經解本 1冊

5703 **經韻樓集六卷**
［清］段玉裁撰
清道光九年（1829）廣州鎔經鑄史齋皇清經解本 2冊

5704 **廣雅疏證十卷讀史雜志一卷讀漢書雜志一卷**
［清］王念孫撰
清道光九年（1829）廣州鎔經鑄史齋皇清經解本 8冊

5705 **春秋公羊通義十二卷叙一卷**
［清］孔廣森撰
清道光九年（1829）廣州鎔經鑄史齋皇清經解本 4冊

5706 **禮學卮言六卷**
［清］孔廣森撰
清道光九年（1829）廣州鎔經鑄史齋皇

清經解本　1 册

5707　**大戴禮記補注十三卷**

［清］孔廣森撰

清道光九年（1829）廣州鎔經鑄史齋皇清經解本　2 册

5708　**經學卮言六卷**

［清］孔廣森撰

清道光九年（1829）廣州鎔經鑄史齋皇清經解本　1 册

5709　**溉亭述古録二卷群經識小八卷**

［清］錢塘　［清］李惇撰

清道光九年（1829）廣州鎔經鑄史齋皇清經解本　2 册

5710　**經讀考異八卷**

［清］武億撰

清道光九年（1829）廣州鎔經鑄史齋皇清經解本　1 册

5711　**尚書今古文注疏三十九卷問字堂集一卷**

［清］孫星衍撰

清道光九年（1829）廣州鎔經鑄史齋皇清經解本　5 册

5712　**儀禮釋官九卷**

［清］胡匡衷撰

清道光九年（1829）廣州鎔經鑄史齋皇清經解本　2 册

5713　**禮經釋例十三卷校禮堂文集一卷**

［清］淩廷堪撰

清道光九年（1829）廣州鎔經鑄史齋皇清經解本　5 册

5714　**劉氏遺書一卷述學二卷經義知新記一卷**

［清］劉臺拱　［清］汪中撰

清道光九年（1829）廣州鎔經鑄史齋皇清經解本　1 册

5715　**大戴禮記正誤一卷曾子注釋四卷**

［清］汪中　［清］阮元撰

清道光九年（1829）廣州鎔經鑄史齋皇清經解本　1 册

5716　**周易注疏校勘記周易校勘記九卷周易略例序周易略例校勘記一卷周易釋文校勘記一卷尚書注疏校勘記序尚書校勘記一卷**

［清］阮元撰

清道光九年（1829）廣州鎔經鑄史齋皇清經解本　2 册

5717　**毛詩校勘記七卷毛詩釋文校勘記三卷**

［清］阮元撰

清道光九年（1829）廣州鎔經鑄史齋皇清經解本 5冊

5718 **尚書校勘記二十卷尚書釋文校勘記二卷**

［清］阮元撰

清道光九年（1829）廣州鎔經鑄史齋皇清經解本 3冊

5719 **周禮校勘記十二卷釋文校勘記二卷**

［清］阮元撰

清道光九年（1829）廣州鎔經鑄史齋皇清經解本 5冊

5720 **儀禮注疏校勘記十七卷儀禮釋文校勘記一卷**

［清］阮元撰

清道光九年（1829）廣州鎔經鑄史齋皇清經解本 6冊

5721 **禮記校勘記六十三卷釋文校勘記四卷**

［清］阮元撰

清道光九年（1829）廣州鎔經鑄史齋皇清經解本 8冊

5722 **左傳校勘記三十六卷釋文校勘記六卷**

［清］阮元撰

清道光九年（1829）廣州鎔經鑄史齋皇清經解本 9冊

5723 **公羊傳校勘記十一卷釋文校勘記一卷**

［清］阮元撰

清道光九年（1829）廣州鎔經鑄史齋皇清經解本 2冊

5724 **穀梁傳校勘記十二卷釋文校勘記一卷**

［清］阮元撰

清道光九年（1829）廣州鎔經鑄史齋皇清經解本 1冊

5725 **論語校勘記十卷釋文校勘記一卷**

［清］阮元撰

清道光九年（1829）廣州鎔經鑄史齋皇清經解本 2冊

5726 **孝經校勘記三卷釋文校勘記一卷爾雅校勘記六卷釋文校勘記二卷**

［清］阮元撰

清道光九年（1829）廣州鎔經鑄史齋皇清經解本 4冊

5727 **孟子校勘記十四卷孟子音義校勘記二卷考工記車制圖解二卷積古齋鐘鼎彝器款識二卷**

［清］阮元撰

清道光九年（1829）廣州鎔經鑄史齋皇

清經解本　3 册

5728　**疇人傳九卷研經室集七卷撫本禮記鄭注考異二卷**
［清］阮元　［清］張敦仁撰
清道光九年（1829）廣州鎔經鑄史齋皇清經解本　4 册

5729　**易章句十二卷易通釋二十卷**
［清］焦循撰
清道光九年（1829）廣州鎔經鑄史齋皇清經解本　7 册

5730　**易圖略八卷孟子正義三十卷**
［清］焦循撰
清道光九年（1829）廣州鎔經鑄史齋皇清經解本　10 册

5731　**周易補疏二卷尚書補疏二卷**
［清］焦循撰
清道光九年（1829）廣州鎔經鑄史齋皇清經解本　1 册

5732　**毛詩補疏五卷**
［清］焦循撰
清道光九年（1829）廣州鎔經鑄史齋皇清經解本　1 册

5733　**禮記補疏三卷春秋左傳補疏五卷論語補疏二卷**
［清］焦循撰
清道光九年（1829）廣州鎔經鑄史齋皇清經解本　2 册

5734　**周易述補四卷**
［清］江藩撰
清道光九年（1829）廣州鎔經鑄史齋皇清經解本　1 册

5735　**拜經日記八卷**
［清］臧庸撰
清道光九年（1829）廣州鎔經鑄史齋皇清經解本　2 册

5736　**拜經文集一卷瞥記一卷**
［清］臧庸　［清］梁玉繩撰
清道光九年（1829）廣州鎔經鑄史齋皇清經解本　1 册

5737　**經義述聞二十八卷**
［清］王引之撰
清道光九年（1829）廣州鎔經鑄史齋皇清經解本　14 册

5738　**經傳釋詞十卷**
［清］王引之撰
清道光九年（1829）廣州鎔經鑄史齋皇清經解本　2 册

5739　**周易虞氏義九卷周易虞氏消息二卷**

［清］張惠言撰
清道光九年（1829）廣州鎔經鑄史齋皇清經解本　3 册

5740　**虞氏易禮二卷周易鄭氏義二卷周易荀氏九家義一卷**
［清］張惠言撰
清道光九年（1829）廣州鎔經鑄史齋皇清經解本　1 册

5741　**易義別錄十四卷**
［清］張惠言撰
清道光九年（1829）廣州鎔經鑄史齋皇清經解本　2 册

5742　**五經異義疏證三卷**
［清］陳壽祺撰
清道光九年（1829）廣州鎔經鑄史齋皇清經解本　3 册

5743　**左海經辨二卷**
［清］陳壽祺撰
清道光九年（1829）廣州鎔經鑄史齋皇清經解本　1 册

5744　**左海文集二卷**
［清］陳壽祺撰
清道光九年（1829）廣州鎔經鑄史齋皇清經解本　1 册

5745　**鑑止水齋集二卷**
［清］許宗彥撰
清道光九年（1829）廣州鎔經鑄史齋皇清經解本　1 册

5746　**爾雅義疏二十卷**
［清］郝懿行撰
清道光九年（1829）廣州鎔經鑄史齋皇清經解本　6 册

5747　**春秋左傳補注三卷**
［清］馬宗璉撰
清道光九年（1829）廣州鎔經鑄史齋皇清經解本　1 册

5748　**春秋公羊經何氏釋例十卷**
［清］劉逢禄撰
清道光九年（1829）廣州鎔經鑄史齋皇清經解本　3 册

5749　**公羊春秋何氏解詁箋一卷發墨守評一卷穀梁廢疾申何二卷**
［清］劉逢禄撰
清道光九年（1829）廣州鎔經鑄史齋皇清經解本　1 册

5750　**左氏春秋考證二卷箴膏肓評一卷論語述何二卷燕寢考三卷研六室雜著一卷春秋異文箋十三卷寶甓齋劄記一卷**
［清］劉逢禄　［清］胡培翬

［清］趙坦撰
清道光九年（1829）廣州鎔經鑄史齋皇清經解本　4 册

5751　**寶甓齋文集一卷夏小正疏義四卷附釋音異字記秋槎雜記一卷**
［清］趙坦　［清］洪震煊
［清］劉履恂撰
清道光九年（1829）廣州鎔經鑄史齋皇清經解本　1 册

5752　**吾亦廬稿四卷論語偶記一卷**
［清］崔應榴　［清］方觀旭撰
清道光九年（1829）廣州鎔經鑄史齋皇清經解本　1 册

5753　**經書算學天文考一卷四書釋地辨證二卷**
［清］陳懋齡　［清］宋翔鳳撰
清道光九年（1829）廣州鎔經鑄史齋皇清經解本　1 册

5754　**毛詩紬義二十四卷**
［清］李黼平撰
清道光九年（1829）廣州鎔經鑄史齋皇清經解本　5 册

5755　**公羊禮説一卷禮説四卷孝經義疏一卷**
［清］淩曙　［清］阮福撰
清道光九年（1829）廣州鎔經鑄史齋皇清經解本　2 册

5756　**經傳攷證八卷**
［清］朱彬撰
清道光九年（1829）廣州鎔經鑄史齋皇清經解本　1 册

5757　**甓齋遺稿一卷説緯一卷**
［清］劉玉麐　［清］王崧撰
清道光九年（1829）廣州鎔經鑄史齋皇清經解本　1 册

5758　**經義叢鈔三十卷**
［清］嚴傑補編
清道光九年（1829）廣州鎔經鑄史齋皇清經解本　11 册

5759　**國朝石經考異一卷**
［清］馮登府輯
清道光九年（1829）廣州鎔經鑄史齋皇清經解本　1 册

5760　**漢魏唐石經考異三卷**
［清］馮登府輯
清道光九年（1829）廣州鎔經鑄史齋皇清經解本　1 册

5761　**三家詩異文疏證三家詩異文疏證補遺二卷**

［清］馮登府輯
清道光九年（1829）廣州鎔經鑄史齋皇清經解本　1 册

5762　**蜀石經考異二卷**
［清］馮登府輯
清道光九年（1829）廣州鎔經鑄史齋皇清經解本　1 册

善 0082　**湖南通志一百七十四卷首一卷**
［清］陳弘謀等監修　［清］范咸
［清］歐陽正焕纂修
清乾隆二十二年（1757）刻本　64 册

5764　**湖南通志二百二十八卷首三卷末六卷附嶽麓書院藏書目録城南書院藏書目録**
［清］馬裕慧等主修　［清］王煦等纂
清嘉慶二十五年（1820）刻本　80 册

5765　**龍陽縣志三十二卷首一卷**
［清］瑞琛等修　［清］陳保真纂
清光緒元年（1875）刻本　16 册

5766　**沅江縣志三十卷**
［清］唐古特主修　［清］駱孔僎主纂
清嘉慶十五年（1810）傳經閣刻本　6 册

5767　**慈利縣志十卷首一卷**
吴恭亨纂修
清光緒二十二年（1896）刻本　2 册

5768　**江南通志二百卷首四卷序目一卷**
［清］尹繼善等修　［清］黄之雋等纂
清乾隆元年（1736）尊經閣刻本　80 册

5769　**安福縣志三十四卷首三卷**
［清］褚維垣　［清］姜大定主修
［清］尹襲澍纂
清同治八年（1869）刻本　12 册

5770　**石門縣志稿七卷**
申悦廬修　鄭康侯纂
民國三十三年（1944）石印本　1 册

5771　**新修嶽麓書院志八卷首一卷**
［清］趙寧纂
清咸豐十一年（1861）半學齋刻本　6 册

5772　**澧縣縣志十卷附正誤表**
張之覺修　周齡撰
民國二十八年（1939）刻本　6 册　缺 1 卷（2）

5773　**巴陵縣志六十三卷首一卷附洞庭君山岳陽樓詩文集十八卷**
［清］姚詩德　［清］鄭桂星主修
［清］杜貴墀編纂
清光緒十七年（1891）刻本　11 册　缺 23 卷（人物志 31 至 45、藝文志 46 至

47、岳陽樓詩文集 6 卷）

5774 **長沙縣志三十六卷首一卷**
［清］劉采邦主修 ［清］張延珂等纂
清同治十年（1871）刻本 19 册 缺 1 卷（36）

5775 **長沙府志五十卷首一卷**
［清］吕肅高纂修 ［清］張雄圖
［清］王文清編撰
清乾隆十二年（1747）刻本 31 册 缺 20 卷（31 至 50）

5776 **風俗通義十卷**
［漢］應劭撰 ［明］鍾惺評
清刻本 2 册

5777 **詩餘偶鈔六卷（名六家詞鈔）**
王先謙輯
清光緒十六年（1890）長沙王氏刻本 1 册

5778 **湖南全省輿地圖表**
［清］陳寶箴編繪
清光緒二十二年（1896）石印本 14 册

5778（1） **湖南全省輿地圖表**
［清］陳寶箴編繪
清光緒二十二年（1896）石印本 4 册

5779 **春秋左傳杜注三十卷**
［清］姚培謙輯
清刻本 9 册 缺 3 卷（2 至 4）

5780 **山谷内集二十卷**
［宋］黄庭堅撰 ［宋］任淵注
楊守敬校
清光緒二十六年（1900）江西陳三立刻本 10 册

5780（1） **山谷外集十七卷**
［宋］黄庭堅撰 ［宋］史容注
楊守敬校
清光緒二十六年（1900）刻本 9 册

5781 **山谷别集二卷**
［宋］黄庭堅撰 ［宋］史季温注
楊守敬校
清光緒二十六年（1900）雙井祠堂刻本 1 册

5782 **湖北通志一百卷首五卷**
［清］吴熊光等修 ［清］陳詩等纂
清嘉慶九年（1804）刻本 52 册

5783 **蔡松坡先生遺集八卷首一卷末一卷**
蔡鍔撰 劉達武編
民國三十二年（1943）亞東印書館鉛印本 11 册 缺 1 册（4）

5784 **草字彙十二卷**

［清］石梁編

清乾隆五十二年（1787）石印本 5 册

缺 1 册（辰已集）

5785 **國朝駢體正宗十二卷**

［清］曾燠輯

清同治十三年（1874）聚賢堂刻本 8 册

5786 **揚子法言十三卷鶡冠子三卷**

［漢］揚雄撰 ［晋］李軌注

［宋］陸佃解

清光緒二十三年（1897）上海圖書集成局鉛印本 1 册

5787 **古文辭類纂正編六十八卷**

［清］姚鼐纂

清光緒三十三年（1907）上海商務印書館鉛印本 7 册 缺 1 卷（68）

5788 **續古文辭類纂三十四卷**

王先謙纂

清光緒三十三年（1907）上海商務印書館鉛印本 4 册

5789 **國朝文匯乙集七十卷**

［清］沈粹芳輯

清宣統元年（1909）上海國學扶輪社石印本 6 册 存 10 卷（55 至 56、63 至 70）

5790 **國朝文匯丙集三十卷**

［清］沈粹芳輯

清宣統元年（1909）上海國學扶輪社石印本 15 册

5791 **國朝文匯丁集二十卷**

［清］沈粹芳輯

清宣統元年（1909）上海國學扶輪社石印本 9 册 存 18 卷（1 至 18）

5792 **新書十卷**

［漢］賈誼撰 ［清］盧文弨

［清］趙曦明校

民國上海中華書局鉛印本 1 册 存 4 卷（1 至 4）

5793 **太平天國詩文鈔不分卷太平天国聯语鈔一卷附録三卷補遺二卷**

羅邕 沈祖基同輯

民國二十四年（1935）上海商務印書館鉛印本 2 册 缺 1 册（上）

5794 **墨林今話十八卷續編一卷**

［清］蔣寶齡撰

民國上海中華書局鉛印本 2 册 存 7 卷（1 至 7）

5795 **尚書後案二十卷尚書後辨附一卷**

［清］王鳴盛撰

清刻皇清經解本 7 册 存 29 卷（126

至154）

5796 **尚書群解補遺雜錄**
［清］阮元輯
清刻皇清經解本 5册 存5册（28至32）

5797 **儀禮章句十七卷**
［清］吴廷華撰
清刻皇清經解本 2册

5798 **儀禮小疏八卷**
［清］沈彤撰
清刻皇清經解本 1册 存卷5之18至25

5799 **儀禮喪服文足徵記十一卷**
［清］程瑶田撰
清刻皇清經解本 2册 存卷5之26至36

5800 **儀禮釋官九卷**
［清］胡匡衷撰
清刻皇清經解本 2册 存卷5之37至46（上）

5801 **儀禮群解彙編一卷儀禮雜錄一卷**
［清］學海堂編
清學海堂刻皇清經解本 1册 存卷5之46（下）至47

5802 **敬業堂詩集五十卷**
［清］查慎行撰
民國上海中華書局鉛印四部備要本 8册 存39卷（1至39）

5803 **樊山全集正集二十四卷**
樊增祥撰
民國二年（1913）上海廣益書局石印本 5册

5804 **樊山全集續集三十二卷**
樊增祥撰
民國二年（1913）上海廣益書局石印本 5册 存25卷（1至8、16至32）

5805 **吴梅村詩集十八卷**
［清］吴偉業撰
清嘉慶滄浪吟榭刻本 5册 存11卷（1、9至18）

5806 **嘉慶重修一統志：湖南統部卷第一百三十一至一百三十九**
［清］穆彰阿等纂 ［清］潘錫恩等編
民國二十三年（1934）上海商務印書館影印本 7册 存7卷（131至132、134至135、137至139）

5807 **學宋齋詞韻一卷**
［清］吴烺等輯
清石印本 1册

5808 **玉谿生詩箋注三卷**
［唐］李商隱撰 ［清］馮浩編訂
民國上海中華書局鉛印本 3 册 存 6 卷（1 至 6）

5810 **芥子園畫傳初集六卷二集九卷三集五卷續集一卷**
［清］王概等摹繪
清光緒三十二年（1906）上海文新局石印本 11 册 存 20 卷（初集 6 卷、二集 9 卷、三集 4 卷、續集 1 卷）

5811 **抱一遺著八卷**
李景僑撰
民國二十六年（1937）長沙抱一遺集刊行委員會鉛印本 4 册 存 4 卷（1、3、6 至 7）

5812 **古今圖書集成一萬卷總目四十卷**
［清］蔣廷錫等撰
清光緒上海圖書集成局鉛印本 1 册 存 5 卷（食貨典錢鈔部彙考 350 至 354）

5813 **皇朝文獻通考三百卷**
［清］嵇璜等撰
清光緒上海圖書集成局鉛印本 1 册 存 6 卷（錢幣考 13 至 18）

5814 **皇朝通典一百卷**
［清］嵇璜等撰
清光緒上海圖書集成局鉛印本 1 册 存 8 卷（食貨 10 至 17）

5815 **皇朝通志一百二十六卷**
［清］嵇璜等撰
清光緒上海圖書集成局鉛印本 1 册 存 16 卷（食貨志 81 至 96）

5816 **古文觀止十二卷**
［清］吳乘權等輯
民國上海廣益書局石印本 9 册 存 9 卷（1 至 2、4、6、8 至 12）

5817 **古文辭類纂七十四卷**
［清］姚鼐纂
民國上海廣益書局石印本 6 册 存 25 卷（3 至 27）

5818 **周易述二十一卷附江李二氏周易述補五卷**
［清］惠棟撰
民國上海中華書局鉛印四部備要本 6 册

5819 **六藝之一録**
［清］倪濤撰
民國上海商務印書館影印欽定四庫全書本 1 册 存 2 卷（239 至 240）

5820 **增廣詩韻全璧五卷**
［清］惜陰主人編

民國上海廣益書局石印本　3 册　存 3 册（3、4、6）

5821　**文中子中説十卷**
［隋］王通撰
清光緒二十三年（1897）圖書集成局鉛印本　1 册

5822　**禹貢川澤考二卷**
［清］桂文燦撰
民國三十五年（1946）廣州利華印務局石印本　1 册

5823　**安化縣鄉土志卷一**
［□］□□撰
清抄本　1 册

5824　**康熙字典**
［清］凌紹雯編
民國上海廣益書局石印本　5 册　缺 2 集（未、申）

5825　**青邱詩集注十八卷**
［明］高啓撰
民國上海中華書局鉛印四部備要本　3 册　存 3 册（1 至 3）

5826　**全國名醫驗案類編正編第三册**
毛鳳岡等評選
民國上海大東書局鉛印本　1 册

5827　**全國名醫驗案類編續編第四册**
尹性初等評選
民國上海大東書局鉛印本　1 册

5828　**訓詁諧音四卷**
［清］槐蔭主人編　星沙淡雲子校
民国長沙謙善書局石印本　3 册

5829　**史忠正公可法集三卷**
［明］史可法撰　［清］史開純錄
清光緒三年（1877）抄本　1 册

5830　**滄江詩文鈔八卷：詩鈔三卷文鈔三卷詩餘二卷**
許崇熙撰
民國長沙公益印刷廠鉛印本　1 册

5831　**詞學全書五種十四卷**
［清］查培繼　［清］賴以邠撰
［清］查繼超　［清］毛先舒辑
民國木石居石印本　3 册　存 11 卷（填詞名解 4 卷、古今詞論 1 卷、填詞圖譜 6 卷）

善 0064　**麻科活人全書四卷**
［清］謝玉瓊輯　［清］劉齊珍訂刊
清乾隆五十七年（1792）抄本　1 册　存 2 卷（1 至 2）

5835　**甲骨文編十四卷**

孫海波撰　商承祚校訂
民國二十三年（1934）北平哈佛燕京社出版石印本　5 册

5837　**前漢書一百二十卷**
［漢］班固撰　［唐］顔師古注
清同治八年（1869）金陵書局刻本　11 册　存 11 册（1 至 4、6 至 8、10 至 12、16）

5838　**後漢書一百卷**
［南朝宋］范曄撰　［唐］李賢注
清同治八年（1869）金陵書局刻本　11 册　存 11 册（1 至 9、12 至 13）

5839　**漢書地理志水道圖説七卷**
［清］陳澧撰
清道光二十八年（1848）番禺陳氏刻本 1 册

5840　**答覆王委員整理湖南水道意見書**
［□］□□撰
民國二十一年（1932）鉛印本　1 册

5841　**劉襄勤史傳稿一卷**
何維樸撰録
清宣統二年（1910）石印本　1 册

5842　**送書總簿**
唐成之録
民國手稿　1 册

5845　**沈氏女科輯要箋正**
［清］沈文彭輯　徐政杰補注　張壽熙箋正
民國鉛印本　1 册　存 1 卷（上）

5847　**湖南省立一師習字要義**
［□］□□撰
民國鉛活字本　1 册

5848　**楊重子書撰尹處士墓志銘**
楊鈞手書
民國石印本　1 册

善 0065　**山堂先生群書考索别集二十五卷目錄一卷**
［宋］章如愚撰　［宋］吕中增廣
元延祐七年（1320）圓沙書院刻本　2 册　存 3 卷（目錄 1 卷、10 至 11）

善 0066　**東巖周禮訂義八十卷首一卷**
［宋］王與之撰
清康熙五十二年（1713）通志堂刻本 1 册　存 2 卷（68 至 69）

善 0067　**古今韻會舉要三十卷**
［元］熊忠撰
元刻本　1 册　存 1 卷（2）

善 0068 **集千家注分類杜工部詩**
［唐］杜甫撰 ［宋］徐居仁編次
［宋］黄鶴補注
明影宋刻本 1 册 存 3 卷（9 至 11）

5853 **明定興忠烈王（張輔）平定交南録一卷**
［□］□□撰
民國抄本 1 册

5854 **船山史論**
［清］王夫之著
清刻本 8 册 存四種（春秋世論、續春秋左氏傳博議、續通鑒論、宋論）

善 0069 **何詩孫手書詩稿四卷**
何維樸撰并書
民國九年（1920）剪貼本 1 册

5859 **殷周青銅銘文研究二卷**
郭沫若著
民國二十年（1931）上海大東書局影印本 1 册

5860 至 5861 **史記一百三十卷**
［漢］司馬遷撰 ［南朝宋］裴駰集解
清古吴書業趙氏刻本 12 册 存 2 函（1 至 2）

5862 至 5865 **漢書一百卷**
［漢］班固撰
清古吴書業趙氏刻本 24 册 存 4 函（3 至 6）

5866 至 5869 **後漢書一百二十卷**
［南朝宋］范曄撰 ［唐］李賢注
清古吴書業趙氏刻本 24 册 存 4 函（7 至 10）

5870 至 5871 **三國志六十五卷**
［晋］陳壽撰 ［南朝宋］裴松之注
清古吴書業趙氏刻本 12 册 存 2 函（11 至 12）

5872 至 5874 **南史八十卷**
［唐］李延壽撰
清古吴書業趙氏刻本 18 册 存 3 函（13 至 15）

5875 至 5878 **北史一百卷**
［唐］李延壽撰
清古吴書業趙氏刻本 24 册 存 4 函（16 至 19）

5879 至 5886 **唐書二百二十五卷**
［宋］歐陽修撰
清古吴書業趙氏刻本 48 册 存 8 函（20 至 27）

5887 **新五代史七十四卷**

［宋］歐陽修撰

清古吳書業趙氏刻本　6 册　存 1 函（28）

5888 至 5892　**舊唐書二百卷**

［後晋］劉昫等撰

清古吳書業趙氏刻本　30 册　存 5 函（29 至 33）

善 0070　**石洲詩話五卷**

［清］翁方綱撰

清乾隆三十三年（1768）抄本　2 册

5898　**文木山房集四卷**

［清］吳敬梓撰

民國二十年（1931）上海東亞圖書館鉛印本　2 册

5899　**柳虎溪先生八十壽詩文集四卷**

柳大彬　柳大柱輯

民國二十年（1931）鉛印本　4 册

5900　**歷代帝王年表一卷**

［清］黄大華編

清光緒二十七年（1901）夢紅豆邨刻本 1 册

5901　**欽定史記一百三十卷補史記一卷正義論例一卷**

［漢］司馬遷撰　［南朝宋］裴駰集解

［唐］司馬貞索隱　［唐］張守節正義

清光緒三十四年（1908）上海集成圖書公司鉛印本　16 册

5902　**欽定前漢書一百二十卷**

［漢］班固撰　［唐］顔師古注

清光緒三十四年（1908）上海集成圖書公司鉛印本　20 册

5903　**欽定後漢書一百二十卷**

［南朝宋］范曄撰　［唐］李賢注

清光緒三十四年（1908）上海集成圖書公司鉛印本　16 册

5904　**欽定三國志六十五卷**

［晋］陳壽撰　［南朝宋］裴松之注

清光緒三十四年（1908）上海集成圖書公司鉛印本　8 册

5905　**欽定晋書一百三十卷**

［唐］房玄齡等撰

清光緒三十四年（1908）上海集成圖書公司鉛印本　16 册

5906　**欽定南史八十卷**

［唐］李延壽撰

清光緒三十四年（1908）上海集成圖書公司鉛印本　12 册

5907　**欽定北史一百卷**

［唐］李延壽撰
清光緒三十四年（1908）上海集成圖書公司鉛印本　16 册

5908　**欽定宋書一百卷**
［南朝梁］沈約撰
清光緒三十四年（1908）上海集成圖書公司鉛印本　12 册

5909　**欽定南齊書五十九卷**
［南朝梁］蕭子顯撰
清光緒三十四年（1908）上海集成圖書公司鉛印本　6 册

5910　**欽定梁書五十六卷**
［唐］姚思廉撰
清光緒三十四年（1908）上海集成圖書公司鉛印本　4 册

5911　**欽定陳書三十六卷**
［唐］姚思廉撰
清光緒三十四年（1908）上海集成圖書公司鉛印本　4 册

5912　**欽定魏書一百十四卷**
［北齊］魏收撰
清光緒三十四年（1908）上海集成圖書公司鉛印本　16 册

5913　**欽定北齊書五十卷**
［唐］李百藥撰
清光緒三十四年（1908）上海集成圖書公司鉛印本　6 册

5914　**欽定周書五十卷**
［唐］令狐德棻撰
清光緒三十四年（1908）上海集成圖書公司鉛印本　4 册

5915　**欽定隋書八十五卷**
［唐］魏徵撰
清光緒三十四年（1908）上海集成圖書公司鉛印本　12 册

5916　**欽定舊唐書二百卷**
［後晋］劉昫等撰
清光緒三十四年（1908）上海集成圖書公司鉛印本　30 册

5917　**欽定唐書二百二十五卷**
［宋］歐陽修撰
清光緒三十四年（1908）上海集成圖書公司鉛印本　32 册

5918　**欽定舊五代史一百五十卷目錄二卷**
［宋］薛居正撰
清光緒三十四年（1908）上海集成圖書公司鉛印本　12 册

5919　**欽定新五代史七十四卷**

［宋］歐陽修撰
清光緒三十四年（1908）上海集成圖書公司鉛印本　6 册

5920　**欽定宋史四百九十六卷**
［元］脱脱等撰
清光緒三十四年（1908）上海集成圖書公司鉛印本　64 册

5921　**欽定遼史一百十六卷**
［元］脱脱等撰
清光緒三十四年（1908）上海集成圖書公司鉛印本　8 册

5922　**欽定金史一百三十五卷附欽定語解一卷**
［元］脱脱等撰
清光緒三十四年（1908）上海集成圖書公司鉛印本　16 册

5923　**欽定元史二百十卷**
［明］宋濂等撰
清光緒三十四年（1908）上海集成圖書公司鉛印本　24 册

5924　**欽定明史三百三十二卷**
［清］張廷玉撰
清光緒三十四年（1908）上海集成圖書公司鉛印本　40 册

5925　**歷代名臣傳三十五卷**
［清］朱軾撰　［清］蔡世遠合訂
［清］張江分纂　［清］朱舲重刊
清刻本　16 册

5926　**歷代名儒傳八卷**
［清］朱軾撰　［清］蔡世遠合訂
［清］張江分纂　［清］朱舲重刊
清朱氏古懽齋刻本　4 册

5927　**歷代循吏傳八卷**
［清］朱軾　［清］蔡世遠撰
清雍正七年（1729）刻本　4 册

5928　**中興將帥别傳三十卷**
朱孔彰撰
民國上海中華書局鉛印四部備要本　4 册

5929　**博物志十卷**
［晉］張華撰
民國上海中華書局鉛印四部備要本　1 册

5930　**牂牁叢考七篇**
胡翯著
民國二十四年（1935）鉛印本　1 册

5931　**春秋公羊傳二十八卷**
［漢］何休撰　［唐］陸德明音義
民國上海中華書局鉛印四部備要本　6 册

5932 **春秋穀梁傳二十卷**
［晋］范宁集解 ［唐］陸德明音義
民國上海中華書局鉛印四部備要本 4册

5933 **歷代沿革表三卷**
［清］段長基编
民國上海中華書局鉛印四部備要本 10册

5934 **歷代疆域表三卷**
［清］段長基编
民國上海中華書局鉛印四部備要本 5册

5935 **名媛詩歸三十六卷**
［明］鍾惺编
清勉善堂刻本 6册

5936 **增補老子古義三卷**
楊樹達著
民國十七年（1928）上海中華書局鉛印本 3册

5937 **增訂廣輿記二十四卷圖一卷**
［明］陸應陽撰 ［清］蔡方炳增輯
清康熙二十五年（1686）大文堂刻本 12册

5938 **麓山精舍叢書八十六種**
陳運溶輯
清光緒二十六年（1900）湘西陳氏刻本 6册 存79種（歷朝傳記9種、荆湘地記29種、荆湖圖經36種、湘中名賢遺集5種）

5939 **春秋大事表五十卷附錄一卷**
［清］顧棟高輯
清乾隆十四年（1749）萬卷樓刻本 17册

5940 **春秋輿圖一卷**
［清］顧棟高輯
清乾隆十四年（1749）萬卷樓刻本 1册

5941 **長沙臨湘山志十卷首一卷末一卷**
黄厚濤撰 薛隆裘纂
民國三十六年（1947）鴻章印刷廠鉛印本 4册

5942 **史記一百三十卷補史記一卷**
［漢］司馬遷撰 ［南朝宋］裴駰集解 ［唐］司馬貞索隱 ［唐］張守節正義
民國五年（1916）上海涵芬樓影印本 26册

5943 **蔡松坡先生遺集八卷首一卷末一卷**
蔡鍔撰 劉達武编
民國三十三年（1944）鉛印本 12册

善0071 **三國志六十五卷**
［晋］陳壽著 ［明］馮夢禎
［明］黄汝良校正

明萬歷二十四年（1596）南京國子監刻本　12 册

善 0072　**第一奇書——金瓶梅一百回**
［明］蘭陵笑笑生撰　［清］李笠翁撰
清康熙三十四年（1695）在茲堂刻本　6 册　存 24 回（1 至 24）

善 0073　**九經綱目五十卷附大學章句中庸章句小學**
［清］秦鏷訂正
明崇禎十三年（1640）錫山秦氏刻本　3 册　存 5 種（易經、書經、論語、孟子、春秋左傳）

5947　**國朝名人手跡第一集至第七集**
［清］劉墉等書　有正書局編
民國上海有正書局石印本　7 册

5951　**亦政堂重考古玉圖二卷**
［元］朱德潤撰
清刻本　1 册

5952　**拾經樓紬書錄三卷**
葉啓勛撰
民國二十六年（1937）鉛印本　1 册

5953　**湖南省文獻委員會移交總清册**
［□］□□撰
民國油印本　1 册

5954　**女廿四孝圖説**
［清］寄雲山人編
清同治十年（1871）刻本　2 册

5955　**百孝圖説二卷**
［清］邵蘭賓編
清同治六年（1867）河南省城南書店許文華刻字鋪刻本　1 册　存 1 卷（上）

5956　**增廣五十二孝圖説（百孝圖）**
［清］邵繼堯　［清］王祖堯編
清光緒二十三年（1897）長平吉善堂刻本　1 册　存 1 卷（下）

5957　**華容縣志十五卷首一卷**
［清］熊紹庚等倡修　［清］孫炳煜等主修
民國鉛印本　1 册　存 6 卷（10 至 15）

5958　**汝城縣志三十五卷首一卷末一卷**
陳必聞等主修　盧純道纂輯
民國木活字　1 册　存 4 卷（18 至 21）

5959　**茶陵州志二十四卷**
［清］福昌等修　［清］譚鍾麟等纂
清同治十年（1871）尊經閣刻本　3 册　存 8 卷（11 至 18）

5960　**盛世危言六卷**
鄭觀應輯

清光緒二十一年（1895）上海書局石印本　4冊

5961　**盛世危言續編四卷**

［清］杞憂生輯

清光緒二十一年（1895）上海書局石印本　3冊　存3卷（1至3）

5961（1）　**盛世危言續編三卷**

［清］杞憂生輯

清光緒二十一年（1895）上海書局石印本　2冊　存2卷（中、下）

5962　**賦海大觀三十卷**

［清］鴻寶齋主人編

清光緒二十年（1894）上海鴻寶齋石印本　18冊　存22卷（1下至3中、4至5、9至10上、11、13至18、21、22、25至30）

5962（1）　**賦海大觀三十卷**

［清］鴻寶齋主人編

清光緒二十年（1894）上海鴻寶齋石印本　5冊

5963　**曾惠敏公使西日記二卷**

［清］曾紀澤撰

清光緒十九年（1893）江南機器製造總局刻本　1冊

5964　**曾惠敏公使西日記二卷**

［清］曾紀澤撰

清光緒十九年（1893）江南機器製造總局刻本　1冊

5965　**皇朝輿地略補錄一卷皇朝輿地韻編一卷**

［清］六承如原繪　［清］六德只縮摹

清咸豐十年（1860）長沙刻本　1冊

5966　**陳卧子先生安雅堂稿十五卷**

［明］陳子龍撰

清宣統二年（1910）上海時中書局鉛印本　1冊　存1冊（下）

5967　**最新分類輓聯合璧**

［□］□□撰

民國三十年（1941）長沙萬卷閣鉛印本　1冊

5968　**秋水軒尺牘四卷**

［清］許思湄撰　［清］董堅志增注

民國十八年（1929）石印本　1冊　存2卷（1至2）

5969　**常德府志四十八卷**

［清］應先烈總修　［清］陳楷禮纂修

清嘉慶十八年（1813）刻本　18冊　存44卷（1至3、6至8、11至48）

5970 **江都縣志三十二卷**
［清］五格 ［清］黄湘纂修
清乾隆刻本 4 册 存 4 卷（29 至 32）

5971 **江都縣續志三十卷首一卷**
［清］王逢源 ［清］李保泰主修
清嘉慶十六年（1811）刻本 13 册

5972 **蔡松坡軍中遺墨二卷**
蔡鍔撰
民國十五年（1926）松坡學會影印本 2 册

5973 **湖南全省掌故備考三十五卷**
王先謙撰
清光緒十四年（1888）刻本 12 册

5974 **趙文敏寫本兩漢策要十二卷**
［元］趙孟頫書
清光緒十三年（1887）上海同文書局石印本 8 册

5975 **合校水經注四十卷首一卷末一卷**
［北魏］酈道元注 ［清］蘇海淵 王先謙校
清光緒二十年（1894）上海寶善書局石印本 10 册

5978 **御批歷代通鑑輯覽一百二十卷**
［清］傅恒等編
清同治十三年（1874）文星書局刻本 72 册 缺 8 卷（14 至 16、43 至 44、82 至 83、98）

5979 **學圃淺識四卷**
孫鼎宜撰
民國二十八年（1939）稿本 4 册

5980 **緑漪文批二卷**
［清］孫彪撰
民國十八年（1929）稿本 2 册

善 0074 **尚書通今十四卷**
孫鼎宜撰
民國三十年（1941）稿本 8 册

善 0074（1） **尚書通今讀本十三卷**
孫鼎宜抄
民國三十年（1941）抄本 2 册

5982 **平津讀碑記八卷續記一卷**
［清］洪頤煊撰
埜松抄本 3 册

5983 **上曾滌生先生書**
［清］丁應荃撰
清咸豐三年（1853）稿本 1 册

5984 **法苑珠林一百三十卷目錄二卷**
［唐］釋道世撰

日本翻刻明萬曆十九年（1591）清涼山妙德禪院刻本　21 册　缺 15 卷（66 至 80）

5985　**直隸澧州志林二十八卷首一卷**
［清］多賚主修　［清］安佩蓮總纂
清道光元年（1821）續修刻本　23 册　缺 1 册（4）

5986　**臨湘縣志十三卷首一卷末一卷**
［清］盛慶黻　［清］恩榮等主修
［清］熊興傑　［清］歐陽恩霖等總纂
清同治十一年（1872）刻本　6 册

5987　**巴陵縣志八十一卷首一卷**
［清］姚詩德修　［清］杜貴墀纂
清光緒十七年（1891）刻本　16 册

5988　**湘潭縣志十二卷**
［清］陳嘉榆等修　王闓運等纂
民國三十二年（1943）鉛印本　10 册

5989　**重修善化縣志三十四卷首一卷**
［清］吳兆熙　［清］冒沅等修
［清］張先掄　［清］韓炳章等纂
清光緒三年（1877）善化縣署刻本　20 册

5990　**永州府志十八卷首一卷**
［清］吕恩湛主修　［清］宗績辰纂修
清道光八年（1828）永州府署刻本　22 册

5991　**湖南文徵一百九十卷姓氏傳四卷目錄六卷**
［清］羅汝懷輯
清同治十年（1871）刻本　100 册

善 0075　**嵇中散集十卷**
［三國魏］嵇康撰　［明］黄省曾校
明嘉靖四年（1525）刻本　2 册

5993　**甓勤齋詩存一卷文存一卷研香閣詩草一卷**
［清］陶純炘　龍璋撰
民國鉛印本　1 册

5994　**抱一遺著八卷**
李景僑撰
民國二十六年（1937）長沙抱一遺集刊行委員會鉛印本　7 册　缺 1 册（4）

5995　**歷代帝王年表三卷**
［清］齊召南撰　［清］阮福續編
清刻粤雅堂叢書本　1 册

5996　**新訂四書補注備旨十卷**
［明］鄧林撰　［清］鄧煜編次
［清］杜定基增訂
民國上海廣益書局石印本　3 册　存 6 卷（論語 4 卷、大學 1 卷、中庸 1 卷）

5997 **皇朝内府輿地圖縮摹本一卷皇朝輿地略一卷附韻編一卷**
［清］六承如原繪 ［清］六德只縮摹
清道光十四年（1834）刻本 1 册

5998 **新聞報三十年紀念册不分卷**
新聞報社編輯部編
民國十二年（1923）鉛印本 1 册

5999 **廬山新導遊八章附錄一卷**
朱偰編
民國二十四年（1935）廬山管理局鉛印本 1 册

6000 **湘學新報（光緒二十三年四月）**
［清］江標主編
清光緒二十三年（1897）四月木刻本 1 册

6001 **湘學新報（光緒二十三年六月二十一日）**
［清］江標主編
清光緒二十三年（1897）六月木刻本 1 册

6002 **政府公報（中華民國三年二月至十月）**
政府公報編輯部編
民國三年（1914）鉛印本 1 册

6003 **湘軍志平議不分卷**
郭振墉撰
清閒山館刻本 1 册

6004 **湘軍志十六卷**
王闓運撰 常國篤校刊
清宣統元年（1909）刻本 2 册

6005 **湘省宗聖廟志**
曾炳堃撰
民國四年（1915）曾氏棗園鉛印本 1 册

6006 **七省沿海全圖不分卷**
［清］邵廷烈輯
清同治五年（1866）刻本 1 册

6007 **新修京山縣志草例**
李廉方撰
民國三十六年（1947）湖北通志館鉛印本 1 册

6008 **孫子十家注十三卷叙錄一卷遺説一卷**
［春秋］孫武撰 ［清］孫星衍 ［清］吳人驥同校
民國上海中華書局鉛印四部備要本 1 册 存 3 卷（1 至 2、叙錄）

6009 **晏子春秋音義二卷**
［春秋］晏嬰著 ［清］孫星衍音義

民國上海中華書局鉛印本　1冊

6010　**燕南瑣憶二卷**
李霖撰
民國二年（1913）北京天民報社鉛印本　1冊

6011　**血證論八卷**
［清］唐宗海撰
清光緒十年（1884）石印本　1冊

6012　**增訂時病論八卷**
［清］雷豐撰
民國二十三年（1934）上海大東書局鉛印本　1冊　存1冊（4）

6013　**湖南文徵目錄二卷**
［清］羅汝懷輯
清同治八年（1869）刻本　1冊

6014　**重印華容縣志十五卷首一卷**
［清］熊紹庚等倡修　［清］孫炳煜等主修
民國十九年（1930）鉛印清光緒八年（1882）本　1冊　存10卷（卷首、1至9）

6016　**曾文正公全集**
［清］曾國藩撰
清光緒二年（1876）湖南傳忠書局刻本　76冊　存76冊（1至51、105至129）

6017　**胡文忠公遺集八十六卷首一卷**
［清］胡林翼撰　［清］鄭敦謹　［清］曾國荃編
清同治三年（1864）武昌節署刻本　28冊

6018　**敬史君碑**
［□］□□撰
民國拓本　1冊

6019　**唐小本釋氏碑二十種**
鐵琴銅劍樓藏
民國二十六年（1937）上海商務印書館影印本　4冊

6020　**唐小本釋氏碑二十種**
鐵琴銅劍樓藏
民國二十六年（1937）上海商務印書館影印本　4冊

6021　**王獻之鴨頭丸帖并題跋**
［晋］王獻之書
清光緒七年（1881）長沙徐氏拓本　1冊

6027　**褚河南臨蘭亭絹本真跡**
［唐］褚遂良書
民國二十一年（1932）上海商務印書館影印本　1冊

6029　**初拓吳文碑**

［晉］王羲之書　［清］陳定輯
民國五年（1916）拓本　1 册

6030　**瘞鶴銘**
［南朝梁］華陽真人撰　錢無咎輯
民國三十二年（1943）拓本　1 册

6031　**虞恭公碑**
［唐］歐陽詢書　［清］陳定輯
民國拓本　1 册

6032　**杭州福神觀記**
［元］趙孟頫書　［清］徐樹鈞輯
清光緒十四年（1888）拓本　1 册

6037　**宋拓顏魯公大麻姑仙壇記**
［唐］顏真卿書
民國上海有正書局石印本　1 册

6038　**顏勤禮碑上**
［唐］顏真卿撰并書　錢無咎輯
民國拓本　1 册

6039　**顏勤禮碑下**
［唐］顏真卿撰并書　錢無咎輯
民國拓本　1 册

6041　**唐薛曜書夏日遊石淙詩**
［唐］薛曜書　錢無咎輯
民國十五年（1926）拓本　1 册

6042　**秋日宴石淙序**
［唐］薛曜書
民國拓本　1 册

6044　**初拓三希堂原本**
［宋］趙構書
清末民國石印本　27 册　缺 4 册（1、7、8、13）

6045　**御刻三希堂石渠寶笈法帖第二册**
［清］梁詩正等編
民國上海中華圖書館影印本　1 册

6046　**御刻三希堂石渠寶笈法帖第四册**
［清］梁詩正等編
民國上海中華圖書館影印本　1 册

6047　**御刻三希堂石渠寶笈法帖第五册**
［清］梁詩正等編
民國上海中華圖書館影印本　1 册

6048　**御刻三希堂石渠寶笈法帖第五册**
［清］梁詩正等編
民國上海中華圖書館影印本　1 册

6049　**御刻三希堂石渠寶笈法帖第五、六册**
［清］梁詩正等編
民國上海中華圖書館影印本　1 册

6050　**御刻三希堂石渠寶笈法帖第五、六册**
［清］梁詩正等編
民國上海中華圖書館影印本　1册

6051　**御刻三希堂石渠寶笈法帖第八册**
［清］梁詩正等編
民國上海中華圖書館影印本　1册

6052　**御刻三希堂石渠寶笈法帖第九、十册**
［清］梁詩正等編
民國上海中華圖書館影印本　1册

6053　**御刻三希堂石渠寶笈法帖第九、十册**
［清］梁詩正等編
民國上海中華圖書館影印本　1册

6054　**御刻三希堂石渠寶笈法帖第九、十册**
［清］梁詩正等編
民國上海中華圖書館影印本　1册

6055　**御刻三希堂石渠寶笈法帖第十一册**
［清］梁詩正等編
民國上海中華圖書館影印本　1册

6056　**御刻三希堂石渠寶笈法帖第十一、十二册**
［清］梁詩正等編
民國上海中華圖書館影印本　1册

6057　**御刻三希堂石渠寶笈法帖第十一、十二册**
［清］梁詩正等編
民國上海中華圖書館影印本　1册

6058　**御刻三希堂石渠寶笈法帖第十三册**
［清］梁詩正等編
民國上海中華圖書館影印本　1册

6059　**御刻三希堂石渠寶笈法帖第十三册**
［清］梁詩正等編
民國上海中華圖書館影印本　1册

6060　**御刻三希堂石渠寶笈法帖第十四册**
［清］梁詩正等編
民國上海中華圖書館影印本　1册

6061　**御刻三希堂石渠寶笈法帖第十四册**
［清］梁詩正等編
民國上海中華圖書館影印本　1册

6062　**御刻三希堂石渠寶笈法帖第十五册**
［清］梁詩正等編
民國上海中華圖書館影印本　1册

6063　**御刻三希堂石渠寶笈法帖第十五册**
［清］梁詩正等編

民國上海中華圖書館影印本　1 册

6064　**御刻三希堂石渠寶笈法帖第十五、十六册**

［清］梁詩正等編

民國上海中華圖書館影印本　1 册

6065　**御刻三希堂石渠寶笈法帖第十七册**

［清］梁詩正等編

民國上海中華圖書館影印本　1 册

6066　**御刻三希堂石渠寶笈法帖第十七册**

［清］梁詩正等編

民國上海中華圖書館影印本　1 册

6067　**御刻三希堂石渠寶笈法帖第十七、十八册**

［清］梁詩正等編

民國上海中華圖書館影印本　1 册

6068　**御刻三希堂石渠寶笈法帖第十七册**

［清］梁詩正等編

民國上海中華圖書館影印本　1 册

6069　**御刻三希堂石渠寶笈法帖第十八册**

［清］梁詩正等編

民國上海中華圖書館影印本　1 册

6070　**御刻三希堂石渠寶笈法帖第十九册**

［清］梁詩正等編

民國上海中華圖書館影印本　1 册

6071　**御刻三希堂石渠寶笈法帖第十九、二十册**

［清］梁詩正等編

民國上海中華圖書館影印本　1 册

6072　**御刻三希堂石渠寶笈法帖第十九、二十册**

［清］梁詩正等編

民國上海中華圖書館影印本　1 册

6073　**御刻三希堂石渠寶笈法帖第二十一册**

［清］梁詩正等編

民國上海中華圖書館影印本　1 册

6074　**御刻三希堂石渠寶笈法帖第二十二册**

［清］梁詩正等編

民國上海中華圖書館影印本　1 册

6075　**御刻三希堂石渠寶笈法帖第二十三册**

［清］梁詩正等編

民國上海中華圖書館影印本　1 册

6076　**御刻三希堂石渠寶笈法帖第二十三册**

［清］梁詩正等編

民國上海中華圖書館影印本　1 册

6077　**御刻三希堂石渠寶笈法帖第二十三、二十四、二十五册**
［清］梁詩正等編
民國上海中華圖書館影印本　1 册

6078　**御刻三希堂石渠寶笈法帖第二十六册**
［清］梁詩正等編
民國上海中華圖書館影印本　1 册

6079　**御刻三希堂石渠寶笈法帖第二十五、二十六册**
［清］梁詩正等編
民國上海中華圖書館影印本　1 册

6080　**御刻三希堂石渠寶笈法帖第二十七册**
［清］梁詩正等編
民國上海中華圖書館影印本　1 册

6081　**御刻三希堂石渠寶笈法帖第二十七、二十八册**
［清］梁詩正等編
民國上海中華圖書館影印本　1 册

6082　**御刻三希堂石渠寶笈法帖第二十九、三十册**
［清］梁詩正等編
民國上海中華圖書館影印本　1 册

6082（1）　**三希堂續刻法帖第一册**
［清］梁詩正等編
民國上海中華圖書館影印本　2 册

6083　**顔魯公書神道碑**
［唐］顔真卿書
民國十二年（1923）上海會文堂影印本　1 册

6088　**初拓鄭文公碑**
［北魏］鄭道昭撰文
民國上海碧梧山莊求古齋影印本　2 册

6089　**初拓鄭文公碑**
［北魏］鄭道昭撰文
民國上海碧梧山莊求古齋影印本　2 册

6090　**初拓鄭文公碑**
［北魏］鄭道昭撰文
民國上海碧梧山莊求古齋影印本　1 册

6091　**初拓鄭文公碑**
［北魏］鄭道昭撰文
民國上海碧梧山莊求古齋影印本　1 册

6092　**初拓鄭文公碑**
［北魏］鄭道昭撰文
民國上海碧梧山莊求古齋影印本　1 册

存 1 册（下）

6093 **隋皇甫府君碑**
［唐］于志寧纂文 ［唐］歐陽詢書
民國拓本 1 册

6094 **魏高貞碑**
［□］□□撰
民國上海碧梧山莊求古齋影印本 1 册

6095 **天發神讖碑**
［三國吳］皇象篆書
民國石印本 1 册

6096 **明拓西嶽華山廟碑**
［漢］郭香察書
民國石印本 1 册

6097 **明拓魯峻碑**
［漢］蔡邕書
民國石印本 1 册

6098 **中嶽靈廟碑司馬景和墓誌銘書解伯達造像**
［北魏］寇謙之撰 ［北魏］□□
［北魏］□□書
民國石印本 1 册

6099 **放大王元祥、解伯達造像**
［北魏］□□書
民國求古齋石印本 1 册

6100 **趙文敏書華法經殘片**
［元］趙孟頫書
民國影印本 1 册

6101 **黄山谷七祖山題詩不分卷**
［宋］黄庭堅書
民國十三年（1924）上海中華書局石印本 1 册

6102 **黄山谷書發願文墨蹟**
［宋］黄庭堅書
民國十五年（1926）上海有正書局石印本 1 册

6103 **近代碑帖大觀第一集**
［□］□□撰
民國石印本 1 册

6104 **近代碑帖大觀第二集**
［□］□□撰
民國石印本 1 册

6105 **近代碑帖大觀第三集**
［□］□□撰
民國石印本 1 册

6108 **近代碑帖大觀第六集**
［□］□□撰

民國石印本　1册

6109　**近代碑帖大觀第七集**
［□］□□撰
民國石印本　1册

6110　**近代碑帖大觀第八集**
［□］□□撰
民國石印本　1册

6111　**唐李懷琳書：絶交書油素鈎本**
［唐］李懷琳書
民國上海有正書局石印本　2册

6112　**宋拓黄庭經**
［晋］王羲之書
民國石印本　1册

6113　**七祖山古釣臺詩**
［宋］黄庭堅書
民國石印本　1册

6114　**何子貞臨張遷碑（第二十八通）**
［清］何紹基書
民國上海有正書局石印本　1册

6115　**何子貞臨張遷碑（第二十八通）**
［清］何紹基書
民國上海有正書局石印本　1册

6117　**何子貞書彭母黄恭人墓誌銘**
［清］何紹基書　［清］溈山人刻
清刻本　1册

6118　**南唐李後主墨蹟**
［五代］李煜書
民國十八年（1929）上海文明書局影印本　1册

6119　**虞書汝南公主墓誌**
［唐］虞世南書
民國九年（1920）上海有正書局影印本　1册

6120　**鍾紹京書轉王經真蹟**
［唐］鍾紹京書
民國影印本　1册

6121　**徐摹宋拓戚伯著碑**
徐孟虎書
清光緒二十一年（1895）石印本　1册

6122　**宋拓歐書九成宫醴泉銘**
［唐］歐陽詢書　［清］徐樹鈞跋
民國拓本　1册

6123　**嶽麓書院長徐公（徐棻）之碑**
［□］□□撰
民國拓本　1册

6124 **錢南園書施芳谷壽序**
［清］錢灃書
民國石印本 1册

6125 **孔子廟堂碑**
［唐］虞世南撰並書
民國拓本 1册

6126 **西嶽華山廟碑**
［清］徐樹鈞臨 ［清］尹銘濬精摹上石
清光緒二十一年（1895）石印本 1册

6127 **西嶽華山廟碑**
［清］徐樹鈞臨 ［清］尹銘濬精摹上石
石印本 1册

6128 **褚遂良摹蘭亭序影印本**
［唐］褚遂良書
民國十七年（1928）上海商務印書館影印本 1册

6129 **虞書黄庭經真蹟**
［唐］虞世南書
民國影印本 1册

6130 **李隆基書鶺鴒頌**
［唐］李隆基書
民國影印本 1册

6131 **智永書真草千字文**
［南朝陳］釋智永書
民國影印本 1册

6132 **賈太傅祠記**
王闓運撰并書
清光緒二年（1876）拓片 2張

6133 **重修賈太傅祠記**
［清］王文韶撰 ［清］張茂昭書
［清］汪鑅刻
清刻本 7册

6134 **重修賈太傅祠記**
［清］夏獻雲撰 ［清］潘恭敏書
清刻本 4册

6135 **賈太傅井記**
［清］李元度撰 ［清］楊翰書
清刻本 6册

6136 **賈太傅井銘**
［清］楊彝珍撰 ［清］楊翰書
清刻本 2册

6137 **懷素自叙真蹟**
［唐］釋懷素書
民國二十八年（1939）西泠印社影印本 1册

6138 **道咸同光名人手札第一集卷一**

商務印書館輯
民國十三年（1924）上海商務印書館影印本　1冊

6139　**道咸同光名人手札第一集卷三**
商務印書館輯
民國十三年（1924）上海商務印書館影印本　1冊

6140　**道咸同光名人手札第二集卷一**
商務印書館輯
民國十三年（1924）上海商務印書館影印本　1冊

6141　**道咸同光名人手札第二集卷四**
商務印書館輯
民國十三年（1924）上海商務印書館影印本　1冊

6142　**翁松禪墨蹟第一集**
［清］翁同龢書
民國二十六年（1937）上海商務印書館石印本　1冊

6143　**翁松禪墨蹟第二集**
［清］翁同龢書
民國二十六年（1937）上海商務印書館石印本　1冊

6144　**翁松禪墨蹟第三集**
［清］翁同龢書
民國二十六年（1937）上海商務印書館石印本　1冊

6145　**翁松禪墨蹟第四集**
［清］翁同龢書
民國二十六年（1937）上海商務印書館石印本　1冊

6146　**翁松禪墨蹟第五集**
［清］翁同龢書
民國二十六年（1937）上海商務印書館石印本　1冊

6147　**翁松禪手札一**
［清］翁同龢書
民國上海有正書局影印本　1冊

6147（1）　**翁松禪手札一**
［清］翁同龢書
民國上海有正書局影印本　1冊

6147（2）　**翁松禪手札一**
［清］翁同龢書
民國上海有正書局影印本　1冊

6148　**翁松禪手札二**
［清］翁同龢書
民國上海有正書局影印本　1冊

6148（1）　**翁松禪手札二**
［清］翁同龢書
民國上海有正書局影印本　1 册

6148（2）　**翁松禪手札二**
［清］翁同龢書
民國上海有正書局影印本　1 册

6148（3）　**翁松禪手札二**
［清］翁同龢書
民國上海有正書局影印本　1 册

6149　**翁松禪手札三**
［清］翁同龢書
民國上海有正書局影印本　1 册

6149（1）　**翁松禪手札三**
［清］翁同龢書
民國上海有正書局影印本　1 册

6149（2）　**翁松禪手札三**
［清］翁同龢書
民國上海有正書局影印本　1 册

6149（3）　**翁松禪手札三**
［清］翁同龢書
民國上海有正書局影印本　1 册

6150　**翁松禪手札四**
［清］翁同龢書
民國上海有正書局影印本　1 册

6150（1）　**翁松禪手札四**
［清］翁同龢書
民國上海有正書局影印本　1 册

6150（2）　**翁松禪手札四**
［清］翁同龢書
民國上海有正書局影印本　1 册

6151　**翁松禪手札五**
［清］翁同龢書
民國上海有正書局影印本　1 册

6151（1）　**翁松禪手札五**
［清］翁同龢書
民國上海有正書局影印本　1 册

6152　**翁松禪手札六**
［清］翁同龢書
民國上海有正書局影印本　1 册

6152（1）　**翁松禪手札六**
［清］翁同龢書
民國上海有正書局影印本　1 册

6153　**翁松禪手札七**
［清］翁同龢書
民國上海有正書局影印本　1 册

6153（1） **翁松禪手札七**
［清］翁同龢書
民國上海有正書局影印本 1冊

6153（2） **翁松禪手札七**
［清］翁同龢書
民國上海有正書局影印本 1冊

6154 **翁松禪手札八**
［清］翁同龢書
民國上海有正書局影印本 1冊

6154（1） **翁松禪手札八**
［清］翁同龢書
民國上海有正書局影印本 1冊

6155 **翁松禪相國尺牘真蹟一**
［清］翁同龢書
民國上海中華書局石印本 1冊

6155（1） **翁松禪相國尺牘真蹟一**
［清］翁同龢書
民國上海中華書局石印本 1冊

6156 **翁松禪相國尺牘真蹟三**
［清］翁同龢書
民國上海中華書局石印本 1冊

6157 **翁松禪相國尺牘真蹟四**
［清］翁同龢書
民國上海中華書局石印本 1冊

6158 **翁松禪相國尺牘真蹟八**
［清］翁同龢書
民國上海中華書局石印本 1冊

6159 **翁松禪相國尺牘真蹟九**
［清］翁同龢書
民國上海中華書局石印本 1冊

6160 **翁松禪相國尺牘真蹟十**
［清］翁同龢書
民國上海中華書局石印本 1冊

6161 **翁松禪相國尺牘真蹟十**
［清］翁同龢書
民國上海中華書局石印本 1冊

6162 **翁松禪相國尺牘真蹟十一**
［清］翁同龢書
民國上海中華書局石印本 1冊

6163 **翁松禪相國尺牘真蹟十二**
［清］翁同龢書
民國上海中華書局石印本 1冊

6164 **翁松禪書札**
［清］翁同龢書
民國上海中華書局石印本 1冊

6165 **松禪繪盟漚館供養**
［清］翁同龢繪
民國影印本 1册

6166 **清代織造業如意會重整會秘碑**
［□］□□撰
清嘉慶二十四年（1819）拓片 1張

6167 **顔魯公書裴將軍詩卷**
［唐］顔真卿書
民國十九年（1930）上海商務印書館影印本 1册

6168 **平復帖與出師頌**
［晋］索靖書
民國北京啓新照相製版局影印本 1册

6169 **唐杜牧書張好好詩卷墨跡**
［唐］杜牧書
民國十四年（1925）無錫理工社影印本 1册

6170 **褚登善書倪寬贊**
［唐］褚遂良書
民國十七年（1928）北京地安門延光室影印本 2册

6171 **二王墨蹟影本**
［晋］王羲之 ［晋］王獻之書
民國影印本 1册

6172 **南北極天象中西合圖**
［□］□□撰
民國刻本 2册

6173 **清朝直省府州縣全圖**
［□］□□撰
清刻本 1册

6174 **直隸全圖**
［□］□□撰
清刻本 1册

6175 **大清等河漫口地形圖説**
［□］□□撰
清刻本 1册

6176 **直隸通省全圖**
［□］□□撰
清刻本 1册

6177 **直隸河道全圖**
［□］□□撰
清咸豐九年（1859）刻本 1册

6178 **湖團地界圖**
［□］□□撰
清刻本 1册

6179 **以湖南爲中心的聯省地圖**
［□］□□撰

清刻本　6 册

6180　**以湖北爲中心的聯省地圖**
[□] □□撰
清刻本　5 册

6181　**湖廣全圖**
[□] □□撰
清刻本　1 册

6182　**湖廣全圖**
[□] □□撰
清刻本　1 册

6183　**湖南江西合圖**
[□] □□撰
清刻本　1 册

6184　**湖南江西合圖**
[□] □□撰
清刻本　1 册

6185　**湖南廣東合圖**
[□] □□撰
清刻本　1 册

6186　**湖南廣東合圖**
[□] □□撰
清刻本　1 册

6187　**湖南江西合圖**
[□] □□撰
清刻本　1 册

6188　**湖南江西合圖**
[□] □□撰
清刻本　1 册

6189　**湖南貴州合圖**
[□] □□撰
清刻本　1 册

6190　**湖南貴州合圖**
[□] □□撰
清刻本　1 册

6191　**湖南四川合圖**
[□] □□撰
清刻本　1 册

6192　**湖南四川合圖**
[□] □□撰
清刻本　1 册

6193　**湖北四川合圖**
[□] □□撰
清刻本　1 册

6194　**湖北四川合圖**
[□] □□撰

清刻本 1 册

6195 **湖北陝西合圖**
[□] □□撰
清刻本 1 册

6196 **湖北陝西合圖**
[□] □□撰
清刻本 1 册

6197 **湖北河南合圖**
[□] □□撰
清刻本 1 册

6198 **湖北河南合圖**
[□] □□撰
清刻本 1 册

6199 **湖北安徽合圖**
[□] □□撰
清刻本 1 册

6200 **湖北安徽合圖**
[□] □□撰
清刻本 1 册

6201 **湖北江西合圖**
[□] □□撰
清刻本 1 册

6202 **湖北江西合圖**
[□] □□撰
清刻本 1 册

6203 **以湖南湖北爲中心的聯省合圖**
[□] □□撰
清刻本 11 册

6204 **以湖南湖北爲中心的聯省合圖**
[□] □□撰
清刻本 11 册

6205 **以湖南湖北爲中心的聯省合圖**
[□] □□撰
清刻本 11 册

6206 **江蘇全圖**
[□] □□撰
清刻本 1 册

6207 **山東全圖**
[□] □□撰
清刻本 1 册

6208 **山西全圖**
[□] □□撰
清刻本 1 册

6209 **河南全圖**
[□] □□撰

清刻本 1冊

6210 **陝西全圖**
［□］□□撰
清刻本 1冊

6211 **甘肅全圖**
［□］□□撰
清刻本 1冊

6212 **嘉峪關外鎮迪伊犁合圖**
［□］□□撰
清刻本 1冊

6213 **嘉峪關外安西青海合圖**
［□］□□撰
清刻本 1冊

6214 **湖南全圖**
［□］□□撰
清刻本 1冊

6215 **廣東全圖**
［□］□□撰
清刻本 1冊

6216 **廣西全圖**
［□］□□撰
清刻本 1冊

6217 **貴州全圖**
［□］□□撰
清刻本 1冊

6218 **雲南全圖**
［□］□□撰
清刻本 1冊

6219 **蒙古全圖**
［□］□□撰
清刻本 1冊

6220 **前敵須知四卷附圖**
［英國］克利賴撰 ［清］舒高第
［清］鄭昌棪同譯
清末江南機器製造總局鉛印本 1冊

6221 **清官階品級頂戴補服俸祿疆域賦稅關榷封疆駐紮**
［□］□□撰
民國抄本 1冊

6222 **瀏陽二傑遺文二卷**
［清］譚嗣同 ［清］唐才常撰
民國鉛印本 1冊

6223 **周九煙外集三卷傳略一卷**
［明］周星撰
清刻本 1冊

6224　**緑珠傳一卷附校勘記一卷續校一卷李師師外傳一卷附錄一卷附校譌一卷續校一卷梅花字字香前集一卷後集一卷附校譌一卷續校一卷霜猨集一卷附校譌一卷續校一卷**
［宋］樂史　［宋］□□
［元］郭豫亨　［明］周同谷撰
清光緒十四年（1888）會稽董氏取斯堂木活字本　1 册

6244　**中國經濟史講稿三編不分卷**
李劍農著
民國三十二年（1943）湖南藍田新中國書局鉛印本　2 册

6245　**石門縣地理志**
申悦廬輯
民國石印本　1 册

6273　**殷虚書契前編八卷**
羅振玉輯
民國二年（1913）上虞羅振玉影印本　4 册

6274　**殷虚書契後編二卷**
羅振玉輯
民國五年（1916）上虞羅氏影印本　1 册

6275　**殷虚書契續編六卷**
羅振玉輯
民國二十二年（1933）上虞羅氏影印本　6 册

6276　**殷虚書契菁華一卷**
羅振玉輯
民國三年（1914）上虞羅氏影印本　1 册

6277　**增訂殷虚書契考釋三卷**
羅振玉撰
民國十六年（1927）東方學會影印本　1 册

6278　**殷文存二卷**
羅振玉撰
民國六年（1917）上海倉聖明智大學影印本　1 册

6279　**殷虚文字類編十四卷待問編十三卷殷墟書契考釋一卷**
羅振玉考釋　商承祚類次
民國二年至民國十二年（1913 至 1923）刻本　8 册

6280　**殷契佚存一卷附考釋一卷**
商承祚集釋
民國二十二年（1933）南京金陵大學中國文化研究所影印本　2 册

6281　**殷契萃編附考釋**
郭沫若集釋

日本昭和十二年（1937）日本東京文求堂石印本　5 册

6282　**卜辭通纂一卷考釋三卷索引一卷**
郭沫若著
民國二十二年（1933）日本東京文求堂書店影印本　4 册

6283　**殷契卜辭不分卷附釋文及文編附錄備查**
容庚編
民國二十二年（1933）北平哈佛燕京學社石印本　3 册

6284　**續殷文存二卷**
王辰類次
民國二十四年（1935）北平燕京大學考古學社石印本　2 册

6285　**殷契遺珠二卷附發凡一卷**
金祖同編
民國二十八年（1939）石印本　3 册

6286　**雙劍誃殷契駢枝一卷**
于省吾編
民國二十九年（1940）石印本　1 册

6287　**龜甲獸骨文字二卷附抄釋二卷**
［日本］林泰輔撰
日本大正六年（1917）石印本　2 册

6288　**庫方二氏藏甲骨卜辭一卷**
［美國］方法斂摹　［美國］白瑞華校
民國二十四年（1935）上海商務印書館石印本　1 册

6289　**鐵雲藏龜零拾**
李旦丘編
民國二十八年（1939）中法文化出版委員會影印本　1 册

6290　**鐵雲藏龜拾遺一卷考釋一卷**
葉玉森輯
民國十四年（1925）五鳳硯齋石印本　1 册

6290（1）　**誠齋殷墟文字一卷考釋一卷**
孫誠温收藏　孫海波編輯
民國二十九年（1940）影印本　1 册

6291　**甲骨叕存一卷附釋文一卷**
曾毅公釋
民國二十八年（1939）石印本　1 册

6292　**甲骨年表不分卷**
董作賓　胡厚宣合編
民國二十三年（1934）上海商務印書館鉛印本　1 册

6293　**甲骨書錄解題五卷附甲骨論文解題三卷**

邵子風撰
民國二十四年（1935）上海商務印書館石印本　1 册

6294　**甲骨學商史編十卷**
朱芳圃編
民國二十四年（1935）上海中華書局石印本　2 册

6295　**鐵雲藏龜釋文附鐵雲藏龜之餘**
［清］劉鶚原輯　鮑鼎集釋
民國二十年（1931）上海蟫隱廬石印本　6 册

6296　**簠室殷契類纂正編十四卷附編一卷存疑十四卷待考一卷**
王襄編
民國十四年（1925）天津博物院石印本　2 册

6297 至 6298　**簠室殷契徵文十二編附考釋十二編**
王襄編
民國十四年（1925）天津博物院石印本　4 册

6301　**福氏所藏甲骨文字一卷附考釋一卷**
商承祚編
民國二十二年（1933）南京金陵大學中國文化研究所鉛印本　1 册

6302　**河南通志文物志甲骨文錄附釋文**
孫海波編
民國二十六年（1937）河南通志館影印本　2 册

6303　**殷曆譜十四卷**
董作賓著
民國三十四年（1945）南溪國立中央研究院歷史語言研究所石印本　4 册

6304　**殷契鉤沉二卷**
葉玉森著
民國十八年（1929）北平富晋書社影印本　1 册

6305　**説契不分卷揅契枝譚不分卷**
葉玉森著
民國十八年（1929）北平富晋書社影印本　1 册

6306　**金石書錄目十卷附錄四種**
容媛輯
民國二十五年（1936）上海商務印書館鉛印本　1 册

6307　**金文續編十四卷附錄一卷銘文一卷檢字一卷**
容庚撰集
民國二十四年（1935）上海商務印書館石印本　2 册

6308　**金文世族譜四卷**
吳其昌著
民國二十五年（1936）上海商務印書館石印本　2 册

6309　**金文厤朔疏證八卷首一卷**
吳其昌著
民國二十五年（1936）上海商務印書館石印本　2 册

6310　**積微居小學金石論叢五卷補遺一卷**
楊樹達撰
民國二十六年（1937）上海商務印書館鉛印本　2 册

6311　**殷虛書契考釋小箋不分卷**
陳邦懷撰
民國十四年（1925）陳氏石印本　1 册

6312　**新出漢魏石經考四卷**
吳維孝撰
民國十六年（1927）上海文瑞樓影印本　2 册

6313　**新鄭出土古器圖志初編一卷續編一卷附編一卷**
蔣鴻元編
民國十二年（1923）影印本　3 册

6314　**金文餘釋之餘不分卷**
郭沫若撰
日本昭和七年（1932）東京開明堂影印本　1 册

6316　**佩文韻府一百六卷**
［清］張玉書等撰
清光緒八年（1882）上海點石齋石印本　8 册　缺 1 卷（入聲 1）

6317　**佩文韻府一百六卷**
［清］張玉書等撰
清光緒八年（1882）上海點石齋石印本　8 册　缺 1 卷（入聲 1）

6318　**佩文韻府一百六卷**
［清］張玉書等撰
清刻本　4 册　存 4 卷（下平 2、去聲 1、入聲 2、韻府拾遺）

6319　**積古齋鐘鼎彝器款識十卷**
［清］阮元撰
民國上海中華圖書館據清嘉慶九年（1804）刻本重印　2 册

6320　**天聖明道本國語二十一卷附札記一卷**
［三國吳］韋昭注　［清］黄丕烈札記
清嘉慶五年（1800）吳門黄氏讀未見書齋據宋本翻刻本　3 册

6321 **戰國策三十二卷附札記三卷**
［漢］高誘注 ［清］黄丕烈札記
清嘉慶八年（1803）吳門黄氏讀未見書齋影宋刻本 5 册

6322 **昭明文選六十卷文選考異四卷**
［南朝梁］蕭統撰 ［唐］李善注
［清］胡克家撰
民國上海大中華圖書公司石印本 15 册
存 4 卷（考異 1 至 4）

6323 **林文忠公政書三十七卷附事略**
［清］林則徐撰 ［清］李元度編
清刻本 12 册

6324 **附釋音禮記注疏六十三卷附校勘記**
［漢］鄭玄注 ［唐］孔穎達疏
［唐］陸德明音義 ［清］阮元撰
［清］盧宣旬摘錄
清嘉慶二十年（1815）江西南昌府學刻本 22 册 存 52 卷（1 至 10、19 至 54、58 至 63）

6325 **楹聯墨蹟大觀不分卷**
高野侯輯
民國十七年（1928）上海中華書局影印本 10 册

6326 **楹聯墨蹟大觀不分卷**
高野侯輯
民國十七年（1928）上海中華書局影印本 10 册

6327 **楹聯名蹟一二三四輯**
中華書局輯
民國十九年（1930）上海中華書局石印本 4 册

6328 **鄧石如篆書十五種**
［清］鄧石如書
民國十九年（1930）上海中華書局石印本 6 册

6329 **鄧石如篆書十五種**
［清］鄧石如書
民國八年（1919）上海中華書局石印本 6 册

6330 **鄧石如書長聯**
［清］鄧石如書
民國六年（1917）上海中華書局石印本 1 册

6331 **鄧完白隸書**
［清］鄧石如書
民國五年（1916）上海中華書局石印本 1 册

6332 **鄧石如書司馬温公家儀**
［清］鄧石如書

民國上海有正書局石印本　1 册

6333　**悲盦賸墨彙輯一至四輯**
［清］趙之謙書繪
民國上海西泠印社石印本　4 册

6334　**悲盦賸墨一至七集**
［清］趙之謙書繪　丁仁　吴隱編
民國十二年（1923）西泠印社石印本
8 册

6335　**明于忠肅公手蹟**
［明］于謙書
民國上海有正書局影印本　1 册

6335（1）　**明于忠肅公手蹟**
［明］于謙書
民國上海有正書局影印本　1 册

6336　**高忠憲公墨寶**
［明］高攀龍書
民國上海有正書局影印本　1 册

6337　**王文成與朱侍御三札不分卷**
［明］王守仁撰
清光緒三十四年（1908）上海國粹學報館石印本　1 册

6338　**明瞿忠宣公式耜論朝事手跡**
［明］瞿式耜書
清末上海有正書局石印本　1 册

6338（1）　**明瞿忠宣公式耜論朝事手跡**
［明］瞿式耜書
清末上海有正書局石印本　1 册

6338（2）　**明瞿忠宣公式耜論朝事手跡**
［明］瞿式耜書
清末上海有正書局石印本　1 册

6338（3）　**明瞿忠宣公式耜論朝事手跡**
［明］瞿式耜書
清末上海有正書局石印本　1 册

6338（4）　**明瞿忠宣公式耜論朝事手跡**
［明］瞿式耜書
清末上海有正書局石印本　1 册

6339　**文徵明書懷歸詩**
［明］文徵明書
民國上海有正書局石印本　1 册

6339（1）　**文徵明書懷歸詩**
［明］文徵明書
民國上海有正書局石印本　1 册

6339（2）　**文徵明書懷歸詩**
［明］文徵明書
民國九年（1920）上海有正書局石印本
1 册

6340　**文徵明書懷歸出京詩六十四首**
［明］文徵明書
清光緒三十四年（1908）貞石高石印本　1 册

6341　**沈文遺墨合璧**
［明］沈周　［明］文徵明撰并書
民國上海有正書局石印本　1 册

6342　**文徵明書正艸千字文墨跡**
［明］文徵明書
民國上海有正書局石印本　1 册

6343　**文衡山書北山移文真蹟**
［明］文徵明書
民國十四年（1925）上海中華書局影印本　3 册

6344　**文衡山自書詩稿附文壽承小楷一卷**
［明］文徵明書
民國三年至民國九年（1914 至 1920）上海文明書局影印本　2 册

6345　**文待詔滕王閣序真蹟**
［明］文徵明書
民國二十四年（1935）上海中華書局影印本　1 册

6346　**明賢墨蹟**
［明］沈度等書　許安巢藏
民國二十年（1931）上海商務印書館影印本　2 册　存 2 册（1、2）

6347　**明賢墨蹟**
［明］沈度等書　許安巢藏
民國二十二年（1933）上海商務印書館影印本　2 册　存 2 册（1、2）

6348　**明賢遺集**
［□］□□撰
民國影印本　1 册

6349　**小校經閣金石文字拓本十八卷**
劉體智編
民國二十四年（1935）石印本　18 册

6350　**傅青主先生自書詩稿墨迹一卷**
［清］傅山撰并書
民國上海有正書局石印本　1 册

6350（1）　**傅青主先生自書詩稿墨迹一卷**
［清］傅山撰并書
民國上海有正書局石印本　1 册

6350（2）　**傅青主先生自書詩稿墨迹一卷**
［清］傅山撰并書
民國上海有正書局石印本　1 册

6351 **傅青主楷書金剛經**
［清］傅山書
民國二十四年（1935）上海商務印書館影印本 1册

6352 **傅青主徵君墨蹟**
［清］傅山書
民國二十四年（1935）上海商務印書館影印本 1册

6353 **王覺斯分書八關齋會記**
［清］王鐸書
民國二十四年（1935）上海商務印書館影印本 1册

6353（1） **王覺斯分書八關齋會記**
［清］王鐸書
民國二十四年（1935）上海商務印書館影印本 1册

6354 **默盦集錦上下册續集一册**
［清］伊秉綬書
民國二十二年（1933）上海商務印書館影印本 3册

6355 **默盦集錦上下册續集一册**
［清］伊秉綬書
民國二十二年（1933）上海商務印書館影印本 3册

6356 **默盦集錦上下册**
［清］伊秉綬書
民國二十二年（1933）上海商務印書館影印本 2册

6356（1） **默盦集錦上册**
［清］伊秉綬書
民國二十二年（1933）上海商務印書館影印本 1册

6357 **伊墨卿先生自書詩册不分卷**
［清］伊秉綬書
民國二十五年（1936）上海商務印書館影印本 1册

6357（1） **伊墨卿先生自書詩册不分卷**
［清］伊秉綬書
民國二十五年（1936）上海商務印書館影印本 1册

6358 **伊墨卿先生真蹟**
［清］伊秉綬書
民國十五年（1926）上海商務印書館影印本 1册

6359 **漁洋山人手柬**
［清］王士禎書
民國十六年（1927）上海商務印書館影印本 1册

6360 **歷代帝王法帖第一**
[□] □□撰
民國拓本 1 册

6361 **歷代帝王法帖第二**
[□] □□撰
民國拓本 1 册

6362 **歷代帝王法帖第三**
[□] □□撰
民國拓本 1 册

6363 **歷代帝王法帖第四**
[□] □□撰
民國拓本 1 册

6364 **歷代帝王法帖第六**
[□] □□撰
民國拓本 1 册

6365 **歷代帝王法帖第七**
[□] □□撰
民國拓本 1 册

6366 **歷代帝王法帖第八**
[□] □□撰
民國拓本 1 册

6367 **歷代帝王法帖第九**
[□] □□撰
民國拓本 1 册

6368 **歷代帝王法帖第十**
[□] □□撰
民國拓本 1 册

6369 **祝京兆草書艷詞墨蹟**
[明] 祝允明書
民國上海有正書局石印本 1 册

6369（1） **祝京兆草書艷詞墨蹟**
[明] 祝允明書
民國上海有正書局石印本 1 册

6369（2） **祝京兆草書艷詞墨蹟**
[明] 祝允明書
民國上海有正書局石印本 1 册

6370 **祝枝山草書詩稿**
[明] 祝允明書
民國上海有正書局影印本 1 册

6371 **祝枝山草書杜詩“秋興”墨跡**
[明] 祝允明書
民國上海有正書局影印本 1 册

6372 **祝允明書前赤壁賦**
[明] 祝允明書
民國影印本 1 册

6373　**祝京兆法書**
［明］祝允明書
民國影印本　1冊

6374　**吳清卿書説文解字建首**
［清］吳大澂書
民國十年（1921）上海商務印書館影印本　1冊

6374（1）　**吳清卿書説文解字建首**
［清］吳大澂書
民國十年（1921）上海商務印書館影印本　1冊

6374（2）　**吳清卿書説文解字建首**
［清］吳大澂書
民國十年（1921）上海商務印書館影印本　1冊

6375　**吳大澂書古籀文論語二十篇**
［清］吳大澂書
清光緒十一年（1885）上海同文書局石印本　1冊

6376　**吳清卿摹彝器款識**
［清］吳大澂書
民國九年（1920）上海中華書局影印本　1冊

6376（1）　**吳清卿摹彝器款識**
［清］吳大澂書
民國十七年（1928）上海中華書局影印本　1冊

6376（2）　**吳清卿摹彝器款識**
［清］吳大澂書
民國二十二年（1933）上海中華書局影印本　1冊

6376（3）　**吳清卿摹彝器款識**
［清］吳大澂書
民國二十二年（1933）上海中華書局影印本　1冊

6377　**趙松雪手札**
［元］趙孟頫書
民國上海有正書局石印本　1冊

6377（1）　**趙松雪手札**
［元］趙孟頫書
民國上海有正書局石印本　1冊

6377（2）　**趙松雪手札**
［元］趙孟頫書
民國上海有正書局石印本　1冊

6377（3）　**趙松雪手札**
［元］趙孟頫書
民國上海有正書局石印本　1冊

6378 **趙文敏書琴賦真蹟**
［元］趙孟頫書
民國二十一年（1932）上海中華書局影印本 1冊

6379 **趙文敏書道德經真蹟**
［元］趙孟頫書
民國二十六年（1937）上海中華書局影印本 1冊

6380 **趙文敏妙嚴寺記**
［元］趙孟頫書
民國九年（1920）上海中華書局影印本 1冊

6381 **趙文敏書沈東老傳真蹟**
［元］趙孟頫書
民國二十年（1931）上海中華書局影印本 1冊

6382 **趙松雪行書心經墨寶**
［元］趙孟頫書
民國十四年（1925）上海有正書局影印本 1冊

6383 **趙松雪楷書漢汲黯傳**
［元］趙孟頫書
民國影印本 1冊

6384 **趙松雪書阡表**
［元］趙孟頫書
民國十三年（1924）上海中華書局影印本 1冊

6385 **趙文敏書阡表真蹟**
［元］趙孟頫書
民國上海中華書局影印本 1冊

6386 **趙孟頫書急就章**
［元］趙孟頫書
民國十九年（1930）北平故宫博物院影印本 1冊

6386（1） **趙孟頫書急就章**
［元］趙孟頫書
民國十九年（1930）北平故宫博物院影印本 1冊

6387 **趙松雪書海賦墨迹**
［元］趙孟頫書
民國十二年（1923）上海有正書局石印本 1冊

6388 **蝯叟遺墨**
［清］何紹基書
民國石印本 1冊

6389 **何子貞楷書前後赤壁賦**
［清］何紹基書
民國十四年（1925）上海文明書局石印

本　1册

6390　**何子貞臨黄庭經**
［清］何紹基書
民國二十一年（1932）上海商務印書館影印本　1册

6391　**何子貞臨黑女志**
［清］何紹基書
民國長沙南正街華新石印局影印本　1册

6392　**何子貞臨麓山寺碑**
［清］何紹基書
民國十八年（1929）上海中華書局影印本　1册

6392（1）　**何子貞臨麓山寺碑**
［清］何紹基書
民國十八年（1929）上海中華書局影印本　1册

6393　**何子貞臨石門頌**
［清］何紹基書
民國十三年（1924）上海中華書局影印本　1册

6393（1）　**何子貞臨石門頌**
［清］何紹基書
民國十三年（1924）上海中華書局影印本　1册

6394　**何子貞臨内景玉經黄庭經真蹟**
［清］何紹基書
民國二十年（1931）上海中華書局影印本　1册

6395　**蝯叟臨道因碑**
［清］何紹基書
民國十五年（1926）上海商務印書館影印本　1册

6395（1）　**蝯叟臨道因碑**
［清］何紹基書
民國十五年（1926）上海商務印書館影印本　2册

6396　**何臨乙英碑**
［清］何紹基書
民國影印本　1册

6397　**張廉卿箴言**
［清］張裕釗書
清宣統二年（1910）上海文明書局石印本　1册

6398　**鄭谷口隸書姜敬亭傳一卷**
［清］鄭簠書
民國上海有正書局影印本　1册

6398（1）　**鄭谷口隸書姜敬亭傳一卷**
［清］鄭簠書

民國上海有正書局影印本　1冊

6399　**張文敏公行書真蹟**
［清］張照書
民國上海有正書局石印本　1冊

6399（1）　**張文敏公行書真蹟**
［清］張照書
民國上海有正書局石印本　1冊

6399（2）　**張文敏公行書真蹟**
［清］張照書
民國上海有正書局石印本　1冊

6400　**張廉卿書張樹珊碑**
［清］張裕釗書
清宣統二年（1910）湖北官書處影印本　1冊

6401　**漢碑範八卷**
張祖翼編
民國十九年（1930）上海文明書局影印本　2冊

6401（1）　**漢碑範八卷**
張祖翼編
民國十九年（1930）上海文明書局影印本　2冊

6402　**姜西溟先生墨迹**
［清］姜宸英書
民國上海有正書局影印本　1冊

6402（1）　**姜西溟先生墨迹**
［清］姜宸英書
民國上海有正書局影印本　1冊

6402（2）　**姜西溟先生墨迹**
［清］姜宸英書
民國上海有正書局影印本　1冊

6402（3）　**姜西溟先生墨迹**
［清］姜宸英書
民國上海有正書局影印本　1冊

6403　**王虚舟先生墨蹟**
［清］王澍書
民國上海有正書局影印本　1冊

6404　**史邑臨書貼**
［日本］辻本史邑書
日本昭和十九年（1944）大阪單氏印刷株式會社石印本　1冊

6405　**蘇詩貼**
［宋］蘇軾書
民國影印本　1冊

6406　**蘇書金剛經**
［宋］蘇軾書

民國十年（1921）上海文明書局影印本　1册

6407　**蘇書天際烏雲貼**
［宋］蘇軾書
民國二十五年（1936）上海商務印書館影印本　1册

6408　**眉山蘇氏三世遺翰不分卷**
［宋］蘇軾　［宋］蘇轍
［宋］蘇過書
民國二十二年（1933）北平故宫博物院影印本　1册

6408（1）　**眉山蘇氏三世遺翰不分卷**
［宋］蘇軾　［宋］蘇轍　［宋］蘇過書
民國二十二年（1933）北平故宫博物院影印本　1册

6409　**蘇黄墨蹟本**
［宋］蘇軾　［宋］黄庭堅書
民國影印本　1册

6410　**清道人書黑女誌**
李瑞清書
民國上海震亞圖書局石印本　1册

6411　**清道人書李氏壽屏**
章士釗撰　李瑞清書
民國十四年（1925）文寶印刷公司影印本　1册

6412　**清道人書座右銘**
李瑞清書
民國十年（1921）上海震亞圖書局影印本　1册

6413　**李梅庵臨周散氏盤銘真蹟**
李瑞清書
民國二十五年（1936）上海中華書局影印本　1册

6413（1）　**李梅庵臨周散氏盤銘真蹟**
李瑞清書
民國二十五年（1936）上海中華書局影印本　1册

6414　**清道人臨毛公鼎金文**
李瑞清書
民國七年（1918）上海震亞圖書局石印本　1册

6415　**李梅庵臨漢魏六朝，唐宋元明中學習字帖**
李瑞清書
民國四年（1915）上海震亞圖書局石印本　2册

6416　**玉梅花庵臨古**
李瑞清書

民國四年（1915）上海震亞圖書局石印本　2冊

6417　**清道人節臨六朝碑四種**
李瑞清書
民國四年（1915）上海震亞圖書局石印本　1冊

6418　**清道人節臨六朝碑四種二集**
李瑞清書
民國十三年（1924）上海震亞圖書局石印本　1冊

6419　**南園楷書大招鵬賦**
［清］錢灃書
民國八年（1919）上海震亞圖書局石印本　2冊

6420　**南園楷書大招鵬賦**
［清］錢灃書
民國上海震亞圖書局石印本　1冊

6421　**錢南園書四箋**
［清］錢灃書
民國十八年（1929）上海震亞圖書局石印本　1冊

6422　**錢南園書正氣歌**
［清］錢灃書
民國二十四年（1935）上海中華書局影印本　1冊

6423　**錢南園書行書册**
［清］錢灃書
民國十九年（1930）上海震亞圖書局石印本　1冊

6424　**包安吳家書臨帖兩種合册**
［清］包世臣書
民國上海有正書局石印本　1冊

6424（1）　**包安吳家書臨帖兩種合册**
［清］包世臣書
民國上海有正書局石印本　1冊

6425　**包慎伯臨争座位帖**
［清］包世臣書
民國十年（1921）上海商務印書館影印本　1冊

6426　**包慎伯論書絶句**
［清］包世臣書
民國八年（1919）上海中華書局影印本　1冊

6426（1）　**包慎伯論書絶句**
［清］包世臣書
民國八年（1919）上海中華書局影印本　1冊

6427 **劉石庵真迹影本**
［清］劉墉書
民國上海有正書局影印本 1 册

6427（1） **劉石庵真迹影本**
［清］劉墉書
民國上海有正書局影印本 1 册

6428 **劉石庵扇集**
［清］劉墉書
民國二十三年（1934）上海商務印書館影印本 1 册

6429 **楊濠叟篆詩柳篇説文部首一卷**
［清］楊沂孫撰
民國石印本 1 册

6430 **楊濠叟篆書詩經真蹟**
［清］楊沂孫撰
民國二十一年（1932）上海中華書局影印本 1 册

6430（1） **楊濠叟篆書詩經真蹟**
［清］楊沂孫撰
民國二十一年（1932）上海中華書局影印本 1 册

6431 **借山吟館詩艸一卷**
齊白石撰并書
民國六年（1917）影印本 1 册

6431（1） **借山吟館詩艸一卷**
齊白石撰并書
民國六年（1917）影印本 1 册

6432 **南海書一天園詩稿一卷**
康有爲書
民國六年（1917）上海有正書局石印本 1 册

6432（1） **南海書一天園詩稿一卷**
康有爲書
民國六年（1917）上海有正書局石印本 1 册

6433 **南海書一天園記**
康有爲書
民國上海有正書局石印本 1 册

6434 **置君懷袖**
［清］王文治撰
民國石印本 1 册

6435 **王夢樓行書三集**
［清］王文治書
民國上海有正書局石印本 1 册

6436 **梁山舟孫安人誄遺墨**
［清］梁同書書
民國上海世界畫報社石印本 1 册

6437 **翁松禪寫書譜墨蹟**
［清］翁同龢書
民國八年（1919）上海有正書局石印本 1 册

6437（1） **翁松禪寫書譜墨蹟**
［清］翁同龢書
民國八年（1919）上海有正書局石印本 1 册

6437（2） **翁松禪寫書譜墨蹟**
［清］翁同龢書
民國八年（1919）上海有正書局石印本 1 册

6438 **翁瓶笙書屏集**
［清］翁同龢書
民國上海有正書局石印本 1 册

6439 **翁松禪扇集**
［清］翁同龢書
民國十七年（1928）上海商務印書館影印本 1 册

6440 **柴翁書畫集錦**
［清］鄭珍書
民國二十五年（1936）上海商務印書館影印本 1 册

6441 **曼殊留影**
［清］張曼殊自繪 ［清］毛奇齡輯
民國十九年（1930）上海商務印書館影印本 1 册

6442 **譚祖安書麻姑仙壇記**
譚延闓書
民國三十六年（1947）上海商務印書館影印本 1 册

6442（1） **譚祖安書麻姑仙壇記**
譚延闓書
民國三十六年（1947）上海商務印書館影印本 1 册

6443 **譚祖安書廬山紀游墨跡**
譚延闓書
民國二十四年（1935）上海商務印書館影印本 1 册

6444 **譚祖安墨跡**
譚延闓書
民國二十五年（1936）上海中華書局影印本 2 册

6445 **譚祖安墨跡**
譚延闓書
民國二十五年（1936）上海中華書局影印本 1 册

6446 **廖仲愷詩册**

廖仲愷撰
民國十七年（1928）上海開明書店影印本　1 册

6447　**王湘綺手書庚子事蹟**
王闓運撰
民國二十一年（1932）茂華出版局影印本　1 册

6448　**龍書堅苦真誠四箴**
龍璋書
民國石印本　1 册

6449　**近代湘賢手札不分卷**
龍紱瑞輯
民國二十四年（1935）上海中華書局影印本　1 册

6449（1）　**近代湘賢手札不分卷**
龍紱瑞輯
民國二十四年（1935）上海中華書局影印本　1 册

6449（2）　**近代湘賢手札不分卷**
龍紱瑞輯
民國二十四年（1935）上海中華書局影印本　1 册

6450　**盧忠肅公艸書手跡**
［明］盧象昇書
民國上海有正書局石印本　1 册

6450（1）　**盧忠肅公艸書手跡**
［明］盧象昇書
民國上海有正書局石印本　1 册

6450（2）　**盧忠肅公艸書手跡**
［明］盧象昇書
民國上海有正書局石印本　1 册

6450（3）　**盧忠肅公艸書手跡**
［明］盧象昇書
民國上海有正書局石印本　1 册

6451　**何維樸書李母彭夫人墓誌**
何維樸撰并書
民國程氏鹿川閣影印本　1 册

6452　**何詩孫手書詩稿四卷**
何維樸撰并書
民國十四年（1925）程氏鹿川閣影印本　1 册

6453　**錢南園書詩册**
［清］錢灃書
民國石印本　1 册

6453（1）　**錢南園書詩册**
［清］錢灃書
民國石印本　1 册

6454 **衡山正氣集**
劉撰一輯
民國影印本 1册

6455 **米襄陽書章聖天臨殿記，明道觀壁記真蹟**
［宋］米芾書
民國十三年（1924）上海文明書局影印本 1册

6455（1） **米襄陽書章聖天臨殿記，明道觀壁記真蹟**
［宋］米芾書
民國十三年（1924）上海文明書局影印本 1册

6456 **米芾真蹟三帖**
［宋］米芾書
民國影印本 1册

6457 **米襄陽行書帖**
［宋］米芾書
民國影印本 1册

6457（1） **米襄陽行書帖**
［宋］米芾書
民國影印本 1册

6458 **宋米南宫書蜀素帖不分卷**
［宋］米芾書
民國二十五年（1936）北平故宫博物院影印本 1册

6458（1） **宋米南宫書蜀素帖不分卷**
［宋］米芾書
民國三十七年（1948）北平故宫博物院影印本 1册

6459 **宋四家真蹟**
［宋］蘇軾 ［宋］范成大
［宋］黄庭堅 ［宋］米芾書
民國二十一年（1932）北平故宫博物院影印本 1册

6460 **宋四家墨寶**
［宋］蔡襄 ［宋］黄庭堅
［宋］蘇軾 ［宋］米芾書
民國十九年（1930）北平故宫博物院影印本 1册

6461 **宋賢遺翰**
［宋］朱熹等書
民國二十一年（1932）北平故宫博物院影印本 1册

6462 **宋諸家墨寶**
故宫博物院編
民國二十二年（1933）北平故宫博物院影印本 1册

6462（1） **宋諸家墨寶**
故宫博物院編
民國二十二年（1933）北平故宫博物院影印本 1册

6463 **宋賢牋牘**
故宫博物院編
民國二十一年（1932）北平故宫博物院影印本 1册

6464 **王虚舟先生墨蹟**
［清］王澍書
民國上海有正書局石印本 1册

6465 **王虚舟萬歲通天帖**
［清］王澍書
民國上海有正書局石印本 1册

6466 **王覺斯艸書墨迹不分卷**
［清］王鐸書
民國上海有正書局石印本 1册

6467 **王福庵書説文部目**
王禔書
民國二十二年（1933）西泠印社影印本 1册

6468 **董文敏行書真蹟**
［明］董其昌書
民國上海四馬路豐平社世界社影印本 1册

6469 **董香光書東坡詩真跡**
［明］董其昌書
民國七年（1918）上海有正書局影印本 1册

6470 **董香光三種墨迹合册**
［明］董其昌書
民國上海有正書局影印本 1册

6471 **董香光三種墨迹合册**
［明］董其昌書
民國上海有正書局影印本 1册

6472 **董香光墨迹四種**
［明］董其昌書
民國上海有正書局影印本 1册

6473 **董香光行書錢忠所神道碑**
［明］董其昌書
民國上海有正書局影印本 1册

6474 **董其昌書墨蹟**
［明］董其昌書
民國上海有正書局影印本 1册

6475 **沈竹亭、沈小峰公行楷書真蹟拓本**
沈竹亭 沈小峰書
民國石印本 1册

6476 **劉文清公墨寶**
［清］劉墉書
民國影印本 1册

6477 **劉石庵書千字文**
［清］劉墉書
民國十八年（1929）上海中華書局影印本 1册

6478 **劉石庵書大學**
［清］劉墉書
民國影印本 1册

6479 **石庵先生法書神品**
［清］劉墉書
民國影印本 1册

6480 **趙撝叔書漢鐃歌真蹟不分卷**
［清］趙之謙書
民國上海中華書局影印本 1册

6480（1） **趙撝叔書漢鐃歌真蹟不分卷**
［清］趙之謙書
民國上海中華書局影印本 1册

6481 **趙撝叔北魏字册不分卷**
［清］趙之謙書
民國二十五年（1936）上海中華書局影印本 1册

6482 **趙撝叔書南唐四百九十六字真蹟不分卷**
［清］趙之謙書
民國上海中華書局影印本 1册

6483 **宋張樗寮寫華嚴經墨蹟**
［宋］張樗寮書
民國上海有正書局影印本 1册

6484 **黄石齋夫人書孝經**
［明］黄道周妻蔡玉卿書
民國上海有正書局石印本 1册

6485 **王虚舟隸書千字文**
［清］王澍書
民國二十四年（1935）上海中華書局影印本 1册

6486 **吴昌碩石鼓文西泠印社記**
吴昌碩書
日本平凡社影印本 1册

6487 **趙世駿書毛君墓誌銘**
趙世駿書
民國石印本 1册

6488 **羅丹選臨碑帖**
羅丹書
民國二十四年（1935）新嘉坡汀應書局影印本 1册

6489　**陳曼生書許君墓志**
［清］陳鴻壽書
民國十九年（1930）上海中華書局石印本　1冊

6489（1）　**陳曼生書許君墓志**
［清］陳鴻壽書
民國十九年（1930）上海中華書局石印本　1冊

6490　**莫友芝篆書三種**
［清］莫友芝書
民國十九年（1930）上海中華書局石印本　1冊

6491　**豐南禺真迹**
［明］豐坊書
民國石印本　1冊

6492　**譚茶陵、海陵合書天馬賦**
譚延闓　譚德鍾書
民國二十年（1931）影印本　1冊

6493　**曾熙臨瘞鶴銘**
曾熙書
民國石印本　1冊

6494　**蘇書懷素自叙**
［宋］蘇軾書
民國十九年（1930）上海商務印書館影印本　1冊

6495　**蘇文忠公天際烏雲帖真蹟**
［宋］蘇軾書
民國二十五年（1936）上海商務印書館影印本　1冊

6496　**趙文敏書琴賦真迹**
［元］趙孟頫書
民國十四年（1925）上海文明書局珂羅版　1冊

6497　**黄山谷書發願文墨迹**
［宋］黄庭堅書
民國上海有正書局影印本　1冊

6498　**黄山谷華嚴疏墨寶**
［宋］黄庭堅書
民國六年（1917）上海有正書局影印本　1冊

6499　**山谷松風閣墨蹟**
［宋］黄庭堅書
民國上海有正書局影印本　1冊

6500　**黄山谷松風閣詩**
［宋］黄庭堅書
民國二十三年（1934）京華印書局影印本　1冊

6501　**總理遺墨**
孫文書
民國石印本　2 册　存 2 集（1、2）

6502　**影印漢書食貨志一卷**
［漢］班固撰
日本嘉保二年（1095）寫昭和三年（1928）影印本　1 册

6503　**東坡墨跡三種、趙孟頫四札、趙松雪净土詞合册**
［宋］蘇軾　［元］趙孟頫書
民國十年（1921）上海有正書局影印本　1 册

6504　**明太祖世宗御筆**
［明］朱元璋撰　［明］朱厚熜書
民國影印本　1 册

6505　**曾熙書碑**
曾熙書
民國石印本　1 册

6506　**元趙孟頫七札**
［元］趙孟頫書
民國北平故宫博物院石印本　1 册

6507　**宋元名人跋王大令保母志**
［元］鮮于樞等書
民國影印本　1 册

6508　**涪翁松風閣真迹**
［宋］黄庭堅書
民國石印本　1 册

6509　**趙松雪精楷金剛經**
［元］趙孟頫書
民國二十年（1931）北平古物陳列所影印本　1 册

6510　**趙撝叔墨蹟**
［清］趙之謙書
民國二十三年（1934）廣州明新石印局影印本　1 册

6511　**龔臨顔魯公争坐位帖**
龔鈞澤書
民國手跡　1 册

6512　**張遠伯篆聯偶集**
張志潭書
民國影印本　1 册

6513　**談書會集帖**
［日本］談書會編
日本大正十一年（1922）影印本　1 册

6514　**放大古法帖**
［日本］中央書道協會編
日本昭和十八年（1943）影印本　1 册

6515 **日下部鳴鶴學書**
［日本］日下部鳴鶴書
日本昭和八年（1933）平凡社影印本
1 册

6516 **夫子廟堂碑**
［唐］虞世南書
日本昭和八年（1933）平凡社影印本
1 册

6517 **松田南溟楷書千字文**
［日本］松田南溟書
日本昭和十一年（1936）平凡社影印本
1 册

6518 **新體書翰文**
［日本］小野鐧之助
日本大正二年（1913）文永館影印本
1 册

6519 **一六居士臨三體千字文**
一六居士書
日本明治三十年（1897）影印本　1 册

6520 **武陵縣志四十八卷**
［清］惲世臨鑒定　［清］汪敩灝
［清］孫翹澤等督修　［清］陳啓邁纂辑
清同治刻本　12 册　存 32 卷（11 至 17、21 至 22、26 至 48）

6521 **後漢書一百卷續志三十卷**
［南朝宋］范曄撰　［唐］李賢注
［南朝梁］劉昭注補
清同治十二年（1873）嶺東使署刻本
16 册

6522 **王晋卿詩題**
［宋］王晋卿書
民國二十四年（1935）影印本　1 册

6523 **黄石齋先生尺牘**
［明］黄道周書
民國十二年（1923）上海商務印書館影印本　1 册

6524 **黄石齋先生尺牘**
［明］黄道周書
民國十二年（1923）上海商務印書館影印本　1 册

6525 **鮮趙合作草書千字文**
［元］鮮于樞　［元］趙孟頫書
清宣統二年（1910）影印本　1 册

6526 **缶廬石鼓**
吴昌碩書
西泠印社影印本　1 册

6528 **滎陽鄭文公碑**
［北魏］鄭道昭撰文

民國影印本 1册

6529 **大唐三藏聖教序**
［晋］王羲之書 ［唐］釋懷仁集字
拓本 1册

6530 **魏三體石經殘字四種**
［□］□□撰
民國十二年（1923）拓片 1册

6531 **清代世界地圖**
［□］□□撰
清刻本 1册

6532 **古文尚書撰異三十三卷**
［清］段玉裁撰
清光緒十二年（1886）長沙船山書局刻皇清經解本 4册

6533 **尚書集注音疏十二卷末一卷外編一卷**
［清］江聲撰
清光緒十二年（1886）長沙船山書局刻皇清經解本 3册

6534 **尚書今古文注疏三十九卷**
［清］孫星衍撰
清光緒十二年（1886）長沙船山書局刻皇清經解本 3册

6535 **尚書注疏考證一卷尚書小疏一卷尚書補疏二卷古文尚書考二卷尚書地理今釋一卷**
［清］齊召南 ［清］沈彤 ［清］焦循 ［清］惠棟 ［清］蔣廷錫撰
清光緒十二年（1886）長沙船山書局刻皇清經解本 1册

6536 **尚書釋天六卷**
［清］盛百二撰
清光緒十二年（1886）長沙船山書局刻皇清經解本 1册

6537 **禹貢三江考三卷**
［清］程瑶田撰
清光緒十二年（1886）長沙船山書局刻皇清經解本 1册

6538 **禹貢錐指二十卷附例略及禹圖一卷**
［清］胡渭撰
清光緒十二年（1886）長沙船山書局刻皇清經解本 5册

6539 **尚書後案三十卷尚書後辨附一卷**
［清］王鳴盛撰
清光緒十二年（1886）長沙船山書局刻皇清經解本 1册 存2卷（1、2）

6568 **重刊宋本十三經注疏十三種附校勘記**

［清］阮元校勘 ［清］盧宣旬摘錄
清嘉慶二十年（1815）江西南昌府學刻本 180冊

6569 **史記一百三十卷補史記一卷正義論例一卷**
［漢］司馬遷撰 ［南朝宋］裴駰集解 ［唐］司馬貞索隱 ［唐］張守節正義
清光緒二十八年（1902）史學會石印清乾隆十二年（1747）本 8冊

6570 **前漢書一百二十卷**
［漢］班固撰 ［唐］顔師古注
清光緒二十八年（1902）史學會石印清乾隆十二年（1747）本 12冊 存100卷（1至100下）

6571 **後漢書一百二十卷**
［南朝宋］范曄撰 ［唐］李賢注 ［南朝梁］劉昭注補
清光緒二十八年（1902）史學會石印清乾隆十二年（1747）本 8冊

6572 **三國志六十五卷**
［晉］陳壽撰 ［南朝宋］裴松之注
清光緒二十八年（1902）史學會石印清乾隆十二年（1747）本 4冊

6573 **晉書一百三十卷音義三卷**
［唐］房玄齡等撰
清光緒二十八年（1902）史學會石印清乾隆十二年（1747）本 8冊

6574 **宋書一百卷**
［南朝梁］沈約撰
清光緒二十八年（1902）史學會石印清乾隆十二年（1747）本 6冊

6575 **南齊書五十九卷**
［南朝梁］蕭子顯撰
清光緒二十八年（1902）史學會石印清乾隆十二年（1747）本 2冊

6576 **梁書五十六卷**
［唐］姚思廉撰
清光緒二十八年（1902）史學會石印清乾隆十二年（1747）本 2冊

6577 **陳書三十六卷**
［唐］姚思廉撰
清光緒二十八年（1902）史學會石印清乾隆十二年（1747）本 1冊

6578 **魏書一百十四卷**
［北齊］魏收撰
清光緒二十八年（1902）史學會石印清乾隆十二年（1747）本 8冊

6579 **北齊書五十卷**
［唐］李百藥撰

清光緒二十八年（1902）史學會石印清乾隆十二年（1747）本　2 册

6580　**周書五十卷**

［唐］令狐德棻等撰

清光緒二十八年（1902）史學會石印清乾隆十二年（1747）本　2 册

6581　**隋書八十五卷**

［唐］魏徵撰

清光緒二十八年（1902）史學會石印清乾隆十二年（1747）本　6 册

6582　**南史八十卷**

［唐］李延壽撰

清光緒二十八年（1902）史學會石印清乾隆十二年（1747）本　6 册

6583　**北史一百卷**

［唐］李延壽撰

清光緒二十八年（1902）史學會石印清乾隆十二年（1747）本　8 册

6584　**舊唐書二百卷**

［後晋］劉昫等撰

清光緒二十八年（1902）史學會石印清乾隆十二年（1747）本　16 册

6585　**新唐書二百二十五卷附釋音二十五卷**

［宋］歐陽修撰

清光緒二十八年（1902）史學會石印清乾隆十二年（1747）本　16 册

6586　**舊五代史一百五十卷**

［宋］薛居正撰

清光緒二十八年（1902）史學會石印清乾隆十二年（1747）本　6 册

6587　**新五代史七十四卷**

［宋］歐陽修撰

清光緒二十八年（1902）史學會石印清乾隆十二年（1747）本　2 册

6588　**宋史四百九十六卷**

［元］脱脱等撰

清光緒二十八年（1902）史學會石印清乾隆十二年（1747）本　32 册

6589　**遼史一百十六卷**

［元］脱脱等撰

清光緒二十八年（1902）史學會石印清乾隆十二年（1747）本　3 册

6590　**金史一百三十五卷**

［元］脱脱等撰

清光緒二十八年（1902）史學會石印清乾隆十二年（1747）本　8 册

6591　**元史二百十卷**

［明］宋濂等撰
清光緒二十八年（1902）史學會石印清乾隆十二年（1747）本 14 册

6592 **明史三百三十二卷**
［清］張廷玉等撰
清光緒二十八年（1902）史學會石印清乾隆十二年（1747）本 24 册

6593 **古今圖書集成目錄四十卷**
［清］蔣廷錫等撰
民國二十三年（1934）上海中華書局影印本 6 册

6594 **曆象匯編·乾象典一百卷**
［清］蔣廷錫等撰
民國二十三年（1934）上海中華書局影印本 8 册

6595 **曆象匯編·歲功典一百一十六卷**
［清］蔣廷錫等撰
民國二十三年（1934）上海中華書局影印本 10 册

6596 **曆象匯編·歷法典一百二十六卷**
［清］蔣廷錫等撰
民國二十三年（1934）上海中華書局影印本 11 册

6597 **曆象匯編·庶征典一百八十八卷**
［清］蔣廷錫等撰
民國二十三年（1934）上海中華書局影印本 14 册

6598 **方輿匯編·坤輿典一百四十卷**
［清］蔣廷錫等撰
民國二十三年（1934）上海中華書局影印本 12 册

6599 **方輿匯編·職方典二百三十九卷**
［清］蔣廷錫等撰
民國二十三年（1934）上海中華書局影印本 19 册

6600 **明倫匯編·氏族典六百四十卷**
［清］蔣廷錫等撰
民國二十三年（1934）上海中華書局影印本 30 册 存 453 卷（188 至 640）

6601 **明倫匯編·人事典一百一十二卷**
［清］蔣廷錫等撰
民國二十三年（1934）上海中華書局影印本 10 册

6602 **明倫匯編·閨媛典三百七十六卷**
［清］蔣廷錫等撰
民國二十三年（1934）上海中華書局影印本 28 册

6603 **博物匯編·藝術典二十卷**

［清］蔣廷錫等撰
民國二十三年（1934）上海中華書局影印本　1冊　存20卷（1至20）

6604　**博物匯編・禽蟲典一百九十二卷**
［清］蔣廷錫等撰
民國二十三年（1934）上海中華書局影印本　11冊　存133卷（60至192）

6605　**博物匯編・草木典三百二十卷**
［清］蔣廷錫等撰
民國二十三年（1934）上海中華書局影印本　26冊

6606　**理學匯編・經籍典五百卷**
［清］蔣廷錫等撰
民國二十三年（1934）上海中華書局影印本　40冊

6607　**理學匯編・學行典一百二十九卷**
［清］蔣廷錫等撰
民國二十三年（1934）上海中華書局影印本　11冊

6608　**前漢紀三十卷**
［漢］荀悦撰
民國上海涵芬樓影印四部叢刊本　6冊

6609　**後漢紀三十卷**
［晉］袁宏撰
民國上海涵芬樓影印四部叢刊本　6冊

6610　**衡陽縣志十二篇**
［清］羅慶薌等修　［清］彭玉麟等纂
清同治十三年（1874）刻本　6冊　存8卷（1至8）

6611　**清承堂印賞初集**
［清］張孝孚鑒藏
清嘉慶十九年（1814）鈐印本　4冊

6612　**訒葊集古印存三十二卷**
［清］汪啓淑鑒藏
清乾隆二十三年（1758）鈐印本　2冊　存8卷（25至32）

6623　**桂陽直隸州志十五篇二十七卷首一卷**
［清］汪斅灝修　王闓運纂
清同治七年（1868）州學刻本　4冊　缺19卷（3至18、22至24）

6624　**湘鄉縣志十卷首一卷**
［清］胡鈞等修　［清］張承霨纂
清道光五年（1825）刻本　10冊

6626　**益陽縣志三十五卷首一卷末一卷**
［清］方爲霖等主修　［清］符鴻纂
清嘉慶二十三年至清嘉慶二十五年（1818至1820）刻本　8冊

6629 **壹是紀始二十二卷補遺一卷**
［清］魏崧撰
清道光十四年（1834）刻本　12 册

6630 **新編宣和遺事前集一卷後集一卷**
［宋］□□撰
民國上海中華書局鉛印四部備要本　1 册

6632 **樊山集外八卷**
樊增祥撰
民國三年（1914）上海廣益書局石印本　5 册

6633 **史事論新編十二卷**
［清］雷瑨輯
民國十年（1921）上海掃葉山房石印本　6 册

6635 **小學韻語注解一卷**
［清］羅澤南撰
清咸豐六年（1856）刻本　1 册

6636 **千字文**
［南朝梁］周興嗣撰
清刻本　1 册　存 1 册（第三部）

6637 **籌餉事例**
［清］户部纂修
清刻本　4 册

6638 **資治新書初集十四卷首一卷二集二十卷**
［清］李漁輯
清康熙二年（1663）書業堂刻本　24 册

6640 **欽定三希堂法帖**
［清］梁詩正編
民國上海中華圖書館影印本　36 册

6641 **板橋詞鈔一卷**
［清］鄭燮撰
清刻本　1 册

6642 **板橋題畫一卷板橋家書一卷**
［清］鄭燮撰
清刻本　1 册

6643 **堯衢選抄**
余肇康選抄
民國稿本　1 册

6644 **增補萬寶全書二十卷**
［明］陳繼儒纂　［清］毛焕文增補
清道光十年（1830）寶翰樓重印清乾隆四年（1739）刻本　1 册　存 3 卷（1 至 3）

6645 **思辨録疑義一卷**
［清］劉蓉撰
清光緒三年（1877）長沙思賢講舍刻本　1 册

6646　**法令全書不分卷（服制徽章）**
民國印鑄局編纂處編
民國元年（1912）印鑄局鉛印本　1 册
存 2 類（19 至 20）

6694　**唐朝上元大歷年銘文**
［□］□□撰
民國拓本　1 册

6695　**集古印譜四卷附印正附説一卷**
［明］甘暘輯
民國十一年（1922）上海掃葉山房影印本　4 册

6696　**大字斷句山海經十八卷**
［晋］郭璞注　［清］畢沅校正
民國十三年（1924）上海掃葉山房影印本　3 册

6697　**唐詩合選詳解八卷**
［清］劉文蔚注釋
民國十七年（1928）上海掃葉山房影印本　4 册

6698　**國語二十一卷札記一卷考異四卷**
［三國吳］韋昭注　［清］黄丕烈札記
［清］汪遠孫考異
民國上海中華書局鉛印四部備要本　6 册

6699　**春秋繁露十七卷附錄一卷**
［漢］董仲舒撰
民國上海中華書局鉛印四部備要本　2 册

6700　**勾股義一卷**
［明］徐光啓撰
清道光十六年（1836）金山錢氏刻本
1 册

6701　**篆文論語**
［清］吳大澂撰
清光緒十二年（1886）上海文瑞樓石印本　4 册

6702　**古玉圖錄初集四卷**
黄濬撰集
民國二十八年（1939）北京尊古齋影印本　4 册

6703　**陶齋古玉圖**
王大隆編纂
民國二十五年（1936）上海來青閣影印本　2 册

6704　**守墨莊印譜**
劉友吾集説　彭榮森參訂
清同治十三年（1874）守墨莊石印本
1 册

6705　**繡理參考書**
王苹鹿撰

民國永興石印局石印本　1册

6706　**板橋詞抄一卷題畫一卷**
［清］鄭燮著
石印本　1册

6707　**蘇黄詩詞小簡**
［宋］蘇軾　［宋］黄庭堅撰
［清］羅崇介編
民國上海中華圖書館石印本　1册　存1卷（東坡尺牘1卷）

6709　**繡理參考書**
王苹鹿撰
民國二十三年（1934）永興石印局石印本　1册

6710　**衛濟餘編摘要**
純青子手錄
石欞精舍抄本　1册

6711　**書譜一卷**
［唐］孫過庭撰
民國二十年（1931）臨摹本　1册

6712　**清末詞林印譜**
［□］□□撰
鈐印本　2册

6713　**芥子園畫傳**
［清］王概等摹繪
清末石印本　5册

6714　**芥子園畫傳**
［清］王概等摹繪
民國石印本　4册

6715　**寫竹簡明法二卷**
［清］蔣和輯
民國影印清咸豐六年（1856）刻本　2册

6716　**康熙字典**
［清］張玉書等撰
清道光七年（1827）刻本　36册

6717　**詩韵含英**
［清］劉文蔚輯
清刻本　1册　存4卷（3至6）

6721　**嵩雲居藏鏡**
徐夢華輯
拓本　2册

6798　**翁文恭公軍機處日記**
［清］翁同龢撰
民國二十八年（1939）北平燕京大學圖書館影印本　2册

6799　**萬歷三大征考**

［明］茅瑞徵撰
民國二十三年（1934）北平燕京大學圖書館鉛印本　1册

6800　**太平天國起義記**
［清］洪仁玕述　［瑞典］韓山文撰
簡又文譯
民國二十四年（1935）北平燕京大學圖書館鉛印本　1册

6801　**鄉土志叢編第一集**
燕京大學圖書館編
民國二十六年（1937）北平燕京大學圖書館鉛印本　10册

6802　**抱一遺著八卷**
李景僑撰
民國二十六年（1937）長沙抱一遺集刊行委員會鉛印本　8册

6803　**康南海先生墨蹟**
康有爲撰
民國影印本　4册

6804　**歷代名人傳**
王相藏
民國寫本　4册

6805　**惲南田墨華册**
［清］惲壽平繪
民國上海藝苑真賞社影印本　1册

6806　**徐悲鴻畫集**
徐悲鴻繪
民國十八年（1929）上海藝苑真賞社影印本　1册

6809　**惲壽平山水畫册**
［清］惲壽平繪
民國二十年（1931）北平故宫博物院影印本　1册

6810　**故宫名畫梅集第一集**
故宫博物院編
民國北平故宫博物院影印本　1册

6812　**石濤山水精品**
［清］石濤繪
民國二十一年（1932）上海商務印書館影印本　1册

6813　**百梅集**
陳叔通編
民國二十七年（1938）長沙商務印書館影印本　1册

6816　**趙撝叔花卉册**
［清］趙之謙繪
民國二十年（1931）上海中華書局影印本　1册

6818 **唐宋以來名畫集**
鄭振鐸編輯
民國三十六年（1947）上海出版公司影印本 1冊

6819 **古歡室詩集五卷**
吳士萱撰
清光緒長沙刻本 1冊

6823 **文房肆攷圖説八卷**
［清］唐秉鈞輯
清刻本 1冊 存2卷（3至4）

6825 **文衡山拙政園詩畫册**
［明］文徵明繪
民國十八年（1929）上海中華書局影印本 3册

6826 **費曉樓仕女册頁**
［清］費丹旭繪
民國九年（1920）國華書局影印本 1册 存7頁（4至10）

6827 **中國名畫第二十四集**
美術研究會編
民國十二年（1923）上海有正書局影印本 2册

6828 **石濤和尚山水集**
［清］石濤繪
民國十九年（1930）上海中華書局影印本 1册

6829 **童原山花鳥册**
童原繪
民國十二年（1923）上海中華書局影印本 1册

6830 **黄端木萬里尋親圖册**
［清］黄向堅繪
民國二十三年（1934）上海商務印書館影印本 1册

6831 **戴醇士山水花卉**
［清］戴熙繪
民國上海有正書局影印本 1册

6832 **名人畫册**
［清］戴熙繪
民國六年（1917）上海文明書局影印本 1册

6833 **戴文節茭蘆庵圖卷**
［清］戴熙繪
民國十八年（1929）上海中華書局影印本 1册

6834 **戴文節山水册**
［清］戴熙繪
民國九年（1920）上海中華書局影印本

1 册

6835 **奚鐵生樹木山石畫法册**
［清］奚岡繪
民國上海中華書局影印本　3 册

6836 **奚岡山水册**
［清］奚岡繪
民國影印本　1 册

6837 **名人名畫第九集**
［□］□□撰
民國十八年（1929）上海商務印書館影印本　1 册

6838 **錢南園書畫集**
［清］錢澧撰
民國十年（1921）上海商務印書館影印本　2 册

6839 **羅兩峰畫羅漢册**
［清］羅聘繪
民國十八年（1929）上海中華書局影印本　1 册

6840 **新羅山人山水精册**
［清］華喦繪
清宣統三年（1911）上海神州國光社影印本　1 册

6841 **金冬心花果册**
［清］金農繪
清宣統元年（1909）上海神州國光社影印本　1 册

6842 **文天祥墨跡**
［宋］文天祥書
民國九年（1920）影印本　1 册

6843 **司馬温公告身**
白山夫收藏
民國二十年（1931）上海商務印書館影印本　1 册

6844 **神州大觀續編第三集**
神州國光社編輯
民國十八年（1929）上海神州國光社影印本　1 册

6845 **徐熙百花圖長卷**
［五代］徐熙繪
民國十三年（1924）上海文明書局影印本　1 册

6846 **秦儀畫册**
秦儀繪
民國影印本　1 册

6847 **張君度仿宋元諸家册**
［明］張宏繪
民國上海有正書局影印本　1 册

6848　**蔣璋人物畫册**
［清］蔣璋繪
民國續續碑帖畫譜社玻璃版影印本　1册

6849　**翁小海花鳥學成畫册**
［清］翁雒繪
民國二十三年（1934）續續碑帖畫譜社玻璃版影印本　1册

6850　**指發遺墨**
葉振家繪
民國十六年（1927）上海文明書局影印本　1册

6851　**宋拓九成宮醴泉銘**
［唐］歐陽詢書
清光緒二十六年（1900）拓本　1册

6852　**任熊人物花卉册**
［清］任熊繪
民國影印本　1册

6853　**山水扇面畫**
［□］□□撰
民國影印本　1册

6854　**李行我瀟湘八景圖**
李世璵繪
民國珂羅版　1册

6855　**龔半千細筆畫册**
［清］龔賢繪
民國十三年（1924）上海有正書局影印本　1册

6856　**藍田叔山水册**
［明］藍瑛繪
民國上海有正書局影印本　1册

6857　**奚蒙泉詩書畫册**
［清］奚岡著
民國十五年（1926）上海商務印書館影印本　1册

6858　**鄭板橋書畫合册**
［清］鄭燮著
清宣統元年（1909）世界名人書畫社影印本　1册

6859　**江左三家詩畫册**
平等閣主人藏
民國上海有正書局影印本　1册

6860　**松禪戲墨**
［清］翁同龢繪
民國二十四年（1935）上海商務印書館影印本　1册

6861　**松禪老人遺墨一卷遺畫一卷**
［清］翁同龢書

民國二十年（1931）上海商務印書館影印本 1冊

6862 **白心草堂金石書畫**
楊鈞繪
民國影印本 2冊

6863 **吳待秋畫稿**
吳徵繪
民國十三年（1924）上海商務印書館影印本 1冊

6864 **吳待秋畫稿**
吳徵繪
民國十年（1921）上海商務印書館影印本 1冊

6865 **名人書畫扇集**
廉泉藏輯
民國四年（1915）上海文明書局影印本小萬柳堂藏版 8冊

6866 **扇面第一冊**
［□］□□撰
民國十二年（1923）上海有正書局影印本 1冊

6867 **中國名畫扇面第一冊**
［□］□□撰
民國上海有正書局影印本 1冊

6868 **陳眉公梅花詩畫冊**
［明］陳繼儒繪
民國上海中華書局影印本 1冊

6869 **沈石田移竹圖**
［明］沈周繪
清宣統三年（1911）上海文明書局影印本 2冊

6870 **王鑑畫山水集**
［清］王鑑繪
民國二十八年（1939）上海商務印書館影印本 1冊

6871 **王鑑仿古山水十二幀**
［清］王鑑繪
民國上海文明書局影印本 1冊 存8張

6872 **董其昌王時敏等畫冊**
［明］董其昌等繪
民國影印本 1冊

6873 **吳墨井仿宋元山水影本**
［清］吳歷繪
民國十一年（1922）北京地安門延光室影印本 1冊

6874 **惲壽平花卉冊**
［清］惲壽平繪
民國影印本 1冊

6875　**惲南田花卉册**

［清］惲壽平繪

民國影印本　1册

6876　**惲南田王石谷畫册**

［清］惲壽平　［清］王翬繪

民國影印本　1册

6877　**石谷竹林漁村圖長卷**

［清］王翬繪

民國上海有正書局影印本　1册

6878　**王石谷臨安山色圖長卷**

［清］王翬繪

民國十二年（1923）上海中華書局影印本　1册

6879　**石谷洞庭秋色圖長卷**

［清］王翬繪

民國十一年（1922）上海有正書局影印本　1册

6880　**王石谷畫前人詞句十二景**

［清］王翬繪

民國上海藝苑真賞社影印本　1册

6881　**王原祁畫册**

［清］王原祁繪

民國天繪閣影印本　1册

6882　**董其昌畫册**

［明］董其昌繪

民國七年（1918）上海文明書局影印本　1册

6883　**王煙客仿古山水册**

［清］王時敏繪

民國二十六年（1937）上海商務印書館影印本　2册

6884　**神州國光集第十輯：明吕廷振畫甲申十月年圖卷**

程蓂元編

民國二十五年（1936）上海神州國光社影印本　1册

6885　**徐文長花卉册**

［明］徐渭繪

民國二十二年（1933）影印本　1册

6886　**陳老蓮歸去來圖卷**

［清］陳洪綬繪

民國二十二年（1933）上海中華書局影印本　1册

6887　**孔孟聖蹟圖鑑**

［日本］馬場春吉編

日本昭和十六年（1941）東京山東文化研究會鉛印本　1册

6888 **六朝隋唐寫經真蹟**
[□] □□撰
民國十八年（1929）上海中華書局影印本 5冊

6889 **郭忠恕輞川圖卷**
[宋] 郭忠恕繪
民國十五年（1926）上海商務印書館影印本 1冊

6890 **宋薛紹彭雜書卷**
[宋] 薛紹彭書
民國二十五年（1936）北平故宫博物院影印本 1冊

6891 **歐陽文忠集古錄跋尾**
[宋] 歐陽修撰
民國十三年（1924）北平京華印書局影印本 1冊

6892 **岳忠武奏草真蹟**
[宋] 岳飛書
民國二十五年（1936）上海商務印書館影印本 2冊

6893 **文天祥墨跡**
[宋] 文天祥書
民國十一年（1922）影印本 1冊

6894 **中國名畫集第十四集第十五集第二十集第二十二集**
美術研究會編
民國八年至民國十年（1919至1921）上海有正書局影印本 4冊

6895 **名人書畫**
商務印書館輯
民國十二年至民國十三年（1923至1924）上海商務印書館影印本 4冊

6896 **名人書畫**
商務印書館輯
民國十一年至民國十三年（1922至1924）上海商務印書館影印本 4冊

6897 **名人書畫**
商務印書館輯
民國十一年至民國十二年（1922至1923）上海商務印書館影印本 4冊

6898 **名人書畫**
商務印書館輯
民國上海有正書局影印本 4冊

6899 **宋徽宗書詩卷**
[宋] 徽宗趙佶書
民國北平故宫博物院影印本 1冊

6900 **朱子尺牘墨蹟**
[宋] 朱熹書

民國十九年（1930）北平故宫博物院影印本　1 册

6901　**宋李龍眠白描九歌元趙仲穆行楷題辭**
［宋］李公麟繪　［元］趙雍書
民國上海文明書局影印本　1 册

6902　**天籟閣舊藏宋人畫册**
［明］項元汴輯
民國上海商務印書館彩色影印本　1 册

6903　**周鱘龍雲圖**
［清］周鱘繪
民國影印本　1 册

6904　**張賜寧花卉册**
［清］張賜寧繪
民國上海神州國光社影印本　1 册

6905　**阮芸臺珠湖草堂圖**
［清］阮元繪
清宣統元年（1909）上海神州國光社影印本　1 册

6906　**郎世寧畫乾隆帝春郊試馬圖小照**
［意大利］郎世寧繪
民國十三年（1924）上海有正書局影印本　1 册

6907　**王麓台徐枋等仿古畫**
［清］王原祁　［清］徐枋繪
民國上海文明書局影印本　1 册

6908　**趙之謙花卉册**
［清］趙之謙繪
民國十四年（1925）上海中華書局影印本　1 册

6909　**近代名人墨妙**
吴頤編
民國十三年（1924）上海慎修書社影印本　1 册

6910　**吴伯滔山水册**
［清］吴伯滔繪
民國上海文明書局影印本　1 册

6911　**缶廬近墨**
吴昌碩繪
民國十一年（1922）上海西泠印社影印本　2 册

6912　**四王惲吴山水合册**
［清］王時敏　［清］王鑑
［清］王翬　［清］王原祁
［清］惲壽平　［清］吴歷繪
民國上海有正書局影印本　1 册

6913　**章壽彝山水册**

［清］章壽彝繪
民國影印本　12 册

6914　**黄小松山水畫册**
［清］黄易繪
民國十二年（1923）上海商務印書館影印本　1 册

6915　**楊稚雲墨梅册**
［清］楊韞華繪
民國十一年（1922）上海中華書局影印本　1 册

6916　**齊白石畫册**
齊白石繪
民國影印本　1 册

6917　**陳曼生畫册**
［清］陳鴻壽繪
民國上海中華書局影印本　1 册

6918　**趙撝叔梅石畫法册**
［清］趙之謙繪
民國十八年（1929）上海中華書局影印本　1 册

6919　**趙子固水仙卷**
［宋］趙孟堅繪
清宣統元年（1909）上海神州國光社影印本　1 册

6920　**神州大觀續編第四集**
神州國光社編輯
民國上海神州國光社影印本　1 册

6921　**元柯九思畫竹譜**
［元］柯九思繪
民國十二年（1923）上海有正書局影印本　1 册

6922　**文徵明詩畫册**
［明］文徵明書
民國十五年（1926）影印本　1 册

6923　**名人書畫**
商務印書館輯
民國十三年（1924）上海商務印書館影印本　3 册

6924　**石濤山水集**
［清］石濤繪
民國二十年（1931）光明出版社影印本　1 册

6925　**張大千臨敦煌壁畫第一集**
張大千臨摹
民國三十六年（1947）大風堂影印本　12 册

6926　**陳佩珩畫集**
陳佩珩繪

民國長沙鴻飛印刷廠珂羅版　1 册

6927　**文衡山畫山水三種**
［明］文徵明繪
民國十五年（1926）影印本　1 册

6928　**仇文合璧趙飛燕外傳**
［明］仇英繪　［明］文徵明書
民國十三年（1924）上海文明書局影印本　1 册

6929　**郎世寧畫第二集**
［意大利］郎世寧繪
民國二十三年（1934）北平故宫博物院影印本　24 册

6930　**神州國光集第一集至第十一集、第十九集至第二十集**
鄧實編錄
清光緒三十四年至清宣統三年（1908 至 1911）上海神州國光社影印本　13 册

6931　**戴醇士山水畫册**
［清］戴熙繪
民國影印本　1 册

6932　**名人畫册第一集**
［□］□□撰
民國十二年（1923）上海文明書局影印本　1 册

6933　**金冬心梅花册**
［清］金農繪
清宣統元年（1909）上海神州國光社影印本　1 册

6934　**李北海古詩墨跡**
［唐］李邕書
民國北京琉璃廠公慎書局小鷗波館版 4 册

6935　**中國名人畫集**
［□］□□撰
民國上海有正書局影印本　1 册

6936　**梅瞿山黄山勝蹟圖册**
［清］梅清繪
民國上海文明書局影印本　1 册

6937　**清朝書畫譜**
［日本］内藤虎次郎編
日本大正五年（1916）博文堂影印本 1 册

6938　**名人寫竹**
陳伏廬收藏
民國二十二年（1933）上海商務印書館影印本　1 册

6939　**百梅集**
陳叔通編

民國十六年（1927）上海商務印書館影印本　2 册

6940　**郎世寧畫第五集**
［意大利］郎世寧繪
民國二十四年（1935）北平故宫博物院影印本　1 册

6941　**陳一禪畫册**
陳澤霈繪
民國二十年（1931）上海華商書局影印本　1 册

6942　**觀音像**
［□］□□撰
民國影印本　2 册

6943　**墨巢秘笈藏影**
李宣龔藏
民國二十四年（1935）上海商務印書館影印本　2 册

6944　**清宫珍寶皕美圖**
［□］□□撰
民國上海文化圖書館影印本　4 册

6945　**邊壽民畫雁册頁**
［清］邊壽民繪
民國影印本　1 册

6946　**人體生理圖**
［日本］東亞教育畫館編輯
日本明治三十八年（1905）教育用圖畫發行所鉛印本　1 册

6947　**華新羅山水册**
［清］華嵒繪
民國十九年（1930）上海文明書局影印本　1 册

6948　**植物圖譜**
［日本］東亞教育畫館編輯
日本明治三十八年（1905）教育用圖畫發行所鉛印本　4 册

6949　**嘉慶剿辦野匪設泛圖**
［□］□□撰
清刻本　1 册

6950　**集錦畫片**
［□］□□撰
民國剪貼本　1 册

6951　**黄端木畫册**
［清］黄向堅繪
民國影印本　1 册

6952　**詩經集傳八卷**
［宋］朱熹撰
清同治七年（1868）湖北崇文書局刻本

4 册

6954 **金陵馬氏續修族譜二十三卷首一卷末一卷**
［清］馬朝煥等主修 ［清］馬盛唐纂修
清光緒二十八年（1902）刻本 13 册

6958 **致壬秋仁兄先生信稿**
［□］□□撰
手稿 2 張

6959 **稟撫台蕃台稿**
［□］□□撰并書
清手稿 2 張

6960 **都昌縣觀風告示**
［□］□□撰
民國三十三年（1944）手稿 13 張

6961 **曹君墓誌銘**
［□］□□撰
清光緒二十六年（1900）手稿 20 張

6962 **曹穀孫太守六十壽序等**
吳熙撰并書
清手稿 41 張

6963 **朱母楊太安人八十壽序**
吳熙撰并書
清手稿 19 張

6964 **晉封恭人龔母沈太恭人七十壽序**
［□］□□撰并書
民國手稿 14 張

6965 **萬母劉太宜人祝壽稿蕭筱泉觀察七十雙壽序**
張百熙 王先謙 吳熙撰并書
民國手稿 22 張

6966 **李桐生先生家傳**
吳熙撰并書
手稿 4 張

6967 **黄子厚家傳**
吳熙書
清手稿 4 張

6968 **修文昌閣勸捐説重修塔忠武祠碑記**
［清］沈皋撰并書
清光緒二十九年至清光緒三十二年（1903 至 1906）手稿 4 張

6969 **湘士宜師法左文襄公説**
［□］□□撰并書
清手稿 4 張

6970 **曼樓記、節孝祠記、重修貫虹橋記等**
吳熙撰并書

清光緒十七年（1891）手稿　12 張

6971　**與黄運儀書、李春舫壽序等**
吳熙撰并書
清手稿　19 張

6972　**昭潭書院春課經古卷商略語**
［□］□□撰
清手稿　13 張

6973　**陶母李太孺人、張母吳瑞人、清知府曹君等墓志銘**
吳熙書
清手稿　25 張

6974　**氣福荆楚班國祭文**
［□］□□撰
清手稿　23 張

6978　**司馬地理偈訣**
［宋］劉潛撰
民國三十年（1941）清抄本　1 册

6979　**討倒議員謝茹亶檄文**
［□］□□撰
民國十二年（1923）手稿　1 張

6980　**苗疆買木事例**
［□］□□撰
清乾隆三十六年（1771）手稿　1 張

6982　**壽喜情登**
［□］□□撰
清光緒十三年（1887）手稿　1 張

6984　**獨秀峰題壁三十首**
［□］□□撰
清咸豐元年（1851）手稿　1 張

6987　**中國古名家言墨辨解故**
伍非百著
民國三十八年（1949）南充西山書院石印本　4 張

6988　**惜字箴言**
［□］□□撰
清光緒十六年（1890）刻本　1 册

6989　**後裔繁昌，桂馥蘭芳**
［□］□□撰
民國二十三年（1934）手稿　2 張

6990　**劉宗向書劉宜潛家傳、西狹頌邑池五瑞圖**
劉宗向書
清手稿，拓片　5 張

6991　**壽序聯語墓志銘等**
吳熙書
清至民國手稿　20 張

善 0077　**徐氏仁端錄四卷**
［明］徐謙撰
明天啓抄本　1 册　存 1 册（1）

7007　**嵩雲居藏鏡**
徐夢華輯
拓本　1 册

7008　**陶詩彙評四卷東坡和陶合箋四卷**
［晋］陶潛撰　［宋］蘇軾撰
［清］温汝能纂訂
清宣統二年（1910）上海掃葉山房石印本　1 册

7015　**嵩雲居藏鏡**
徐夢華輯
拓本　1 册

7023　**益陽麥田胡氏族譜二十卷首一卷末一卷**
胡子猷主修　胡縉丞總纂
民國二十五年（1936）鉛印本　1 册
存 13 卷（卷首至 12）

善 0092　**安化金蘭派劉氏族譜**
［清］劉蘭亭等纂修
清乾隆三十九年（1774）大理堂木活字本　4 册

善 0093　**益陽曾氏族譜**
［清］曾德澤等纂修
清雍正四年（1726）木活字本　1 册

7028　**武城曾氏重修族譜十六卷**
［清］曾芗臯等總修　［清］曾春芳等纂修
清光緒三十二年（1906）木活字本　16 册

7029　**湖南革命奇書六卷**
曾運元（小坡散人）編述
民國十四年（1925）石印本　1 册

7031　**易經補注備旨一見能解六卷**
［清］黄淳耀撰　［清］嚴而寬增補
清令德堂刻本　1 册　存 1 卷（1）

善 0094　**大清光緒二十九年歲次癸卯時憲書**
［清］欽天監編
清光緒刻朱墨套印本　1 册

善 0095　**大清宣統三年歲次辛亥時憲書**
［清］欽天監編
清宣統刻朱墨套印本　1 册

善 0096　**大清宣統二年歲次庚戌時憲書**
［清］欽天監編
清宣統刻朱墨套印本　1 册

善 0097　**大清宣統元年歲次己酉時憲書**
［清］欽天監編
清宣統刻朱墨套印本　1 册

善 0098　**大清光緒三十二年歲次丙午時憲書**
［清］欽天監編
清光緒刻朱墨套印本　1 册

善 0099　**大清光緒三十四年歲次戊申時憲書**
［清］欽天監編
清光緒刻朱墨套印本　1 册

善 0100　**大清光緒三十年歲次甲辰時憲書**
［清］欽天監編
清光緒刻朱墨套印本　1 册

善 0101　**大清光緒二十七年歲次辛丑時憲書**
［清］欽天監編
清光緒刻朱墨套印本　1 册

善 0102　**大清光緒三十一年歲次乙巳時憲書**
［清］欽天監編
清光緒刻朱墨套印本　1 册

善 0103　**大漢黄帝紀元四千六百壹十年時憲書**
［□］□□撰
民國元年（1912）刻朱墨套印本　1 册

善 0104　**歷朝賦格十五卷**
［清］陸棻選
清康熙刻本　2 册　存 1 卷（卷之下 5）

善 0105　**畬經堂詩續集六卷**
［清］朱景英撰
清乾隆刻本　2 册

善 0106　**玅遠堂全集**
［明］馬之駿撰　［清］錢謙益閲
明刻本　3 册　存 3 卷（啓 1 至 3）

善 0107　**重訂七政臺歷萬年書附刻量天尺三管**
［清］楊寅東撰
清嘉慶十九年（1814）刻本　1 册

善 0108　**重訂七政臺歷萬年書附刻量天尺三管**
［清］楊寅東撰
清嘉慶十九年（1814）刻本　2 册

善 0109　**禮南嶽日遊記**
［清］李洪袞撰
清同治十二年（1873）稿本　1 册

善 0110　**隨筆雜鈔**
［□］□□撰
民國抄本　1 册

善 0111　**大清律例四十七卷**
［清］刑部纂修
清刻本　5 册　存 9 卷（3 至 7、37 至 38、41、46）

7053　**望城張氏三修族譜三十七卷首一卷**
張曜全　張曜麟主修　張顯苐等纂修
民國三十七年（1948）木活字本　43 册　存 34 卷（卷首至 15 上、19 至 37）

7057　**常德澧縣譚氏族譜**
譚吉貴纂輯
清光緒二十五年（1899）木活字本　10 册

7060　**湘城訪古錄十七卷首一卷**
陳運溶纂
清光緒二十年（1894）長沙萃文堂刻本　6 册　存 10 卷（卷首至 9）

7061　**湘城遺事記九卷首一卷**
陳運溶纂
清光緒二十一年（1895）長沙萃文堂刻本　2 册

7062　**子史精華一百六十卷**
［清］吳士玉　［清］吳襄等纂
清光緒十二年（1886）上海同文書局石印本　8 册

7063　**劉敬墀先生墓志銘**
［□］□□撰
民國十八年（1929）拓本　1 册

7064　**陸宣公奏議讀本四卷首一卷**
［唐］陸贄撰　［清］汪銘謙編
［清］馬傳庚評點
清光緒二十六年（1900）會稽馬氏石印本　2 册

7065　**六書分類十二卷**
［清］傅世垚輯
清聽松閣刻本　12 册

7066　**南嶽總勝集三卷**
［宋］陳田夫撰
清刻本　2 册　存 2 卷（中、下）

7067　**增補南嶽志詩集二卷**
李子榮編次　鄭阜康　王香余　歐陽謙補輯
民國十三年（1924）刻本　1 册　存 1 卷（2）

7067（1）　**續增南嶽志二卷**
李子榮　鄭阜康鑒定　王香余補輯

民國十三年（1924）刻本　1 册

7067（2）　**書目答問**
［清］張之洞撰
民國二十四年（1935）上海掃葉山房石印本　1 册

7068　**新纂簡捷易明算法四卷**
［清］沈士桂纂輯
清刻本　2 册　存 2 卷（2、3）

7069　**唐陸宣公集二十二卷**
［唐］陸贄撰
清同治五年（1866）問竹軒家塾刻本　8 册

7070　**鄱陽集四卷拾遺一卷附錄一卷**
［宋］洪皓撰
清同治九年（1870）三瑞堂刻本　1 册

7071　**長沙臨湘山志十卷首一卷末一卷**
黄厚濤撰　薛隆裘纂
民國三十六年（1947）鴻章印刷廠鉛印本　4 册

7073　**通志二百卷考證三卷**
［宋］鄭樵撰
民國二十四年（1935）上海商務印書館影印本　3 册

7074　**續通志六百四十卷**
［清］嵇璜纂
民國二十四年（1935）上海商務印書館影印本　3 册

7075　**文獻通考三百四十八卷考證三卷**
［清］馬端臨撰
民國二十四年（1935）上海商務印書館影印本　2 册

7076　**續文獻通考二百卷**
［清］高宗弘歷編
民國二十四年（1935）上海商務印書館影印本　2 册

筆畫索引

一畫

二畫

三畫

四畫

五畫

六畫

七畫

八畫

九畫

十畫

十一畫

十二畫

十三畫

十四畫

十五畫

十六畫

十七畫

十八畫

十九畫

二十畫

二十一畫

二十二畫

二十三畫

二十四畫

二十六畫

三十畫

圖書在版編目(CIP)數據

湖南博物院藏古舊文獻目錄/湖南博物院編. —長沙:岳麓書社,2024.6
ISBN 978-7-5538-1995-2

Ⅰ.①湖… Ⅱ.①湖… Ⅲ.①古籍—圖書館目錄—湖南 Ⅳ.①Z838

中國國家版本館 CIP 數據核字(2023)第 245933 號

HUNAN BOWUYUAN CANG GUJIU WENXIAN MULU

湖南博物院藏古舊文獻目錄

編　　者:湖南博物院
出 版 人:崔　燦
項目統籌:王文西
責任編輯:邱建明　包文放　魯雲雲
特邀編輯:李紹平
責任校對:舒　舍
正文排版:彪　娟
封面設計:賀紅梅

岳麓書社出版發行
地址:湖南省長沙市愛民路 47 號
直銷電話:0731-88804152　0731-88885616
郵編:410006

版次:2024 年 6 月第 1 版
印次:2024 年 6 月第 1 次印刷
開本:787mm×1092mm　1/16
印張:37.25
字數:650 千字
ISBN 978-7-5538-1995-2
定價:180.00 圓

承印:長沙超峰印刷有限公司

如有印裝質量問題,請與本社印務部聯繫
電話:0731-88884129